Dinah Dean

Tochter des Abendlandes

Historischer Roman

Aus dem Englischen
von Stefanie Kuhn-Werner

ECON Taschenbuch Verlag

Dieses Buch ist gedruckt auf 100 % Recyclingpapier

Deutsche Erstausgabe

© 1995 by ECON Taschenbuch Verlag GmbH, Düsseldorf und Wien
© 1991 by Dinah Dean together with the original English title of the said Work
First published in Great Britain by Barrie & Jenkins Ltd.
Titel des englischen Originals:
DAUGHTER OF THE SUNSET ISLES
Aus dem Englischen übersetzt von Stefanie Kuhn-Werner
Umschlaggestaltung: Theodor Bayer-Eynck, Coesfeld
Titelabbildung: © AKG, Berlin
Lektorat: Rita Spatscheck
Gesetzt aus der Baskerville
Satz: Lichtsatz Heinrich Fanslau, Düsseldorf
Druck und Bindearbeiten: Ebner, Ulm
Printed in Germany
ISBN 3-612-27085-0

*In dankbarer Erinnerung an alle Priester und Diakone,
die in den letzten zehn Jahrhunderten
dem Heiligen Kreuz zu Waltham in Essex gedient haben.*

Inhaltsverzeichnis

Waltham
9

Roskilde
123

Die Ostsee
179

Nowgorod
211

Wladimir
245

Kiew
403

Waltham
461

Historische Anmerkung
466

Waltham

GYTHAS FAMILIE

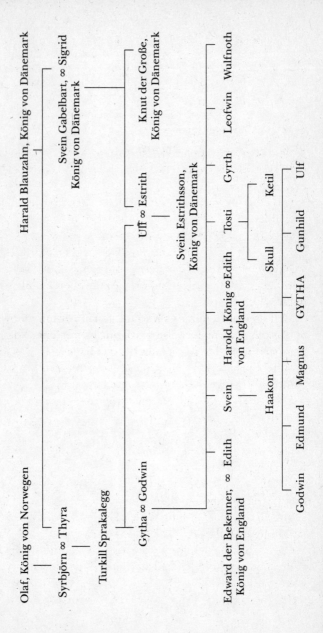

»Sechs«, sagte Pater Turkill ruhig. »Zwei werden dem Herrn dienen, zwei einem König, und zwei werden weit in den Osten reisen.«

Pater Osgod, der mit dem Daumen einen silbernen Opferteller blank rieb, blickte erstaunt auf. Seit etwa einer halben Stunde hatten die beiden Priester nicht mehr gesprochen, denn Turkill hatte seinen Bestand an Kerzen gezählt.

»Wieder eine Ihrer Visionen?« fragte er, wobei sein starker nördlicher Tonfall in der Sakristei der großen Kirche widerhallte.

»Ich sehe nicht immer alles ganz genau vor mir«, erwiderte Turkill. »Normalerweise erscheint es mir eher wie eine Erinnerung an das, was jemand gesagt hat.«

»Aber Sie können doch keine Erinnerung an etwas haben, das noch nicht geschehen ist«, wand Osgod ein.

»Besser kann ich es nicht beschreiben«, sagte Turkill entschuldigend.

»Und was soll es bedeuten?«

»Ich weiß nicht. Ich weiß nur, daß es mit König Harolds Kindern zu tun hat.«

»Ja, das sind sechs, das stimmt – Godwin, Edmund, Magnus, Gytha, Gunhild und der kleine Ulf.«

Turkill nickte. »Und ihr Schicksal wird so sein, wie ich es vorausgesagt habe.«

Osgod bekreuzigte sich, zupfte sich an der Nase und nahm mit einem unbehaglichen Stirnrunzeln seine Arbeit wieder auf.

Turkill nahm die Geste und das Stirnrunzeln zerknirscht

zur Kenntnis und fing mit dem Zählen der Kerzen wieder von vorne an. Er verstand seine Gabe nicht, hatte jedoch auch keine Angst davor.

1. Kapitel

Der große Weidenbaum stand am Ufer des Mühlbachs, dort, wo er in einem weiten Bogen das Gelände von Graf Harolds Herrenhaus in Waltham umfloß. Audrey stand daneben und schaute sich besorgt um. Vor noch nicht einmal einer Viertelstunde hatte das Kind hier zwischen den Baumwurzeln gespielt, doch nun war es verschwunden.

»Gytha!« rief sie. »Gytha, wo bist du? Dein Vater ist da!«

»Mein Vater kann nicht kommen. Er ist beschäftigt«, erwiderte eine ernste kleine Stimme, offenbar aus dem Gras zu Audreys Füßen. Das Kindermädchen bekreuzigte sich, als es nach unten blickte, und stieß einen teils erleichterten, teils verärgerten Seufzer aus, als es in die vom Rand der Uferböschung zu ihr heraufstarrenden klaren Augen blickte, deren himmelblaue Iris jeweils von einem dunkleren Ring umgeben war.

»Oh, du ungezogenes Mädchen! Hast du mich erschreckt! Was machst du denn da unten?«

»Ich backe Sandkuchen«, antwortete Gytha, die die Frage wörtlich nahm.

»Paß bloß auf, daß du nicht ins Wasser fällst!« rief Audrey und lief an den Uferrand.

»Keine Sorge«, beruhigte sie das Kind. »Hier ist es nicht tief.« Als sie hinabsah, erkannte Audrey, daß das stimmte, denn die beiden Mühlen hatten den ganzen Vormittag gemahlen, und das Wasser erreichte kaum den kleinen Strand, an dem Gytha eine stattliche Zahl kieselsteingeschmückter Sandkuchen aufgereiht hatte.

»Komm jetzt sofort nach Hause!« schalt Audrey. »Du mußt noch dein bestes Kleid anziehen, Gesicht und Hände waschen, dein Haar muß noch gebürstet werden, und dein Vater wartet!« Sie ergriff Gythas Handgelenk und zog sie eilig über den Hof, vorbei an den zahlreichen Hütten in Richtung auf das langgestreckte Haus, dessen Wände mit Grassoden bedeckt waren. Es so war alt, daß keiner der jetzigen Bewohner von Waltham wußte, wann es errichtet worden war.

Gytha, die neben ihr hertrabte, um mitzukommen, blickte sich nach Anzeichen um, die auf Neuankömmlinge hindeuteten. Sie sah, daß fremde Pferde zu den Ställen geführt wurden, und entdeckte unter den hin- und hereilenden Dienstboten unbekannte Gesichter. »Wo ist Vater?« fragte sie. »In der Halle? Laß uns gleich hingehen.«

»Mit den Schlammspritzern, deinem alten Kleid und dem zerzausten Haar?« fragte Audrey naserümpfend. »Du würdest einen schönen Anblick für Graf Harold abgeben! Erst in die Frauengemächer und dann, wenn du ansehnlich genug bist, in die Halle.«

Mit einem feuchten Leinenhandtuch entfernte sie rasch die Schmutzspuren von Gesicht und Händen des Kindes. Gytha hielt ohne Murren still, während Audrey ihr ihr bestes blaues Wollkleid mit dem hübschen rot-weißen Zopfbesatz anzog und ihr das lange Haar auskämmte, das so goldgelb war wie frische Butter.

»Sehe ich schön genug aus?« fragte sie ernst, als Audrey einen Schritt zurücktrat, um ihr vollendetes Werk zu begutachten. Gytha war groß für ihre sechs Jahre und hatte ihren Babyspeck verloren, so daß sie, wie Audrey fand, wie eine Elfenprinzessin aussah, mit ihrem drahtigen Körper, dem blaßgoldenen Haar und den großen blauen Augen, die riesig wirkten in dem kleinen, spitzen Gesicht.

»Ja, du siehst sehr schön aus«, erwiderte Audrey nach eingehender Musterung. »Denk dran, dich ordentlich zu benehmen! Rede deinen Vater mit *Mylord* an und sprich erst, wenn man dich angesprochen hat. Deine Brüder sind auch gekommen und ein paar bedeutende Freunde deines Vaters. Also sei brav und halt den Mund!«

»Ja«, sagte Gytha und schaute ein wenig besorgt drein. »Soll ich *Mylord* auf lateinisch, französisch oder englisch sagen?«

»Englisch natürlich, und mach dich nicht wichtig!« erwiderte Audrey in scharfem Ton. »Komm jetzt, laß ihn nicht länger warten, sonst wird er ärgerlich!«

»Er war lange nicht hier«, stellte Gytha ruhig fest, während sie das kurze Stück vom Frauengemach zu dem offiziellen Eingang am anderen Ende der Halle zurücklegten. »Ich weiß nicht, ob ich mich noch an ihn erinnern kann.«

»Aber natürlich!« sagte Audrey verächtlich. »Es ist noch kein halbes Jahr vergangen, seit er das letzte Mal hier war.«

Die Türen zur Halle standen offen, denn es war ein warmer, sonniger Frühlingstag. Als sie aus dem strahlenden Sonnenschein ins Innere trat, konnte Gytha zuerst kaum etwas erkennen, denn die wenigen Fenster waren kleine, mit Läden versehene Löcher in den dicken, mit Grassoden bedeckten Mauern, doch während sie würdevoll vorwärtsschritt, wie man es ihr beigebracht hatte, gewöhnten sich ihre Augen allmählich an die Dunkelheit. Sie bemerkte, daß man den großen Sessel ihres Vaters von dem Podest am anderen Ende des Raumes genommen und an den Kamin in der Mitte der Halle gestellt hatte, in dem die Holzscheite geschichtet, aber noch nicht angezündet worden waren. Dort saß ihr Vater, die zweijährige Gunhild auf den Knien, während der acht Jahre alte Magnus vor ihm stand. Lady Edith saß auf einem Schemel neben dem Sessel, und hinter ihr standen zwei fremde Jungen und beobachteten Magnus, der etwas auf lateinisch aufsagte.

Graf Harolds Blick löste sich vom Gesicht seines jüngsten Sohnes, um nach dem Neuankömmling zu schauen. »Sehr gut, Magnus«, lobte er, »du arbeitest fleißig an deinen Lektionen, das höre ich. Und hier ist also Gytha.«

Er stand auf, übergab Gunhild vorsichtig den ausgestreckten Armen ihrer Mutter und ging Gytha entgegen; als sie einander trafen, ließ er sich auf ein Knie nieder, was sein Gesicht auf eine Höhe mit dem ihren brachte. Sein Haar war von einem dunkleren Blond als das seiner Tochter, und seine Augen waren von einem dunkleren Blau, doch es bestand große Ähnlichkeit zwischen den beiden Gesichtern, die einander ein paar Sekunden lang ernst anblickten.

»Nun, Gytha, kennst du mich noch?« fragte er ruhig.

»Du warst lange Zeit beschäftigt«, erwiderte sie und setzte, als ihr Audreys Anweisungen einfielen, hinzu: »Mylord«. Sie runzelte die Stirn und betrachtete prüfend sein wettergegerbtes Gesicht und den dichten Bart, der den energischen Mund und das feste Kinn umrahmte. »Ich erinnere mich an dich«, sagte sie schließlich erleichtert und streichelte in einer Aufwallung von Zuneigung mit den Fingerspitzen seine Wange.

Er lächelte. »Gibst du mir einen Kuß?«

»Ja, Mylord.«

»Sonst hast du immer Vater zu mir gesagt.«

»Audrey hat gesagt, ich müsse dich mit ›Mylord‹ anreden, aber mir gefällt ›Vater‹ besser.« Sie trat vor und küßte seinen seidigen Schnurrbart, der angenehm kitzelte, dann schlang sie die Arme um seinen Hals und umarmte ihn, bis er fast erstickte.

Er drückte ihren zarten Körper fest an sich und murmelte mit gedämpfter Stimme in ihr Haar: »Du bist dünner als letztes Jahr!«

»Das liegt daran, daß ich kein kleines Kind mehr bin, sondern ein Mädchen«, erklärte sie. »Du bist nicht dünn. Du bist fest und stark wie ein Baumstamm.«

Graf Harold lachte und stand auf, hob das Kind in seinen Armen hoch, drehte sich zu Lady Edith um und blickte zwischen ihrem noch immer hübschen Gesicht und dem Gythas hin und her.

»Unsere ältere Tochter verspricht genauso schön zu werden wie ihre Mutter«, sagte er. »Nun, Gytha – erinnerst du dich noch an Godwin und Edmund?«

Gytha sah ihre älteren Brüder nachdenklich an und sagte dann: »Sie sind ein großes Stück gewachsen, und Godwin sieht richtig alt aus.«

»Ich bin sechzehn«, bestätigte Godwin belustigt. »Ich bin jetzt ein Mann, natürlich sehe ich alt aus!«

»Aber du hast noch keinen Schnurrbart«, erwiderte Gytha und hielt genau Ausschau, ob es irgendwelche Anzeichen für dieses begehrte Zeichen der Männlichkeit gab.

»Ich werde bald einen Bart haben«, versicherte Godwin ihr. »Du bist auch sehr gewachsen. Und Edmund auch.«

Edmund, der vierzehn war, sagte nichts, denn, selbst auf der Schwelle von der Kindheit zum Erwachsensein, fand er es schwierig, sich mit Kindern zu unterhalten, nickte jedoch und zwang sich zu einem hölzernen Lächeln; dann, als er merkte, daß der Blick seines Vaters auf ihm ruhte, gab er sich einen Ruck und stieß rauh hervor: »Das letzte Mal, als ich dich gesehen habe, warst du noch ein dickes kleines Ding. Du müßtest jetzt ungefähr fünf sein.«

»Sechs!« verbesserte Gytha ihn in scharfem Ton, und ihr Mund und ihr Kinn bekamen vor Empörung plötzlich einen festen Zug, was die Ähnlichkeit mit ihrem Vater noch verstärkte.

»Wo seid ihr gewesen?« fragte Magnus und betrachtete neidisch die juwelenbesetzten Schwerter, die seine Brüder an ihren Gürteln trugen. »Werdet ihr zu Soldaten ausgebildet wie Vater?«

»Wir waren am Königshof bei Tante Edith – der Königin«, erwiderte Edmund. »Wir haben alles mögliche gelernt. Godwin kann schon eine Streitaxt schwingen, und das lerne ich auch, wenn ich erst größer und stärker bin.«

»Eine *richtige* Streitaxt?« fragte Magnus mit aufgerissenen Augen. »Die könnte ich noch nicht einmal hochheben!«

»Du bist ja noch klein«, sagte Godwin freundlich. »Wenn du so alt bist wie ich, kannst du es auch.«

»Nein, das will ich nicht!« sagte Magnus plötzlich selbstbewußt und nicht länger eingeschüchtert von seinen älteren Brüdern. »Ich werde Priester, deshalb brauche ich den Umgang mit Schwertern und Streitäxten nicht zu lernen.«

»Priester?« fragte Graf Harold in zweifelndem Ton, während er wieder in seinem Sessel Platz nahm und Gytha neben sich auf den Boden stellte, den Arm immer noch um ihre Schultern gelegt. »Hast du es schon Meister Athelard gesagt?«

»Ja. Er sagt, ich müsse fleißig arbeiten«, erwiderte Magnus. »Aber er glaubt, daß ich es schaffe. Er kennt sich auf jedem Gebiet aus, also kann er mir alles beibringen, was ich wissen muß.«

»Es wäre gut, einen Priester in der Familie zu haben«, murmelte Graf Harold. »Vielleicht wirst du eines Tages Bischof.«

»*Erz*bischof! sagte Gytha bestimmt, denn sie hatte letzte Woche gelernt, daß dies der höchste Rang eines Bischofs war. »Ein *Erz*bischof ist bedeutender. Es gibt nur zwei gleichzeitig!«

»Zwei in England«, sagte ihr Vater gedankenverloren. »Andere Länder haben auch welche. Hast du schon einmal einen gesehen?«

»Nein. Wie sehen sie aus?« fragte Gytha, die auf die Beschreibung von etwas Seltsamem und Wunderbarem hoffte, vergleichbar dem Mann mit dem einen Auge mitten auf der Stirn aus Pater Wulfwins Bestiarium oder dem Mann mit dem Riesenfuß, den er dazu benutzte, um sich vor dem Regen zu schützen.

»Das wirst du heute noch sehen«, erklärte Graf Harold lächelnd. »Erzbischof Kinsey von York kommt hierher, um die neue Kirche einzuweihen. Und jemand, der noch viel bedeutender ist! Was meinst du, wer das sein könnte?«

»Niemand ist bedeutender als ein Erzbischof«, stellte Magnus überzeugt fest, »nur der Papst! Kommt der Papst?«

»Nein, aber der König! Er wird der Weihe beiwohnen und will während seines Aufenthalts hier ein paar Tage auf die Jagd gehen. Er muß jedoch nach acht Tagen abreisen, da er an Pfingsten in Winchester die Krone tragen muß.«

»Trägt er seine Krone denn nicht immer?« fragte Gytha, denn bei den paar Gelegenheiten, als sie ihn gesehen hatte, hatte sie angenommen, die Krone sei bloß unter seinem Hut verborgen.

Edmund lachte verächtlich und rief: »Dumme Gans! Natürlich nicht! Er trägt sie nur dreimal im Jahr. Und das weißt du nicht!«

Graf Harold warf seinem Zweitältesten einen eisigen Blick aus seinen blauen Augen zu und sagte kühl: »Du hast erst das Recht, über deine Schwester zu lachen, wenn du selbst ohne Fehler bist, *Kind!* Ich habe von Meister Athelard erfahren, daß Gytha in Latein viel besser ist, als du es mit sechs Jahren warst, und ihr Benehmen ist jetzt schon besser als das deine zum gegenwärtigen Zeitpunkt!«

Edmund errötete, trat verlegen von einem Bein aufs andere, vergewisserte sich angelegentlich, ob sein Gürtel auch richtig festgeschnallt war, und murmelte eine mürrische Entschuldigung; dann entstand ein peinliches Schweigen. Die Kinder waren ihr Leben lang streng erzogen worden, und ihr Vater hatte so selten Grund gehabt, eines von ihnen zu tadeln, daß der Rüffel, den Edmund bekommen hatte, für alle schrecklich war. Edmund tat Gytha leid, und als Lady Edith eiligst begann, von Gunhilds neu erlernten Fähigkeiten zu berichten, ging sie zu ihm hinüber und drückte ihm heimlich einen ihrer größten Schätze in die Hand: eine hübsche, leuchtend blaue, goldgesprenkelte Perle, die sie in ihrer Börse aufbewahrte.

»Oh, was ist denn das?« rief Edmund und betrachtete sie von allen Seiten.

»Es ist ein Geschenk für dich«, flüsterte Gytha. »Pater Turkill hat sie mir gegeben. Er hat sie in seinem Garten gefunden.«

»Was ist das?« fragte Graf Harold. Edmund zeigte ihm die Perle, und er sagte: »Es ist ein Lapislazuli! Wahrscheinlich stammt er aus Ägypten. Du sagst, Turkill hätte ihn in seinem Garten gefunden? Ich frage mich, wie er dorthin gelangt ist.«

»Er hat gesagt, eine alte römische Dame hätte ihn verloren, als ihre Halskette riß«, erklärte Gytha.

»Das wäre eine Erklärung«, erwiderte Graf Harold ernst, während er ihn Edmund zurückgab. Alle waren es zufrieden, wußten sie doch, daß Pater Turkill, der Sakristan, eine Sehergabe besaß, die weit über das Normale hinausging. Häufig starrte er eine Zeitlang unbestimmt ins Leere, um dann kurz über etwas zu berichten, das sich vor langer Zeit ereignet hatte oder sich in Zukunft ereignen würde. Edmund besah sich nochmals die Perle, überlegte, was er damit anfangen sollte, und sagte dann: »Danke, Gytha. Sie ist sehr hübsch, aber ich könnte sie verlieren. Würdest du sie für mich aufbewahren?«

Seine Eltern tauschten einen leicht amüsierten Blick angesichts dieser unerwarteten Diplomatie, und Gytha nahm ihren Schatz höchst zufrieden wieder entgegen und verstaute ihn sorgsam in ihrer Börse.

»So, Kinder!« rief Graf Harold. »Der König wird in ungefähr einer Stunde hier sein. Er wird natürlich mit uns zu Abend essen, aber seine eigenen Leute werden sich um seine sonstigen Bedürfnisse kümmern, und ich muß dafür sorgen, daß sie alles haben, was sie brauchen. Ich habe sie angewiesen, seine Zelte auf dem nördlichen Anger gegenüber dem Mühlbach zu errichten. Das Heu hat genügend Zeit, um sich bis zur Ernte wieder zu erholen, wenn es während seines Aufenthalts nicht zu viel regnet.« Er durchquerte entschlossen die Halle und rief beim Hinausgehen nach seinem Verwalter.

König Edward traf am späten Nachmittag ein, zusammen mit seiner Frau, Graf Harolds Schwester Edith, Kinsey von York, den Bischöfen von Sherborne, Wilton, Exeter, London, Elmham, Lichfield, Dorchester, Durham, Selsey, Hereford und Wells, elf Äbten, Graf Harolds drei Brüdern, Tosti, Gyrth und Leofwin, Graf Alfgar von Mercia und, wie es Gytha vorkam, einer Riesenanzahl anderer bedeutender Männer mit ihren Dienern.

Sie beobachtete die Ankunft der Prozession, zusammen mit ihrer Mutter, Magnus und Gunhild, von einem Aussichtsplatz hinter der Mühle aus und sah, wie ihr Vater, gefolgt von Godwin und Edmund, den König und alle anderen auf ungezwungene und freundschaftliche Weise begrüßte, und sie dachte, daß er in dieser unbekannten Welt fern von Waltham sehr bedeutend sein müsse, wenn er so frei mit so hohen Persönlichkeiten lachen und reden konnte.

Erst als der Zug sich wieder in Bewegung setzte – ihr Vater ging plaudernd neben dem reitenden König her, während er mit einer Hand das Pferd am Zügel führte –, fiel ihr auf, daß etwas nicht stimmte. Wenn sonst Gäste in Waltham eintrafen, begrüßte ihre Mutter sie...

»Mutter«, fragte sie und zupfte an Lady Edith' Ärmel, »warum bist du nicht bei Vater?«

»Weil...«, begann Edith und schaute ihrer Tochter in das verwirrte Gesicht. Sie zögerte, biß sich auf die Lippe und bemerkte dann beiläufig: »Magnus, würdest du Gunhild bitte zurück zu Audrey bringen, und dann kannst du dir die Pferde des Königs ansehen, falls du nicht im Weg bist.«

Bereitwillig packte Magnus mit festem Griff die Hand seiner kleinen Schwester und entfernte sich langsam, wobei er seine Schritte ihrem noch unsicheren Getrampel anpaßte. Edith beobachtete sie, bis sie außer Sichtweite waren, ließ sich dann auf der niedrigen Mauer nieder, die den Mühlbach an dieser Stelle einfaßte, zog Gytha näher zu sich heran und sagte: »Der König sieht mich nicht gern zusammen mit deinem Vater. Weißt du, dein Vater und ich haben nach dänischer Art, also nicht in der Kirche, geheiratet, und der König billigt das nicht.«

»Ich dachte, die Leute heiraten immer in der Kirche«, sagte Gytha und zog vor Erstaunen die Augenbrauen hoch.

»Nicht immer. Dem Gesetz nach genügt es, wenn ein Mann und eine Frau in Gegenwart anderer Menschen erklären, daß sie einander als Mann und Frau nehmen, ihre Kinder haben dann die gleichen Rechte, als wenn sie von einem Priester verheiratet worden wären.«

»Aber warum nehmen sie dann keinen Priester?«

»Weil es dann nahezu unmöglich wäre, die Ehe später aufzulösen, falls – falls dies nötig sein sollte.«

»Warum sollten sie sie auflösen wollen?«

»Vielleicht, weil sie merken, daß sie sich doch nicht gern haben...« Edith hielt inne, dachte nach und entschloß sich dann, die ganze Wahrheit zu erzählen, in der Hoffnung, das Kind würde sie begreifen. »Dein Vater ist ein sehr bedeutender Mann, verstehst du. Er ist der zweitwichtigste Mann nach dem König in ganz England, sein wichtigster Berater und Befehlshaber der Armee. Ich bin nicht bedeutend. Ich bin nur die Tochter des Verwalters eines seiner vielen Güter. Ich hatte großes Glück, daß er mich überhaupt geheiratet hat, wenn auch nur nach dänischem Recht. Er tat es, weil er mich liebte und weil er möchte, daß unsere Kinder einen rechtmäßigen Platz im Leben bekommen. Eines Tages jedoch wird er wahrscheinlich eine andere heiraten müssen, eine Frau ebenbürtigen Ranges, und dann muß er frei sein.«

»Warum? Das kann er doch nicht tun! Wie könnte er

jemand anderen heiraten wollen?« Gytha war bestürzt, und ihre Augen füllten sich mit Tränen.

»Kannst du ein Geheimnis bewahren?«

»Natürlich kann ich das!« erwiderte sie, während sie ein Stück näherrückte und die Tränen blinzelnd unterdrückte.

»Der König und die Königin haben keine Kinder.«

»Ich weiß.«

»Eines Tages wird der König sterben, und er muß irgendeinen Nachfolger haben, oder der Himmel weiß, was sonst geschieht! König Edward hat auch keinen Bruder mehr. Er hatte sieben Brüder, aber sie sind alle im Lauf der Jahre gestorben, und nur einer von ihnen hatte einen Sohn.«

»Dann kann doch der Sohn der nächste König werden!« sagte Gytha. »Wo ist er?«

»Er wurde weit weg in ein fernes Land geschickt, als Knut König von England wurde. Vor drei Jahren bat der König ihn, nach England zurückzukehren, und er kam, mit seinen Kindern, starb jedoch bald nach seiner Rückkehr. Er hat einen Sohn, Edgar, er ist Thronerbe, aber noch ein kleiner Junge, ungefähr so alt wie Magnus. Er kann erst, wenn er viel älter ist, England regieren oder die Armee befehligen.«

»Ist er auch noch nicht alt genug, wenn der König stirbt?«

»Der König ist sehr alt – schon über fünfundfünfzig –, und nur wenige Menschen werden sechzig Jahre alt. Er müßte über siebzig Jahre alt werden, bis Edgar alt genug wäre, um zu regieren. Der *Witan* muß einen anderen wählen können.«

»Der *Witan*? Das ist der Kronrat, nicht wahr? Meister Athelard hat mir davon erzählt. Vater gehört ihm an.«

»Alle großen Männer des Landes gehören ihm an. Es sind die weisen Männer, die dem König regieren helfen. Wenn ein König stirbt, haben sie das Recht und die Pflicht, seinen

Nachfolger zu wählen. Sie müssen einen Mann wählen, der gut regieren kann und das Land vor unseren Feinden schützt. In der Vergangenheit haben sie manchmal ein Kind gewählt, wenn sonst niemand da war, aber das hat immer große Probleme mit sich gebracht, und ich glaube nicht, daß sie das jemals wieder tun werden. In der Bibel heißt es: *Wehe dem Königreich, dessen König ein Kind ist!*«

Gytha dachte eine Zeitlang angestrengt nach, während ihre Mutter wartete und hoffte, nichts mehr sagen zu müssen. Sie beobachtete, wie sich der Ausdruck im Gesicht ihrer Tochter veränderte, während diese das Gehörte verarbeitete und ihre Gedanken ordnete. »Du meinst, Vater muß vielleicht eine Frau heiraten, die ... dann Königin sein würde?« fragte sie.

Edith war erstaunt über Gythas scharfe Auffassungsgabe, sie hatte nicht nur verstanden, daß ihr Vater eines Tages vielleicht König werden würde, sondern diese Tatsache auch mit dem ersten Teil des Gesprächs verbunden. Sie nickte langsam und bedeutungsvoll.

»Ich werde beten, daß der König hundert Jahre alt wird, damit Lord Edgar alt genug ist, wenn die Zeit kommt«, sagte Gytha bestimmt. »Dann braucht Vater uns nicht zu verlassen und eine andere zu heiraten.«

»Er würde dich und deine Geschwister nicht verlassen«, sagte Edith schnell. »Nur mich.«

»Aber das kann – das darf er nicht!« Gythas Augen füllten sich erneut mit Tränen. »Was würdest du tun? Ich will nicht, daß er dich verläßt!«

Edith seufzte. »Keiner von uns kann immer nur das tun, was ihm gefällt. Dein Vater ist ein sehr bedeutender Mann und dafür muß er manchmal bezahlen, indem er Dinge tun muß, die hart für ihn sind. Ich wußte immer, daß er eines Tages eine andere Frau würde heiraten müssen. Ich bin sehr froh, daß ich zwanzig Jahre lang mit ihm glücklich sein konnte, aber ich bin darauf vorbereitet, ihn gehen zu lassen, wenn der Zeitpunkt kommt, und ich habe dir alles erzählt, damit auch du vorbereitet bist. Er wird euch nie verlassen – davor brauchst du keine Angst zu haben! Was mich betrifft – ich werde in ein Kloster gehen. Königin Edith hat versprochen, ich könne nach Wilton gehen, falls – falls ich jemals ins Kloster gehen muß oder dies wünsche. Sie hat das Haus dort neu gegründet, aber es ist sehr alt, und viele große Damen – sogar Töchter und Witwen von Königen – sind dort Nonnen gewesen; es ist also eine große Ehre, dort Zugang zu erhalten. Wir wollen nichts weiter dazu sagen, Gytha, und es als Geheimnis bewahren, nur wir beide, denn vielleicht trifft es ja niemals ein, und es schickt sich nicht, darüber zu reden. Der König ist gesund und kräftig, und manche Menschen werden sehr, sehr alt. Er befehligt auch nicht die Armee, also wird er vermutlich auch nicht in einer Schlacht umkommen.«

Sie sprach freundlich und voll Zuversicht und bemerkte nicht, daß Gytha ihr einen jähen, entsetzten Blick zuwarf. So fiel ihr weder jetzt noch später auf, daß die Worte, die ihre Tochter eigentlich hatten beruhigen sollen, ihr in Wirklichkeit klarmachten, daß der Mann, der die Armee anführt, getötet werden konnte, und das war ihr Vater.

Es gab vieles, worüber Gytha nachdenken mußte; daher ging sie, nachdem ihre Mutter sie entlassen hatte, in die Kirche, denn sie vermutete, dies würde bei der gegenwärtigen Zahl von Gästen der einzig ruhige Ort in Waltham sein. Das neue Bauwerk war gerade erst fertiggestellt und noch nicht geweiht worden, aber die Vorbereitungen für dieses große Ereignis waren nahezu abgeschlossen. Nur Turkill war noch da und breitete die zwölf neuen Altardecken eine nach der anderen auf dem neuen Altar aus, um zu entscheiden, welche ihn schmücken sollte, nachdem der Erzbischof ihn gesegnet hatte. Er war zu sehr in sein Problem vertieft, um zu bemerken, wie Gytha durch die Tür des großen Westportals hereinschlüpfte und sich in einer Ecke auf der Bank an der Wand niederließ, ihrem Lieblingsplatz zum Nachdenken.

Es war ein Schock für sie, daß ihr Vater eines Tages vielleicht König sein würde und er sich dann eine neue Frau nehmen mußte. Sie fing an zu weinen. Ihr Körper wurde von lautlosen Schluchzern geschüttelt. Turkill entdeckte Gytha, als er zum Westportal ging, um die Tür abzuschließen.

»Quält dich etwas, Kind?« fragte er leise.

»Ja, Pater.« Sie schniefte und rieb sich mit den Fäusten die Augen.

Er wartete in mitfühlendem Schweigen, doch sie fragte nur: »Es wird alles gut, nicht wahr?«

»Es wird kommen, wie Gott will«, erwiderte er, »und Gottes Wille erweist sich am Ende immer als richtig. Auch wenn es uns im Augenblick nicht gefällt, müssen wir geduldig und tapfer sein.«

Gytha hörte das alles nicht gern, und »am Ende« konnte eine sehr lange Zeitspanne bedeuten. Es war nicht schwer für Turkill, in ihrem Gesicht zu lesen, und für einen Moment legte er seine sanfte, behutsame Hand segnend auf ihren Kopf.

»Du darfst nicht zu spät zum Abendessen kommen«, sagte er. »Dein Vater wünscht, daß du etwas ganz Besonderes für ihn tust, deshalb solltest du jetzt vielleicht gehen.«

Gytha akzeptierte, daß Turkill die Wünsche ihres Vaters kannte, deshalb stürmte sie aus der Kirche und bahnte sich den Weg durch das Gedränge von hin- und hereilenden Dienern, die noch immer damit beschäftigt waren, die Habe ihrer jeweiligen Herren von den Wagen zu laden und in die Zelte zu bringen. Wohlriechende Düfte drangen aus den Küchenräumen, und durch die geöffneten Türen der Halle konnte sie sehen, wie man Tische auf Böcken aufstellte und das Hauspersonal Schneidebretter und Becher für eine große Zahl von Leuten hervorholte.

Sie aß nur selten in der Halle zu Abend und nie, wenn

Gäste da waren. Selbst Magnus wurde dafür als zu jung angesehen, deshalb ging sie in das Frauengemach, wo ein Extratisch für Gunhild, Magnus und sie, Audrey und, zu ihrem Erstaunen, ihre Mutter gedeckt war. Sie unterdrückte rechtzeitig die Frage, warum Edith am Tische König Edwards nicht erwünscht war, bemerkte dann jedoch einen sechsten Platz und rief: »Ißt noch jemand mit uns?«

»Deine Tante, die Königin, hat gefragt, ob sie sich uns anschließen darf«, antwortete Edith ruhig. Sie errötete ein wenig beim Sprechen, denn die Haltung des Königs weckte stets eine geheime Bitternis in ihr, und Königin Edith' Freundlichkeit war deshalb ein Trost für sie. »Gytha, erinnerst du dich noch, daß du an Weihnachten Bischof William den Becher gebracht hast, als er hier war, um sich die neue Kirche anzusehen?«

»Ja.« Gytha erinnerte sich gut daran, denn es war eine große Sache für sie gewesen. Es war die Pflicht der Hausherrin, zu Beginn eines Festes einem Ehrengast feierlich ein Glas Wein zu reichen, und man hatte Gytha damals sorgfältig auf die Aufgabe vorbereitet, wobei sie sich beim Üben die ganze Zeit fragte, warum sie sie erfüllen sollte und nicht ihre Mutter. Nun kannte sie den Grund.

»Dein Vater möchte, daß du diese Aufgabe wieder übernimmst, aber nur, wenn du das Gefühl hast, dem Ganzen gewachsen zu sein.«

»Bischof William?«

»Nein. Diesmal ist es der König.«

Einer von Harolds Haushofmeistern kam, um Gytha zu holen, als die Gäste langsam eintrafen. Er blieb draußen mit ihr stehen und hielt ihre Hand, um sie zu beruhigen, doch sie war von der bevorstehenden Ehre zu angetan, um aufgeregt zu sein. Sie hüpfte ein wenig auf und ab, während sie darauf wartete, bis all die bedeutenden und weniger bedeutenden Männer ihre Plätze eingenommen hatten.

Es herrschte lautes Stimmengewirr, das sich plötzlich in

ehrfürchtiges Schweigen verwandelte, als die leicht zitternde Stimme des alten Erzbischofs ein langes lateinisches Tischgebet sprach, das sie dank Meister Athelards Schulung besser als mancher der anwesenden Erwachsenen verstand. Dann ertönte das Scharren von Bänken, Hockern und Stühlen, und das Reden setzte, wenn auch etwas gedämpfter, wieder ein. Harolds Haushofmeister spähte um den Türpfosten, nickte ihr zu und reichte ihr den goldenen Kelch mit dem juwelenbesetzten Deckel, der nur für wirklich bedeutende Gäste benutzt wurde.

»Der König ist der Mann neben deinem Vater, in der Mitte des Tisches, mit dem silbernen Bart«, sagte er hastig. »Denk dran, geh langsam und tritt nicht auf deinen Rock, wenn du die Stufen hinauf- oder hinuntergehst!«

Gytha nickte, packte den Stiel des Pokals fest mit einer Hand und legte die andere auf den Deckel, der nicht ganz fest saß. Sie erinnerte sich, daß sie beim letzten Mal erschrocken war, weil er gewackelt hatte.

»Jetzt?« fragte sie.

»Einen Augenblick noch...« Der Haushofmeister schob eine lange Haarsträhne über ihre Schulter zurück und setzte ihren goldenen Haarreif gerade. »Jetzt!«

Der Weg durch die Halle schien endlos, und man mußte um die Feuerstelle in der Mitte herumgehen, doch nachdem sie sicher daran vorbei war, richtete sich ihr Blick auf das Podest, und der Anblick mehrerer vertrauter Gesichter gab ihr Mut. Natürlich war Bischof William da, der so ruhig und geistesabwesend aussah wie immer, und Erzbischof Kinsey, der ihr aufmunternd zulächelte. Ihre Onkel Gyrth und Leofwin saßen jeweils an einem Tischende und lächelten ihr ebenfalls zu, und ihr Vater beobachtete sie mit einem leicht besorgten Stirnrunzeln, so daß sie nicht anders konnte, als auch ihm zuzulächeln und ihm zu signalisieren, daß alles gutgehen würde.

Dann wandte sie ihre Aufmerksamkeit dem Mann zu seiner Rechten zu; er war sehr groß, sein Bart und langes silbernes Haar umrahmten ein sanftes, nahezu ausdrucksloses Gesicht, dessen Haut so klar und transparent war, daß man meinte, das Blut durchscheinen zu sehen. Ein trauriger Ausdruck lag in seinen hellen, blauen Augen. Sie richtete den Blick fest auf sein Gesicht und vergaß alle anderen Anwesenden, während sie langsam auf ihn zuging.

Es waren zwei Stufen bis zum Podest, und sie konnte ihren langen Rock nicht heben, da sie beide Hände für den schweren Pokal brauchte, doch sie erinnerte sich an den Trick, den ihre Mutter ihr beigebracht hatte: Sie schob das Kleid mit dem Fuß nach vorne, und es glückte ihr, die Stufen hinaufzugehen, ohne auf die Innenseite ihres Rockes zu treten. Mit vor Konzentration zusammengebissenen Zähnen machte sie eine steife kleine Verbeugung und blickte dann dem König ernst ins Gesicht, um auf seine Erwiderung zu warten. Ein leichtes Lächeln erschien auf dem bärtigen Gesicht, und er neigte als Antwort den Kopf. Bischof William hatte ihr letztes Mal nur leicht zugenickt, wie sie sich erinnerte.

Ein strahlendes Lächeln malte sich auf ihrem Gesicht, und vorsichtig stellte sie den Pokal auf dem Tisch ab, so dicht vor König Edward, wie sie konnte. Dann sagte sie klar und deutlich mit heller Stimme: »Willkommen in unserem Haus, mein König!«

»Ich danke dir für deinen Willkommensgruß, Nichte«, erwiderte er ernst.

Erneut verbeugten sie sich voreinander, und Gytha, die zutiefst erleichtert war, daß sie weder den Pokal fallengelassen noch vergessen hatte, was sie sagen mußte, drehte sich um und sprang die Stufen hinunter, besann sich dann und ging gesetzten Schrittes durch die lange Halle. Aus irgendeinem Grund klatschten alle oder klopften auf die Tische, aber ihr kam nicht in den Sinn, sie könnten ihr applaudieren, da ihre ganze Aufmerksamkeit darauf gerichtet war, die Tür zu erreichen, ohne über etwas zu stolpern.

Sobald sie dort angelangt war, lief sie zurück in das Frauengemach, denn sie war plötzlich sehr hungrig, doch bevor es etwas zu essen gab, galt es noch eine andere Zeremonie zu überstehen. Königin Edith befand sich im Frauengemach, und Gytha mußte ihr natürlich ihre Ehrerbietung erweisen, und angespornt von ihrem Erfolg in der Halle, fügte sie noch hinzu: »Willkommen in unserem Haus, Lady Edith.«

»Tante Edith, Herzchen, hier in dieser Ungestörtheit!« erwiderte die Königin und umarmte und küßte sie. Die Frau des Königs war viel jünger als ihr Gatte, liebte Kinder von Herzen, hatte jedoch keine eigenen, denn es war allgemein bekannt, daß König Edward vor seiner Heirat ein Keuschheitsgelübde abgelegt hatte. Was die Königin darüber dachte, wußte niemand, und niemand stellte Vermutungen darüber an, doch ihre Zuneigung für die Kinder ihrer Brüder, sowohl Harolds Schar als auch Tostis beide Söhne, genoß sie sichtlich und offen, wann immer sie Gelegenheit hatte, mit ihnen zusammen zu sein. Obwohl ihr Mann Harolds ungebührliche Verbindung mißbilligte, behandelte sie ihre Namensvetterin in Waltham immer rücksichtsvoll und freundlich.

Das Essen bestand aus Fisch und Gemüsegerichten, da es Freitag war, aber die Köche hatten verschiedene Kräuterfüllungen für den Karpfen und die Forelle zubereitet, und als geschmackliche Variante gab es geräucherten Hering. Die Kinder aßen schweigend, wie man es ihnen beigebracht hatte, aber die beiden Frauen namens Edith unterhielten sich offen und ungezwungen über Haushaltsangelegenheiten und andere Themen.

Die Königin hatte vor kurzem das Kloster, das sie in Wilton neu gegründet hatte, besucht, um den Wiederaufbau zu besichtigen und der Frau ihres Bruders ein wunderschönes Leinenhemd mitgebracht, das die Nonnen bestickt hatten.

»Sie sticken nebenher auch weltliche Dinge, um ihren

Lebensunterhalt aufzubessern«, sagte sie, »aber ich habe für die neue Kirche auch einige von ihren Altartüchern mitgebracht. Wie schnell Harolds Steinmetzen gearbeitet haben! Die neue Kirche des Königs auf Thorney Island ist noch lange nicht fertig. Es heißt, daß noch fünf bis sechs Jahre daran gebaut werden muß.«

»Aber die Kathedrale des Königs ist weitaus größer als unsere hier«, erklärte Edith, »und wir hatten den Vorteil, daß die alte Kirche ebenfalls aus Stein war, so daß man die alten Fundamente verwenden konnte. Die Gräben auszuheben und ein starkes Fundament zu legen, kostet viel Zeit und Mühe. Wie herrlich die Kathedrale des Königs sein wird! Hat er vor, ein Kollegium für weltliche Priester daraus zu machen, so wie in Waltham?«

»Nein. Es wird eine Benedektinerabtei wie vorher die alte Kirche, die sie ersetzt. Der König schätzt diesen Orden sehr. Und nun sag, Gytha«, wandte sie sich unvermittelt an ihre Nichte, »wie hat deine kleine Aufgabe geklappt? Hast du alles richtig gemacht?«

»Ich – ich glaube schon, Tante Edith«, antwortete Gytha ein wenig stotternd, denn sie konnte sich nicht erinnern, jemals zuvor aufgefordert worden zu sein, bei Tisch zu sprechen. »Onkel, ich meine, der König, hat mir zugelächelt.«

Die Kinder trauten sich nicht, nochmals zu sprechen, und wurden auch nicht dazu aufgefordert, aber sie durften vor dem Zubettgehen mit ihrer Tante ein lustiges Stäbchenspiel spielen, und die Königin hörte zu, wie sie ihre Gebete aufsagten, und küßte sie, während sie sie in ihren Betten zudeckte. Danach verließen sie und ihre Namensschwester das Gemach und suchten sich eine ruhige Ecke im Obstgarten, um ihre Unterhaltung fortzusetzen.

Die Männer hatten vor, am nächsten Morgen nach der Messe auf die Jagd zu gehen, deshalb dauerte das Fest nicht sehr lange. Harold begleitete seinen königlichen Schwager zu seinem Zelt und verweilte noch eine Zeitlang, um mit ihm über die Zeremonie am Montag zu sprechen. Dann ging er durch die warme Frühlingsnacht zu den Pferdeunterkünften, um zu kontrollieren, ob die Pferdeknechte alles hatten, was sie brauchten. Danach ging er in die neue Kirche, um vor dem großen Kruzifix zu beten, das im hohen Gewölbe der Vierung hing.

Das Kreuz war vor vielen Jahren mit einer Silberschicht bedeckt worden und schimmerte nun schwach im Schein der Kerzen, die Tag und Nacht darunter brannten. Harold kniete auf dem neuen, mit Steinfliesen belegten Fußboden und betete, den Blick auf die Gestalt Jesu Christi gerichtet. Sie war aus schwarzem Stein gemeißelt und trug eine goldene Dornenkrone. Im Subpedaneum, das seine Füße trug, funkelte ein großer Rubin. Turkill, der in der Sakristei schlief, kam heraus, um zu sehen, wer da war, hielt inne, um für den Grafen einen stummen Segen zu sprechen, und blieb starr vor Freude stehen, als seine Sehergabe ihm einen kurzen Blick auf den Rang erlaubte, zu dem Graf Harold aufsteigen würde. Dann schlich er zurück zu seinem Lager, leise das *Te Deum* murmelnd.

Gleich darauf erhob sich Harold, mit sich selbst im reinen, verließ das Gebäude und ging auf das kleine Haus zu, das er mit Edith teilte, wenn er daheim war. An der Tür blieb er stehen, dachte einen Augenblick nach und ging dann zum Frauengemach. Ein Wächter stand vor der Tür, aber er nickte nur grüßend, als er im Mondlicht seinen Herrn erkannte, und Harold trat leise ein.

Am Kamin brannte ein schwaches Talglicht als Nachtbeleuchtung, und in dessen düsterem Schein ging Harold zum Bett seiner älteren Tochter und kniete davor nieder. Sie war noch wach, denn ihre Gedanken waren mit den Neuigkeiten beschäftigt, die sie am Nachmittag erfahren hatte. Sie rührte sich und setzte sich auf.

»Vater?« flüsterte sie.

»Ich wollte dir sagen, daß ich heute abend stolz auf dich

war«, sagte er ruhig. »Du bist ein braves Mädchen und eine Freude für deine Mutter und mich. Dein königliches Blut zeigte sich heute in der Halle in jeder deiner Bewegungen.«

»Königlich?« fragte sie verwirrt.

»Deine Großmutter, meine Mutter, stammt von den dänischen Königen ab. Ihr Urgroßvater war König Harald Blauzahn, und König Svein von Dänemark ist der Sohn ihres Bruders. Vergiß das nie, Gytha. Dein Vetter ist ein König, und du bist königlicher Abstammung. Gute Nacht, meine kleine Prinzessin.«

Er küßte sie, sein Schnurrbart kitzelte sie im Gesicht, und er berührte sanft mit einem Finger ihre Wange, während er einen Segen murmelte.

»Vater?« fragte sie, als er sich zum Gehen wandte.

»Ja?«

»Du gehst nicht weg von mir, nicht wahr?«

»Wie meinst du das, Herzchen? Ich muß weggehen, aber ich komme immer zurück, wenn ich kann.«

»Ich meine – du bleibst nicht einfach weg?«

»Natürlich nicht. Dies hier ist mein Zuhause, und du bist meine geliebte Tochter. Es wird immer mein Wunsch sein, hier bei dir zu sein, und ich werde so oft wie möglich kommen.«

»Ja. Gott segne dich, Vater.«

»Dich auch, mein Liebes. Gute Nacht.«

Die Einweihungszeremonie drei Tage später war das größte Ereignis, das Waltham je erlebt hatte. Viele bedeutende und hervorragende Personen nahmen daran teil, alle aufs prächtigste gekleidet. Die Bischöfe trugen selbstverständlich alle reich bestickte Gewänder mit üppiger Goldverzierung und die Ordensgemeinschaft ihre besten Roben, denen es an Gold- und Silberschmuck nicht fehlte. Graf Harold trug einen edelsteinbesetzten goldenen Reifen auf dem Kopf, einer kleinen Krone nicht unähnlich, und König Edward, ein prachtvoller Anblick in seiner purpurroten Robe mit der schweren Goldstickerei, trug auf seinem silbernen Haar die Krone von England.

Nachdem der Erzbischof mit einer Reihe von Bischöfen die Runde gemacht und draußen und drinnen die in Stein gehauenen Kreuze des Bauwerks und die Schwelle gesegnet hatte, kehrte er zum Hochaltar zurück und weihte sie zu Ehren des Heiligen Kreuzes. Danach mußten die Altäre in den Seitenkapellen des Querschiffes und in den Seitenschiffen geweiht werden, wobei jeweils ein Bischof vor einem Altar die entsprechenden Worte und Gebete sprach, so daß alles gleichzeitig erfolgen konnte.

Darauf folgte die Messe und dann eine langwierige Zeremonie, in deren Verlauf die Würdenträger der neuen Kathedrale offiziell ernannt und dem neuen Dekan, Pater Wulfwin, vom König und Graf Harold urkundlich verbriefte Rechte verliehen wurden. Schließlich brachten sechs der stärksten Soldaten Graf Harolds eine große eisenbeschlagene Truhe herein, als Geschenk für die neue Kirche. Sie enthielt viele Heiligenreliquien, dazu Altargefäße und Kruzifixe aus Gold und Silber, die Harold während seiner Wallfahrt nach Rom erworben und für diesen Tag aufbewahrt hatte. Dekan Wulfwin nahm die Schätze hocherfreut in Empfang. Er berührte ehrfürchtig die in Tücher eingehüllten Gebeine, die in seinen Augen noch viel kostbarer waren als der Gold- und Silberschmuck.

Mittlerweile war Gunhild in Edith' Armen eingeschlafen, Magnus war zappelig und hielt nach einer Möglichkeit Ausschau, unbemerkt zu verschwinden, und Gytha dachte sehnsüchtig ans Mittagessen.

Endlich war der letzte Segen gesprochen, und die Geistlichen schritten in feierlicher Würde aus der Kirche, gefolgt von König Edward und Königin Edith. Harold wandte sich um und gab seinen Söhnen und seiner Tochter ein Zeichen, ihm und ihrer Mutter zu folgen, um die Grafen und anderen großen Männer hinauszugeleiten.

Das Mittagessen wartete auf Harold und all seine Gäste in der Halle beziehungsweise für die Leute geringeren Ranges und die Vertreter der Stadt in einer Reihe von Zelten. Nach den roten, angestrengten Gesichtern der Köche, Küchenjungen und Bediensteten zu urteilen, die seit dem Morgengrauen auf den Beinen waren, brachte sie die Mühe, so viele Menschen satt zu machen, an den Rand der Erschöpfung. Edith und die Kinder nahmen ihr Essen in der Ungestörtheit des Frauengemachs ein, und danach erhielten Magnus und Gytha die Erlaubnis, in die Stadt zu gehen und zuzuschauen, wie das Volk feierte.

Alle hatten sich einen freien Tag genommen, und nur die allerwichtigsten Aufgaben wie Kühe, Schafe und Ziegen melken wurden verrichtet. Harold hatte zwei schöne Rehböcke gestiftet, die über einer Feuergrube auf der freien Fläche vor dem Kirchhoftor gebraten wurden. Die Leute in der Stadt hofften, daß sie irgendwann die Erlaubnis erhielten, einen Jahrmarkt oder zumindest einen Markt abzuhalten, und achteten daher darauf, daß niemand sich das Recht nahm, dort zu bauen, was auf jeden Fall für Festlichkeiten dieser Art von großem Vorteil war. Harold hatte außerdem zwei riesige Fässer guten Rheinwein zur Verfügung gestellt; eines davon hatte man neben der Feuerstelle aufgestellt, das andere an der Straßenkreuzung außerhalb der Stadt, und jeder durfte umsonst daraus trinken.

Die beiden Kinder wurden freudig begrüßt. Die Leute gaben ihnen dicke, saftige Scheiben Wild auf Brotscheiben. Magnus, mit dem echten Appetit eines Knaben, kaute selig, während ihm der Bratensaft das Kinn hinablief, Gytha jedoch war noch vom Mittagessen satt und schmuggelte den größten Teil davon unbemerkt in das gierige Maul vom Hund des Schmieds.

Das Feiern und Fröhlichsein dauerte den ganzen Tag über

bis spät in den Abend hinein, doch der folgende Tag war ein gewöhnlicher Werktag für die Leute aus dem Ort, und viele der Gäste mußten am nächsten Morgen abreisen, und so war das Fest bei Sonnenuntergang zu Ende. Der König und seine engsten Vertrauten blieben noch. Sie wollten die ganze Woche der Feierlichkeiten anläßlich der Kreuzauffindung in Waltham verbringen, nicht so sehr der Festlichkeiten wegen, sondern um zu beten und zu meditieren und dazwischen ab und zu auf die Jagd zu gehen.

Im Verlauf der Woche gab es zwei Regentage, und anstatt zu jagen, saßen der König, Harold und die anderen bedeutenden Männer in der Halle und unterhielten sich. Gytha, die am Ende des Podests still mit ihren Puppen spielte, hörte und sah zu. Das meiste, was sie sagten, überstieg ihr Begriffsvermögen, aber sie fand die Unterschiede in Charakter und Verhalten dieser bedeutenden Männer äußerst interessant.

Ihr Favorit, gleich nach ihrem Vater, war Lord Ansgar, der Befehlshaber der Leibgarde. Er war groß, blond und schlank, besaß einen ruhigen, wachsamen Gesichtsausdruck und hatte selten viel zu sagen, wenn er jedoch sprach, hörten die anderen aufmerksam zu. Ihre Onkel Gyrth und Leofwin waren ebenso gutaussehend wie ihr Vater, aber Gyrth war ein impulsiver Mann, der viel redete, auch wenn es nicht immer besonders wichtig oder wohlüberlegt war, und Leofwin war sehr still und nachdenklich, sprach langsam, hielt beim Sprechen öfters inne, um jedes Wort abzuwägen, aber das wenige, das er sagte, war vernünftig.

Den Grafen Tosti, obwohl auch er ihr Onkel war und ihrem Vater altersmäßig am nächsten stand, mochte Gytha nicht. Er war hübsch und charmant, besaß ein bereitwilliges Lächeln und eine weiche, überzeugende Stimme, aber Gytha mißtraute instinktiv der Art, wie er von einem Sprecher zum anderen sah, jedes Wort abwog, den Gesichtsausdruck von anderen beobachtete, es jedoch vermied, jemanden direkt anzusehen. Er stand auf sehr gutem Fuß mit ihrem Vater, deshalb nahm sie an, er müsse auch ein guter Mensch sein, doch später, als sie älter war, erinnerte sie sich an ihren ersten ungünstigen Eindruck von ihm und stellte fest, daß er richtig gewesen war.

Der einzige Graf, der kein Godwinsson war, Alfgar, kam ihr sehr merkwürdig vor. Er stammte aus Mercia, war dunkelhaarig, ungezügelt und heftig, sprach wortreich und überbetont, schien jedoch seine Meinung häufig zu ändern, erhob Einwände gegen etwas, was einer der anderen gerade gesagt hatte, und schlug ein paar Augenblicke später genau dasselbe vor. Die anderen sahen einander oft unbehaglich an, während er sprach, und vermieden es, ihm direkt zu widersprechen, doch das half wenig, da selbst der leiseste Widerspruch ihn offensichtlich in Rage brachte und er dann auf den Tisch schlug und schrie.

Nach einer dieser Unterhaltungen drehte sich Harold, nachdem die anderen gegangen waren, in seinem Sessel um und fragte: »Gytha, bist du noch da?«

»Ja, Vater«, antwortete sie und trat, eine hölzerne Puppe in jeder Hand, vor ihn hin.

»Was hast du dir bei dem Gespräch gedacht?« fragte er lächelnd.

»Meine Puppen mögen den schwarzen Mann nicht«, sagte sie fest. »Er hat Onkel Gyrth angeschrien.«

»Das war Graf Alfgar von Mercia. Er gerät leicht in Wut«, sagte Harold, als erkläre das alles.

»Ich mag Leute, die schreien, nicht«, sagte sie.

»Schreien hilft gewiß nicht, Probleme zu lösen, aber manchmal fühlt sich ein zorniger Mensch besser danach«, bemerkte Harold mit einem leichten Lächeln. »Du bist auch manchmal wütend, und dann schreist du ganz bestimmt auch.«

»Er sah nicht so aus, als würde er sich besser fühlen. Jedenfalls mag ich ihn nicht. Er ist schlecht und böse, nicht gut wie du.«

»Gut?« Harold war verblüfft. »Ich bin nicht gut, Gytha!«

»Doch, das bist du. Alle in der Stadt haben nach dem großen Gottesdienst am Montag gesagt, wie gut du bist, und Pater Turkill hat heute morgen gesagt, du seist gut, weil du der Kirche all diese schönen Sachen geschenkt hast. Er hat gerade das neue Silber poliert und gesagt, du hättest unsere Kirche zur schönsten in ganz England gemacht!«

»Das macht mich noch nicht zu einem guten Menschen, Liebes! Ich bin ein reicher Mann – es ist leicht für mich, der Kirche oder den Armen etwas zu schenken, aber den Leuten ein wenig von dem zu geben, was man besitzt, macht einen noch nicht gut. Was zählt, ist, was für ein Mensch man ist. Ich habe viele, viele Fehler. Zum Beispiel bin ich sehr ehrgeizig. Weißt du, was *ehrgeizig* bedeutet?«

Gytha dachte über das Wort nach, blickte auf der Suche nach einer Eingebung in die ausdruckslosen Gesichter ihrer Puppen und räumte dann ein: »Ich glaube, das Wort habe ich noch nie gehört.«

»Es bedeutet, daß ich weiß, worauf ich mich verstehe, und die Gelegenheit suche, es auch zu tun, selbst wenn andere Menschen darunter zu leiden hätten.«

Gytha grübelte ein paar Momente darüber nach und sagte dann: »Meister Athelard sagt, wir sollten versuchen, alles so gut wie möglich zu tun, ob wir es gut können oder nicht, weil Gott das von uns verlangt.«

Harold seufzte. »Ja, aber was ist, wenn wir nur glauben, etwas gut zu können, und jemanden verdrängen, der es vielleicht besser kann?«

Er erkannte am Gesichtsausdruck seiner Tochter, daß das Gesagte zu schwierig für sie wurde, deshalb schüttelte er den Kopf und sagte: »Laß, Herzchen! Ich wünschte, du wärest etwas älter, und ich könnte diese Dinge mit dir erörtern. Man kann besser mit dir reden als mit den anderen. Godwin und Edmund haben anscheinend nur Interesse daran, das Soldatenhandwerk zu erlernen, und Magnus möchte Dinge tun und nicht darüber reden!«

»Ich werde ja älter«, versprach Gytha ernst.

Fast zwei Jahre lang genoß England, bis auf einen Einfall der Schotten in Northumbria, eine Periode des Friedens und des Wohlstands, wie sie das Land, soweit die Leute zurückdenken konnten, kaum einmal erlebt hatte.

Erzbischof Kinsey starb, nicht lange nachdem er die neue Kathedrale in Waltham geweiht hatte, und Aldred, Bischof von Worcester, wurde an seiner Stelle ernannt. Er brach zu Beginn des neuen Jahres nach Rom auf, um sein Pallium vom Heiligen Vater entgegenzunehmen, und da das Land ruhig und friedlich war, reisten Gythas Onkel Tosti und Gyrth mit ihm, sowohl in diplomatischer Mission für König Edward, als auch um ihre Wallfahrt zu machen. Wahrscheinlich war es Tostis Abwesenheit von seiner Grafschaft Northumbria, die die Schotten zu dem Überfall ermutigte, doch er stellte nach seiner Rückkehr die Ordnung rasch wieder her.

In dieser friedlichen Zeit konnte Graf Harold Waltham häufiger aufsuchen, einige Zeit beim Gebet in seiner Kirche verbringen und mit Dekan Wulfwin und Meister Athelard sprechen; er freute sich, seine Familie öfter zu sehen, spielte mit Gunhild, nahm Magnus auf die Jagd und Beizjagd mit und plauderte mit Gytha, bei der er sich anscheinend noch wohler fühlte als bei Edith.

An einem Sommernachmittag, als sie über die Weiden schlenderten und das Vieh betrachteten, erzählte er ihr von der Wallfahrt ihrer Onkel, und sie fragte ihn, ob er gern mit ihnen gereist wäre.

»Ja und nein«, erwiderte er. »Ich bin froh, daß ich vor ein paar Jahren Gelegenheit hatte, nach Rom zu gehen, aber im Augenblick bin ich nervös, wenn ich nicht in England bin, weil ich mich ständig frage, was in meiner Abwesenheit vorgeht. Der König scheint mit zunehmendem Alter immer weniger Interesse am Regieren zu haben. Er verbringt seine Zeit am liebsten mit Beten oder Jagen, und in seiner Umgebung gibt es Männer, die ihn dazu ermutigen, damit sie tun können, was ihnen gefällt, ohne daß er es merkt.«

»Ist dieser schwarze Mann einer von ihnen?« fragte Gytha, die daran dachte, wie dunkel Graf Alfgars schwarzes Haar und gebräuntes Gesicht neben ihrem Vater und den Onkeln, den blonden Godwinssons, gewirkt hatte und wie groß ihre Abneigung gegen ihn gewesen war, obwohl sie sich nicht mehr an seinen Namen erinnern konnte.

»Graf Alfgar? Ja, ich glaube schon. Er ist neidisch auf deine Onkel und mich. Er forderte neben der Grafschaft Mercia auch die von Northumbria, die jetzt dein Onkel Tosti innehat. Der König wollte das nicht, weil er ihm nicht traut, aber Alfgar ist sich anscheinend nicht im klaren, daß gemeinsam mit den Walisern gegen den eigenen König und die eigenen Landsleute zu kämpfen nicht der geeignete Weg ist, die Freundschaft des Königs zu gewinnen.«

»Hat er das getan?« fragte Gytha entsetzt, denn die Waliser waren für alle englischen Kinder die Buhmänner. Audrey drohte häufig, daß »die Waliser sie holen würden«, wenn sie oder Magnus unartig waren.

»Ja, und es würde mich nicht wundern, wenn er es wieder tun würde, denn er hat seine Tochter mit Gruffydd, dem Prinzen von Wales, verheiratet.«

»Er hat sie mit einem *Waliser* verheiratet?« rief Gytha aus.

Harold lächelte über ihren entsetzten Gesichtsausdruck und sagte: »Er ist ein ganz zivilisierter Mann, kein Drache! Ich glaube, sie mag ihn mittlerweile, obwohl er viel älter ist als sie.«

»Du wirst mich nicht mit einem Waliser verheiraten, nicht wahr, Vater?« fragte Gytha besorgt.

»Nur, wenn du ihn auch heiraten willst«, beruhigte

Harold sie. »Ich bin gespannt, wen du einmal heiraten wirst. Vielleicht einen vornehmen Prinzen oder sogar einen König.«

»Wie Tante Edith«, stellte Gytha nachdenklich fest. »Aber ich hätte gern Babies. Eine ganze Menge Babies.«

Ihr Vater legte ihr sanft die Hand auf den Kopf und zog dann spielerisch an ihrem Zopf. »Ich werde daran denken«, versprach er gutgelaunt. »Weil wir gerade von deiner Tante Edith sprechen – sie möchte, daß ich Magnus mitbringe, wenn ich an den Hof zurückkehre. Dort kann er mit den anderen Kindern, um die sie sich kümmert, unterrichtet werden. Würdest du auch gerne mitkommen? Du hättest dort andere Kinder, mit denen du spielen könntest – Onkel Tostis beide Söhne sind dort, Edwin und Morcar, die Söhne Graf Alfgars, und der junge Edgar, der Neffe des Königs.«

»Keine Mädchen?« fragte Gytha scharf.

»Doch, es gibt auch ein paar Mädchen, aber ich weiß nicht genau, wem sie gehören. Ich nehme an, sie gehören zur Verwandtschaft des Königs. Er hat ein paar entfernte Vettern, die alle eine Stellung bei Hof erwarten. Die Königin hat gern Kinder um sich, auch wenn es nicht ihre eigenen sind. Würdest du gern mit ihnen zusammensein?«

Gytha dachte kurz nach.

»Nein, danke«, sagte sie schließlich. »Ich bleibe lieber hier bei Mutter und Gunhild, Meister Athelard und Pater Turkill.«

»Pater Turkill?« fragte ihr Vater erstaunt. »Ist er ein Freund von dir? Findest du ihn nicht ziemlich seltsam?«

»Manchmal«, antwortete sie nachdenklich. »Wenn er geistesabwesend und verträumt ist und komische Sachen über die Zukunft erzählt. Aber meistens ist er sehr vernünftig. Er kann Dinge erklären, die sehr schwer zu verstehen sind.«

»Du möchtest also nicht aus Waltham fort? Bist du sicher?«

»Ganz sicher, vielen Dank.«

»Solltest du deine Meinung ändern, kannst du es mir in einem Brief mitteilen.«

»Wie schickt man einen Brief?« fragte sie interessiert.

»Du bittest einfach Pater Wulfwin, ihn an mich zu schicken. Er schreibt mir oft, um mir zu berichten, was sich hier so ereignet, und ein Bote bringt mir dann den Brief an meinen jeweiligen Aufenthaltsort.«

Gytha prägte sich diese Information gut ein, mit dem Gedanken, daß sie sich vielleicht eines Tages als nützlich erweisen könnte, und wies dann darauf hin, daß eine der Kühe hinkte. Bis man sie eingefangen und untersucht und ihr einen scharfen Steinsplitter zwischen den beiden Hufen entfernt hatte, war Gythas Weggang von Waltham offensichtlich kein Thema mehr.

Magnus, der seinem Eintritt in die große Welt mit fieberhafter Freude entgegensah, brach mit seinem Vater auf, und Edith verabschiedete sich von ihm mit einem aufmunternden Lächeln; sie hielt die Tränen zurück, bis er verschwunden war, und ging dann in die Kirche, um für ihn zu beten und heimlich zu weinen. Sie war eine sanfte, stille Frau, die sich in allem den Wünschen ihres Mannes fügte, es jedoch manchmal schwer fand, sie leichten Herzens zu akzeptieren.

2. Kapitel

Gytha sah ihren Vater regelmäßig im Verlauf der folgenden vier Jahre, denn er kam, sooft er konnte, nach Waltham, und wenn es nur für einen oder zwei Tage war, und er fand immer Zeit, ihr von seinem Leben in der Fremde zu erzählen, doch die Zeit zwischen seinen Besuchen kam ihr sehr lang vor.

Natürlich gab es eine Menge zu tun. Sie setzte ihren Unterricht fort, lernte zu spinnen, zu weben und feine Stickereien auszuführen. Sie wurde immer mehr zur Gefährtin ihrer Mutter, vor allem, als sich herausstellte, daß Gunhilds Sehkraft so schwach war, daß sie ins Kloster Wilton gebracht werden mußte. Dort konnte sich eine erfahrene Nonne, die für die Krankenpflege zuständig war, um sie kümmern. Sie versuchte, ein Mittel zu finden, das Gunhild vor dem Erblinden bewahren würde.

Edith war eine Zeitlang sehr traurig, nachdem sie erneut eines ihrer Kinder verloren hatte, besonders, weil sie damit gerechnet hatte, ihre beiden Töchter bei sich zu behalten, bis sie alt genug zum Heiraten waren. Graf Harold kam persönlich, um Gunhild nach Wilton zu bringen, und ein paar Wochen später vertraute Edith Gytha an, daß sie wieder ein Kind erwartete.

Ulf kam auf die Welt, während sein Vater in Wales gegen Gruffydd Krieg führte. Der Prinz von Wales wurde getötet, und seine Anhänger waren froh, zu annehmbaren Bedingungen Frieden schließen zu können. Harold kehrte nach England zurück. Zusammen mit Aldyth, Gruffydds Witwe, die er in der Obhut ihrer Brüder übergab.

Wieder folgte eine Zeit des Friedens, und Harold beschloß, eine Aufgabe zu erledigen, die er schon lange vor sich herschob. Er erklärte Gytha, er ginge in die Normandie, um Herzog William zu überreden, seinen jüngsten Bruder, Wulfnoth, und seinen Neffen Haakon freizulassen.

»Warum? Sind sie Gefangene?« fragte Gytha.

»Geiseln. William hat sie vor Jahren, während eines alten Streits mit meinem Vater als Pfand genommen. Es gibt jetzt keinen Grund mehr, sie noch länger festzuhalten, deshalb will ich ihn um ihre Freilassung bitten.«

Gytha erschauerte. »Ich wünschte, du würdest nicht hingehen«, sagte sie. »Ich mag Herzog William nicht.«

Harold lachte. »Keine Angst! Er ist ein harter Mann und denkt an nichts anderes als an Soldaten und Burgen, aber er ist ehrlich, und es ist wichtig, daß ich ihn treffe und kennenlerne. Ich werde nur ein paar Wochen fort sein.«

Doch in Wirklichkeit kehrte er erst im Spätsommer des nächsten Jahres zurück. Bevor er dem König nach Winchester folgte, kam er in Waltham vorbei, um sich Ulf anzusehen und Edith und Gytha zu beweisen, daß er wirklich unversehrt nach Hause zurückgekehrt war.

»Ich habe euch oft geschrieben«, beteuerte er, »aber anscheinend hatte ich zu Recht den Verdacht, daß der Herzog meine Briefe trotz seiner Versprechen nicht weitergeleitet hat.«

»Du warst so lange weg!« rief Edith. »Ich dachte, du wolltest nur einen Monat fortbleiben?«

»Das stimmt, aber sobald wir an Land gegangen waren, nahm uns ein einheimischer Baron gefangen und ließ uns im Gefängnis schmoren, bis William kam und uns ›befreite‹, wie er sich ausdrückte. Dann weigerte er sich, meine Angelegenheit zu erörtern, bis ich ihn auf einen kurzen Feldzug in die Bretagne begleitete. Oh, er war sehr *freundlich* – er bestand darauf, mich wie seinen Bruder zu behandeln, und überhäufte mich mit Ehren und Gunstbezeugungen! Das ist das Problem – eine dieser Auszeichnungen hatte mehr zu bedeuten, als mir bewußt war. Er bestand darauf, mich zum Ritter zu schlagen!«

Gytha hatte in ihren Französischübungen etwas über das Rittertum gelesen, hatte jedoch keine richtige Vorstellung, was es bedeutete, und Edith wußte gar nichts darüber, deshalb erklärte Harold es ihnen.

»Es gilt bei einem Mann hohen Ranges als große Ehre, einen Gefährten zum Ritter zu schlagen, und der so Geehrte erhält zusätzlich ein Streitroß samt Ausrüstung, eine Ritterrüstung, ein Schwert und Sporen. Als Gegenleistung schwört der neue Ritter einen Eid – in aller Freundschaft, wie William sagte. Ich war der Meinung, es sei lediglich ein feierliches Zeremoniell, deshalb ließ ich mich darauf ein. Ich kniete vor William nieder, er versetzte mir einen kräftigen Faustschlag auf die eine Kopfseite – fast wäre ich zu Boden gegangen – und dann schlug er mir mit der Klinge seines Schwertes auf die Schultern. Tatsächlich stellte sich heraus, daß der Vorgang von weitaus größerer Bedeutung war. Ich verstand die Worte des Schwures erst, als ich sie während der Zeremonie in Gegenwart von Williams vollständig versammeltem Hof wiederholen mußte; es war ein Treuegelöbnis. Ich konnte nicht mehr zurück, ohne ihn öffentlich zu beleidigen, und er ließ keinen Zweifel daran, daß ich die Normandie erst verlassen würde, wenn die Zeremonie vollständig ausgeführt war! Ich mußte meine Hände auf zwei bedeckte Tische legen – nur ein alter Brauch, beschwichtigte er –, während ich den Eid ablegte; danach wurden die Dekken beiseite gezogen, und es wurden zwei Altäre voller Reliquien sichtbar! Dann erklärte er mir rundheraus, daß mein Schwur, nach seinem Glauben und dem aller Anwesenden, einschließlich des Klerus, mich zu seinem Gefolgsmann mache und er von mir erwarte, ihn in seinem Anspruch auf die englische Krone zu unterstützen, die Edward ihm, wie er behauptete, versprochen habe.«

»Was hast du darauf geantwortet?« fragte Gytha entsetzt.

»Daß noch nie ein englischer König die Macht gehabt hat, seinen Nachfolger zu bestimmen, da die englische Krone durch eine Wahl verliehen wird. Seine Antwort darauf war, daß alle Mitglieder des *Witan* – er sagte Kurie – bekanntermaßen von mir bezahlt würden. Ich hätte ihn beinahe geschlagen ob dieser Beleidigung!«

Er blickte finster und sah zorniger aus, als Gytha und Edith ihn je zuvor gesehen hatten, und letztere sagte besorgt: »Aber es war ein erzwungener Eid, der nur durch Betrug herbeigeführt wurde. Er kann dich nicht darauf festlegen!«

Harold lachte bitter auf. »Wer sagt denn, daß er erzwungen war? Alle Zeugen waren Normannen. Er hat dafür gesorgt, daß keiner meiner Begleiter während der Zeremonie in der Halle zugegen war!«

»Was wirst du tun?« fragte Gytha, und die Augen in ihrem ernsten Gesicht schienen riesig.

»Ich werde William mit Sicherheit nicht noch einmal trauen. Was den Eid betrifft – ich werde beichten, daß ich ein Narr gewesen bin, und hoffen, daß ich die Absolution bekomme. Ich kann den Eid ohnehin nicht erfüllen – ich besitze nicht die Macht, dem *Witan* irgend etwas zu befehlen, und bin überzeugt, daß der König seinen Entschluß, William als seinen Nachfolger zu empfehlen, schon lange geändert hat. Ich zweifle daran, daß er je ein derartiges Versprechen gegeben hat, da er wußte, daß er weder das Recht noch die Macht dazu hat. Lieber riskiere ich die ewige Verdammnis, weil ich einen Schwur gebrochen habe, als daß dieser normannische Bastard England in die Finger bekommt! Seine Herrschaft ist streng und tyrannisch. Ich liebe dieses Land mit seinen grünen Feldern und Wäldern, seinen Blumen und friedlichen Dörfern. Das englische Volk ist frei, verwaltet sich selbst unter der Herrschaft des Königs, pflegt die Kultur und achtet gutes Handwerk. Alles, was es hervorbringt, besitzt Schönheit, von einem vollendeten Gedicht bis hin zu einem schlichten Werkzeug. Wenn William kommt, wird er die Leute regelrecht zu Sklaven machen. Er wird ihnen hohe Steuern auferlegen und sie hungern lassen, um seine häßlichen Burgen zu bauen und seine Kriege im Ausland zu führen. Er macht sich nichts aus England, nur aus dessen Reichtum und der zusätzlichen Macht, über die er als König verfügen wird! Er ist ein Barbar, verliebt in Krieg und Macht! Er kann kaum seinen eigenen Namen schreiben und hält Bildung nur für wertvoll, weil sie ihm bei seinen Steuererhebungen und dem Verfassen seiner Chroniken nützt. Er will zwar den Titel eines Königs führen, die andere Seite der Münze, die Liebe und Fürsorge für das Volk, interessiert ihn jedoch nicht. Wenn er kommt, wird er mit mir um jeden Zoll dieses Landes kämpfen müssen, bis einer von uns beiden tot ist.«

Edith und Gytha tauschten einen halb erschrockenen, halb stolzen Blick, und in diesem Augenblick spürte Gytha, die gerade elf Jahre alt war, daß ihre Kindheit zu Ende war. Harold, der die Ellbogen auf den Tisch gestützt hatte, vergrub das Gesicht in den Händen und schwieg eine Zeitlang. Als er aufblickte, hatte er sich wieder gefaßt.

»Was gibt es bei euch Neues?« fragte er. »Ulf scheint gut zu gedeihen.«

»Er ist ein braves Kind, so zufrieden. Und schau, er hat schon Zähne und kann fast ohne fremde Hilfe stehen!«

Harold spielte eine Weile mit seinem kleinen Sohn, während Edith und Gytha ihn lächelnd beobachteten, doch dann reichte er Audrey abrupt das Kind, damit sie es wieder in sein Bettchen legte, und sagte ernst: »Du weißt, was ich jetzt tun muß?«

»Ja«, erwiderte Edith ruhig. »Ich weiß und akzeptiere es. Ich hatte dich über zwanzig Jahre für mich, Liebster – viel länger, als ich erwartet habe. Ich hatte großes Glück. Heirate sie mit meinem Segen.«

»Wir hatten beide großes Glück«, erwiderte er, und als Gytha den Ausdruck auf ihren Gesichtern sah, erhob sie sich lautlos und schlich aus dem Gemach, mit einem Wink an Audrey, ihr zu folgen. Draußen bat sie das Kindermädchen, bis zum Morgen fernzubleiben, und zu ihrem Erstaunen gehorchte das Mädchen ohne Einwände.

Gytha begab sich in den Obstgarten, wo niemand sie hören konnte, und ließ dort ihrem Tränenstrom, der sie beinahe erstickte, freien Lauf. »Warum?« fragte sie die stummen Bäume. »Warum muß er es tun, wenn er es doch offensichtlich nicht will? Warum kann er nicht König werden, ohne Mutter zu verlassen? Es ist nicht gerecht!« In einem plötzlichen Anfall von Wut trommelte sie mit den Fäusten gegen einen der Baumstämme und trat dagegen, wobei sie sich durch ihre weichen Lederslipper hindurch die Fußzehen aufschlug. »Warum müssen Menschen irgendwelche Dinge tun, nur weil sie für eine große Aufgabe geboren wurden?« schluchzte sie.

»Wenn wir das wüßten«, sagte Turkill ruhig und trat aus dem Schatten der Bäume heraus, »würden wir sehr viel mehr verstehen, als wir es jetzt tun. Du weißt, daß dein Vater dich und seine ganze Familie liebt, aber es gibt zwei Dinge, die er noch mehr liebt, sogar noch mehr als deine Mutter – das sind Gott und England. Er hat begriffen, daß Gott von ihm verlangt, etwas Entscheidendes für England zu tun, und der Versuch, diesen Wunsch zu erfüllen, ist wichtiger als irgend etwas anderes in seinem Leben. Eines Tages wirst du verstehen, denn du wirst eine ähnlich schwere Entscheidung treffen müssen.«

»Ich?« Gytha unterdrückte ihren Zorn und ihren Schmerz und sah ihn voll Bitterkeit an. »Ich bin nur eine Frau, und eine Frau hat nicht die Möglichkeit zu entscheiden. Welche Aussichten habe ich schon, je meinen eigenen Weg zu wählen!«

»Viele; und wenn es soweit ist, wirst du an deinen Vater

denken und verstehen, warum er jetzt Lady Aldyth heiratet. Komm mit in die Kirche und laß uns gemeinsam beten.«

Gytha zögerte und blieb nachdenklich stehen. »Er liebt sie nicht, oder?« fragte sie.

»Sie tut ihm leid, falls du von Lady Aldyth sprichst, und er wird sie freundlich behandeln, aber er liebt deine Mutter und all seine Kinder. Komm jetzt in die Kirche und breite deine Sorgen vor dem Heiligen Kreuz aus.«

Widerstrebend ging Gytha mit ihm. Sie beteten gemeinsam, bis sich ihr Zorn und Schmerz allmählich legte und der resignierten Erkenntnis Platz machte, daß sie den Entschluß ihres Vaters hinnehmen mußte.

Harold erreichte Winchester rechtzeitig, um sich dem Zug nach Wilton anzuschließen und der Einweihung der Kathedrale seiner Schwester beizuwohnen; ein paar Tage später heiratete er Aldyth, mit dem Segen ihrer Brüder und ihrer eigenen stillschweigenden Einwilligung.

Graf Tosti war zur Einweihung und der Hochzeit aus Northumbria gekommen, und Harold, der wußte, wie schwer das Volk dort zu regieren war, erwartete, daß er umgehend in den Norden zurückkehren würde, doch er ließ sich Zeit, ging mit dem König auf die Jagd und begleitete Edward schließlich, als der Hof Ende Oktober nach Westminster zurückkehrte.

Harold hatte Gytha aufgefordert, ihn nach Westminster zu begleiten. Er wollte, daß sie bei Hof ihren Platz als seine Tochter einnahm, und hoffte, daß sie Aldyth bereitwilliger akzeptieren würde, wenn sie sie erst einmal kennengelernt hatte. Kurz nach ihrer Ankunft wurde eine Gruppe von Adligen aus Northumbria beim König vorstellig und beschwerte sich über Graf Tosti.

Die Vorwürfe, die sie erhoben, waren schwerwiegend, und es gelang Tosti nicht, sie zu widerlegen. Statt dessen geriet er in Wut und schrie Harold an, er habe das Volk Northumbrias gegen ihn aufgehetzt. Dies bestritten die Adligen so heftig, daß keinerlei Zweifel bestand, daß Tosti log, und der König war trotz seiner großen Zuneigung für Tosti so verärgert, daß er ihn ins Exil schickte.

Gytha war um ihres Vaters willen sehr empört. Sie hatte die Szene miterlebt, und zu ihrem Erstaunen war es Aldyth, die sie zu trösten versuchte und ihr auf scheue, zurückhaltende Weise Mitgefühl und Verständnis entgegenbrachte.

»Ich weiß, daß du keinen Grund hast, mich zu mögen«, sagte sie. »Ich wollte deinen Vater nicht heiraten, und er wollte mich nicht heiraten, doch keiner von uns hatte eine andere Wahl, deshalb müssen wir das beste daraus machen. Ich weiß, wie Brüder sein können – meine beiden streiten sich fortwährend –, aber das hier war eine schreckliche Sache! Weißt du, für deinen Vater ist es besser, wenn Graf Tosti fort ist. Tosti war immer eifersüchtig auf ihn, und meine Brüder sagen, er habe seit Jahren jede Gelegenheit genutzt, um den König gegen ihn einzunehmen. Es spricht für das Urteilsvermögen des Königs, daß er keinen Erfolg damit hatte! Die Feinde in deiner engsten Umgebung sind immer die schlimmsten.«

Es war Gytha nie in den Sinn gekommen, daß Tosti neidisch auf seinen älteren Bruder war. Sie fand die Information geradezu tröstlich, denn dies erklärte zumindest, warum Tosti sich so seltsam benommen hatte. Sie war zudem erstaunt, daß auch Aldyth ihren Vater nicht hatte heiraten wollen. Diese Tatsache ließ ihre Abneigung gegen Aldyth schwinden, und sie räumte ihrem Vater gegenüber sogar ein, sie sei eine recht nette Frau.

König Edwards große Kathedrale in Winchester wurde im Herbst 1065 endlich fertiggestellt, und er setzte die Einweihungsfeierlichkeiten auf den Tag der Unschuldigen Kinder, drei Tage nach Weihnachten, fest. Harold hoffte, Gytha würde solange dableiben, doch sie sagte, sie wolle lieber nach Waltham zurückkehren.

»Mutter ist bis auf Ulf ganz allein, und ich möchte bei ihr sein«, erklärte sie. »Dies ist das erste Weihnachtsfest, seit – seit deiner Heirat ... Es gibt noch andere Gelegenheiten für mich, hier zu sein.«

Harold nahm ihre Entscheidung ohne Einwände hin, und sie verließ ihn eine Woche vor Weihnachten, als die Gäste nach und nach in Westminster eintrafen. Alle, die eingeladen waren, konnten an den Feierlichkeiten teilnehmen – bis auf den König.

Zuerst schien es, er habe nur eine Erkältung. Doch bald wurde klar, daß die Entdeckungen über Tosti, den Edward geliebt und dem er vertraut hatte, ein großer Schock für den alten Mann gewesen waren und er seinen Lebensmut eingebüßt hatte und dahinsiechte.

Zwei Tage vor dem Dreikönigstag verlangte Edward, daß man den gesamten Haushalt herbeirief. Nachdem sich alle in seinem Zimmer versammelt hatten, richtete er sich auf und sagte mit kräftiger Stimme: »Weint nicht, sondern betet zu Gott und der Jungfrau Maria für mich, und laßt mich in Frieden zu Ihnen gehen.« Dann segnete er sie und sprach seiner Frau flüsternd Trost zu. Nach einer Weile streckte er Harold die Hand hin, der sie mit beiden Händen umschloß. Dann sagte er klar und deutlich, so daß alle Anwesenden ihn genau verstehen konnten, zu Harold: »Ich übergebe diese Frau, deine Schwester, und das ganze Königreich deiner Obhut. Behalte mir zuliebe meine normannischen Dienstboten in deinen Diensten oder laß sie nach Hause zurückkehren, wie sie es wollen. Begrab mich in meiner Kathedrale und verbreite die Nachricht von meinem Tod unverzüglich, damit mein ganzes Volk für mich zu Gott beten kann.«

Er bekam die letzte Ölung, und gleich darauf schlief er ein, und seine Seele entglitt in die Nacht. Er wurde am Dreikönigstag in dem Grabmal bestattet, das er in einem Teil seiner Kathedrale für sich hatte errichten lassen, unter der Vierung, vor dem Altar des heiligen Petrus.

All dies erzählte Lord Ansgar im Auftrag von Harold, Edith, Gytha und den Chorherren von Waltham, die nach dem Abendessen in der Halle versammelt waren. An dieser Stelle seines Berichtes hielt Ansgar inne und sah die beiden Frauen nachdenklich an (denn wie Harold hielt auch er Gytha bereits für eine Frau), dann fuhr er, sorgfältig seine Worte wählend, fort.

»Am Tag zwischen dem Tod des Königs und seiner Beerdigung versammelte sich der *Witan* in der Kirche, um zu entscheiden, wer England künftig regieren solle. Ich glaube, alle waren auf lange Diskussionen gefaßt, denn es gab fünf Ansprüche zu erörtern, doch das stellte sich als falsch heraus. Erzbischof Aldred führte aus, daß ein Mann, der einen berechtigten Anspruch hatte und sich bereits als kluger, gerechter und starker Herrscher erwiesen hatte, ihnen von dem frommen Edward auf dem Sterbebett empfohlen worden sei, und schlug vor, ihn zum neuen König zu wählen. Alle waren einverstanden...«

Wieder machte er eine, wie es schien, lange Pause, denn alle hingen an seinen Lippen und ahnten wohl bereits, was er jetzt sagen würde. Sein Blick suchte erneut Gythas Gesicht, und aus einem unerklärlichen Grund sprach er sie direkt an. Sie konnte kaum atmen, während sie auf die Worte wartete, die jetzt zwangsläufig kommen mußten.

»*Alle* waren einverstanden, ausnahmslos und ohne zu zögern, und bedenke, daß der ganze *Witan* versammelt war. Nachdem man den König ins Grab gebettet hatte, wurde dein Vater von Erzbischof Aldred vor dem Hochaltar gesalbt und gekrönt, mit der Zustimmung und dem Beifall aller Anwesenden.«

Gytha schloß die Augen und empfand als erstes Erleichterung darüber, daß Herzog William nun England schließlich doch nicht seine strenge Herrschaft aufzwingen würde, wie ihr Vater befürchtet hatte. Erst ein paar Augenblicke später erfaßte sie vollständig, daß ihr Vater jetzt König war – ihr geliebter Vater, der ein großer und guter König werden würde, der beste den England je besessen hatte – und eine Woge des Glücks durchflutete sie. Inzwischen hatten die Chorherren, ein Lächeln auf dem Gesicht, bereits ein *Te Deum* angestimmt. Edith sank auf die Knie und bedeckte das Gesicht mit den Händen. Tränen rannen ihr zwischen den Fingern hervor, die mehr als reine Freude oder Erleichterung ausdrückten, während sie für den Mann betete, der für sie immer ein König gewesen war.

Nur Ansgar blieb gefaßt und viel ernster, als es dem Anlaß eigentlich angemessen war, und als die Freudenausbrüche sich ein wenig gelegt hatten, sagte er: »Mein Herr, der König, bittet euch, für das Königreich und für ihn zu beten. Der *Witan* war zwar einverstanden, aber es gibt andere Leute, die Einwände haben. Tosti Godwinsson zieht in Flandern Männer und Schiffe zusammen, und auf diese Neuigkeit hin wird er seine Rückkehr noch schneller betreiben; er wird gewaltsam einfallen, falls sein Bruder sich weigert, ihn wieder in seiner früheren Grafschaft einzusetzen, was bestimmt der Fall sein wird. Er ist ein Waffenbruder von Malcolm von Schottland, der mit Freuden jede Gelegenheit nutzen wird, sein Territorium auf unsere Kosten auszudehnen, und beide Erben Knuts sind der Ansicht, sie hätten ein Anrecht auf diesen Teil seines früheren Reiches. Dann ist da noch der Normanne...«

Er sagte nichts mehr, da niemand gewillt schien, ihm weiter zuzuhören. Gytha verließ still ihren Platz und schlich, unbemerkt im flackernden Licht, aus der Halle hinaus in die Januarnacht. Draußen war es bitterkalt, der dunkle Himmel war durchsetzt von einer Unzahl von Sternen, die in der frostklirrenden Luft blitzten und funkelten. Sie sah zu ihnen auf und fragte sich, ob einer von ihnen das kleine Loch im Himmel war, durch welches König Edward herabblickte, um zu beobachten, was mit England geschah.

»Wenn du mich hören kannst«, redete sie den Mann an,

den viele Menschen für einen Heiligen hielten, »bitte Gott, England zu segnen und zu beschützen! Erbitte Seinen Segen für meinen Vater, denn du wolltest schließlich, daß er König wird, gleich, was du in der Vergangenheit zu deinem normannischen Vetter gesagt hast! Du weißt, wie fähig er ist und was für ein großer König er werden kann. Bitte Gott, daß er beweisen kann, daß du ihn zu Recht auserwählt hast.«

Die stummen Sterne folgten langsam weiter ihrer Bahn, und Gytha hatte nicht das Gefühl, daß sie gehört worden war oder gar eine Antwort erhielt. Als sie vor Kälte zu zittern begann, wandte sie sich abrupt um und ging in die Kirche, in der Hoffnung, das große Gebäude für sich allein zu haben.

Pater Turkill war jedoch dort und stutzte die Kerzen unter dem großen Kreuz. Er sang dazu mit dünner, näselnder Stimme, für sich selbst, das Kreuz oder auch die Gestalt am Kreuz. Er drehte sich um, als Gytha durch das Mittelschiff auf ihn zukam. Ihre langen raschelnden Röcke, die über den Steinboden schleiften, hatten ihm ihre Ankunft verraten.

»Jetzt bist du also die Tochter eines Königs«, sagte er ruhig. »Vergiß das nie, was immer auch geschieht. Ein König von England muß vom *Witan* gewählt werden. Die Krone wird von Gott und dem Volk verliehen. Sie darf nicht durch Gewalt oder Betrug erworben oder von einem einzelnen Menschen vergeben werden.«

»Aber die Menschen werden versuchen, sie sich mit Gewalt zu nehmen«, sagte Gytha, die Augen groß und dunkel im Kerzenschein. »Sobald es Frühling ist, werden sie sich wie die Wölfe zusammenrotten! Pater Turkill, was wird geschehen?«

»Was immer Gott will«, erwiderte er. »Ich kann nicht auf Befehl in die Zukunft sehen, mein Kind. Was es auch sein wird, auch eine Königstochter muß es akzeptieren.«

»Ich habe Angst, Pater!«

Turkill nickte heiter. »Dann bete um Mut. Jeder Mann oder jede Frau darf Angst haben, aber man muß lernen, seine Furcht zu bekämpfen und darauf zu vertrauen, daß Gott alles zum Guten wendet. Glaubst du, dein Vater hätte niemals Angst?«

»Doch sicher, sehr oft, aber er kann etwas *tun* – Vorbereitungen treffen, seine Männer ausbilden, planen... Aber was kann *ich* tun?«

»Beten. Beten ist das wichtigste, was man tun kann, und dein Vater wird zu sehr in Anspruch genommen sein, um dafür Zeit zu haben, also mußt du es für ihn tun.«

Turkills Ratschlag war vernünftig, und Gytha hielt sich daran. Sie fuhr fort zu beten und zu hoffen, trotz der seltsamen Erscheinung, die am Firmament auftauchte, als der Frühling in den Sommer überging.

Es war ein Stern, aber ein Stern, wie ihn noch niemand in Waltham je zuvor gesehen hatte. Zuerst war er nur schwach, doch dann wurde er mit jeder Nacht größer und strahlender, bis er, einen langen Lichtschweif verströmend, heller als der Mond am Himmel leuchtete. Natürlich war jedermann darüber verblüfft, und da die menschliche Natur nun einmal zum Pessimismus neigt, betrachteten die meisten Leute ihn als böses Omen – aber für wen? Meister Athelard sagte, er habe davon gelesen, daß solche Sterne in der Vergangenheit erschienen seien, und da ihn jedermann auf der ganzen Welt sehen könne, gebe es keine Möglichkeit vorauszusagen, wen das schlimme Schicksal ereilen würde – falls es überhaupt ein böses Omen sei, was er bezweifle.

»Was glauben Sie denn, was es ist?« fragte Gytha.

Meister Athelard zuckte die Achseln und schüttelte den Kopf. »Etwas, was hübsch anzusehen ist. Vielleicht ein Geschenk Gottes, das uns daran erinnern soll, daß wir nicht vergessen sind. Er ist sehr schön, und warum sollte eine so hübsche Sache jemandem Unglück bringen? Vielleicht ist es der Stern Bethlehems, der wieder erschienen ist.«

Gytha ließ sich von seiner Überzeugung trösten, doch alle

anderen schüttelten weiterhin bedrückt den Kopf und blickten sorgenvoll in die Zukunft, mit Ausnahme Pater Turkills, der vage philosophierte, des einen Unglück sei vielleicht des anderen Glück, und er glaube ohnehin nicht wirklich an das Glück.

»Aber was bedeutet er?« fragte Gytha.

»Bedeuten? Wer weiß? Er ist schön. Was bedeutet eine Schneeflocke oder ein Vogel? Warum muß er überhaupt etwas bedeuten? Er ist hübsch und wird nur allzu rasch wieder verschwinden.«

Darin hatte er zumindest recht. Der seltsame Stern verblaßte so, wie er aufgegangen war, und am Johannistag hatte ihn der Horizont verschluckt, doch alles Schlimme, was in den folgenden zwölf Monaten geschah, wurde seinem Einfluß zugeschrieben, von einem totgeborenen Kalb bis hin zu dem weitaus größeren Übel, das in diesem schrecklichen Jahr über England hereinbrach.

Das angespannte Warten hielt den ganzen Sommer über an, denn der Wind blies ungünstig für die Schiffe aus der Normandie. Aber es war bekannt, daß William eine große Armee und eine Flotte aufgestellt hatte, um Männer und Pferde über den Ärmelkanal zu transportieren. Über Tostis Aufenthaltsort wußte man nichts, auch aus dem Norden, aus Norwegen oder Dänemark, gab es keinerlei Nachrichten. König Harold berief den *Fyrd* ein, die Armee, die aus einem Drittel aller wehrtüchtigen Männer jeder einzelnen Grafschaft bestand und die er zur Verteidigung des Königreiches anfordern durfte; doch das Gesetz erlaubte ihm nur, sie für eine begrenzte Zeit dazubehalten, und er mußte sie zur Erntezeit wieder nach Hause zurückkehren lassen.

Immer noch wehte der Wind für William in der falschen Richtung, doch für die Norweger war es die geeignete, und als die Invasion im September schließlich erfolgte, kam sie von Norden her, nicht aus der Normandie. Graf Edwin sandte eine eilige Botschaft, Harald Hardrada und Tosti seien in der Nähe von York gelandet mit der Absicht, England einzunehmen und unter sich aufzuteilen, und er eile mit allen Leuten, die ihm zur Verfügung stünden, seinem Bruder Morcar zu Hilfe.

Über die Geschwindigkeit, mit der König Harold nach York marschierte, sprach man noch Jahre später voll Ehrfurcht und Bewunderung. Der erfahrene norwegische König besiegte Edwin und Morcar, die beiden jungen Grafen, ohne große Schwierigkeit, ließ sie jedoch aus Versehen in die Stadt York entkommen und wartete darauf, daß sie um Frieden baten. Statt dessen griffen Harold und seine Leibgarde ihn im Morgennebel wie ein Schwarm zorniger Hornissen an, und Hardrada stieß auf einen Gegner, der seiner Männer eher würdig war. Als der Tag nach hartem Kampf zu Ende ging, lagen er und Tosti tot auf der Wiese bei Stamford Bridge, und Harold hatte dessen jungen Sohn gefangengenommen und all seine Schiffe erbeutet. Er schickte den Jungen mit einer angemessenen Eskorte von Norwegern auf einem der Schiffe nach Hause zurück, nachdem er ihm dringend geraten hatte, sein eigenes Land ordentlich zu regieren und sich nicht in die Angelegenheiten anderer Länder einzumischen.

Doch inzwischen hatte sich der Wind gedreht, und William war bereits in Sussex gelandet. War Harolds Marsch nach York schon bemerkenswert gewesen, so war seine Rückkehr kaum weniger schnell, und er war zurück in London mit seinen Männern, die zwar erschöpft und verwundet, aber zu allem entschlossen waren, bevor es William gelungen war, südlich des Weald Fuß zu fassen.

Harold gönnte seinen Soldaten nur wenig Zeit, um auszuruhen und sich zu erholen, und er hatte Edwin und Morcar gebeten, ihm unmittelbar zu folgen, aber bevor sie sich erneut in die Schlacht werfen konnten, mußten mehr Leute zusammengezogen, der *Fyrd* erneut einberufen und die Pferde ausgeruht werden. Harold nahm deshalb die Gelegenheit wahr, nochmals nach Waltham zu reisen, um Gott für den einen Sieg zu danken und um den nächsten zu bitten.

Es war ein kurzer Besuch. Edith und Gytha hätten ihn nur zu gern länger dabehalten, doch sie wußten, daß es unmöglich war. Sie begrüßten ihn mit tapferem Lächeln, beteten mit ihm zusammen in der Kathedrale und zogen sich zurück, als er sie und all seine Gefolgsleute bat, ihn zu verlassen, weil er eine Zeitlang alleine sein wollte.

Nur Turkill blieb, huschte wie üblich unbemerkt durch die Kirche und räumte die Geschenke beiseite, die Harold mitgebracht hatte, und die Gefäße, die während der Messe zum Erntedankfest benutzt worden waren. Nur er sah, wie der König demütig vor dem Kreuz auf dem Boden lag und mit der ganzen Kraft seiner Seele betete, sich dann erhob und schweigend hinausging, und – wie die Gestalt am Kreuz voll Gram das Haupt neigte. Ob der Stein sich wirklich oder nur in Turkills seltsamer Vorstellungskraft geneigt hatte, konnte er nicht genau sagen, doch er erriet, was das Zeichen zu bedeuten hatte, und ging weinend zu Pater Wulfwin.

Am Morgen umarmte Harold Edith schweigend, denn es bedurfte keiner weiteren Worte zwischen ihnen. Er küßte Ulf und segnete ihn, dann drückte er Gytha ein paar Sekunden an sich und flüsterte: »Paß auf deine Mutter auf, Liebes. Ihr beiden bedeutet mir mehr als alles andere auf der Welt. Denk daran, daß Svein von Dänemark dein Verwandter ist.« Dann hielt er sie, die Hände auf ihre Schultern gelegt, auf Armeslänge von sich, sah ihr tief in die Augen, nickte ihr ein paarmal zu, segnete sie und wandte sich dann ab, um das Pferd zu besteigen, das Ansgar für ihn am Zügel hielt.

Sie schauten ihm und seinen Leuten nach, bis die kleine Gruppe auf den Dammweg durch das Tal einbog und ihren Blicken entschwand. In weiter Ferne blitzte ein Lichtstrahl auf, als hätte jemand kurz einen leuchtenden Gegenstand, vielleicht eine Schwertklinge, in die Höhe gehoben, um die Sonne einzufangen, dann waren sie verschwunden.

»Lady Edith«, sagte Pater Wulfwin ruhig, »meine Gefährten und ich würden gern mit Ihnen sprechen, wenn Sie erlauben.«

»Natürlich«, erwiderte Edith geistesabwesend. »Kommen Sie in die Halle, und trinken Sie einen Becher Glühwein. Es ist ein kalter Morgen.«

Zur Zeit wohnten acht Kanoniker am Ort, einschließlich Meister Athelards, die übrigen versahen ihren Dienst in den umliegenden Gemeinden. Sie versammelten sich um die erhöhte Tafel und nahmen auf Edith' Aufforderung hin Platz, nippten dankbar an dem warmen Wein, und dann sagte Wulfwin leise: »Mylady, wir machen uns große Sorgen um das Wohlergehen des Königs. Wir sind der Ansicht, daß ihm zwei von uns auf das Schlachtfeld folgen sollten, um für die Erschlagenen zu beten und die Verwundeten zu versorgen.« Er sagte bewußt nichts von Turkills beunruhigender Vision, doch Edith, die ihn kurze Zeit schweigend ansah, schien zu spüren, daß seine Gedanken weiter gingen, als seine Worte ausdrückten.

»Ich werde mitkommen«, sagte sie. »Ihre Patres können mich an einem sicheren Ort in der Nähe unterbringen, von wo aus ich zur Stelle sein kann, wenn ich gebraucht werde. Ich lasse meinen Sohn und meine Tochter in Ihrer Obhut zurück.«

Gytha öffnete den Mund, um zu erklären, daß sie auch mitkäme, doch sie fing einen Blick Pater Osgods auf, und etwas in diesem Blick veranlaßte sie, ihren Mund ohne ein Wort wieder zu schließen. Sie musterte ihn neugierig, denn sie hatte ihn bisher nicht sonderlich beachtet. Er war ein sehr kräftiger Mann von mehr als durchschnittlicher Größe, mit mächtigen Schultern und einer breiten Brust, und man nannte ihn allgemein »Osgod Knospe«, denn er hatte eine große Warze am rechten Nasenloch. Sie wußte, daß er dänischer Abstammung war, denn er kam aus dem Norden und sprach mit einem seltsamen, starken Akzent, verschluckte die Vokale und gebrauchte viele Wörter, die hier im Süden unbekannt waren.

»Ailric und ich nehmen die Maultiere«, sagte er, »aber Lady Edith reitet besser auf einem Pferd. Wir brauchen Essen und Trinken und Wolldecken...« Er gestikulierte mit einem Paar riesiger Hände, die er überraschend zierlich bewegte. »Kann passieren, daß wir auf dem Boden schlafen müssen.«

Ailric sagte gar nichts, sondern sah nur besorgt drein. Er war Waliser, trotz seines englischen Namens, und sah meistens besorgt drein, doch seine Bedenken hinderten ihn nie daran, sich freiwillig für jedes auftauchende Problem zur Verfügung zu stellen oder bei dessen Lösung zu helfen.

Die beiden Priester und Edith brachen zwei Tage später frühmorgens auf. Sie sagte wenig zu Gytha, nur: »Kümmere dich um Ulf und sei tapfer. Bete für uns alle.«

Gytha brachte nur heraus »Ja, Mutter«, denn für all das, was sie sagen wollte, schien es keine Worte zu geben. Im Verlauf der folgenden Woche kniete sie häufig stundenlang in der Kirche, den Blick auf das Gesicht der Gestalt am Kreuz gerichtet, ausschließlich dem Wunsch hingegeben, eine Verbindung zwischen sich und dem Himmel herzustellen, durch die ihre stummen Gebete transportiert werden konnten.

Auch Turkill verbrachte viel Zeit im Gebet, doch in der noch größeren Abgeschiedenheit der Sakristei, denn er wurde von Visionen heimgesucht. Ungewöhnlicherweise waren es keine Bilder aus der Vergangenheit oder »Erinnerungen« aus der Zukunft, sondern flüchtige Ausschnitte aus der Gegenwart. Einen ganzen schrecklichen Tag lang sah er immer wieder Bilder, die ihm wie eine Vision des Kampfes zwischen Gut und Böse erschienen, obwohl ihm das, was ihm im Bewußtsein blieb, sagte, daß es sich um eine ganz gewöhnliche Schlacht handelte, die nur ein paar Tagesreisen entfernt stattfand.

Meister Athelard und Dekan Wulfwin, die merkten, daß ihr Bruder von seiner Sehergabe gepackt worden war, sahen von Zeit zu Zeit nach ihm und waren höchst erleichtert, als sie ihn am Ende dieses langen Tages schlafend vorfanden.

»Es scheint vorbei zu sein«, flüsterte Wulfwin.

»Gebe Gott, daß es so ist! Wenigstens für ihn scheint es vorbei zu sein«, erwiderte Athelard, und sie schlichen auf Zehenspitzen davon, ohne zu ahnen, daß es für Turkill noch schlimmer kommen sollte.

In seiner Vorstellung war es plötzlich Nachmittag, ein strahlender Oktobernachmittag, an dem die Sonne an einem blauen Himmel unterging, der nur von ein paar vereinzelten Wolkenfetzen durchsetzt war – ein klarer, schöner Anblick.

Die Erde darunter sah entsetzlich aus, der steile Abhang ein einziger Morast, zertrampelt von den Füßen der Menschen und den Hufen der Pferde, der fruchtbare Boden gräßlich besudelt von einer ungewohnten Röte. Ringsumher lagen tote Körper, zu hohen Haufen getürmt, wo die Schlacht am wüstesten getobt hatte, ansonsten vereinzelt. Einige lagen da, als ob sie schliefen, doch die meisten, denen Gliedmaßen, manchmal sogar der Kopf fehlten, boten einen abscheulichen Anblick. Einige lagen mit dem Gesicht nach unten, andere starrten blicklos zu diesem wunderbaren Himmel auf, das Gesicht verzerrt vor Wut, Angst oder Erstaunen. Einige bewegten sich, stöhnten und waren gleich darauf so still wie die übrigen, bis auf einen oder zwei, denen es gelang, sich mühsam fortzuschleppen, kriechend, blutend und weinend vor Anstrengung und Schmerzen.

Zwischen den Toten bewegten sich die Lebenden. Einige entkleideten die Leichen, andere durchsuchten sie. Turkills Blick blieb auf einer Gruppe von vier Menschen haften: zwei Priester, ein Soldat, eine Frau. Der Soldat war, seinem langen Reiterkettenhemd nach zu urteilen, ein Normanne. Die anderen waren Turkill wohlbekannt, und er stöhnte laut auf, als er erkannte, was sie taten. Plötzlich fiel die Frau neben einem Körper auf die Knie, der so zerstückelt war, daß man ihn kaum noch als menschliches Wesen erkennen konnte. Sie drehte ihn mit Hilfe des größeren der beiden Priester vorsichtig um, und dann stand die Gruppe lange Zeit stumm, förmlich zu Eis erstarrt, da. Endlich brach die kniende Frau die Erstarrung, hob die Arme und warf den Kopf zurück, das Gesicht vor Schmerz verzerrt, den Mund weit geöffnet in einem stummen Schrei.

Turkill, der ebenfalls kniete, stieß einen unterdrückten Schrei aus und fiel bewußtlos auf den Steinboden. Meister Athelard, der in der Nähe wartete, eilte ihm zu Hilfe; doch obwohl Turkill bald das Bewußtsein wiedererlangte, konnte er nichts von seiner Vision berichten, sondern brachte nur heraus: »Sie hat ihn gefunden! Gott sei gedankt, daß Er ihr wenigstens diese geringe Gnade zuteil werden ließ!«

Die Chorherren brachten Edith wohlbehalten nach Hause, doch sie war kaum wiederzuerkennen. Ihr einst hübsches Gesicht war grau und eingefallen, ihr Haar aschgrau, die Augen trübe und leer. Sie schien in einen Traum verloren, nahm nichts von ihrer Umwelt wahr, folgte, wohin man sie führte, setzte sich, wenn man sie in einen Sessel drückte, und erhob sich, wenn man sie hochzog. Sie sprach kein einziges Wort.

Pater Ailric sah bleich und krank aus und konnte nur den Kopf schütteln, als die Chorherren und die Leute aus der Stadt ihn umringten, begierig darauf zu erfahren, was geschehen war. Es war Osgod Knospe, der in knappen Worten berichtete: »Der Normanne hat gewonnen. Der König und seine Brüder sind tot. Mehr sage ich besser nicht.«

»Und der – Leichnam des Königs?« fragte Wulfwin, dem keine beschönigende Bezeichnung einfiel.

Osgod schüttelte den Kopf. »Lady Edith hat ihn nach langem Suchen – gefunden. Wir haben den Normannen angefleht – ihm Gold geboten, aber er wollte uns nicht erlauben, ihn fortzubringen. Er sagte ...« Er brach ab, als er sah, daß Gytha dastand und mit ungläubiger Bestürzung zuhörte.

»Was sagte er?« fragte sie, denn sie konnte kaum glauben, daß jemand so rachsüchtig sein konnte, einem Toten sein Begräbnis zu verweigern.

Osgod war ein zu ungeschliffener Mensch, um seine Worte sorgfältig abzuwägen. »Er sagte, ein Anführer sollte das Schicksal seiner Gefolgsleute teilen. Sie werden kein christliches Begräbnis bekommen, er also auch nicht.«

»Wurden viele ...?« setzte Wulfwin an, konnte seine Frage jedoch nicht beenden.

Osgod nickte ernst. »Fast alle, wie der König und seine Brüder Gyrth und Leofwin. Lord Ansgar war gegen seinen Willen zurückgeblieben, um das Gepäck und die Nachhut zu kontrollieren. Er hat mit seiner Nachhut die wenigen Überlebenden der Schlacht zusammengezogen und die normannischen Reiter, die sie verfolgten, aus dem Hinterhalt angegriffen; er konnte genug Schaden anrichten, um ein paar hundert Männer heil nach London zu bringen, aber das ist alles.«

»Ich wußte es!« sagte Turkill, während sich seine Augen mit Tränen füllten. »Der Herr hat besorgt das Haupt geneigt, als der König zu seinen Füßen um den Sieg betete! Habe ich es euch nicht gesagt? Ich wußte, was es zu bedeuten hatte!«

»Gewiß hast du es uns gesagt, und wir haben dir Glauben geschenkt«, sagte Wulfwin beschwichtigend. Er betrachtete die Menge um ihn herum und erblickte Schrecken, Sorge, Entsetzen, hauptsächlich jedoch Furcht in den Gesichtern. »Ein Requiem!« erlärte er mit fester, klarer Stimme. »Kommt jetzt alle in die Kirche! Pater Ailric, hilf Pater Turkill, den Hochaltar herzurichten. Dem König und seinen Leuten kann auf Erden nicht mehr geholfen werden, doch wir können und wollen für sie beten.«

»Ich bin schmutzig, unrasiert ...«, sagte Ailric zögernd.

»Wasch dir die Hände. Gott wird dir alles andere nachsehen«, erklärte Pater Wulfwin ihm in einer ausgewogenen Mischung aus Freundlichkeit und Befehl. Ailric gehorchte. Trotz seiner körperlichen Erschöpfung tröstete es ihn, etwas Positives tun zu können, um den Schmerz darüber zu vetreiben, daß er und Osgod den Leichnam des Königs nicht für die Bestattung mit nach Hause gebracht hatten.

Gytha zögerte, legte dann den Arm um ihre Mutter und führte sie sanft in ihr Gemach. Ihre Frauen folgten ihr, doch als Gytha ihre Tränen sah und den Klang von Hysterie in ihren Stimmen vernahm, schickte sie sie statt dessen in die Kirche, bis auf Mildyth, Edith' Kammerfrau, die stoische Ruhe bewahrte, obwohl sie sichtlich getroffen war von den Neuigkeiten und dem Zustand ihrer Herrin.

Edith wurde wie ein Kleinkind entkleidet, gebadet, gefüttert und ins Bett gebracht und schlief dann offensichtlich ein. Meister Athelard sah nach dem Gottesdienst nach ihr und wies Gytha flüsternd an, ihre Mutter nicht aufzuregen, wenn sie aufwachte, jedoch mit ruhiger Stimme über alltägliche Dinge mit ihr zu sprechen und nicht zu versuchen, sie zum Sprechen zu bringen.

»Meister, was geschieht jetzt?« fragte Gytha.

Athelard schüttelte den Kopf. »Das weiß Gott allein! Anscheinend hatte dein Vater nur sein Leibregiment und den *Fyrd* aus den um London herum gelegenen Grafschaften zur Verfügung, doch seine Armee war fast so stark wie die des Normannen. Die Männer des *Fyrd* waren tapfer, doch es fehlte ihnen an Disziplin ... Da sind noch die Armeen aus Northumbria und Mercia unter dem Befehl ihrer beiden Grafen, und deine Großmutter hat Leute aus ganz Wessex und Umgebung zusammengezogen, aber wer kann sie befehligen? Uns bleiben nur noch der junge Edgar, Edwin und Morcar.«

»Und Ansgar?« schlug Gytha unsicher vor.

»Osgod sagt, er sei schwer verwundet, und er ist auch nur ein Minister. Es ist zweifelhaft, ob die jungen Grafen seinem Befehl folgen. Er könnte die Armee im Namen deines Bruders Godwin befehligen, dieser als scheinbarer Anführer auftreten, aber Godwin ist jung und unerfahren ...«

Und nicht der Mann, der mein Vater war, selbst im gleichen jugendlichen Alter! dachte Gytha bei sich und erkannte zum erstenmal etwas bewußt, was sie zwar schon lange geahnt, sich jedoch nicht eingestanden hatte.

Es gab nichts mehr zu sagen. Gytha neigte den Kopf, Athelard erteilte ihr auf innigere Weise als gewöhnlich seinen Segen, und sie verließ langsam das Gemach, ohne darauf zu achten, wohin sie ging. Ihre Schritte lenkten sie zum Fluß, und sie ging das Ufer entlang, bis sie sich ein Stück vom Hof entfernt hatte.

Sie vernahm das zufriedene Geschnatter von Enten, was sie quälend daran erinnerte, wie viele Male sie mit ihrem Vater hierhergekommen war, um sie zu füttern und mit ihm zu reden. Sie ließ sich ins Gras sinken, bedeckte das Gesicht mit den Händen und weinte, bis sie keine Tränen mehr zu vergießen hatte.

Sie saß lange Zeit da und dachte zurück, während die Enten sich zankten und nach Brocken tauchten, unbeeindruckt von menschlichen Sorgen. Dann riß sie sich zusammen. Sie wußte, daß ihr Vater von ihr erwartet hätte, die Verantwortung zu übernehmen, bis ihre Mutter sich erholt hatte. Sie seufzte, wischte sich die Augen an einem Zipfel ihres Schleiers trocken und kehrte erschöpft zum Hof zurück, um der Dienerschaft Anweisungen für das Abendessen zu erteilen.

3. Kapitel

Die Wochen nach der Schlacht vergingen langsam. Gytha weinte und betete, wann immer sie konnte, doch sie hatte wenig Zeit für sich. Der Zustand ihrer Mutter blieb unverändert, ihr kleiner Bruder Ulf, so plötzlich der mütterlichen Obhut beraubt und verwirrt von der Atmosphäre aus Schmerz und Furcht, bedurfte ständiger Zuwendung, und auch der Haushalt mußte geregelt werden. Die Dienstboten waren untröstlich über den Verlust ihres geliebten Herrn und zu ängstlich, um seiner Tochter die Unterstützung zu gewähren, die sie brauchte. Die wenigen Nachrichten, die Waltham erreichten, waren durchweg schlecht, aber das war nicht anders zu erwarten. Die Schatten der Angst, die über der Gemeinde hingen, rührten weniger von den großen Veränderungen her, die im ganzen Land stattfanden, als von der Überzeugung, daß die Normannen früher oder später kommen würden, um Harolds Familie zu holen.

Unterdessen verging, wenn auch langsam, die Zeit, und endlich kam der Frühling und damit der Frühjahrsputz. Zwei Tage lang wurde die Wäsche geklopft, gewaschen und gekocht, wie der Hof es schon lange nicht mehr erlebt hatte, und allen schien es gutzutun. Gytha hängte gerade die Leintücher zum Trocknen über die Lavendelbüsche, in einem alten Kleid und einer vom Kampf mit den flatternden Wäschestücken verrutschten Kopfbedeckung, als einer der Chorknaben herbeigerannt kam.

»Lady Gytha!« keuchte er. »Pater Ailric sagt, es kämen zwölf Männer über den Damm geritten! Er glaubt, daß sie hierherkommen! Was sollen wir tun?«

Gytha überflog in Gedanken die möglichen Gründe und kam sehr schnell auf den wahrscheinlichsten. »Vermutlich hat sich Herzog William schließlich an unsere Existenz erinnert«, sagte sie in sehr viel ruhigerem Ton, als es ihrer Gemütslage entsprach. »Bitte Pater Athelard, sie in der Kirche willkommen zu heißen. Ich komme, sobald ich passend gekleidet bin.«

Der Junge sah sie nervös an, verbeugte sich dann ruckartig und lief davon, während Gytha den Dienstboten die Wäsche überließ und ihr Gemach aufsuchte, um ihr bestes Kleid anzuziehen, ihre Bernsteinkette anzulegen, ihr Haar zu ordnen und einen neuen Stirnreifen auf ihren um den Kopf gewundenen Zöpfen zu befestigen.

»Wir bekommen anscheinend Besuch«, sagte sie zu ihrer stummen Mutter. »Ich möchte wissen, was er will.«

Sie ging langsam zur Kirche, versuchte sich zu beruhigen, indem sie um die Kraft betete, mit allem fertigzuwerden, was da kommen mochte. Sie traf auf eine Gruppe von Männern in normannischen Kettenhemden, die vor dem Westportal standen und ihre Pferde am Zaun des Friedhofs angebunden hatten. Sie starrten sie an, als sie näherkam, und sie nickte ihnen auf so königliche Weise zu, wie es ihr möglich war und wie sie es bei ihrer Tante, der Königin, beobachtet hatte, wenn sie an Zuschauern vorüberging. Sie schöpfte Mut, als sie mit den Füßen scharrten und sich respektvoll verneigten, während sie an ihnen vorbeiging.

Im Innern der Kirche blieb sie unmittelbar hinter der Tür stehen, teils, um ihre Augen nach dem strahlenden Sonnenschein draußen an das Dunkel zu gewöhnen, teils, um sich zu sammeln. Meister Athelard stand unter dem nächstgelegenen Bogen der Vierung und sprach mit zwei Männern. Sie trugen Kettenhemden und hatten beide einen Helm mit Nasenschutz unter dem Arm. Beide waren groß und von kräftiger Statur, der eine blond, der andere etwas kleiner und dunkelhaarig. Sie wandten sich um, als sie näherkam, und schauten sie erstaunt an, doch sie beachtete sie nicht. Zuerst zollte sie dem Heiligen Kreuz, dem Altar und Meister Athelard ihre Verehrung, dann wandte sie ihnen ihre Aufmerksamkeit zu.

»Unser Besuch gilt Lady Edith«, sagte der blonde Mann zu Meister Athelard in einem Englisch mit leichtem Akzent.

»Soviel ich weiß, hält sich Lady Edith, die Königin, König Edwards Witwe und meine Tante, in Winchester oder vielleicht auch in Wilton auf«, sagte Gytha. »Meinen Sie vielleicht die andere Lady Edith, meine Mutter?«

»Bei Gott«, rief der Dunkelhaarige mit einem schnellen, fröhlichen Lächeln auf Französisch aus, »es gibt keinen Zweifel, wessen Tochter das ist! Man braucht nur ihr Gesicht anzusehen und ihren Ton zu hören.«

»Dürfte ich erfahren, wer es ist, der meine Ähnlichkeit mit meinem Vater feststellt?« fragte Gytha kühl in ihrem besten Französisch.

Ein leises, beifälliges Lächeln überflog Meister Athelards Gesicht und verschwand wieder, als er ebenfalls auf Französisch ernst sagte: »Dies hier«, er wies auf den blonden Mann, »ist William Malet, der Englisch spricht. Der andere ist William de Warenne, Lord von Lewes in Sussex. Meine Herren, dies ist Lady Gytha, die älteste Tochter unseres verstorbenen Herrn und Patrons.«

Die beiden Normannen verbeugten sich, und Gytha neigte zur Bestätigung leicht den Kopf.

»Und aus welchem Grund kommen Sie hierher?« fragte sie.

»Wir haben einen Brief unseres Herrn für die – für Lady Edith«, erwiderte William Malet. Auch er sprach nun Französisch und schien erleichtert, daß er nicht alles für seinen Begleiter übersetzen mußte.

»Meine Mutter ist zu krank, um Besucher zu empfangen oder sich mit Briefen zu befassen. Sie können ihn mir geben.«

Die beiden Normannen blickten einander an, und Malet nickte. Warenne holte aus dem breiten Umschlag seines Panzerhandschuhs den Brief, ein gerolltes Stück Pergament mit einem herabbaumelnden Siegel, hervor und sagte: »Vielleicht liest Ihr Kaplan es Ihnen vor. Es ist Latein.«

»Dies ist Meister Athelard von Lüttich, der berühmte Gelehrte von der Universität Utrecht, von dem Sie sicher gehört haben. Sie können mir den Brief geben, ich werde ihn selbst lesen.« Gytha streckte die Hand auf herrische Weise aus.

Warenne zog die Augenbrauen hoch, erlangte jedoch rasch wieder die Kontrolle über seinen Gesichtsausdruck und reichte ihr den Brief, wobei er sich den Anschein zu geben versuchte, als sei er daran gewöhnt, jungen Damen zu begegnen, die lesen konnten, und dazu noch Latein!

Es war ein kurzer Brief, der mit einem förmlichen Gruß an die *Lady Edith, Mätresse des verstorbenen Grafen von Wessex*, begann und mit zwei kurzen Feststellungen fortfuhr: Die Tochter des obengenannten Grafen habe ihrer Schwester Gunhild in das Kloster nach Wilton zu folgen, und die besagte Edith könne ganz nach Wunsch ihre Tochter begleiten oder in Waltham bleiben. Im letzteren Falle würden ihr ein paar hundert Morgen Land, die zum Gut von Waltham gehörten und William de Warenne zugesprochen worden waren, von ihm für ihren Unterhalt mitverwaltet werden. Der Brief schloß mit Williams Namen und seinen Titeln und der Information, daß er von ihm eigenhändig in Rouen in der Normandie unterschrieben und sein Siegel mit seiner Zustimmung angebracht worden war.

Gytha, die trotz ihres tapferen Gesichtsausdrucks bei dieser ersten Begegnung mit den Normannen innerlich gezittert hatte, fühlte sich krank vor Angst. William hielt sie und ihre Familie also für sein Eigentum, sie hatten hinzugehen, wohin er befahl, und mußten sich seinen Anordnungen fügen! Ein Aufwallen von unterdrücktem Zorn gab ihr neuen Mut, und sie öffnete bereits den Mund, um eine scharfe Antwort zu geben, schloß ihn jedoch wieder und versuchte, ruhig zu denken. Dies waren Befehle des *De-facto*-Königs von England. Es blieb ihr keine andere Wahl, als zu gehorchen – oder doch? Es würde schwierig werden – vielleicht sogar gefährlich –, wenn sie sich weigerte, aber ihr Vater hatte auch den schweren Weg gewählt, wenn es darum gegangen war, sein Ziel zu erreichen, also mußte sie es ihm gleichtun.

Entschlossen drehte sie sich zu den Normannen um und sagte: »Ich habe absolut nicht den Wunsch, ins Kloster zu gehen, und keine Macht der Welt kann mich zwingen, gegen meinen Willen den Schleier zu nehmen. Meine Mutter ist zu krank, um zu reisen oder allein gelassen zu werden, bevor sie genesen ist. Sie besitzt eigene Ländereien in Norfolk und Kent und hat es nicht nötig, für ihren Unterhalt hier Land von den Kanonikern in Anspruch zu nehmen. Hier gehören ohnehin fast alle Ländereien dem Kollegium des Heiligen Kreuzes, deshalb verstehe ich nicht, warum Ihr Herr glaubt, er könne sie an jemand anderen vergeben.«

Sie sah Warenne mit trotzigem Blick an und stellte überrascht fest, daß seine dunklen Augen sie offensichtlich bewundernd anblickten und er leise lächelte.

»Alles Land in England gehört dem König«, sagte Malet steif. »Er gibt es demjenigen, der ihm paßt. Niemand außer ihm selbst darf in seinem Königreich Land besitzen, sondern er vergibt es als Privileg. Frauen besitzen nach unserem Gesetz kein Land, also kann Ihre Mutter andernorts auch keine Güter besitzen. Wann wird sie in der Lage sein zu reisen?«

»Da müssen Sie Meister Athelard fragen«, sagte Gytha knapp und unterdrückte eine bissige Antwort in Hinblick auf Diebe von Ländereien. »Er ist für ihre Behandlung zuständig.«

Malet sah Meister Athelard an, der die Achseln zuckte und

sagte: »Ihre Genesung liegt in Gottes Hand und hängt nicht vom Geschick eines Arztes ab. Vielleicht erholt sie sich bald, vielleicht erst in der nächsten Welt. Aber Lady Gytha hat recht. Sie kann nicht nach Wilton oder an einen anderen Ort gebracht werden, noch darf man ihr die Tochter wegnehmen, ohne ihr Leben aufs Spiel zu setzen. Wenn Ihr Herr versucht, die beiden zu trennen, wird er höchstwahrscheinlich ihren Tod auf dem Gewissen haben.«

»Dürften wir etwas über die Natur ihrer Erkrankung erfahren?« fragte Warenne in gleichgültigem Ton.

»Sie folgte unserem Herrn auf das Schlachtfeld und suchte später nach seinem Leichnam. Der Schock war zu groß für sie. Ihr Körper lebt, doch ihr Geist scheint erloschen«, gab Athelard knapp zur Antwort.

Die beiden Normannen waren verblüfft und sahen einander unbehaglich an. Warenne erholte sich als erster und sagte: »Wenn Sie so freundlich wären, Meister Athelard, und dem – unserem Herrn einen Brief dieses Inhalts schrieben, wäre ich Ihnen dankbar. Wir hatten vor, Lady Gytha nach Wilton zu geleiten, doch ich muß akzeptieren, daß dies im Augenblick unmöglich ist.«

Er hielt inne, offensichtlich unschlüssig, ob er noch etwas sagen sollte, entschied sich dann dafür und fuhr, sorgfältig seine Worte wählend, fort: »Ich habe Ihren Vater in der Normandie kennengelernt, Lady Gytha. Er war ein prachtvoller, guter Mensch.«

Gythas Lippen zitterten leicht angesichts dieser unerwarteten Achtungsbezeigung, doch sie preßte sie fest zusammen und sagte kein Wort, aus Angst, in Tränen auszubrechen.

»Es tut mir leid, daß – daß die Dinge diesen Verlauf genommen haben«, fuhr Warenne ungeschickt fort. »Ich hoffe, es ist Ihnen möglich, Malet und mich als – nun, vielleicht nicht als Freunde zu sehen, aber doch wenigstens als Menschen, die Ihnen helfen wollen. Wir haben nicht den

Wunsch, Ihnen und Ihrer Familie in irgendeiner Form Schaden zuzufügen.«

Gytha hatte den Eindruck, daß er aufrichtig klang, doch wie konnte sie ihm glauben? Er war Normanne. Er konnte sogar der Mann sein, der ihren Vater getötet hatte. Nachdem dieser Gedanke sich erst einmal in ihrem Kopf festgesetzt hatte, wurde er übermächtig, und sie fragte heftig: »Wer hat meinen Vater erschlagen?«

Zu ihrem Erstaunen zuckte Warenne zusammen, als hätte sie ihm einen Schlag versetzt. »Ich weiß es nicht. Es gab ein solches Gemetzel am Ende, daß es niemand genau weiß. Mehrere Männer haben für sich in Anspruch genommen ... ich weiß, daß weder ich noch Malet es taten, da wir uns ein Stück entfernt auf der Hügelkette befanden. Ich gebe Ihnen mein Wort darauf, bei meinem Glauben und meiner Ritterehre!«

Gythas Blick huschte von seinem Gesicht zu dem Malets, dann zu Meister Athelard, der nickte, als wolle er bestätigen, was sie in ihren Gesichtern gelesen hatte. Sie dachte, den Blick gesenkt, ein paar Augenblicke nach und erwog alles, was Warenne gesagt und die Art, wie er es gesagt hatte. Vielleicht wollte er ihnen wirklich helfen. Ihr Vater hatte erzählt, daß er sich in der Normandie mit einigen Leuten angefreundet hatte, und sie erinnerte sich dunkel, daß William Malet vor vielen Jahren in Gesellschaft ihres Vaters hier gewesen war und auf gutem Fuß mit ihm gestanden hatte. Es war durchaus möglich, so vermutete sie, daß diese Männer in Williams Diensten standen, ohne deshalb mit allem, was er tat, einverstanden zu sein.

»Vielen Dank«, sagte sie steif. »Ich hoffe, Ihr – Ihr Herr wird nicht verärgert über Sie sein, weil Sie Ihre Befehle nicht ausführen können.«

»Ich denke, er wird es verstehen«, erwiderte Warenne, während seine dunklen Augen flüchtig aufblitzten. Plötzlich erinnerte er Gytha an ein Rotkehlchen, und sie empfand einen unerwarteten Anflug von Zuneigung für ihn. Er war völlig anders, als sie es von einem Normannen erwartet hatte, entsprechend der ablehnenden Haltung, die ihr Vater gegenüber deren rauher, unzivilisierter Lebensweise eingenommen hatte.

»Können wir Ihren Bruder sehen?« fragte Malet, und es klang verkrampft und schroff im Vergleich zu Warennes ungezwungenerem Ton.

Gytha unterdrückte ein scharfes »Nein!« und erwiderte statt dessen in milderem Ton: »Ich bedaure, das ist nicht möglich. Lord Ulf ist mit seinem Diener auf einem Ausritt, und es wird noch einige Zeit dauern, bis er zurückkommt. Danach muß er unverzüglich in seinen Unterricht.«

Malet sah einen Moment aus, als wolle er auf seinem Recht bestehen, doch Warenne machte eine leichte Handbewegung und sagte statt dessen: »Können wir unserem Herrn wenigstens die Nachricht überbringen, daß Sie nach Wilton gehen, sobald es Ihrer Mutter besser geht?«

»Nein!« fuhr Gytha ihn an. »Sie können ihm übermitteln, daß ich nirgendwohin gehen oder irgend etwas tun werde, was er mir *befiehlt,* bis mein Vater in dieser Kirche, die er selbst gegründet hat, ein christliches Begräbnis bekommen hat. Und auf gar keinen Fall werde ich in ein Kloster eintreten!«

Sie war selbst überrascht über ihre Heftigkeit, spürte jedoch, daß sie von einer tiefsitzenden Sehnsucht herrührte, Frau und Mutter zu sein, Söhne zu bekommen, die ihrer Familie würdig waren, Enkel zu haben, auf die ihr Vater stolz gewesen wäre. Selbst wenn es William gelingen würde, sie in ein Kloster zu sperren, so beschloß sie, würde sie nicht Nonne werden, und sie wußte den ganzen Klerus mit seiner Macht auf ihrer Seite, falls jemand sie dazu zwingen wollte. Und wie konnte sie ruhig leben oder das Gefühl haben, das Lebenskapitel ihres Vaters sei wirklich abgeschlossen, solange er nicht begraben war?

Malet schaute angesichts ihres Trotzes alarmiert und besorgt drein, doch Warenne nickte zum Zeichen der Zustimmung, sagte jedoch warnend: »Sie werden unseren Herrn mit derlei Äußerungen erzürnen!«

»Nicht mehr, als er mich mit seiner Anordnung erzürnt, etwas zu tun, was, wie die Kirche ausdrücklich fordert, nur freiwillig erfolgen darf«, sagte sie kühl, in dem sicheren Bewußtsein, daß dies der Wahrheit entsprach, und je öfter sie ihre Ablehnung vor Zeugen vom Rang eines Meister Athelard und vielleicht sogar diesen beiden Normannen wiederholte, um so besser. »Und mein Vetter, der König von Dänemark, wird ebenfalls zornig sein, wenn er von den Versuchen Ihres Herrn erfährt, mich gegen meinen Willen ins Kloster zu sperren! Und zweifellos wird er auch einiges zu sagen haben, wenn er hört, daß Ihr Herr einem seiner engsten Verwandten ein christliches Begräbnis verweigert. Wenn das alles ist, was Sie mitzuteilen haben, werde ich Sie mit Meister Athelard allein lassen. Es tut mir leid, daß die Krankheit meiner Mutter und deren Ursache es mir unmöglich machen, Ihnen in unserer Halle die gewohnte Gastfreundschaft zu erweisen, aber die Chorherren werden Ihnen bestimmt vor Ihrem Weiterritt eine Erfrischung reichen.«

Bei diesen Worten machte sie eine kleine förmliche Verbeugung, wobei sie erneut ihre Tante nachahmte, und entfernte sich auf langsame und würdevolle Weise, trotz ihrer schwankenden Knie und des starken Verlangens, davonzulaufen und sich zu verstecken, bevor sie in Tränen ausbrach. Verblüfft vernahm sie, wie Warenne ein »*Magnifique*« hinter ihr herrief, hielt sich jedoch nicht auf oder blickte zurück.

Später suchte Meister Athelard sie auf und teilte ihr mit, daß die Normannen darauf bestanden hatten, Ulf mitzunehmen. »Sie haben darauf verzichtet, es Ihnen selbst mitzuteilen, aus Furcht, der Schock könnte Ihnen zu sehr zusetzen. Ich fürchte, es bleibt uns nichts anderes übrig, als ihn gehen zu lassen, sonst werden sie ihn auf andere Weise ergreifen, und das würde ihn erschrecken. Ich werde es ihm sagen und es als etwas Positives darstellen, während Sie seine Habseligkeiten zusammenpacken. Sie müssen um seinetwillen tapfer und fröhlich sein – vor allem keine Tränen! Er ist jetzt von seiner Reitstunde zurück.«

Gytha holte Atem, um zu widersprechen, doch sie kannte und vertraute Meister Athelard, und der strenge Blick seiner grauen Augen hinderte sie daran, Einspruch zu erheben. Wenn er sagte, es müsse sein, dann mußte es sein. Sie nickte stumm und ging, um ein ordentliches Bündel aus Ulfs Kleidungsstücken und Lieblingsspielsachen zu packen, darunter ein unansehnliches ausgestopftes Stofftier namens Hotty; dabei blinzelte und schniefte sie die ganze Zeit. Doch es gelang ihr, ohne Tränen von dem Jungen Abschied zu nehmen, was er ihr erleichterte, indem er sich mit einem entschlossenen Ruck etwas so Beschämendem wie einem Kuß entzog. Er schien weitaus mehr interessiert an den Pferden und der Ausrüstung seiner Eskorte als an der Frage, wohin die Reise ging. Er faßte auf der Stelle Zuneigung zu William Malet und ritt, in die Armbeuge des Normannen gebettet, davon, wobei er so munter in seinem noch lückenhaften Französisch plapperte, daß er seiner Schwester nur flüchtig zuwinkte, als Malet ihn dazu aufforderte.

Gytha sah zu, wie der kleine Reiterzug in Richtung Damm davonritt, und war froh über Meister Athelards feste Hand auf ihrer Schulter. Warenne verhielt einen Augenblick, lenkte sein Pferd dicht an sie heran und sagte: »Ich werde Ihnen von ihm berichten, wenn ich das nächste Mal herkomme. Versuchen Sie, sich keine Sorgen zu machen. Es wird alles gut. Er soll zu Königin Matilda nach Rouen gebracht und mit deren Kindern aufgezogen werden. Sie wird gut zu ihm sein und darauf achten, daß er eine standesgemäße Erziehung erhält. Was Ihre Sicherheit hier betrifft, so werde ich demnächst ein paar meiner Leute schicken, die sich darum kümmern und dafür sorgen, daß Ihre Familie und die Kathedrale unbehelligt bleiben.«

Gytha gab keine Antwort und wandte den Kopf ab, zu bitter und zu sehr den Tränen nahe, um genau zu begreifen, was er sagte. Später allerdings fiel es ihr wieder ein, und sie fand es überraschend tröstlich.

»Ich werde Seine Heiligkeit in Rom informieren, daß Ihr Herr den Knaben in sicheren Gewahrsam genommen hat«, sagte Meister Athelard mit der Betonung auf *sicher*.

Warenne nickte. »Ich werde es meinem Herrn mitteilen«, sagte er, und es klang wie ein Versprechen. Er wendete sein Pferd und sprengte hinter den anderen her, schaute zurück und nickte dankend, als er sah, daß Meister Athelard seine Hände segnend erhoben hatte.

Sobald er außer Hörweite war, drehte Gytha sich um und lief zur Kirche, wo sie unter der Kanzel auf die Knie fiel und bitterlich weinte, während sie zwischen den einzelnen Schluchzern unzusammenhängend betete. Pater Turkill spähte von Zeit zu Zeit aus seiner Sakristei, und als sie sich schließlich die Augen trocknete und erschöpft aufstand, kam er heraus und sagte: »Dänemark ist im Osten, nicht wahr? Aber nicht weit genug. Er wird ein – wie nennen es die Normannen? – ein Ritter. Jerusalem, ganz ohne Zweifel!« Sein vager, unbestimmter Blick erhob sich zu der Gestalt am Kreuz, die im Kerzenschein leuchtete, und er lächelte strahlend. »Du wirst ihn behüten, nicht wahr? Wie Du uns alle behütest!«

Pater Turkills seltsame Bemerkungen erfüllten Gytha gewöhnlich mit einer Mischung aus Trost und Sorge, und diesmal war es nicht anders. Der Gedanke, der kleine Ulf könnte eines Tages etwas so Normannisches wie ein Ritter werden, war entschieden beunruhigend; Trost empfand sie jedoch bei der Erwähnung Jerusalems, denn jedermann wußte, daß Menschen, die auf der Pilgerreise dorthin starben, direkt in den Himmel kamen. Sie neigte den Kopf, um sich von Turkill segnen zu lassen, und verließ dann langsam die Kirche.

Pater Osgod traf sie in der Tür und blickte mitfühlend auf sie herab. »Was wollten sie?« fragte er mit einer Kopfbewegung in Richtung des Dammes, auf dem die Normannen schon lange verschwunden waren.

»Ulf. Sie haben ihn mitgenommen«, stieß Gytha, erneut den Tränen nahe, hervor. »Und ihr Herzog verlangt, daß ich nach Wilton gehe und Nonne werde. Ich will aber nicht.«

»Warum?« fragte Osgod und starrte sie durchdringend an.

»Ich will keine Nonne werden«, gestand sie, voll Angst, er als Priester würde es ihr verübeln, daß sie etwas ablehnte, was er als das ideale Leben für eine Frau betrachten mußte.

»Dann dürfen Sie auch nicht ins Kloster gehen. Sie würden eine schlechte Nonne abgeben. Ein derartiges Leben muß mit Freuden aufgenommen werden, oder man läßt es. Gott hat eine Aufgabe für Sie, und wenn sie nicht im Kloster zu finden ist, dann eben in der Welt. Er wird Sie dazu berufen, wenn es Zeit ist. Weiß Ihre Mutter wegen Ulf Bescheid?«

Gytha seufzte und straffte die Schultern bei dem Gedanken daran, daß sie noch nicht einmal versucht hatte, Edith zu informieren. »Nein, es sei denn, ihre Frauen hätten es ihr erzählt.«

Osgod brach in Gelächter aus. »Die bestimmt nicht! Die liegen im Trockengarten auf den Knien und beten um Verschonung vor den Normannen! Ich werde es ihr sagen.«

Wahrscheinlich dachte er, die Nachricht würde Edith' beängstigende Zurückgezogenheit durchbrechen, aber das war ein Irrtum. Er erzählte ihr, was geschehen war, auf erstaunlich zartfühlende Weise, und sie wandte den Blick ein wenig in seine Richtung, gab jedoch keine Antwort.

»Vielleicht hört sie Sie nicht«, sagte Gytha.

»Sie hört mich, aber die Worte haben keine Bedeutung für sie.« Er schloß kurze Zeit die Augen in stummem Gebet, dann verließ er das Gemach, nachdem er über Edith und Gytha das Zeichen des Kreuzes gemacht hatte.

Gytha ging langsam in ihre eigene kleine Kammer, um ihr gutes Kleid gegen ihr alltägliches zu tauschen, während sie im Geist unaufhörlich über die Geschehnisse des Vormittags und die möglicherweise schrecklichen kommenden Zeiten nachdachte. Welche Hoffnung bestand, daß Herzog William – nie würde sie ihn König nennen! – ihre Weigerung, ihm zu gehorchen, akzeptieren würde? Überhaupt keine, wie sie sehr wohl wußte, aber irgendwie mußte sie den Mut und die Entschlossenheit aufbringen, bei ihrer Weigerung zu bleiben, und darauf vertrauen, daß Gott und die Kirche sie beschützten.

Warenne kehrte ein paar Wochen später mit einem Dutzend seiner Männer zurück, die, während sie sich selbst eine Unterkunft bauten, im Gästehaus der Kathedrale untergebracht wurden. Einer von ihnen war offensichtlich ein Verwalter, denn er machte sich daran, die genaue Lage der zweihundert Morgen festzulegen, die Herzog William für Edith' Unterhalt bestimmt hatte. Die anderen waren Soldaten, obwohl sie darauf eingestellt waren, die meiste Zeit auf dem Land zu arbeiten. Ihr Anführer war ein grauhaariger, grimmig blickender alter Mann namens Robert.

»Ich habe sie sorgfältig ausgewählt, und Sie werden feststellen, daß sie vertrauenswürdig sind«, sagte Warenne zu Gytha, doch die Worte richteten sich ebenso an Meister Athelard und Pater Wulfwin, die beide anwesend waren. Meister Athelard sprach freundlich mit Warenne, Wulfwin jedoch bewahrte ein distanziertes Schweigen.

»Sie werden keinem Ihrer Leute etwas tun, solange niemand so töricht ist, Streit anzufangen«, fuhr Warenne fort. Sie standen gerade vor der Kirche, und er überblickte die

Szenerie um sie herum mit dem geschulten Auge des Landbesitzers, registrierte das ungewöhnlich große Wiesengelände, die beiden in gutem Zustand befindlichen Mühlen am nahe gelegenen Fluß, die lange, niedrige Halle und die Gruppe strohgedeckter Häuser, die die Stadt bildeten. Dann wandte er sich um und blickte an der Kirche vorbei zu dem großen dunklen Umriß des Forstes, der sich im Osten erstreckte, soweit das Auge reichte.

»Viel Wild hier?« fragte er.

»Sehr viel«, antwortete Meister Athelard. »Viel Rotwild.«

»Kaninchen?«

Gytha und Meister Athelard schauten verwirrt, dann erinnerte der Gelehrte sich an seine Jugend auf dem Land in der Nähe von Lüttich und die kleinen Pelztiere, aus denen man Pasteten machte. »Keine Kaninchen«, erwiderte er.

»Schade. Wir müssen ein paar einführen. Wölfe?« Warennes Frage klang hoffnungsvoll.

»Keine Wölfe.« Diesmal antwortete Gytha. »Ein paar Eber«, schlug sie als Ersatz vor, entschlossen, höflich zu dem Mann zu sein, da sie Informationen von ihm benötigte.

Warenne nickte abwesend, blickte zum Himmel auf, betrachtete die mächtigen Mauern der Kirche und machte insgesamt den Eindruck eines Mannes, der nicht weiß, was er als nächstes sagen soll, aber die Unterhaltung nicht beenden möchte.

»Haben Sie irgendwelche Nachrichten?« fragte Gytha jäh, da sie es an der Zeit fand, ihre Fragen zu stellen.

Sofort ruhten Warennes wachsame dunkle Augen auf ihrem Gesicht. Seine Bewegungen waren schnell und ruckartig, und er schien immer auf der Hut zu sein. Sie hatte bereits bemerkt, daß seinem Blick wenig entging; ob er selbst sprach oder zuhörte, er musterte das Gesicht des Sprechenden und bemerkte trotzdem, was um ihn herum vorging. Er ging sogar sehr schnell, offenbar ohne sich des Gewichts seines Kettenpanzers bewußt zu sein, das beträchtlich sein mußte. Er umhüllte ihn vom Hals bis zu den Knien und bestand aus ineinandergreifenden Eisenringen.

»Ihr Bruder Ulf befindet sich in der Normandie bei Königin Matilda«, sagte er. »Sie hat Gefallen an ihm gefunden, und er an ihr, wie es scheint. Er hat dieses unsägliche Stofftier und seinen Onkel Wulfnoth, der seinen Unterricht beaufsichtigt, und er scheint sehr glücklich zu sein. Auf der Überfahrt über den Ärmelkanal wurde er seekrank, alles traf den armen Malet, aber als er wieder an Land war, hat er sich schnell wieder erholt. Ihre anderen Brüder scheinen verschwunden zu sein, aber vermutlich weiß Ihre Großmutter, wo sie sind – eine prachtvolle alte Dame, wie ich gehört habe. Sie ist in – äh – wie heißt es?«

»Exeter«, half ihm Gytha, ohne nachzudenken, und fragte sich gleich darauf, ob sie in die Falle gegangen war und etwas ausgeplaudert hatte, aber er zeigte keinerlei Interesse.

»Mein Herr ist noch immer zu Hause in der Normandie und hat eine Reihe von Gästen bei sich – den jungen Prinzen Edgar, Graf Edwin, den Erzbischof von Canterbury und einige mehr. Das Land ist einigermaßen ruhig, wenigstens im Augenblick.«

»Mein Vater . . .«, hörte Gytha sich sagen und erschauerte, außerstande weiterzusprechen.

Warenne hielt ihrem Blick stand, aber er schien sich in seiner Haut nicht wohlzufühlen und schwieg eine Zeitlang, dann sagte er hastig und leise: »Bald, jetzt noch nicht. Mit seinen Brüdern.«

»Wann?« Gytha empfand eine Woge der Erleichterung, fast fühlte sie sich einen Moment lang von ihrer schweren Bürde befreit.

»Das kann ich nicht sagen, aber bald. Malet kümmert sich darum. Er und ich haben ihn gemeinsam versteckt, auf Befehl des – unseres Herrn. Ich wußte übrigens, daß es Exeter war, nur nicht, wie man es ausspricht!«

Gytha sah ihn verblüfft mit weit aufgerissenen Augen an und entdeckte in seinen Augen ein Lächeln. Beinahe hätte sie zurückgelächelt und sie dachte, daß sie ihn vielleicht gemocht hätte, wenn er kein Normanne gewesen wäre.

Als William von Warenne nach der Heuernte wiederkam, fand er seine Männer gut untergebracht und zufrieden vor. Diesmal hatte er Pater Wulfwin von seinem Kommen unterrichtet, denn er brachte die Leichname von Harold, Gyrth und Leofwin, damit sie bestattet werden konnten. Er und Malet kamen mit einer starken Eskorte und drei stabilen, von Ochsen gezogenen Wagen, beladen mit den bleiverzierten Eichensärgen, die William, der Normanne, überraschenderweise zur Verfügung gestellt hatte.

Eine schweigende Menge wartete, als die Prozession den Damm herunter die Straße entlangkam und die Furt am Mühlbach durchquerte. Alle Bewohner der Stadt waren da und füllten den Raum zwischen dem Fluß und der Kathedrale, mit Ausnahme der Straße selbst und der kiesbestreuten Fläche vor dem Westportal. Robert und seine Männer standen mit den anderen zusammen, was Warennes schneller Blick erstaunt feststellte.

Gytha wartete in ihrem besten Kleid an der Kirchentür, um sie zu empfangen, sehr steif und kerzengerade, einen unbewußt tragischen Ausdruck auf dem bleichen Gesicht, denn sie betete mit aller Macht darum, nicht vor all diesen Leuten zusammenzubrechen und zu weinen. Glücklicherweise brauchte sie nichts zu sagen, da Pater Wulfwin die Normannen in höflichem, gedämpftem Ton willkommen hieß, in förmlichem Latein, wie es dem Anlaß entsprach.

Er war ein hochgewachsener, streng blickender Mann, der in dem glänzenden Faltenwurf des prächtigen Chorrocks, einem der Geschenke Harolds an die Kathedrale, noch größer und sehr würdevoll wirkte. Der Mantel war aus goldenem Stoff, mit Worten aus der Bibel bestickt und mit Juwelen besetzt. Gytha wunderte sich, daß er ihn trug, denn gemeinhin wurde er nur zu den großen Kirchenfesten hervorgeholt.

»Dies ist zugleich ein Tag der Trauer und des Glücks für uns«, sagte Wulfwin, nachdem er die Begrüßung beendet hatte. »Wir freuen uns, daß man uns unseren Gründer wiedergegeben hat, und betrauern, daß er kommt, um begraben zu werden; und doch müssen wir glücklich darüber sein, denn er ist gewiß bei den Heiligen.«

Malet sah eindeutig bestürzt aus bei dieser kühnen Behauptung, denn der Papst hatte einen Kirchenbann über Harold verhängt, und selbst Warenne, der seine Gesichtszüge besser unter Kontrolle hatte, hob ein Stück die Augenbrauen. Keiner von beiden sagte etwas, sondern sie traten auf jeweils eine Seite, als die drei Särge in die Kathedrale getragen wurden. Sie folgten Gytha und Pater Wulfwin, die hinter den Särgen schritten, blieben stehen und sahen zu, wie man sie vor dem Hochaltar abstellte und Gytha und Pater Wulfwin niederknieten, um daneben zu beten.

Da keiner der beiden Normannen zu wissen schien, was sie als nächstes tun sollten, lud Meister Athelard sie zu einer Erfrischung in sein kleines Haus ein, während ihre Männer es sich im Gästehaus bequem machten. Später suchte er Gytha im Frauengemach auf, um mit ihr zu reden. »Es gibt ein paar – Bedingungen«, sagte er.

»Bedingungen?«

»Ja. Es darf von keiner Seite öffentlich bekanntgemacht werden, daß William von seinem Schwur abgewichen ist. Solange er lebt, darf niemand erzählen, daß er Ihrem Vater ein christliches Begräbnis zugestanden hat. Deshalb wird die Messe heimlich stattfinden. Vier Priester, Ihre Mutter und Sie selbst dürfen teilnehmen und die gleiche Anzahl Normannen. Keine weiteren Zeugen. Andere Leute können später zwar reden, aber nicht schwören, Zeuge gewesen zu sein, wenn sie nicht anwesend waren. Es wird zu Williams

Lebzeiten kein Grabmal oder Ehrenmal errichtet werden, noch nicht einmal ein Name in einen Stein gehauen. Ich fürchte, unter den gegebenen Umständen ist es an Ihnen, mein liebes Kind, zuzustimmen oder abzulehnen ...« Er sah zu Edith hinüber, die schweigend und selbstversunken dasaß.

»In Anbetracht der Tatsache, daß er geschworen hat, es niemals zuzulassen, scheint es ein großzügiges Angebot zu sein.« Gytha stolperte ein wenig über das Wort »großzügig«, das ihr in der Kehle steckenblieb, doch es gelang ihr, einigermaßen ruhig zu sprechen, trotz ihres wachsenden ohnmächtigen Zorns über Williams Schwur, der alles andere als großzügig gewesen war. »Soll es heute nacht stattfinden?«

»Ja. Welche Priester sollen auf Ihren Wunsch hin teilnehmen?«

Gytha überlegte gründlich. »Natürlich Sie und Pater Wulfwin, und ich denke, Pater Osgod und Pater Ailric, weil sie ihn suchen gegangen sind, als ...« Ihre Augen füllten sich mit Tränen, die sie rasch wegwischte. »Die – die Särge sahen sehr schwer aus ...«

»Ja, darüber habe ich mit unseren Freunden gesprochen – denn, ob Sie wollen oder nicht, liebes Kind, es sind wirklich unsere Freunde. Dies alles würde ohne ihre Hilfe nicht stattfinden! Sie schlagen vor, daß die Normannen, sie selbst eingeschlossen, jeden Sarg nacheinander die kurze Strecke tragen; da jedoch acht Mann nötig sind, ihn hochzuheben, bitten sie, daß zwei Chorherren dabei helfen. Osgod und Ailric sollten dazu in der Lage sein, und sicher sind sie auch bereit dazu.«

»*Normannen* sollen meinen Vater und meine Onkel zu ihren Gräbern tragen!« rief Gytha entsetzt.

»Warum nicht? Warenne hat Männer ausgesucht, die Ihren Vater in der Normandie kennengelernt und ihn bewundert haben. Zwei von ihnen verdanken ihm ihr Leben, denn er hat sie davor bewahrt, im Treibsand umzukommen und dabei sein eigenes Leben aufs Spiel gesetzt. Ich kann nichts Falsches darin sehen.«

Gytha schwieg, dachte nach und sagte dann langsam: »Ja, wahrscheinlich ist es vernünftig, und wer soll es sonst tun, wenn nur vier Chorherren anwesend sein dürfen. Also gut, ich bin einverstanden.«

Athelard nickte anerkennend. »Der Herr hat uns befohlen, unsere Feinde zu lieben und die zu segnen, die uns verfluchen. Wie viel mehr müssen wir dann erst einen Feind lieben, der uns eine freundschaftliche Geste erweist.«

Gytha seufzte, war jedoch so vernünftig einzusehen, daß er recht hatte. Sie saß eine Zeitlang da und dachte nach, und auch Athelard schien in Träumereien versunken. Hätte sie ihn angesehen, wäre ihr vielleicht aufgefallen, daß er prüfend ihr Gesicht musterte, aber ihre Augen waren blicklos auf den binsenbestreuten Fußboden gerichtet.

»Es kommt einem alles so unsinnig vor«, sagte sie endlich. »Selbst Herzog William mochte Vater, und Vater mochte ihn – auf gewisse Weise. Warum können die Menschen nicht mit dem zufrieden sein, was sie haben, und wollen immer mehr? Herzog William besaß bereits die Normandie – warum wollte er auch noch England?«

»Ihr Vater besaß bereits Wessex und nach dem König den höchsten Rang im Land. Warum wollte er auch noch König von England werden?«

»Der *Witan* hat ihn gewählt ...«, begann Gytha trotzig und räumte dann nach einem leichten Achselzucken ein: »Aber er wollte es auch, sonst hätte er für Edgar, den Thronerben, gestimmt. Wahrscheinlich wollte er auch Königin Aldyth wirklich heiraten.«

Meister Athelard bemerkte, daß sie der Frau ihres Vaters die Bezeichnung zukommen ließ, die ihr zustand, und erwiderte mit einem Nicken: »Aber nicht aus Liebe zu ihr, der armen Frau, nur wegen ihres Blutes und der Unterstützung ihrer Brüder.«

»Was ist aus ihr geworden?« fragte Gytha, der auffiel, daß niemand sie erwähnt hatte, seit ...

»Ich habe gehört, sie sei nach der Schlacht mit ihrem Sohn nach Chester gegangen.«

»Sohn!« Gytha war bestürzt.

»Ihr Halbbruder, der nach dem Tod Ihres Vaters auf die Welt kam, Gott schütze ihn! Sein Name ist Harold. Ich hörte – aber das ist nur ein Gerücht –, das Kind sei jetzt in Norwegen. König Olaf verdankte sein Leben der Gnade Ihres Vaters, nachdem Harald Hardrada in Yorkshire getötet wurde, deshalb wird er nun ganz bestimmt für den Knaben sorgen.«

»Aber mein Vater hat dessen Vater *umgebracht*!«

»Das ist Kriegsglück. Wenn die Schlacht vorüber und gewonnen ist, sollte der Sieger Frieden walten lassen. So dachte auch Ihr Vater und ließ den jungen Olaf am Leben, damit er heimkehren und Norwegen regieren konnte. Er hat damit eindeutig ein gutes Beispiel abgegeben.«

Gytha dachte ernsthaft darüber nach und sagte dann: »Sicher ist es eine große Ehre für einen Mann, von seinen Feinden auf deren eigenen Wunsch zu Grabe getragen zu werden. Ich meine, Pater Ailric sollte nicht mithelfen, diese schweren ... diese schweren Lasten zu tragen. Er ist zu klein und schmächtig. Würden Sie bitte William von Warenne bitten, zwei weitere Normannen zu finden, die dazu bereit wären?«

Und so wurden König Harold II. Godwinsson und seine Brüder auf ihrer letzten kurzen Reise zu ihren Ruhestätten am Hochaltar der Kathedrale von acht kräftigen Soldaten der Armee getragen, von der sie besiegt und getötet worden waren. Zwei Gräber waren vor dem Altar ausgehoben worden, das dritte, für den Gründer, dahinter. Nachdem jeder Sarg in seine letzte Ruhestätte hinabgelassen worden war, verließen die beiden zusätzlichen Helfer die Kirche, und Warenne und seine Begleiter zogen sich taktvoll ins Dunkel zurück, während Pater Wulfwin die Messe zelebrierte.

Nur die Kerzen auf dem Altar erhellten die Szene. Sie flackerten leicht im Luftzug, zeichneten seltsame Schatten auf den hellen Stein der Säulen in der Apsis, beleuchteten schwach die Gefäße und den goldenen Rahmen des Altars und die bronzefarbenen Bänder, die in die mächtigen Pfeiler des Bogengangs im Mittelschiff eingefügt waren. Über dem gewölbten Dach der Kanzel schimmerte schwach der silberne Überzug des großen geheimnisvollen Kreuzes, und der Rubin im Subpedaneum funkelte karmesinrot.

Gytha, die bisher nachts nur in der Kirche gewesen war, wenn sich aufgrund der Oster- und Weihnachtsgottesdienste die Menschen dort gedrängt hatten, erschauerte von Zeit zu Zeit, nicht vor Kälte oder Angst, sondern weil sie ein seltsames Gefühl empfand, als befände sich hoch im Dunkel über ihr eine unsichtbare Persönlichkeit. Es fiel ihr schwer, zwischen der Erinnerung an ihren Vater und ihre Onkel und dem, was nun auf dem Grund dieser schwarzen Gruben ruhte, eine Verbindung herzustellen. Es waren nur Särge, von denen jeder einen Leichnam enthielt, einer davon der ihres Vaters, den noch nicht einmal diejenigen, die gut mit ihm vertraut waren, nach der Schlacht erkannt hatten. Mit Ausnahme von Edith. Ihr Vater war natürlich nicht wirklich hier. Nicht in diesem Kasten. Nicht seine Seele. Diese befand sich – ganz bestimmt war es so – *dort oben*, bei dem unsichtbaren Wesen, das, wie sie spüren konnte, im Dunkel über ihnen schwebte, von keinem Kerzenschein erreicht.

Eine plötzliche Bewegung neben ihr lenkte ihre Aufmerksamkeit auf ihre Mutter.

Edith schien nichts wahrgenommen zu haben, als Gytha und Mildyth sie um Mitternacht aus dem Bett geholt hatten; sie schien nicht geschlafen zu haben. Sie hatte reglos dagestanden, während sie sie in warme Kleidung gehüllt hatten und Gytha ihr ruhig erklärt hatte, was geschehen würde. Sie war ihr wie eine Schlafwandlerin gefolgt, als Gytha sie bei der Hand genommen und zur Kirche geführt hatte, mit einer kleinen Laterne den Weg beleuchtend. Sie war stehengeblieben, wenn Gytha sie dazu anwies, weitergegangen, wenn Gytha sie führte, und schien nichts von ihrer Umgebung wahrzunehmen; doch nun war sie plötzlich auf die Knie gesunken und hatte die Hände zum Gebet erhoben. Ihr Gesicht war im Dunkeln, und sie gab keinen Laut von sich, sondern blieb auf den Knien liegen, bis die Schlußgebete gesprochen waren und Gytha und die Chorherren dem Ritual gemäß ihre Handvoll Erde auf die Särge geworfen hatten. Dann wandte sich Gytha der Dunkelheit zu, wo das Licht, das schwach auf den Ringen der Kettenpanzer schimmerte, anzeigte, wo die Normannen standen, und machte mit der Hand eine unbewußt huldvolle, einladende Geste. Nach kurzem Zögern traten die Normannen vor, angeführt von Malet und Warenne, und alle bückten sich, um ein paar Krumen Erde aufzuheben und sie in die schwarzen Rechtecke zu ihren Füßen zu werfen.

Da bewegte sich Edith plötzlich. Immer noch auf Knien, beugte sie sich vor, nahm eine Handvoll der trockenen, krümeligen Erde, hielt sie einen Augenblick in der ausgestreckten Hand, erhob sich dann langsam, trat ans Grab ihres Mannes und ließ die Erde nach und nach langsam auf seinen Sarg fallen. Als ihre Hände leer waren, nahm sie das goldene Kruzifix von ihrem Hals, küßte es und warf es ebenfalls hinab. Danach bekreuzigte sie sich und blieb so still wie eine Statue stehen.

Einige Sekunden lang herrschte Schweigen. Edith rührte sich nicht, bis Meister Athelard zu ihr trat, sie sanft beiseite zog und sie den Mittelgang entlangführte. Wulfwin nahm einen der Kerzenleuchter, ging auf die Westtür zu und hielt sie auf, um den anderen zu leuchten. Gytha folgte, Warenne an ihrer Seite, der seinen kegelförmigen Helm unaufhörlich in den Händen drehte, während er neben ihr herschritt, und die anderen, jeweils zu zweien, folgten ihnen schweigend. Nur Osgod und Ailric blieben zurück, um die Gräber aufzufüllen und die Steinfliesen wieder an ihrem alten Platz anzubringen.

4. Kapitel

Ein paar Wochen lang ging das Leben wie gewohnt weiter. Die Ernte versprach gut zu werden, und irgendwie wurde das Geld für die Abgaben aufgebracht und bezahlt, als die Leute des Sheriffs kamen, um es einzutreiben. Edith schien unverändert; manchmal allerdings erhob sie sich jäh aus ihrem Sessel, ging in die Kirche und stand schweigend eine Stunde und länger im Kanzelgewölbe, bis jemand sie an der Hand nahm und in ihr Gemach zurückführte. Gytha empfand es jedoch als kleinen Fortschritt, als ihre Frauen versuchten, ihr ein Kleid anzuziehen, das sie nie gemocht hatte, und sie es mehrmals zurückwies, bis man ihr ein anderes brachte. Meister Athelard meinte, dies sei ein Zeichen, daß sie mehr von ihrer Umgebung mitbekam, als es den Anschein hatte, doch weitere Beweise dafür, daß sie etwas zur Kenntnis nahm, gab es nicht.

Da sie ständig mit der Bedrohung lebte, mir nichts, dir nichts nach Wilton gebracht zu werden, begann Gytha, über Fluchtmöglichkeiten nachzudenken, und beschloß, nach Dänemark zu gehen, denn König Svein war der Vetter ihres Vaters und kein Freund von William. Es fiel ihr kein anderer Ort ein, der ihr eine sichere Zufluchtstätte bieten würde. Es war die einzige Lösung, aber sie hatte nicht die geringste Ahnung, wie man eine derartige Reise bewerkstelligte. Ihre Mutter mitzunehmen, solange Edith in diesem halbwachen Zustand verharrte, würde schwierig werden, doch sie durfte sie nicht allein lassen. Es gab keinen Grund mehr, länger in England zu bleiben, und viele gute Argumente sprachen dafür wegzugehen, solange sie konnte: bevor William aus der Normandie zurückkehrte und auf den Gedanken kam, sich zu erkundigen, ob sie bereits nach Wilton gegangen war. Sie besaß etwas Geld, aber nicht annähernd genug, um eine Schiffspassage zu bezahlen – und wie sollte sie überhaupt ein solches Schiff finden? Bestimmt segelten Schiffe von England nach Dänemark, aber von wo aus? Wer wußte so etwas? Wen konnte sie fragen?

Es würde einfacher sein, nachzugeben und nach Wilton zu gehen. Man konnte sie nicht zwingen, Nonne zu werden, und sie würde dort sicher sein, Sicher, aber unfrei ...

»Was will ich wirklich?« fragte sie sich, während sie wieder einmal lange in der Kirche saß, nachdachte und betete. »Sicher oder frei sein? Frei, ja, aber warum? Ich muß etwas tun, für meinen Vater. Er wollte so viel für England tun, doch man hat ihm nicht die Chance gegeben. Er wäre ein wunderbarer König geworden, wenn man ihm Zeit gelassen hätte, aber William hat ihm die Gelegenheit genommen, zu Ruhm zu gelangen, und nun wird man ihn vergessen oder sich seiner nur als eines ehrgeizigen Menschen erinnern, der gescheitert ist ...

Ich weiß, was ich tun muß! Ich muß einen Ehemann finden, einen *königlichen* Ehemann, und Söhne auf die Welt bringen, prächtige Söhne, damit die Menschheit ihre Größe erlebt und sich daran erinnert, wer ihr Großvater war! William ist entschlossen, mich in Wilton einzusperren und mich nicht heiraten zu lassen, deshalb muß ich dafür sorgen, daß ihm das nicht gelingt. Irgendwie muß ich nach Dänemark gelangen und mich an König Svein um Hilfe wenden. Bitte, lieber Gott, zeig mir den Weg. Es wäre einfacher, nachzugeben und ein sicheres Leben als Nonne zu führen, aber das ist nicht das, was Du und mein Vater von mir erwartet, nicht wahr? Gut – ich treffe meine Wahl. Ich entscheide mich für den schwierigen Weg. Ich werde nach Dänemark gehen und vertraue darauf, daß Du mir zeigst, wie.«

Die Antwort ließ nicht lange auf sich warten. Warenne kehrte kurz nach der Weizenernte zurück. Er kam unerwartet von Osten her durch den Forst in die Stadt geritten, führte seine übliche Eskorte bei sich und ließ das Horn ertönen, als er sich der Stadtumzäunung näherte, so wie es das alte englische Gesetz erforderte. Angeblich machte er nur in Waltham Halt, um die Pferde zu füttern und zu tränken, doch unterdessen schickte er Gytha eine höfliche Nachricht und bat sie, ihm eine kurze Unterredung in der Kirche zu gewähren.

Sie zog rasch ein neues Kleid an, das Mildyth gerade erst vor ein paar Tagen fertiggestellt hatte, denn ihr früheres gutes Kleid war ihr über den größer werdenden Brüsten zu eng geworden. Ihre Gestalt war jetzt weitaus fraulicher als zu dem Zeitpunkt, als der Normanne zum erstenmal dagewesen war, und sie war sich sicher, daß er sie nicht länger als Kind betrachten konnte – falls er das überhaupt jemals getan hatte, denn er hatte sie nie anders als eine erwachsene Frau behandelt. Sie ging mit einem Gefühl zur Kirche, das sich aus Freude und Besorgnis zusammensetzte, denn insgeheim mußte sie zugeben, daß sie William de Warenne inzwischen sehr mochte, doch er war Normanne und hatte wahrscheinlich unerfreuliche Neuigkeiten für sie.

Er stand allein im kühlen Dunkel des großen Steingebäudes und betrachtete ein Wandgemälde in der Nähe des Südeingangs. Ein Sonnenstrahl spann einen leuchtenden Pfad, übersät mit tanzenden Motten, zwischen einem der Fenster und der Stelle, wo er stand, und ließ die Ringe seines Kettenhemdes wie Silber aufblitzen. Der Strahl wechselte von ihm zu Gytha, während sie näherkam, so daß er, als er sich dem Geräusch ihrer leichten Schritte zuwandte, geblendet wurde und eine Hand hob, um sich gegen das Licht zu schützen; dann ging er auf seine gewohnt schnelle, ruckartige Weise auf sie zu.

Gytha, die undeutlich Meister Athelards Stimme vernahm, der an einem der Altäre im nördlichen Querschiff sein Morgengebet sprach, sah dem Normannen forschend ins Gesicht.

»Ich mußte Sie sehen, aber ich kann nur ein paar Minuten bleiben«, sagte Warenne ohne lange Vorrede. »Ich muß schnellstens nach Norfolk, habe jedoch einen Umweg gemacht, um hier vorbeizukommen.«

»Ist etwas nicht in Ordnung?« fragte sie besorgt.

»Nein – nicht direkt. Der kleine Ulf ist wohlauf und glücklich und kann jetzt mühelos lesen, und ansonsten habe ich keine guten oder schlechten Nachrichten von einem ihrer Angehörigen.«

»Was führt Sie dann ...?«

»Ich werde zwei oder drei Wochen in Norfolk sein – höchstens einen Monat. Wenn ich zurückkomme, habe ich den Auftrag, Sie und Ihre Mutter nach Wilton zu bringen.«

»Und wenn ich mich weigere zu gehen?«

»Ich muß Sie hinbringen, ob Sie wollen oder nicht. Man kann Sie nicht zwingen, den Schleier zu nehmen. Sie werden dort sicher und gut versorgt sein.«

»Und eine Gefangene! Sie verstehen nicht, daß ich dort eingesperrt sein werde, ich werde nie mehr herauskommen, und man wird mir unaufhörlich zusetzen in dem Versuch, mich mürbe zu machen! Warum muß ich dorthin? Ich werde hier keine Probleme machen. Ich werde alles versprechen, was er verlangt, wenn er mich nur in Freiheit läßt und mir erlaubt, einen guten Mann zu heiraten und Kinder zur Welt zu bringen. Er kann bestimmen, wer es sein soll. Ich würde, wenn er es will, sogar einen Normannen heiraten. Ich werde Sie heiraten ...« In ihrem Kummer und ihrer Aufregung sprudelte sie die Worte hervor, bis ihr jäh bewußt wurde, was sie gerade gesagt hatte und verstummte; sie starrte in sein Gesicht, während ihre Wangen erst bleich und dann tiefrot wurden. Es entstand eine Pause, und dann sagte sie völlig ruhig: »Ja, warum eigentlich nicht? Wenn ich Sie heirate, einen Menschen, dem er vertraut, wird er dann nicht überzeugt sein, daß ich ihm keinen Schaden zufügen kann?«

»Mein liebes Mädchen!« flüsterte er, und dann schwiegen sie, da die kleine Sanktusglocke ertönte, zum Zeichen, daß Meister Athelard im Begriff war, die Wandlung zu vollziehen. Sie bekreuzigten sich beinahe automatisch, dann schloß Warenne einen Moment die Augen und schüttelte den Kopf.

»Es tut mir leid. Ich habe bereits eine Frau, und mein ältester Sohn muß ungefähr in Ihrem Alter sein. Ich bin wahrscheinlich doppelt so alt wie Sie. Ich fühle mich geehrt, daß Sie an mich gedacht haben, aber ich glaube auch nicht einen Augenblick, daß er Sie einen seiner eigenen Männer heiraten lassen würde, nicht einmal das. Er traut niemandem, der auch nur im geringsten Anspruch auf seine Krone erheben könnte. Er würde Sie auch nicht mit einem seiner Söhne verheiraten, denn das Zugeständnis würde bedeuten, daß Sie mehr sind als...« Er hielt jäh inne. »*Die uneheliche Tochter eines toten, ehrlosen Usurpators*«, schloß er. »Es tut mir leid, aber so hat er Sie bezeichnet.«

Gytha zuckte zusammen und wandte sich ab, während sie versuchte, Tränen des Zorns und des Schmerzes zurückzuhalten. Warenne betrachtete ihren kerzengerade aufgerichteten Rücken und biß sich auf die Lippen.

Nach einer Pause löste er eine kleine lederne Börse von seinem Gürtel und drückte sie ihr in die Hand. Sie war erstaunlich schwer, und es klimperte darin. »Das gehört Ihnen oder vielmehr Ihrer Mutter – es ist der Gewinn aus dem Land, das ich für Sie verwalte, Sie erinnern sich? Ich nehme an, Sie werden einiges für sie und sich selbst kaufen wollen, für Ihre Reise nach Wilton und – äh – diverse andere Dinge...« Er machte eine typisch gallische Handbewegung, um diese anderen Gegenstände zu beschreiben, hob die Hände und zuckte die Achseln.

»Vielen Dank.« Gytha fand ein paar Augenblicke lang keine weiteren Worte und sagte dann nachdenklich: »Sie sagten, Ihr älterer Sohn – Sie haben also zwei?«

»Ja, und ein weiteres Kind ist unterwegs.«

»Wie heißen sie?«

»William und Reynald.«

»Ich werde sie in meine Gebete einschließen. Ich wünsche Ihrer Frau eine gesunde Niederkunft.«

Einer von Warennes Männern erschien in der Westtür, wobei sein Schwert klirrend gegen sein langes Kettenhemd schlug, und räusperte sich vernehmlich, da er das Gebäude nicht bewaffnet betreten oder seinen Herrn unterbrechen wollte. Warenne drehte sich zu ihm um und rief: »Alles bereit, Ralf?«

»Sie sitzen gerade auf«, erwiderte der Mann.

Er blieb wartend stehen, als Warenne sich wieder zu Gytha umwandte und so laut, daß der Mann ihn verstehen konnte, sagte: »Ich denke, daß ich in etwa drei Wochen wieder hier bin. Ich verlasse mich darauf, daß Sie dann für die Reise nach Wilton bereit sind.«

»Unsere Reisevorbereitungen dürften nicht allzu lange dauern«, erwiderte sie und hielt ihm die Hand hin. »Ich wünsche Ihnen eine angenehme Reise nach Norfolk und eine wohlbehaltene Rückkehr.«

Er drückte kurz ihre Hand und verneigte sich, machte dann eine Verbeugung vor dem Altar und schritt das Mittelschiff hinab; während er durch die Tür ging, setzte er seinen Helm auf. Gytha blieb auf der Stelle stehen, wo er sie verlassen hatte, und lauschte den Geräuschen des sich in Marsch setzenden Reiterzuges.

Sie verspürte ein merkwürdiges Gefühl im Magen. Es war eine Mischung aus Angst und Aufregung, und sie verharrte ein paar Momente, um darüber nachzudenken, entschied dann, daß es überwiegend Aufregung war, und bog um die Ecke in die Vierung, um zu warten, bis Meister Athelard seinen Gottesdienst beendet hatte.

Er entdeckte sie, als sie sich vom Seitenaltar entfernte, und fragte besorgt: »Was gibt es, Gytha? Sie sehen aus, als wäre etwas Wichtiges geschehen.«

»Warenne war wieder hier. Er ist auf dem Weg nach Norfolk und soll Mutter und mich nach Wilton bringen, wenn er zurückkommt.«

Meister Athelard runzelte die Stirn, zog es jedoch vor zu schweigen, während er überlegte, was er sagen sollte.

»Ich werde weggehen und Mutter mitnehmen«, sagte Gytha hastig. »Der König von Dänemark ist der Vetter meines Vaters. Wie komme ich nach Dänemark, Meister Athelard? Es muß eine Möglichkeit geben.«

»Über das Meer natürlich.« Meister Athelard verschwendete seine Zeit nicht mit Ausrufen oder Einwänden. »Pater Osgod erwähnte gestern, daß zwei dänische Schiffe in Barking Creek liegen – er hat den Wunsch geäußert, hinzugehen und sich mit den Matrosen zu unterhalten. Er ist zur Hälfte dänischer Abstammung. Sie werden Geld brauchen, um die Überfahrt zu bezahlen.«

»Ich habe etwas Geld. Schauen Sie!« Gytha öffnete die Börse und leerte den Inhalt in ihre Handfläche; sie gab einen leisen Laut des Erstaunens von sich, als sie die Menge der Silberpennies in ihrer Hand erblickte.

Meister Athelard zog die Augenbrauen hoch. »Hat Warenne Ihnen das Geld gegeben?« fragte er.

»Ja. Er sagte, es sei Gewinn aus dem Land, das er für Mutter verwalte, aber ein paar hundert Morgen können in weniger als einem Jahr bestimmt nicht so viel einbringen!«

»Es scheint tatsächlich eine große Summe zu sein«, sagte Meister Athelard abwesend. Er ging langsam zu dem großen Kreuz hinüber, blieb stehen, blickte, im Gebet oder in Gedanken versunken, hinauf und wandte sich dann wieder an Gytha: »Sie können nicht allein fahren«, sagte er. »Sie brauchen mindestens eine Begleiterin, abgesehen von dem Problem, sich ohne Hilfe um Ihre Mutter zu kümmern. Mildyth ist die vernünftigste ihrer Kammerfrauen. Fragen Sie sie, ob sie Sie begleiten will, aber achten Sie darauf, daß keine der anderen Frauen etwas erfährt. Sie würden darüber reden, Robert wird von der Sache erfahren und Sie an Ihrer Abreise hindern. Sie brauchen auch einen Mann als Begleitung, einmal zum Schutz und dann, um mit dem Kapitän zu verhandeln.«

Gytha schwieg. Es war eine Sache, für sich selbst zu planen, nach Dänemark zu fliehen, doch wie konnte sie jemand anderen bitten, sie zu begleiten? Meister Athelard hatte jedoch recht. Sie konnte kaum eine so lange Reise ohne eine andere Frau und ohne männlichen Schutz antreten ... Ihre Augen füllten sich mit Tränen, als sie merkte, daß der wundervolle Fluchtweg, der sich ihr eröffnet hatte, bereits wieder verstellt war, und mit einem stummen Aufwallen von Schmerz, Furcht und Verzweiflung wandte sie sich dem Kreuz zu.

»Dieser Normanne war wieder hier!« rief Pater Osgod heftig, als er durch die Nordtür ins Querschiff gestapft kam. »Was wollte er diesmal?«

»Lady Gytha Bescheid sagen, daß sie sich bereit hält, nach Wilton zu gehen, wenn er in ein paar Wochen zurückkehrt«, erwiderte Meister Athelard und schaute ihn nachdenklich an.

»Wilton! Aus ihr wird nie eine Nonne!« sagte Osgod schroff und wandte sich an Gytha. »Warum fliehen Sie nicht, bevor er zurückkehrt?«

Gytha blickte in sein dunkles, gescheites Gesicht und mußte daran denken, wie er mit ihrer Mutter und Pater Ailric nach Sussex auf das Schlachtfeld gegangen war. Sie hörte sich hastig mit atemloser Stimme sagen: »Sie haben Meister Athelard erzählt, daß in Barking Creek dänische Schiffe vor Anker liegen und Sie sich diese ansehen wollten. Ich habe etwas Geld. Wenn ich mit Mutter dorthin gelangen könnte und uns jemand begleiten würde, könnten wir den Schiffsleuten Geld geben, damit sie uns mitnehmen ...«

Osgods Gesicht verzog sich zu einem strahlenden Lächeln. »Ich wollte schon immer einmal nach Dänemark!« sagte er. »Mein Vater war Däne, wissen Sie – wir haben zu Hause immer Dänisch gesprochen. Ich habe Verwandte dort ... Wie schnell können Sie fertig sein?«

Gytha überlegte, obwohl es völlig nebensächlich war, welcher Rasse seine Mutter wohl angehört hatte, um von einem dänischen Vater einen so dunkelhaarigen Sohn zu bekommen, doch schließlich mußten nicht alle Dänen blond und blauäugig sein.

»Sie würden mit ihnen gehen?« fragte Meister Athelard, ohne daß sein Gesicht und seine Stimme verrieten, was er von der Sache hielt.

»Wenn Pater Wulfwin mir die Erlaubnis erteilt.«

»Und auch wieder zurückkommen?«

»Natürlich. Mein Platz ist hier.«

»Aber Sie würden Ihre Pflicht im Stich lassen, um übers Meer zu fahren?«

»Würden Sie tatenlos zusehen, wie man einen wilden Vogel in einen Käfig sperrt oder einen Hirsch in einen Hühnerstall pfercht?« Osgods Augen glühten zornig, und die Haut schien sich über den Knochen seines Gesichts zu spannen, als er Meister Athelard anfuhr. »Sind meine Brüder nicht in der Lage, ein paar Wochen lang etwas Mehrarbeit zu leisten, während ich die Tochter unseres Königs wohlbehalten in die Obhut ihres Cousins bringen will? Wollen Sie, daß eine kranke Frau und ein junges Mädchen allein reisen müssen, nur weil niemand hier Manns genug ist, sie zu begleiten?«

»Natürlich nicht«, erwiderte Meister Athelard mit mildem Lächeln. »Ich wollte nur erfahren, ob Sie sich über die Schwierigkeiten und Gefahren einer Seereise in ein fremdes, teils barbarisches Land im klaren sind und über die Aussicht, daß Ihnen ein zorniger William von Normandie möglicherweise einen heißen Empfang bereiten wird.«

»Der Herr schützt Seine Diener«, erwiderte Osgod zuversichtlich. »Ich habe mich gegen Sie versündigt, Meister Athelard, und bitte demütigst um Vergebung.« Meister Athelard nickte zur Bestätigung, doch Osgod fuhr bereits fort: »Ich werde Pater Wulfwin sofort aufsuchen. Am besten brechen wir noch heute nacht auf.«

»Heute nacht!« stieß Gytha in einer Mischung aus Angst und Erregung hervor.

»Aye! Je eher, desto besser. Wenn wir nachts gehen, sieht uns niemand, und heute nacht ist am besten, weil dann noch keiner Fragen stellen und reden kann.«

»Wir werden bereit sein.« Gytha traf ihre Entscheidung ohne Zögern, als Reaktion auf Osgods Entschlossenheit. »Am besten nehmen Sie dies in Verwahrung«, und sie gab ihm den Beutel mit dem Geld. Er hob die Augenbrauen, während er ihn in der Hand wog. »Und vielen Dank!«

»Ich werde zu Ihrem Gemach kommen, wenn ich mit Pater Wulfwin gesprochen habe«, sagte er und ging davon.

Gytha drehte sich zu Meister Athelard um, der sich offensichtlich ein wenig in den Hintergrund zurückgezogen hatte, nicht sicher, was er von alldem halten sollte.

»Anscheinend fügt sich alles aufs beste«, bemerkte er schließlich. »Der Herr segne und behüte Sie, liebes Kind.« Gytha sank auf die Knie und spürte ein paar Sekunden lang seine Hand leicht auf ihrem Kopf ruhen, dann half er ihr auf die Füße und sagte: »Sie haben noch viel zu tun, und ich will nichts mehr hören. Je weniger ich weiß, desto weniger Halbwahrheiten werde ich später erzählen müssen!«

Gytha traf Mildyth allein mit Edith im Frauengemach an, als sie dorthin zurückkehrte. Sie sagte nicht sofort etwas von ihren Plänen, sondern nahm ihre Spindel und arbeitete eine Zeitlang damit, bis Osgod plötzlich in der Tür erschien. Er suchte ihren Blick, nickte einmal und verschwand dann wieder. Sofort wandte sie sich an Mildyth und erklärte ihr hastig, was sie vorhatte, dann fragte sie die Frau zögernd, ob sie vielleicht mit ihnen kommen wolle.

»Ich muß tun, was Sie befehlen«, gab Mildyth ausweichend zur Antwort und schaute ängstlich drein.

»Ich frage dich als freie Frau, nicht als Sklavin!« sagte Gytha ernst. »Ich weiß, daß es viel verlangt ist, jemanden um so etwas zu bitten – die Heimat und alles, was man kennt, zu verlassen und in ein fremdes Land zu gehen. Ich nehme es dir nicht übel, wenn du ablehnst, aber für mich heißt es Dänemark oder ein Kloster, also muß ich fliehen und Mutter mitnehmen.«

»Glauben Sie, König Svein wird Ihnen helfen?« fragte Mildyth zweifelnd.

»Sein Vater war der Bruder meiner Großmutter. Er ist der einzige meiner Verwandten, der mir jetzt helfen kann, und ich vertraue darauf, daß er sich nicht weigert«, sagte Gytha, die damit sowohl ihre eigenen Zweifel wie die von Mildyth beschwichtigen wollte.

»Mein Mann und meine Kinder sind schon lange tot. Ich habe Lady Edith schon vor Ihrer Geburt gedient«, sagte Mildyth nachdenklich. »Wenn Sie beide weggehen, gibt es nichts mehr, was mich hier hält. Mein Großvater war Däne, aus Hedeby, es ist also kein wirklich fremdes Land für mich ... Ja, ich komme mit, und zwar gern!«

»Ach, Gott segne dich!« Gytha umarmte sie impulsiv, was Mildyth zu Tränen rührte, und sie eilte geschäftig davon, um die Kleidung herauszusuchen, die sie tragen und mitnehmen würden, während Gytha sich zu ihrer Mutter setzte und ihr in aller Ruhe erklärte, was sie vorhatte. Edith ließ nicht erkennen, daß sie etwas verstand, als Gytha schließlich jedoch verzweifelt sagte: »Ich muß gehen, ehe Warenne zurückkommt, aber ich kann dich nicht hierlassen. Kommst du mit?«, nickte sie mit dem Kopf. Es war nur eine flüchtige, jedoch unmißverständliche Bewegung. Gytha schloß die Augen und sprach ein kurzes Dankgebet, bevor sie ging, um

Mildyth bei der Auswahl der wenigen Dinge zu helfen, die sie mitnehmen konnten.

Das wichtigste waren die Wertsachen. Gytha besaß nur sehr wenig Schmuck – zwei Broschen aus Gold und Email, das kleine silberne Kreuz, das König Edward ihr zur Taufe geschenkt hatte, ihre Bernsteinkette –, doch Edith besaß mehrere Gold- und Silberketten, Nadeln, Broschen und eine lange Kette aus Süßwasserperlen. Das alles wurde sorgfältig in die Rocksäume der Kleider eingenäht, die Gytha und Mildyth auf der Reise tragen wollten. Für alle gab es Kleider zum Wechseln, die feinsäuberlich in ein Bündel gerollt wurden. Gytha war versucht, ihre Lieblingskleider mitzunehmen, besaß jedoch genug Verstand, warme, praktische Kleidung auszusuchen und alles übrige in die Kleidertruhen zurückzupacken, mit Ausnahme ihrer besten Seidenübertunika. Diese breitete sie auf ihrem Bett aus und strich bedauernd über die glänzenden Falten, dann faltete sie sie sorgfältig zusammen und legte sie beiseite. Als die Bündel fest eingewickelt und verschnürt waren, trug sie sie zusammen mit der Übertunika zur Kirche und suchte Turkill in der Sakristei auf.

»Kann ich diese Bündel eine Weile hierlassen?« fragte sie ihn, »und haben Sie vielleicht hierfür Verwendung?« Sie hielt ihm die Seide hin.

Turkill nahm sie dankbar entgegen und hieß sie, die Bündel neben der Tür abzulegen. »Dort finden wir sie sofort, wenn es Zeit ist aufzubrechen«, sagte er. »Ich werde Sie nach Barking begleiten. Ich kenne den Weg, und dann werde ich mit den Maultieren zu unserer Kirche in South Weald weiterreiten. Ich wollte sowieso für ein paar Wochen dorthin. Die Normannen werden denken, Osgod sei bei mir, und er kann mich dort treffen, wenn er zurückkommt. Ich habe gesagt, Sie würden weit in den Osten reisen, und Dänemark ist dafür ein guter Anfang. Sie werden zu spät zum Abendessen kommen.«

Gytha brauchte einen Augenblick, um zu merken, daß das letzte keine Prophezeiung, sondern eine Feststellung war, denn die Kirchenglocken läuteten, um die Leute aus dem Ort zum Abendessen nach Hause zu rufen. Sie dankte Turkill nochmals und eilte in die Halle, um ihren Platz an der Hochtafel einzunehmen. Sie achtete peinlich genau darauf, daß sie alles genau wie sonst tat, aus Angst, jemandes Neugier zu wecken, doch es fiel ihr schwer, so zu tun, als äße sie wie sonst mit gesundem Appetit, während ihr Magen vor Angst und Erregung revoltierte. Sie konnte kaum die Tränen zurückhalten, als ihr bewußt wurde, daß dies die letzte Mahlzeit war, die sie an dem Ort einnehmen würde, an dem sie ihr ganzes Leben lang zu Hause gewesen war.

Nach dem Essen war es noch fast zwei Stunden lang hell, und deshalb machte sie wie so oft an den langen Sommerabenden einen Spaziergang durch die kleine Stadt, wo die Leute das letzte Tageslicht nutzten, um in ihren Gärten zu arbeiten, ihre Bienen zu versorgen und all die anderen Aufgaben zu verrichten, die getan werden mußten, wenn die tägliche Arbeit auf dem Feld vorüber war. Sie blieb stehen, um mit Robert und seinen Leuten zu plaudern, die den Lattenzaun um die Stadt ausbesserten. Der Zaun war eher zur Verteidigung gegen Rotwild und Wildschweine mit einer Vorliebe für Kohl gedacht als gegen menschliche Feinde.

Es war noch Zeit, ein kleines Stück am Mühlbach entlangzugehen, an ihren Vater zu denken und daran, wie oft sie diesen Weg gegangen waren, sich an einige Dinge zu erinnern, die er ihr erzählt hatte, und an dem Ort, den er so sehr geliebt hatte, für ihn zu beten.

»Ich gehe fort, weil ich muß, Vater«, sagte sie stumm zu ihm. »Ich möchte nicht fort, ebensowenig wie du, aber ich möchte etwas mit meinem Leben anfangen, damit die Menschen sich daran erinnern, daß ich deine Tochter bin, und Kinder hinterlassen, die stolz darauf sein werden zu sagen, daß sie deine Enkelkinder sind.«

Als es beinahe dunkel war, ging sie zur Kirche und schlüpfte hinein. Pater Wulfwin hielt in Anwesenheit der anderen Chorherren unter Mithilfe der Chorknaben den Abendgottesdienst ab. Einige Leute aus der Stadt standen im Mittelschiff, doch Gytha schritt leise durch das Seitenschiff bis in das Querschiff, wo sie allein sein würde, blieb dort stehen und hörte zu.

Die Stimmen der Knaben waren hell und harmonisch und weckten Echos im hohen Gewölbe des großen Bauwerks, als habe ein anderer, unsichtbarer Chor in den Gesang mit eingestimmt. Weihrauch und Kerzenschein stiegen mit den Stimmen nach oben, und als sie in die Dunkelheit über ihr hinaufblickte, glaubte sie fast, den Schimmer des blaßgoldenen Steins im Triforium und dem Fenstergeschoß zu erkennen. Es wäre ein leichtes gewesen, sich einzubilden, daß sie auch das Schlagen goldener Schwingen hoch droben vernahm, aber wahrscheinlich waren es nur die Fledermäuse im hölzernen Dachstuhl.

Als der Gottesdienst zu Ende war, verließen die Chorknaben, zwei und zwei, die Kirche durch das südliche Querschiff und begaben sich in ihre Zimmer, die Chorherren in ihre Häuser. Die Stadtleute gingen durch das Westportal hinaus, und nur Turkill blieb zurück, löschte bis auf zwei alle Kerzen und brachte den Rest in die Sakristei. Wulfwin stieg langsam von der Kanzel hinab in die Vierung und blieb kurz bei ihr stehen.

»Sie werden am Grab Ihres Vaters beten wollen«, sagte er. »Sie dürfen das Sanktuarium betreten.«

»Vielen Dank«, erwiderte sie. »Erteilen Sie mir Ihren Segen, Pater?«

»Natürlich. Ich glaube, es ist klug von Ihnen zu gehen, denn das Klosterleben ist nichts für Sie. Haben Sie keine Angst, meine Tochter, sondern vertrauen Sie auf Gott und das Heilige Kreuz und seien Sie versichert, daß wir jeden Tag für Sie beten. Der Heilige Geist wird Sie begleiten, denn er ist nicht nur hier, sondern überall, denken Sie daran.«

Gythas Augen füllten sich mit Tränen, als Pater Wulfwins Hand mit festem Druck auf ihrem Kopf ruhte, während er einen langen lateinischen Segen sprach, dann klopfte er ihr leicht auf die Schulter, sagte »Gehen Sie mit Gott« und entfernte sich.

Sie ging zögernden Schrittes in das Sanktuarium, denn es war ein seltenes Privileg, die Erlaubnis zu erhalten, die heilige Stätte zu betreten, und kniete neben der schlichten Steinplatte hinter dem Altar nieder. Sie zeigte an, wo sich Harolds Grab befand. Gleich darauf folgten ihr Osgod und Turkill, und sie beteten schweigend an ihrer Seite, bis sie das Gefühl hatte, ihrem stummen Gespräch nichts mehr hinzufügen zu können, und sich steif erhob.

Osgod bekreuzigte sich und stand auf, legte ihr dann die Hand auf den Arm und zog sie fort, zurück in das Mittelschiff, wo er ihr leise zuflüsterte: »Legen Sie sich ein paar Stunden nieder und schlafen Sie, wenn Sie können. Ich komme Sie holen, wenn es Zeit ist.«

Sie nickte und ging langsam zur Tür, wandte sich um, machte einen letzten Knicks und umfaßte alles mit einem letzten Blick; dann schlüpfte sie hinaus in die Sommernacht.

5. Kapitel

Plötzlich knackte es in der Dunkelheit, als wäre etwas Schweres auf einen dürren Ast getreten, und irgendwo zu Gythas Rechten raschelte es im Unterholz. Sie hielt instinktiv ihr Maultier an und hörte fast auf zu atmen. Mildyth gab ein erschrecktes Kreischen von sich, und Turkill ließ ein beschwichtigendes »Pscht!« von seinem Platz an der Spitze des Zuges hören.

»Wenn Sie dieses alberne Geräusch jedesmal machen, wenn wir ein Tier aufschrecken, wären wir ohne Sie besser dran!« bemerkte Osgod hinter ihnen.

»Was war das?« flüsterte Mildyth mit zitternder Stimme.

»Ein Schwein wahrscheinlich oder ein Olifant«, erwiderte Osgod. »Weshalb sind wir stehengeblieben?«

»Was ist ein Olifant?« fragte Gytha, während sie ihr widerwilliges Maultier wieder in Bewegung setzte.

»Ein graues Tier, groß wie ein Heuhaufen und mit einem Schwanz hinten und vorn«, gab Osgod kurz angebunden zur Antwort, und Gytha wußte nicht recht, ob sie ihm glauben sollte oder nicht.

Sie waren eine halbe Stunde unterwegs, jedoch noch nicht weit gekommen. Während der ersten Meile hatten sie ihre Esel neben der Straße durch das Gras geführt, um zu vermeiden, daß jemand in der Stadt, der noch wach war, sie hörte. Sobald sie den Forst betreten hatten, hatte Turkill sie von der Straße fort und in südöstlicher Richtung schräg die steile Seite des Gebirgskamms hinaufgeführt. Obwohl der Mond soeben aufgegangen war, war es dunkel zwischen den dicken Baumstämmen, und es galt sumpfiges Gelände und

Rinnsale zu überwinden, während sie den schmalen Pfad erklommen, der nichts weiter als eine Wildspur zu sein schien.

Der Weg stieg, als sie sich dem Gipfel des Kammes näherten, sehr steil an, und die Maultiere keuchten vernehmlich. Gytha hatte das Gefühl, man müsse das Geräusch meilenweit hören, und überall knackte und raschelte es, als stampfe eine ganze Armee durch das Unterholz. Sie hätte nie gedacht, daß es nachts im Wald so viele Geräusche gab.

Durch gelegentliche Lücken im Laubwerk fiel der gespenstische Mondschein auf einen Baumstamm, auf die dunklen Gestalten vor ihr, eine geisterhafte Silberbirke, ein rennendes Eichhörnchen, eine weiße Eule, die zwischen den Bäumen hindurchflog. Sie löste einen erneuten Schreckensschrei von Mildyth aus, die sehr gut wußte, daß Eulen Unglück bedeuteten, einen aufgebrachten Seufzer von Osgod und das jähe Gezwitscher eines empörten, schläfrigen Vogels.

Sie ritten hintereinander, Turkill vorneweg, der Edith' Maultier hinter sich am Zügel führte, dann Gytha, gefolgt von Mildyth, während Osgod den Schluß bildete. Sie ritten, alle im Herrensitz, auf fünf der besten Maultiere aus den Ställen des Kollegiums und waren in die schwarzen Kapuzenmäntel gehüllt, die die normale Reisekleidung der Chorherren darstellten. Hinter jedem Sattel war ein ordentliches Bündel befestigt, das den Reiseproviant und alles enthielt, was die drei Frauen nun noch besaßen.

Das Tempo der Maultiere wurde zusehends langsamer, da das Gelände immer steiler wurde, doch plötzlich, auf einem besonders dunklen Stück, begann Gythas Esel die Hinterbeine zu werfen und beschleunigte das Tempo. Sie hatten die Hochebene erreicht und steuerten auf eine Waldlichtung zu.

»Wir wollen hier eine Weile rasten und den armen Geschöpfen eine Ruhepause gönnen«, sagte Turkill und stieg ab. Er hob erst Edith, dann Mildyth aus dem Sattel, während Gytha ohne Hilfe absaß und zu ihrer Mutter ging. Turkill setzte sich ins Gras, die Zügel der Maultiere in der Hand, und die Frauen folgten seinem Beispiel; Mildyth tat es nur zögernd, nachdem sie das vom Mondschein erhellte Gras nach Schlamm und Insekten abgesucht hatte, und Edith erst, als Gytha fragte: »Willst du dich hinsetzen, Mutter?«

Osgod streifte den Maultieren die Zügel über den Kopf, so daß sie vor ihren Füßen hinabhingen; dies schien die Tiere daran zu hindern umherzulaufen, denn sie blieben still stehen, die Köpfe auf eine niedergeschlagene, müde Weise gesenkt, schwer schnaufend und eindeutig um Mitleid flehend, was ihnen jedoch nicht zuteil wurde. Nach ein paar Minuten begannen sie, mit gesundem Appetit Gras zu fressen.

Osgod ging inzwischen ein paar Yards weiter zu einer Stelle, wo eine Lücke zwischen den Bäumen einen freien Blick auf die Stadt ermöglichte, und Gytha folgte ihm. Die Kathedrale schimmerte weiß im Mondschein, während dahinter die schmalen Silberstreifen der sieben Flußarme glänzten. Die Stroh- und Lehmdächer der Häuser drängten sich um die Kirche, und ein halbes dutzendmal bellte ein Hund aus der Richtung, dann verstummte er. Das Geräusch war schwach, aber unverkennbar in der stillen Nachtluft zu vernehmen.

»Es schaut alles so klein und wehrlos aus«, sagte Osgod wie zu sich selbst. »Gerade eine Handvoll Häuser und ein wackeliger Zaun.«

»Wie Küken um eine Glucke«, erwiderte Gytha. Wenn sie die Augen halb schloß, sah die Kathedrale aus wie eine brütende Henne. In den Fenstern der östlichen Apsis erkannte man einen schwachen gelben Schein. Anscheinend hatte man die Läden offengelassen, was ungewöhnlich war bei Nacht. Dies war das Licht der Kerzen auf dem Hochaltar, dachte sie, und erstaunlich hell, da es doch nur zwei waren.

Dann beobachtete sie, wie das Licht zunahm und immer heller wurde.

»Was ist da los?« fragte sie. »Brennt die Kirche?«

»Nein«, erwiderte Osgod ruhig. »Pater Wulfwin hat weitere Kerzen angezündet. Das ist das Zeichen, daß sich in der Stadt nichts rührt. Niemand hat uns bemerkt, oder sagen wir lieber, niemand hat Alarm geschlagen.«

Sie beobachteten schweigend, wie das Licht tapfer weiterbrannte, erkannten jedes einzelne Fenster im südlichen Seitenschiff, als Wulfwin die Läden aufstieß und der Reihe nach auf jede Fensterbank eine brennende Kerze stellte. Ein paar Minuten lang leuchtete die Kirche wie eine Laterne, dann erloschen die Kerzen, eine nach der anderen, bis schließlich nur noch der schwache Schimmer im Ostteil übrigblieb, den sie zuerst gesehen hatten.

»Das war wunderschön!« seufzte Gytha.

»Aye. Etwas, woran man sich erinnern kann«, pflichtete Osgod ihr bei. »Ich denke, es ist Zeit weiterzureiten. Die Maultiere scheinen sich erholt zu haben.«

Die Tiere liefen jetzt unruhig umher, fraßen nicht mehr und ließen auch nicht mehr die Köpfe hängen. Turkill und Osgod halfen den Frauen beim Aufsitzen, und sie machten sich wieder auf den Weg und tauchten erneut ins Dickicht der mächtigen Bäume ein.

Der unheimliche Schrei einer Eule erklang ganz in ihrer Nähe; die Pferde warfen die Köpfe zurück und schnaubten. Gytha schauderte. Eine zweite antwortete in der Ferne. Dann fiel das Gelände plötzlich ab, als sie die östliche Seite des Bergrückens erreicht hatten. Ein vom Mondlicht erhellter Reitweg verlief nach rechts, und Turkill bog mit einem gemurmelten »Deo gratias!« in ihn ein, blieb dann plötzlich stehen, hob eine Hand, um die anderen zu warnen, und winkte heftig, um Ruhe zu gebieten.

Einen Moment lang hielt Gytha vor Angst den Atem an, denn sie glaubte, man habe sie entdeckt, ein paar Normannen seien auf sie gestoßen ... Dann stieß sie einen Seufzer der Verwunderung aus, als ein Rudel Hirschkühe vor ihnen den Reitweg überquerte, so leichten Schrittes, daß man sie nicht hörte. Das silberne Licht warf Tupfer auf ihr weiches Fell, ließ hier und da ein glänzendes Auge aufleuchten. Die Tiere bewegten sich ganz langsam und schienen sich der menschlichen Gegenwart kaum bewußt zu sein, auch wenn das eine oder andere im Vorübergehen einen prüfenden Blick auf die fünf Maultiere warf. Das letzte Tier des Rudels vollführte, offensichtlich aus purer Lust, einen ausgelassenen kleinen Hopser, bevor es zwischen den Bäumen verschwand.

»Anmutige kleine Geschöpfe«, sagte Turkill zufrieden, als er sein Pferd wieder in Bewegung setzte. »Schön anzusehen.«

»Und gut zu essen«, setzte Osgod prosaisch aus dem Hintergrund hinzu.

Sie ritten weiter durch den Forst, ohne daß es noch einmal Grund zur Besorgnis gegeben hätte, und erreichten gut zwei Stunden später die Rieselwiesen von Roding Valley.

»Laßt uns hier eine Weile ausruhen und essen«, schlug Turkill vor und fügte, als Osgod zögerte, hinzu: »Es wird sich danach lange Zeit keine Gelegenheit mehr bieten. Wir wollen ja nicht unbedingt gut sichtbar vor Barking Abbey sitzen und unser Brot und unseren Käse verzehren!«

»Also gut«, willigte Osgod widerstrebend ein, schwang eines seiner langen Beine über den Rücken seines Maultieres und rutschte herunter. Er band die Pferde im Schatten eines Baumes fest, während Turkill den Frauen beim Absitzen half und das Bündel mit dem Proviant auswickelte.

Das Brot war frisch und knusprig, der Käse vorzüglich, eine Sorte, die gewöhnlich für die bedeutenderen Pilger bereitgehalten wurde. Es gab auch eine Flasche Wein, die herumgereicht wurde und für jeden einen guten Schluck enthielt. Obwohl es noch sehr zeitig für ein Frühstück war, hatten sie alle Hunger. Sie waren beinahe fertig, als Gytha bemerkte, daß ihre Mutter das Brot in Stücke gebrochen und gegessen hatte, ohne daß ihr jemand geholfen oder sie gedrängt hätte.

»Wie geht es dir, Mutter?« fragte sie hoffnungsvoll, doch Edith gab keine Antwort und sah sie auch nicht an.

Der Rest der Reise wurde schneller zurückgelegt, denn die Maultiere konnten fast geräuschlos über das ebene Grasland traben. Ab und zu gab es eine Unterbrechung, wenn sie einen Graben oder kleinen Nebenfluß überwinden mußten. Einmal mußten sie im Schatten einer Gruppe von Weiden warten, bis Turkill sich vergewissert hatte, daß sie gefahrlos die grasbewachsene Römerstraße überqueren konnten, die von Bow nach Dunmow führte, jetzt aber kaum noch benutzt wurde. Sie kamen nur an drei Dörfern vorbei, und diese lagen weit vom Fluß entfernt auf dem ansteigenden Gelände, unerreichbar für das winterliche Hochwasser.

Als die Sterne verblaßt waren und der Himmel heller wurde, wandte Turkill sich um und sagte in fröhlichem Ton und mit einer ausladenden Geste: »Die Banner sind da, um uns willkommen zu heißen!« Gytha, die auf den Boden vor den Hufen ihres Pferdes gestarrt hatte, blickte auf und sah, daß der Himmel im Osten von einem Rot durchzogen war, das sich vor ihren Augen in Gold verwandelte, und plötzlich ging hinter einer Gruppe schwarzer Bäume die Sonne auf.

Es war Vormittag, als sie die Hauptstraße von London nach Essex erreichten. Turkill verringerte das Tempo nicht, sondern blies einen einzigen leisen Ton auf dem Horn, das an seinem Sattel befestigt war, bevor er sie zu der Furt führte, sich auf der anderen Seite nach links wandte und in gleichmäßigem Trab zwischen den Häusern hindurchritt, die sich um den Flußübergang drängten. Leute, die ihrer Arbeit nachgingen, blickten gleichgültig auf, als die Gruppe an ihnen vorüberritt. Viele Reisende benutzten diese Straße, und es war nichts Merkwürdiges daran, wenn eine Gruppe von Chorherren vorbeikam, selbst wenn es noch so früh am Morgen war.

»Jetzt können wir uns nicht verstecken, verhaltet Euch deshalb so natürlich wie möglich«, sagte Turkill. »Setzt Eure Kapuzen auf, und die meisten Leute werden uns für Kirchenmänner halten. Wenn es jemand genauer wissen will: Ihr seid drei dänische Damen, die hier in England Verwandte besucht haben und jetzt nach Hause zurückkehren.«

»Vermutlich glaubt man uns das«, sagte Osgod zweifelnd. »Die dänischen Frauen haben mehr Freiheit als die meisten anderen und machen die komischsten Sachen.«

»Dann denk dir eine bessere Geschichte aus«, meinte Turkill gutgelaunt. »Wenn du das nicht kannst, bete.«

Gytha versuchte eine halbe Meile lang, sich eine glaubwürdigere Geschichte auszudenken, und als sie von der Hauptstraße nach rechts auf den schmalen Weg nach Barking einbogen, sagte sie: »Wäre es vielleicht klüger zu sagen, wir seien auf einer Pilgerreise zum Heiligen Kreuz in Waltham gewesen, um für die Genesung meiner Mutter zu beten?«

»Ausgezeichnet!« sagte Turkill, und Osgod brummte seine Zustimmung.

Eine Gruppe von Männern kam auf sie zu, die von der Stadt aus zu einem der vielen großen Felder stapften, die sich zu beiden Seiten des Weges erstreckten. Sie traten an den Wegrand, um die Maultiere vorbeizulassen, und nahmen ihre Kapuzen ab und verneigten sich, als Turkill sie mit einem strahlenden Lächeln und einem freundlichen Segen bedachte, den Osgod in etwas zurückhaltenderem Ton wiederholte.

Wieder blies Turkill in sein Horn, denn vor sich konnten sie den Hauptturm der Kirche von Barking Abbey erkennen, der sich über den roten Dächern der Klostergebäude erhob, und dahinter die lehm- oder strohgedeckten Dächer von Häusern, die an der Straße zum Fluß und zu dessen beiden Seiten standen. Aus einer ganzen Anzahl von Kaminen stieg Rauch auf, und auf der Straße herrschte geschäftiges Treiben.

Als sie sich dem Tor des Klosters näherten, läuteten die Glocken, und erst da erinnerte sich Gytha entsetzt daran, daß Herzog William Barking Abbey zu seinem Hauptquartier erkoren hatte, bis man in London eine starke Festung für ihn gebaut hatte. Selbst wenn er noch immer in der Normandie weilte, waren bestimmt viele seiner Gefolgsleute hier! Sie zog die Kapuze tiefer ins Gesicht und bemühte sich, nicht in Richtung des Klosters zu sehen, doch ihr Blick wurde unwiderstehlich von der Mauer, die es umgab, angezogen. Wenn ihr die Flucht nicht gelang, würde sie in ein paar Wochen innerhalb solcher Mauern eingesperrt sein, ohne die Hoffnung, zu entkommen und jemals die Landschaft um sie herum zu erblicken. Sie hatte den Eindruck, Hunderte von Augen blickten aus diesen Mauern hervor, musterten prüfend die kleine Gruppe, durchdrangen die fadenscheinige Verkleidung ihrer dunklen Mäntel und Kapuzen, und in wenigen Augenblicken würde eine Horde Normannen durch das Tor stürmen, um sie zu ergreifen und ins Innere zu zerren.

Rasch wandte sie ihre Gedanken etwas anderem zu. Wie seltsam, daß William sich ausgerechnet ein Nonnenkloster zum Hauptquartier gewählt hatte! Warum hatte er nicht den alten Palast neben König Edwards neuer Kathedrale in Westminster genutzt? Fürchtete er die Londoner? Barking Creek war ein guter Hafen, und die normannischen Schiffe konnten hier vor Anker gehen, ohne unter der London Bridge hindurchfahren zu müssen; das mußte wohl der Grund sein, aber welch eine Katastrophe für die armen Nonnen!

Ihre Befürchtungen und unzusammenhängenden Gedanken hatten sie unbemerkt bis fast zum Torhaus des Klosters begleitet, und sie konnte es nicht unterlassen, das Tor anzusehen, als sie näherkam. Zu ihrem Entsetzen öffnete sich die Halbtür, und ein Mann trat heraus, wobei er wegen der niedrigen Öffnung den Kopf einzog. Wie die meisten Normannen, die sie gesehen hatte, trug er einen Kettenpanzer und Beinlinge, einen konischen Helm und ein mächtiges Schwert an seiner Seite, aber irgend etwas Vertrautes an ihm veranlaßte sie, ihn weiter anzustarren, anstatt den Kopf abzuwenden. Er nahm seinen Helm ab und blickte zum Himmel. Als sie sein Gesicht sah, schrak sie zusammen, und die Kapuze rutschte ihr vom Kopf. Es war William Malet!

Nach seinem Blick zum Himmel betrachtete er müßig die Reisenden, gerade als Gytha nach ihrer Kapuze griff und sie wieder über den Kopf zog. Seine Augen verengten sich, als sie ihr Gesicht streiften, bevor sie es verbergen konnte, und er hob eine Hand. Sie hielt den Atem an, doch er wandte sich ab, seine Hand fiel herab, er steckte den Kopf durch die Türöffnung zurück und schrie jemanden im Innern an: »Kannst du dieses Pferd nicht wachkriegen? Wir müßten schon seit einer halben Stunde fort sein!«

Gytha warf einen Blick zurück und sah, daß er noch immer mit jemandem hinter dem Tor sprach, wobei er sich mit den Händen an beiden Seiten der Türöffnung festhielt und das Licht sich in den Hunderten von Metallringen seines Kettenhemdes brach. Dann erkannte sie, daß die Sonne ihm direkt ins Gesicht geschienen haben mußte, als er zu ihr aufgeblickt hatte; deswegen hatte er die Augen zusammengekniffen und die Hand gehoben. Sie konnte sich nur als dunkle Silhouette vor dem grellen Schein abgehoben haben.

»Wir stehen ganz gewiß im Schatten Seiner Fittiche«, bemerkte Osgod so leise, daß sie ihn gerade noch verstehen konnte. »Ich habe noch nie ein solch deutliches Zeichen gesehen – dem einzigen Mann an diesem Ort zu begegnen, der einen erkennen könnte, und unbemerkt an ihm vorbeizugelangen!«

Gytha bekreuzigte sich unter ihrem Umhang und murmelte ein Dankgebet, dann zog sie ihre Kapuze erneut fest um den Kopf, als sie sich auf der Hauptstraße der Stadt durch Schweine, Hühner und Menschen ihren Weg bahnten.

Es war ein belebter Ort, vor allem am Kai, wo ein Dutzend Fischerboote ihren Fang ausluden und Hausfrauen mit schriller Stimme um den Preis des Fisches feilschten. Zwei, drei größere Schiffe lagen draußen in der Bucht vor Anker, doch keines von ihnen ähnelte Gythas Vorstellung von einem dänischen Schiff.

Turkills Maultier ging in gleichmäßigem Tempo weiter und bewegte sich langsam durch die Menge der Frauen, die mit ihren Körben kamen und gingen. Die meisten waren zu sehr ins Gespräch vertieft, um mehr als einen flüchtigen Blick auf die Reisenden zu werfen. Innerhalb von Minuten hatten sie den Fischhafen passiert, und dann nahm die Anzahl der Häuser immer mehr ab, unregelmäßig verstreut lagen sie vereinzelt an der Flußmündung.

Turkill blieb bei einem alten Mann stehen, der auf einem Faß in der Sonne saß und das Treiben am Kai beobachtete, und fragte ihn, ob er wisse, wo sich die dänischen Schiffe befänden.

»Im Fluß weiter unten«, antwortete er und machte eine unbestimmte Handbewegung in die Richtung, die sie ohnehin eingeschlagen hatten. »Der Vogt wollte sie nicht in die Mündung lassen.«

Turkill dankte ihm und erteilte ihm den Segen, was er mit einer ruckartigen Verbeugung quittierte, und sie ritten weiter.

Der Damm, dem sie folgten, führte durch unwirtliche Salzsümpfe empor, und schließlich gab es keine Häuser mehr. Nach einer weiteren Meile erreichten sie ein paar einzelne Häuser, die an dem Punkt standen, wo der Fluß sich zum Strom weitete. Gytha war einmal in London gewesen und hatte dort die Themse gesehen, aber die Mündung hier war viel breiter. Es waren viele Schiffe zu sehen, die alle zielstrebig in unterschiedliche Richtungen fuhren, alle, bis auf zwei. Sie waren größer als alle Schiffe, die sie bisher gesehen hatte, stolze fünfzig Fuß lang, breit, tief im Wasser liegend und mit üppigen Rundungen an Bug und Heck. Eine lange zeltartige Konstruktion aus verblichenem, gestreiftem Wollstoff, Wadmal genannt, verlief über die ganze Längsseite jedes Schiffes.

Gytha schätzte, daß dies die Schiffe waren, die sie suchten, rief jedoch aus: »Ich dachte, dänische Schiffe seien lang und schmal und nicht so rundlich wie diese hier!«

»Sie denken an die Kriegsschiffe der Wikinger«, sagte Osgod. »Das hier sind Handelsschiffe. Zum Glück haben sie noch nicht abgelegt.«

Gytha überhörte Osgods Bemerkung und konzentrierte sich auf wichtigere Dinge. »Wie gelangen wir zu ihnen?« fragte sie, denn sie lagen mehrere Yards entfernt im Fluß vor Anker. Dann sah sie vier kleine Boote, die man auf den steinigen Strand hinaufgezogen hatte.

»Da drüben ist eine Bierschenke«, sagte Turkill. »Am besten warten wir dort, während Pater Osgod den Kapitän sucht.«

Sie gingen die Küste entlang zu der Schenke, wo Turkill die Maultiere draußen am Geländer festband, die Bündel ablud und vor den anderen hineinging. Sie betraten einen ziemlich großen Raum, in dem ein paar Bänke und Tische standen. Ein paar Hühner liefen hierhin und dorthin und pickten etwas vom Boden auf, ein weiteres Dutzend schlief noch auf den Dachbalken. In der Feuerstelle in der Mitte brannte ein Feuer, und ein appetitanregender Duft zog durch den Rauch herüber; er stammte offensichtlich von etwas, das unter dem aufmerksamen Blick einer kräftigen Frau in einer Pfanne brutzelte. Ein Mann rekelte sich auf einer der Bänke, den Rücken gegen einen Tisch gelehnt, die

Ellbogen auf dessen Kante gestützt. Er hatte eine Wollmütze lässig über eine Mähne blonden, ergrauenden Haares gezogen, und der Teil seines Gesichts, der nicht von einem rotblonden Bart verborgen war, war braun und wettergegerbt. Er betrachtete die Neuankömmlinge mit auffallenden strahlend blauen Augen.

»Du schneidest besser noch etwas Speck ab«, riet er der Frau, die keinerlei Notiz davon nahm. »Diese Leute hier waren die ganze Nacht unterwegs.«

Osgod sprach den üblichen Segen, worauf der Mann seine Mütze abnahm und sich aufrecht hinsetzte, die Frau dagegen reagierte noch immer nicht. Osgod erkundigte sich höflich: »Wissen Sie, wo ich den Kapitän der dänischen Schiffe finden kann?«

»Was wollen Sie von ihm?« fragte der Mann, während er wieder seine Mütze aufsetzte und seine vorige entspannte Haltung einnahm.

»Eine Passage nach Dänemark«, antwortete Osgod.

»Für euch alle?«

»Für vier von uns. Sind Sie der Kapitän?«

»Ich nehme keine Passagiere mit«, erwiderte der Mann mit einem schrägen Blick.

»Wir können bezahlen«, sagte Osgod.

Gytha biß sich auf die Lippen und rang die Hände. Was sollte sie tun, wenn er ablehnte?

Der Mann schwieg. Er betrachtete Osgod eingehend, dann Gytha, dann Edith und Mildyth, die mit Turkill an der Tür standen. Nach ein paar Augenblicken sah er erneut Gytha an. Sie schob ihre Kapuze zurück und erwiderte seinen Blick mit soviel Würde, wie sie aufbringen konnte.

»Wir nehmen keine Frauen an Bord. Die Männer haben das nicht gern«, sagte er barsch und wandte sich ab.

»Wir bezahlen gut«, sagte Gytha verzweifelt.

»Es geht nicht ums Geld. Wir nehmen einfach keine Frauen mit«, wiederholte der Mann.

»Warum nicht?«

»Es bringt Unglück. Das weiß jeder.«

Gytha hob plötzlich ruckartig den Kopf, und die Muskeln um ihren Mund verspannten sich auf eine Weise, die Osgod nur allzu sehr an ihren Vater erinnerte.

»Und glauben Sie, es bringt Ihnen Glück«, fragte sie mit kühler, ruhiger Stimme, »wenn drei Frauen und ein Priester von William, dem Normannen, umgebracht werden, was mit Sicherheit geschehen wird, wenn Sie sich weigern, uns nach Roskilde mitzunehmen?«

Der Kapitän schenkte ihr einen unbehaglichen Blick, gab jedoch keine Antwort.

»Und wie wird Ihr Glück aussehen«, fuhr Gytha fort, »wenn Ihr König erfährt, daß Sie es zugelassen haben, daß seine Cousine von den Normannen ermordet wird, nur weil Sie Angst hatten, auf Ihrem Schiff eine Frau mitzunehmen?«

Der Kapitän starrte sie an, sein Unterkiefer fiel herab.

»König Svein?« rief er. »Seine Cousine?« Seine Verblüffung wandelte sich in Ungläubigkeit. »Wie kommen Sie darauf, daß Sie seine Cousine sind?«

»Der Vater des Königs war Jarl Ulf, der eine Schwester namens Gytha hatte. Diese Gytha war die Mutter meines Vaters, und ich bin nach ihr benannt.«

Der Kapitän runzelte die Stirn, während er in Gedanken den Stammbaum nachvollzog – keine allzu schwierige Leistung für einen Mann seiner Zeit, der es gewöhnt war, den eigenen Stammbaum über vier Generationen herzusagen, wann immer er Landsleute traf, die er nicht kannte.

»Der Herr beschütze uns!« sagt er schließlich. »Sie sind König Harolds... Oh, Gott bewahre mich! Ich will keinen Ärger bekommen, Lady!«

»Wir werden Ihnen keinen Ärger machen«, erwiderte Gytha ruhig. »Wir müssen nach Dänemark, und der Kapitän, der uns mitnimmt, wird die Gunst meines Vetters König Svein erringen – und wir bezahlen.«

»Ich fahre nicht nach Roskilde, Lady, aber ich kann Sie nach Ribe mitnehmen. Von da aus kommen Sie leicht hin, über Land und mit der Fähre.« Er kratzte sich am Kopf. »Zwei Silberpennies pro Kopf, wenn Sie soviel haben, Verpflegung eingeschlossen. Der Priester zahlt nichts – er kann umsonst mitfahren.«

Gytha sah Osgod an, der sagte: »Das ist ein anständiger Preis, und ich danke Ihnen für die Gefälligkeit.«

»Die Hälfte jetzt, den Rest, wenn ich Sie in Ribe absetze.«

Osgod nickte und holte die drei Münzen aus dem Beutel hervor, den Gytha ihm zur Aufbewahrung gegeben hatte. Der Kapitän betrachtete sie, biß darauf, spuckte darauf und verstaute sie dann irgendwo in seiner Kleidung.

»Ist im Augenblick jemand hinter Ihnen her?« fragte er beiläufig.

»Ich hoffe nicht!« rief Gytha.

»Wir können erst zwischen den Gezeiten ablegen, wenn ruhige See ist«, sagte er bestimmt. »Am besten essen wir etwas.« Er gab der kräftigen Frau einen Klaps auf den Rücken; sie drehte sich um und fuhr erstaunt zusammen, als sie die übrigen dastehen sah. Der Kapitän formte Worte mit den Lippen und machte ihr mit den Händen Zeichen, woraufhin sie lächelte, heftig mit dem Kopf nickte und davoneilte, um mehr Speck, Eier und Brot zu holen.

Bald saßen sie alle am Tisch, vor sich einen Teller, der mit Speck, Eiern und gutem, frischem Brot überhäuft war. Osgod sprach das Tischgebet, und sie machten sich mit gutem Appetit über das Essen her, obwohl sie bei Tagesanbruch schon Brot und Käse gegessen hatten. Selbst Mildyth sah etwas weniger besorgt drein.

»Ich heiße Olaf Eriksson«, sagte der Kapitän, sichtlich eine Antwort erwartend.

»Edith Magnustochter«, erwiderte Gytha und wies auf ihre Mutter. Ich bin Gytha Haroldstochter, und dies hier ist Mildyth ... äh ...«

»Edwardstochter«, ergänzte Mildyth, während sie die stämmige Frau ansah, die soeben mit einem Krug Ale und ein paar hölzernen Bechern an den Tisch gekommen war.

Osgod nahm den Faden wieder auf. »Pater Turkill kommt nicht mit. Ich bin Osgod Bjornsson. Priester«, fügte er hinzu, falls jemand daran zweifeln sollte.

»Es heißt *Wavequeen*«, sagte Olaf und zeigte auf eines der beiden Schiffe, die man durch die offene Tür sehen konnte. »Das, das näher zur Küste liegt. Ein paar meiner Leute verstauen die Ladung, der Rest der Mannschaft ist bis Mittag zurück. Sie sind in die umliegenden Dörfer gegangen, um Honig zu kaufen.«

»Honig?« fragte Gytha. Eine seltsame Ladung für ein dänisches Schiff.

»Es gibt einen guten Markt dafür im Norden, wo die Sommer nicht lang genug sind, um selbst welchen zu erzeugen. Wir bringen ihn nach Nidaros an der norwegischen Küste.«

»Was haben sie sonst noch geladen?« fragte Turkill.

»Tuch und Weizen. Auf dem Hinweg hatten wir Rheinwein an Bord, um ihn zu verkaufen. Wir kommen drei- oder viermal im Jahr, aber wir sind sonst immer direkt nach London gefahren. Der neue König hat das unterbunden – anscheinend traut er den Dänen nicht!«

»Wahrscheinlich hat er davon gehört, wie unsere Urgoßväter die London Bridge mitgenommen haben!« sagte Osgod.

Das machte dem Kapitän einen Heidenspaß, doch während er lachte, bemerkte er, daß Turkill einen besorgten Blick auf die dicke Frau warf, und sagte: »Machen Sie sich keine Sorgen wegen Bertha! Sie ist stocktaub – schon seit ihrer Geburt! Ich weiß schon gar nicht mehr, seit wie vielen Jahren ich sie kenne.« So redete er eine Zeitlang munter drauf los und erzählte von früheren Aufenthalten in England, bis sie alle mit Essen und Trinken fertig waren, dann sagte er: »Sie bleiben hier; ich gehe und sorge dafür, daß für Sie eine Art Unterschlupf im Schiff errichtet wird. Im Innern sind sie sicher, aber laufen Sie am besten nicht herum. Im allgemeinen kommen die Normannen nicht hierher, aber besser kein Risiko eingehen.«

Der Rest des Vormittags verging nur langsam. Osgod und Turkill hatten ihre Gebete zu sprechen, und Edith saß wie gewöhnlich stumm und ohne sich zu rühren da. Mildyth jedoch ging unaufhörlich zur Tür, um auf den Fluß und die dort liegenden Schiffe zu blicken und sich die Frage zu stellen, ob die See wohl rauh und das Schiff seetüchtig sei. Gytha fühlte sich mit jeder Minute, die verstrich, niedergeschlagener und ängstlicher. Sie dachte besorgt an die Gefahren der vor ihr liegenden Reise, an das, was geschehen würde, wenn William von ihrer Flucht erfuhr, an die Möglichkeit, daß Olaf sie betrügen und ohne sie segeln würde, und an König Sveins Reaktion, wenn sie in Roskilde ankamen – falls das jemals der Fall sein würde, und schon drehten sich ihre Gedanken wieder im Kreise wie ein wildes Tier im Käfig.

»Es kommt jemand!« zischte Mildyth plötzlich.

Osgod, der während der letzten halben Stunde dagesessen und auf seine Füße gestarrt hatte, lief zur Tür und blickte hinaus. Die Sonne stand fast im Zenit, und eine Gruppe von Männern war aus Richtung Barking gekommen und stapelte kleine Flaschen und Tontöpfe in eins der Ruderboote. Während er zusah, schoben sie es ins Wasser, und zwei der Männer ruderten auf die *Wavequeen* zu. Die anderen drehten sich um und kamen auf die Bierschenke zu.

Als sie eintrafen, hatte Osgod seine Schutzbefohlenen um den Tisch direkt an der Tür versammelt; er stand vor ihnen, die Kapuze und den Mantel zurückgeworfen, damit man sehen konnte, daß er ein Priester war. Als die Männer eintraten, lachend und ihre Erfahrungen beim Honigkauf austauschend, machten sie bei seinem Anblick alle eine kleine Verbeugung und betrachteten seine Gefährten mit mäßiger Neugier.

Die üppige Frau servierte umgehend Ale und tischte große Schüsseln mit einer duftenden Mischung aus Gemüse und Fleisch auf, und die Männer setzten sich eilig zum Essen nieder, wobei sie sich zwischen den einzelnen Bissen weiterunterhielten, bis Olaf hereinkam und einen scharfen Befehl bellte, der alle zum Schweigen brachte.

»Der Wind ist gut, und es ist Niedrigwasser. Wir legen ab, sobald ihr alle an Bord seid. Wir haben ein paar Passagiere, aber das geht euch nichts an.«

Das weckte allgemein Neugier, doch niemand stellte Olafs indirekten Befehl in Frage. Die Männer verschlangen den Rest ihrer Mahlzeit und ihr Ale und gingen, sich den Mund mit dem Handrücken abwischend, einer nach dem anderen hinaus. Olaf führte mit der dicken Frau nochmals ein Gespräch aus stummen Gebärden und gab ihr Geld und einen herzhaften Kuß, woraufhin sie den Kopf schüttelte und breit grinste. Osgod bat Olaf, ihm zu sagen, was er ihm für die Mahlzeit seiner Gruppe schuldete, doch der Kapitän sagte: »Schon bezahlt. Das gehörte zur Abmachung«, und drängte sie zur Tür hinaus.

Olaf befahl drei muskulösen Matrosen, die Frauen in eines der Boote zu heben, als es herangeschoben wurde, und Gytha blieb nur noch Zeit für einen hastigen Händedruck und einen Segen von Turkill, der dastand und zusah, wie die Matrosen und Osgod in die Boote sprangen und zum Schiff hinausruderten. Er beobachtete, wie vorsichtig und behutsam die Frauen an Bord gebracht und zu einem Unterstand aus Holz und Segeltuch im Heck geführt wurden, und er staunte, wie schnell das Schiff zum Ablegen klar war.

Die Konstruktion aus Segeltuch war nicht sehr stabil, aber sie genügte als Schlafplatz für die drei Frauen, und um ihr bißchen Gepäck unterzubringen. Mildyth verschwand mit

Edith im Innern, Gytha jedoch blieb daneben stehen und sah zu, wie das Sonnensegel aus Wadmal aufgerollt und der Baum, der es stützte, in eine Rah verwandelt und den Mast hinaufgehievt wurde; danach wurde das Sonnensegel wieder aufgerollt und wurde zum Segel. Dieses wurde so gedreht, daß es den Wind einfing, und dann bekamen sie plötzlich Fahrt.

Sie wandte sich um und blickte zur Küste zurück, wo Turkill bereits nur noch eine kleine dunkle Gestalt war, die am Strand stand und winkte. Sie winkte zurück und wischte die Tränen ab, weil sie alles nur verschwommen sah, und trauerte allem (einschließlich der Dankesworte) nach, was sie ihm wegen des hastigen Abschieds nicht mehr hatte sagen können. Sie strengte die Augen an, um ihn zu erkennen, bis er nur noch ein winziger Punkt in der Ferne war, der in Richtung der angebundenen Maultiere ging. Sie würde ihn wahrscheinlich nie wiedersehen, doch zumindest konnte sie ihm durch Pater Osgod eine Nachricht übermitteln, wenn dieser nach Waltham zurückkehrte. Was das übrige betraf – all die anderen Menschen und Dinge, die sie zurückließ –, das gab es nicht mehr. Sie waren für immer dahin – ihre Kindheit, ihre Heimat, das Grab ihres Vaters und seine Kirche, ihre kleine Schwester, ihre Brüder, und sie würde vermutlich keinen von ihnen jemals wiedersehen.

Lange Zeit stand sie da und starrte blicklos auf die vorübergleitende Küste, die immer weiter zurückwich, als das Schiff an Fahrt zulegte; die Tränen, die ihr in den Augen brannten, bahnten sich schließlich ihren Weg und liefen ihr die Wangen hinab.

Als sie wieder klar sehen konnte, war die Küste so weit entfernt, daß sie im Zwielicht nur noch wie ein verschwommener grauer Streifen am Horizont erschien. Der Himmel hinter ihnen erstrahlte eine Weile in einem prachtvollen Sonnenuntergang, dann ging er allmählich in karminrote Streifen über, die sich schließlich in der grauen Dämmerung verloren und den Sternen Platz machten. Danach sah man nur noch die endlosen Wellen. England lag hinter ihnen.

Gytha fühlte, wie ihr etwas die Kehle zuschnürte, ihre Augen füllten sich erneut mit Tränen, und sie fragte sich, ob sie England je wiedersehen würde. Die Verse eines alten Gedichts kamen ihr in den Sinn:

Coldness of heart for the gay countryside,
Wake up and see instead the yellow waves,
The seabirds bathing, stretching their wings,
While snow and hail and frost fall all together.

Allein der Gedanke, daß es wenigstens Sommer war und alles noch viel schlimmer sein könnte, hinderte sie daran, aus tiefster Seele zu weinen, und dann dachte sie: »Aber ich habe es geschafft! Ich bin entkommen! Herr, ich danke Dir, daß du meine Schritte auf den Weg gelenkt hast, den ich gewählt habe – den weiten Weg, den Weg des Wals, über das Meer.«

Roskilde

6. Kapitel

»Mylady«, rief Mildyth, während sie so eilig das Haus betrat, daß sie fast rannte, »wissen Sie, wer sie ist? Oh, die Heiligen mögen uns beistehen! Was sollen wir nur tun? Gerade, als ich dachte, wir hätten uns richtig eingelebt.«

Gytha sah bestürzt von ihrem Spinnrad auf. Daß Mildyth ihre Würde soweit vergaß, sich in unziemlicher Eile zu bewegen, war schon erstaunlich genug, ihre Erregung jedoch war geradezu außergewöhnlich. Im Verlauf des letzten Jahres war sie zu einer ruhigen, ausgeglichenen Frau geworden, deren Persönlichkeit mit ihrer neuen bedeutenden Rolle als erste Kammerfrau der Prinzessin von England aufgeblüht war.

»Was ist los?« fragte Gytha besorgt. »Oh, Mildyth, setz dich bitte, hol Atem und erzähle mir dann alles von Anfang an.«

Mildyth ließ sich auf einen Schemel fallen, eine Hand an die Brust gepreßt, holte ein paarmal tief Luft und sagte dann in bereits wieder etwas normalerem Ton: »König Sveins neue Frau ist angekommen! Ich habe gerade mit einer ihrer Damen gesprochen. Ach, liebe Lady, hat der König Ihnen nicht erzählt, wer sie ist?«

»Doch, ja. Er sagte, ihr Name sei Elisew und sie sei die Tochter eines bedeutenden Fürsten, der weit im Osten lebt, in Rußland, wo immer das auch sein mag, ich habe noch nie davon gehört. Ist sie hübsch? Mag der König sie?«

»Oh, das weiß ich nicht – ich habe sie noch nicht gesehen –, aber hat er Ihnen nicht gesagt, wo sie sich die letzten zwanzig

Jahre aufgehalten hat, nachdem sie das Haus ihres Vaters verlassen hat?«

»Nein.«

»Nun, sie war in Norwegen. Sie erinnern sich an König Harald Hardrada, den Ihr Vater, seine Seele ruhe in Frieden, bei Stamford Bridge getötet hat – seine Seele ruhe ebenfalls in Frieden –? Als Harald auf seiner Reise nach Konstantinopel war, weilte er am Hof ihres Vaters, und auf dem Rückweg machte er wieder dort halt und heiratete sie. Sie ist seine Witwe! Ach, wie konnte der König Ihnen das nur antun! Warum hat er Sie nicht gewarnt?«

Gytha verspürte einen eisigen Hauch der Angst, und sie beugte den Kopf tief über das Spinnrad. Sie tat so, als sei der Faden gerissen, während sie versuchte, ihre Gedanken und Gefühle zu ordnen. In der Tat, warum hatte der König ihr nichts davon gesagt? Er war seit ihrer Ankunft vor einem Jahr in Roskilde so freundlich und zuvorkommend zu ihr und ihrer Mutter gewesen. Er ließ sie in diesem Haus, in der Nähe des königlichen Palastes wohnen, behandelte sie wie eine Tochter, gab ihr Dienerschaft, Kleidung und Ländereien, die genügend Pacht einbrachten, um ihren kleinen Haushalt zu finanzieren und sorgenfrei zu leben. Er ließ sie sogar jeden Abend zusammen mit seiner eigenen Familie an seiner Tafel speisen. Verstand er nicht, daß Hardradas Witwe sie zwangsläufig hassen mußte, weil ihr Vater...?

»Vielleicht war es ihm nicht bewußt«, sagte sie unsicher. »Aber er kann es nicht vergessen haben. Er interessiert sich brennend für die Angelegenheiten anderer Länder, und er hat mich so oft gefragt, was in England seit der Schlacht von Hastings alles passiert ist... Was soll ich nur tun, Mildyth?«

»Beten, daß sie keine rachsüchtige Frau ist!« sagte Mildyth grimmig. »Aber Sie werden es schnell genug merken. Sie werden sie kennenlernen, wenn Sie heute abend zum Essen in die Halle hinübergehen. Wir müssen dafür sorgen, daß

Sie glänzend aussehen. Sie darf nicht glauben, daß Sie nur eine arme Verwandte sind, die man kränken und wie eine Dienstbotin behandeln kann. König Svein nennt Sie die englische Prinzessin, und vergessen Sie das nicht einen Augenblick, Mylady! Genau das sind Sie, und das muß sie begreifen. Ihr Vater war ein König, und der Ihre nur ein Fürst.«

Mildyth, die im letzten Jahr etwas zugenommen hatte, ähnelte so sehr einer streitlustigen Kuh, die ihr Kalb verteidigt, daß Gytha sich ein Lächeln nicht verkneifen konnte, was ihre Angst ein wenig vertrieb. Trotzdem war sie innerlich nervös, als sie an diesem Abend die Halle betrat; sie trug ihr bestes Kleid und ihre Bernsteinkette. Ihre Kopfbedeckung wurde von dem schmalen Goldreifen gehalten, den König Svein ihr für besondere Anlässe geschenkt hatte.

Svein, der den Frauen, und ganz besonders den schönen, sehr zugetan war, sah sie mit einem beifälligen Blick an und begrüßte sie wie immer mit einem mehr als brüderlichen Kuß, doch Gytha hatte sich inzwischen daran gewöhnt und wußte, daß es harmlos gemeint war.

»Hier ist sie!« sagte er, während sich sein schlaues, pfiffiges Gesicht in Lachfältchen legte. »Ich mache die Hübscheste meiner Familie mit meiner schönen neuen Frau bekannt! Gytha von England, meine liebe Cousine, dies ist Elisew von ... Wo war es noch, Liebste?«

»Kiew«, sagte eine kühle Stimme, das Wort zu einer einzigen Silbe zusammenziehend. Gytha sah sich einer großen, schlanken Frau gegenüber, die etwa dreimal so alt war wie sie, doch noch immer auffallend schön, ohne eine Spur von Grau in ihrem glänzenden schwarzen Haar. Sie hatte hohe Wangenknochen, die ihren Augen einen attraktiven schrägen Winkel verliehen. Ihr Gesicht lief von den breiten Wangen zum Kinn hin spitz zu, und ihr wohlgeformter, nach oben geschwungener Mund hatte das ständige, schläfrige Lächeln einer zufriedenen Katze.

»Das ist also die Tochter von Harold Godwinsson«, sagte

sie und sah Gytha von oben bis unten mit einem trägen, leicht amüsierten Blick an. »Wie interessant!« Sie sprach mit einem leichten, sehr anziehenden ausländischen Akzent.

»Elisew war die Frau meines alten Rivalen und langjährigen Feindes, weißt du«, plauderte Svein, als wäre daran nichts Erstaunliches. »Er hat unaufhörlich versucht, mir Dänemark abzunehmen, ständig hat er angegriffen und Gefechte angezettelt wie eine wildgewordene Hornisse. Ja, er hat sogar Hedeby niedergebrannt, die größte Handelsstadt im Norden. Das war – Augenblick – im Jahre 1049, glaube ich. Natürlich völlig sinnlos, da es den Handel für alle Seiten lahmlegte und gar nicht von Vorteil für ihn war. Je mehr er niederbrannte und plünderte, um so sicherer wußten meine Dänen, daß sie ihn nicht als König haben wollten. Tja, selbst als er mich '60 in der großen Seeschlacht von Nissa besiegte, wollten sie nicht, daß ich mich ihm ergab. Ich nehme an, liebe Elisew, es gelang dir schließlich, seinem Dickschädel etwas Vernunft beizubringen, denn als wir uns '64 schließlich trafen, war er so schlau, sich mit mir zu einigen.«

Während er so dahinplapperte, beäugten Gytha und Elisew einander, ohne daß die eine die andere direkt ansah oder ihre Blicke sich trafen. Gytha fragte sich, was Elisew dabei empfand, die Tochter des Mannes kennenzulernen, der ihren ersten Mann getötet hatte. Sie hatte keine Angst vor ihr, war jedoch trotzdem besorgt. Bisher war Svein gut zu ihr gewesen, aber es war unmöglich vorauszusehen, wieviel Einfluß seine schöne neue Frau über ihn gewinnen würde. Würde sie ihn dazu bringen, ihr seine Unterstützung zu entziehen? Wie würde sie sich verhalten – offen feindselig, kühl, unfreundlich . . .? Sie war so wunderschön und selbstbeherrscht.

Elisews schwarze Augen musterten von der Seite eingehend Gythas äußerlich ruhigen Ausdruck, ihr klares, faltenloses Gesicht, die wachen blauen Augen und die einzelne goldfarbene Locke, die unter ihrer Kopfbedeckung hervorgerutscht war, doch ihr eigenes Gesicht blieb undurchdringlich und das leise Lächeln auf ihren Lippen unverändert. Als sie sprach, wurde deutlich, daß sie trotz ihres Interesses an Gytha auf das Geschwätz ihres neuen Gatten geachtet hatte.

»Er war immer ein alter Wikinger!« Sie klang leicht belustigt. »Er hätte zweihundert Jahre früher auf die Welt kommen müssen. Er hätte zufrieden die Sommer damit verbracht, an den Küsten Frankreichs und Englands zu plündern und zu rauben und im Winter in seinem Palast zu prassen und mit seinen Heldentaten zu prahlen. Er liebte den Kampf und wollte nicht damit aufhören – seine größte Sorge war, er könnte im Bett sterben wie der arme Siward von Northumbria! Dann käme er nämlich nicht nach Walhall.«

»Ich dachte, er wäre Christ«, hörte Gytha sich in, wie sie selbst fand, mißbilligendem Ton sagen. Sie fand Elisew zugleich faszinierend und verwirrend. Wie konnte sie nur in so gleichgültigem Ton von ihrem früheren Mann sprechen? Sie waren lange verheiratet gewesen – über zwanzig Jahre –, und, wie Mildyth von ihrer Zofe erfahren hatte, es war eine Liebesheirat gewesen.

»Oh, das war er auch«, erwiderte Elisew mit einem silberhellen Lachen, »aber trotzdem zog er es vor, nach Walhall zu kommen, als in ewigem Frieden die Harfe zu zupfen! Ach, der Mann, der den Pfeil abschoß, der seine Kehle durchdrang, tat ihm einen großen Gefallen. Er wurde allmählich zu alt für den Kampf, und mehr als alles andere fürchtete er ein geruhsames Alter und einen friedlichen Tod.«

Gytha sah ihr mit ernstem, fragendem Gesicht fest in die Augen, und Elisew sagte mit unverändertem Lächeln: »Wie ernst Sie sind, Kind! Wie eine schöne Eule. Vielleicht sind Sie der Ansicht, daß ich auf unangebrachte Weise scherze? Aber ich scherze nicht im geringsten! Man sagt, er sei der letzte Wikinger gewesen, und mein lieber Sohn Olaf hat ganz gewiß nichts von seinem ungezügelten Temperament. Ich vermute, er schlägt nach meinem Vater, der ein weiser und friedliebender Herrscher war. Olafs größter Ehrgeiz, seitdem er König wurde, war, mit dir Frieden zu schließen, mein geliebter Mann, und die Abmachung zwischen euch letztes Jahr hat ihn mit Zufriedenheit erfüllt. Nun bin ich hier, um sie mit unserer Heirat zu besiegeln.«

»Nun gut. Dann laßt uns zu Abend essen, und wir können mit gutem Rheinwein darauf anstoßen«, sagte Svein, während er die Arme ausbreitete und Elisew und Gytha zu ihren Plätzen geleitete. »Du hier, meine Liebe, zu meiner Rechten ... Ich will dich jetzt nicht mit den Namen all meiner großen, starken Söhne langweilen – du wirst sie noch früh genug kennenlernen. Der auf deiner anderen Seite ist Harald, der Älteste, daneben seine Frau, dann, auf dieser Seite, Knut, mein zweitältester Sohn, daneben ... Gytha, meine Liebe, nimm zu meiner Linken Platz – schließlich bist du die einzige echte Prinzessin in meiner Familie.«

»Sind deine Töchter und die Frauen deiner Söhne denn keine Prinzessinnen?« fragte Elisew und hob die dünnen, elegant geschwungenen Augenbrauen.

»Unehelich, alle miteinander!« sagte Svein fröhlich, wobei er die Schüsseln auf dem Tisch mit lebhaftem Interesse beäugte – er besaß einen gesunden Appetit. »Die Frauen natürlich nicht, aber alle übrigen. Fünfzehn Söhne und vier Töchter. Ich hatte – wie viele? – drei Ehefrauen, und keine schenkte mir ein Kind, das am Leben blieb. An mir liegt es offensichtlich nicht, deshalb hoffe ich, daß sich mit dir mein Glück wendet, meine Liebe!« Er grinste Elisew anzüglich an, die leicht amüsiert und mit etwas gelangweilter Stimme sagte: »Vielleicht!«, wobei sie vorsichtig in ihrem Essen zu pikken begann und sich von Zeit zu Zeit die Finger an einer feinen Leinenserviette abwischte.

Gytha aß, ohne zu registrieren, was man ihr auftischte, denn sie mußte ständig über Elisews Worte und deren mögliche Bedeutung nachdenken: *Das ist also die Tochter von Harold Godwinsson. Wie interessant!* Würde Elisew gegen sie und ihre Mutter Groll hegen? Sie riskierte einen Seitenblick und sah flüchtig Elisews Gesicht; sie war offensichtlich gefesselt von etwas, was Svein ihr erzählte, und zeigte wieder jenes rätselhafte Lächeln, das kurz ihre regelmäßigen weißen Zähne freigab. Gytha schauderte. Elisew erinnerte sie an eine Katze, die mit ihrer Maus spielt, ehe sie ihr Opfer schließlich tötet.

»Wie geht es Königin Edith heute?« fragte Svein plötzlich.

Gytha war ihm dankbar dafür, daß er ihrer Mutter immer den Titel zugestand, den sie getragen hätte, wenn sie ihren Vater kirchlich geheiratet hätte, und sie hätte ihm gern eine erfreulichere Antwort gegeben, doch sie konnte nur erwidern: »Unverändert.«

Tatsächlich hatte sich Edith' Zustand nicht gebessert. Eher hatte er sich im letzten Jahr verschlechtert, denn auf der Reise von Waltham hierher hatte sie selbst gegessen und ab und zu erkennen lassen, daß sie ihre Umgebung wahrnahm, doch ein paar Tage nach ihrer Ankunft in Roskilde war sie in ihren vorherigen Zustand zurückgefallen. Ihre Frauen wuschen sie jeden Morgen und kleideten sie an, und danach saß sie den ganzen Tag da und starrte blicklos vor sich hin. Sie rührte sich nur, wenn man sie fütterte oder wenn Gytha sie bei der Hand nahm und sie auf einen kurzen Spaziergang mitnahm. Jeden Abend sprach Gytha mit ihr, berichtete ihr von den kleinen Begebenheiten des Tages und erinnerte sie manchmal an die alten Zeiten, doch es gab kein Anzeichen dafür, daß Edith sie hörte, selbst wenn Gytha von ihrem Vater, ihren Brüdern oder ihrer Schwester sprach. Im Winter war ein Brief angekommen, den Olaf Eriksson von Ribe weitergeschickt hatte, der die Nachricht enthielt, daß *Gythas Freund, der Priester, wohlbehalten zu Hause eingetroffen und alles in Ordnung sei.* Sie hatte ihn Edith laut vorgelesen und darüber gesprochen, wobei sie darauf hinwies, daß er weder Unterschrift noch Briefkopf trug, aus denen hervorging, wer ihn geschickt hatte, auch wenn Gytha Meister Athelards eigenwillige Handschrift erkannte, aber Edith reagierte nicht.

An diesem Abend nun erzählte Gytha von Elisew, erklärte ausführlich, daß sie Harald Hardradas Witwe sei, erinnerte ihre Mutter daran, daß Harold in Stamford Bridge gegen ihn gekämpft hatte und er in der Schlacht getötet worden war. Sie gab sogar zu, ein wenig Angst zu haben, Elisew könne sich ihr gegenüber als feindselig erweisen. Doch Edith reagierte nicht. Schließlich gab sie es auf und hieß Edith' Frauen, sie zu Bett bringen, während sie selbst zu ihrer Abendandacht in die Kirche ging.

Roskilde war eine kleine Stadt, gemessen an ihrer Bedeutung als Königssitz. Ihre Holzhäuser, die aus ganzen, aufrecht auf schwere Balken aufgesetzten Baumstämmen bestanden, drängten sich innerhalb eines massiven Holzzauns um den tiefen Einschnitt eines langen, nach Norden weisenden Fjords. Sie war nicht von atemberaubender Schönheit, jedoch zu dieser Jahreszeit recht anziehend. Im Hintergrund leuchteten die Hügel in der langen nördlichen Dämmerung in sattem Grün, und der Sonnenuntergang schickte karmesinrote Streifen über das graue Wasser des Fjords. Sveins »Palast« war lediglich ein langes, aus Holz bestehendes Gebäude, wie dasjenige, das vor hundert Jahren im *Beowulf* beschrieben wurde, mit diversen privaten Kammern, die plan- und wahllos immer dort angebaut worden waren, wo es angebracht erschienen war.

In der Stadt war es nie ruhig. Sveins fünfzehn Söhne und ihr Gefolge rauften und brüllten den ganzen Tag und die halbe Nacht auf den Straßen, versuchten einander bei Kraftproben und derben Späßen zu übertreffen. Sveins scheinbar großzügige Haltung seinen Söhnen gegenüber war jedoch trügerisch, denn er wußte offensichtlich ganz genau, was jeder einzelne von ihnen tat. Seine Leibwächter erschienen immer rechtzeitig auf der Bildfläche, um ernsthafte Kämpfe, Vergewaltigung oder Mord zu verhindern; meistens zogen sie den Raufbolden eins über den Schädel und beförderten sie für ein paar Tage in das Gefängnis der Stadt, ob sie nun Prinzen oder gewöhnliche Bürger waren. Manchmal schickte er sie auch auf die Jagd oder auf einen Kontrollbesuch ihrer Güter, um den Leuten in der Stadt ein wenig Ruhe zu verschaffen.

Svein sorgte auch dafür, daß die Stadt saubergehalten wurde. Es gab erhöhte Plankenwege für Fußgänger und Knüppeldämme für Karren. Es war verboten, Müll auf die Straßen zu werfen, und jeder, der dem zuwiderhandelte, wurde dazu verurteilt, zur Strafe eine Woche lang Jauchegruben auszuschöpfen. Er förderte die Haltung von Falken und Schweinen, da sie den Abfall in den Hinterhöfen fraßen. Mit den verrotteten Überresten wurden jedes Frühjahr die Felder gedüngt.

In Begleitung von Mildyth ging Gytha furchtlos durch die Straßen, denn sie wußte, daß selbst Knut, der ihr keine Ruhe ließ, es nicht wagen würde, sie anzurühren, wie betrunken er auch sein mochte. Sie begegnete unterwegs zwei Leibwächtern des Königs und erwiderte ihre respektvollen Grüße mit einem lächelnden »Guten Abend«; dann betrat sie das Innere der St.-Lucius-Kirche.

Es war die größere der beiden Kirchen von Roskilde, jedoch weiter entfernt von Gythas Haus. Sie besuchte sie, weil es sie tröstete, daß sie ein begründetes Recht hatte, auf ihre familiäre Bindung an Roskilde und seinen König zu pochen. Die Kirche war vom Urgroßvater ihrer Großmutter, Harald Blauzahn, gegründet worden, und Ulf, der Bruder ihrer Großmutter, König Sveins Vater, war in ihren Mauern ermordet worden. Beide waren hier beerdigt. Sie konnte also an zwei Familiengräbern beten, obwohl die meisten ihrer Gebete der Seele ihres Vaters galten, der weit entfernt in Waltham begraben lag. Sie ging gern jeden Abend vor dem Schlafengehen hierher, um für ihn, ihre Mutter und ihre Brüder zu beten, von denen sie keine Nachricht hatte, seit sie England verlassen hatte.

»Sie sind bestimmt nach Irland gegangen«, beschwichtigte sie Mildyth jedesmal, wenn sie sich laut fragte, was wohl aus ihnen geworden war. »Ihr Vater war gut mit dem König von Dublin befreundet, bestimmt hat er sie aufgenommen, und sie stehen unter seinem Schutz.«

Sie redete, als wären es noch immer kleine Kinder, wie Ulf, aber Godwin war jetzt – wie alt? – fünfundzwanzig und hatte sicher einen Versuch unternommen, die verlorene Krone seines Vaters wiederzuerringen. Sie konnte sich nicht vorstellen, daß er, Edmund und Magnus sich damit zufriedengaben, müßig in Irland herumzusitzen und England in der Hand der Normannen zu lassen.

Svein heiratete Elisew in der darauffolgenden Woche, ohne große Zeremonie, in St. Lucius. Es war seine vierte Ehe, und er machte keinen Hehl daraus, daß es eine politische Angelegenheit war. Daß Elisew noch immer eine hübsche Frau war, die ihm vielleicht einen Sohn schenken würde, war ein zusätzlicher, wenn auch nebensächlicher Vorteil. Was Elisew dachte, behielt sie für sich, ihr rätselhaftes Lächeln verriet niemals ihre Meinung über eine Sache.

Ein paar Tage später erschien sie ohne Ankündigung mit nur zwei Begleiterinnen, um Edith zu besuchen; sie ertappte Gytha in einem alten Kleid, während sie dabei war, die gründliche Reinigung der Schlafkammer zu beaufsichtigen. »Wie reizend!« rief sie, als sie urplötzlich im Türrahmen des Raumes auftauchte. »Verrichten alle englischen Prinzessinnen ihre Hausarbeit selbst? Es ist erstaunlich, wie sehr sich die Bräuche einzelner Länder voneinander unterscheiden.«

»Ich habe nur einen kleinen Haushalt«, erwiderte Gytha in dem Bemühen, gelassen zu erscheinen. »Ich bin von der

Großzügigkeit meines Vetters abhängig, da ich eine Verbannte bin und damit zurechtkommen muß, selbst als Verwalter und Haushälterin zu fungieren. Kommen Sie doch bitte in die Halle und lernen meine Mutter kennen. Darf ich Ihnen eine Erfrischung anbieten?«

Elisew nahm anmutig in einem der beiden vorhandenen Sessel Platz, gegenüber dem Kamin und Edith, die in dem anderen saß, eine Näharbeit auf dem Schoß, die sie jedoch nie angerührt hatte: Die fertige Arbeit stammte von einer ihrer Kammerfrauen. Gytha stellte einen Schemel zwischen die beiden Sessel und gab Mildyth ein Zeichen, Wein zu bringen.

»Das ist also Ihre Mutter«, bemerkte Elisew, während sie Edith mit mildem Interesse an einem außergewöhnlichen Möbelstück betrachtete. »Glauben Sie, daß sie mich hört?«

»Ich weiß es nicht«, antwortete Gytha vorsichtig. »Manchmal hört sie anscheinend etwas, aber sie reagiert nicht.«

»Und so ist sie schon seit ... Wie lange schon?«

»Sie ging auf das Schlachtfeld, um bei der Suche nach dem Leichnam meines Vaters zu helfen. Als man sie zurückbrachte, war sie in diesem Zustand.«

»Ein Schlachtfeld ist kein Ort für eine Frau. Sie muß sehr mutig gewesen sein«, sagte Elisew nachdenklich. »Vielleicht war ihr nicht klar, was sie vorfinden würde. *So gehen die Helden dahin, von der Zeit besiegt ...* Ich glaube, es gibt auf der Welt keine Männer mehr, die so sind wie Ihr Vater und mein Mann. Der Normanne gestattete meinem Sohn, den Leichnam seines Vaters zu suchen und ihn zur Beerdigung nach Hause – nach Nidaros – zu bringen. Wo liegt Ihr Vater begraben?«

»In seiner Kirche in Waltham«, erwiderte Gytha, erstaunt über die Wendung, die das Gespräch genommen hatte. »Der Normanne hat erst die Erlaubnis verweigert, dann jedoch seine Meinung geändert.«

»Zweifellos für einen gewissen Preis?«

»Er nahm meinen jüngsten Bruder als Geisel und befahl mir, in ein Kloster einzutreten.«

»Aber Sie flohen nach Dänemark?«

»Ja.«

Elisew nickte, ob aus Anerkennung oder nicht, konnte Gytha jedoch nicht sagen. »Ich kann mir Sie nur schwer im Kloster vorstellen. Sie ähneln, vermute ich, Ihrem Vater?«

»Ja, ich glaube, ich hoffe es.«

Elisew sah Edith eine Weile nachdenklich an und sagte dann: »Wir müssen uns alle für einen Weg entscheiden, wenn das Leben unerträglich wird – entweder aufzugeben und zu sterben oder zu kämpfen und es durchzustehen. Ihre Mutter wählte den einen, Sie den anderen Weg. Man könnte Hypothesen aufstellen, wie es sich auswirkt, wenn man königliches Blut in den Adern hat. Weshalb trafen Sie die Wahl durchzuhalten?«

»Es gab keine Wahl«, sagte Gytha kühl. »Ich mußte mich um meine Mutter und meinen kleinen Bruder kümmern, weil wir den Kontakt zum Rest der Familie verloren hatten. Ich weiß bis jetzt noch nicht, was mit meiner Großmutter, meiner Tante und meinen anderen Brüdern geschehen ist. Meine Schwester Gunhild war bereits seit einigen Jahren in einem Kloster, deshalb nehme ich an, daß sie noch immer dort ist.«

»Ist König Edwards Witwe Ihre Tante? Sie hat sich in ein Kloster zurückgezogen, und Ihre Großmutter hält sich, glaube ich, in Flandern auf.« Elisew sprach geistesabwesend, als verfolge sie gleichzeitig noch einen anderen Gedanken. »Wie alt sind Sie?«

»Vierzehn.«

»Tatsächlich. Ich habe Sie für älter gehalten. Zeit, allmählich an Heirat zu denken. Ich vermute, Sie fühlen sich verpflichtet, bei Ihrer Mutter zu bleiben? Das ist natürlich verständlich, aber es erhöht die Schwierigkeiten, einen Ehemann zu finden.«

»Darüber bin ich mir im klaren«, antwortete Gytha ruhig. »Ich spüre, daß ich jemanden heiraten sollte, der mir hilft, die Ehre meines Vaters wiederherzustellen. Damit meine ich nicht, sein Königreich zurückzuerobern – das ist Sache meiner Brüder.« Sie fügte nicht hinzu, *falls sie es können*, aber sie dachte es. »Herzog William hat Lügen über meinen Vater erzählt, deshalb muß ich etwas unternehmen. Wenn ich einen Sohn hätte ...«

Ihre Stimme verlor sich in deprimiertem Schweigen. Der Drang, *irgend etwas* zu tun, um das Ansehen ihres Vaters zu retten, war stärker geworden, aber was konnte sie tun? Sie kam sich hilflos vor, so allein. Niemand sonst schien sich an dem falschen Bild zu stören, das der Normanne von seinem besiegten Feind zeichnete, und sie sehnte sich danach, einen Menschen zu finden, der ihre Gefühle verstehen und ihr raten würde. Sie wußte nicht, warum sie Elisew so viel erzählt hatte. Sie war vermutlich, nach dem Normannen, die Person auf der Welt, die am meisten wünschte, daß Harold enthert blieb. Sie blickte neugierig und ein wenig furchtsam in das schöne Gesicht von Hardradas Witwe, erkannte nur eine Spur von Interesse und einen Anflug von Amüsiertheit und krümmte sich innerlich vor Verlegenheit, weil sie überzeugt war, einen Narren aus sich gemacht zu haben.

»Ihr Vater war also vollkommen wie ein Heiliger?« fragte Elisew leicht sarkastisch.

»Nein. Er war ein ehrgeiziger und fähiger Mann. Er wußte, daß er England klug und vernünftig regieren konnte, und er wollte eine Chance, dies zu tun und sich zu beweisen. Er bekam diese Chance von König Edward und dem *Witan*, in Übereinstimmung mit den englischen Gesetzen und dem überlieferten Brauch, doch Herzog William beraubte ihn dieser Chance und versuchte sein Tun zu rechtfertigen, indem er meinen Vater einen Usurpator und Schwurbrecher nannte! Das ist nicht gerecht!« erwiderte Gytha, deren Stimme bei den letzten Worten brach.

»Das Leben ist nie gerecht!« gab Elisew zurück. »Nur Kinder beschweren sich über Ungerechtigkeit – Erwachsene erwarten nichts anderes. Werden Sie erwachsen, englische Prinzessin! Kämpfen Sie, wofür Sie wollen, aber erwarten Sie *nicht,* daß Ihnen jemand hilft, Mitleid mit Ihnen hat oder Sie gerecht behandelt. Finden Sie jemanden, der all das tut, seien Sie zufrieden und danken Gott, aber *erwarten* Sie es nicht. Ihre Mutter sieht alt und gebrechlich aus. Ich glaube, sie wird Ihrem Vater schon bald mit Freuden nachfolgen.«

Diese letzte Bemerkung lenkte Gytha von Elisews vorherigen Worten ab. Bestürzt sah sie ihre Mutter an und stellte fest, daß sie sich tatsächlich erheblich verändert hatte. Sie fragte sich, ob dies so unmerklich geschehen war, daß es ihr erst auffiel, nachdem Elisew es erwähnt hatte, oder ob es sich in den letzten paar Tagen ereignet hatte, während Gytha mit ihren Ängsten vor Elisew beschäftigt war. Edith sah geschrumpft, grau und sehr alt aus, obwohl sie erst Anfang Vierzig war.

»Es wird Ihnen nicht aufgefallen sein, da Sie sie jeden Tag sehen«, bemerkte Elisew kühl. »Ich muß gehen – mein lieber Mann wird sich fragen, wo ich bin. Das Alter macht sich bei ihm zum Glück kaum bemerkbar! Ich könnte es nicht ertragen, mit einem greisenhaften Mann verheiratet zu sein! Dabei fällt mir ein, meine Liebe – Svein hat keinen ehelichen Sohn, wie Sie wissen, und ich bin zu alt, ihm einen Sohn zu gebären. Falls er je vorschlagen sollte, daß Sie ihm einen Erben schenken, ermutigen Sie ihn bitte nicht, solange ich lebe. Sollten Sie das tun, können Sie gewiß sein, daß Ihr Sohn kurz darauf einen höchst unangenehmen, tödlichen Unfall erleidet. Ich habe vor, Sveins Gattin zu bleiben, solange wir beide leben, und nicht, in einem feuchten, zugigen Kloster zu vermodern, damit er eine jüngere Frau heiraten kann.«

Gytha war ob der Drohung mehr erzürnt als eingeschüchtert und erwiderte steif: »Ich hätte einen derartigen Schritt nie in Erwägung gezogen! Außerdem sind mein Vetter, der

König, und ich zu nah verwandt, als daß die Kirche einer Heirat zustimmen würde.«

Elisew lächelte und sagte: »Ich freue mich, daß Sie sich darüber im klaren sind, und vergessen Sie nicht, daß dasselbe auch für alle seine Söhne gilt. Trauern Sie nicht wegen Ihrer Mutter, Kind – sie wird glücklicher sein, wenn sie tot und wieder vereint mit Ihrem Vater ist. In ihrem jetzigen Zustand ist sie schließlich weder lebendig noch tot.« Sie sprach ruhig und in einem sachlichen Ton, der jeden Verdacht ausschloß, sie hätte freundlich sein wollen, erhob sich dann und verließ so schnell das Haus, daß ihre Begleiterinnen überrascht hinter ihr her hasteten.

»Na«, rief Mildyth entrüstet aus, »das ist eine kalte Person, das muß man sagen! Die Drohung mit dem Unfall war ernst gemeint. Trauen Sie ihr nicht, Mylady! Sie ist eine Schlange, denken Sie an meine Worte. Dieser ganze Unsinn, man müsse für alles kämpfen! Schöne Worte für eine Christin, falls sie eine ist, was ich bezweifle in Anbetracht dessen, daß die Hälfte der Bevölkerung hier Heiden sind, und sie kommt aus einer so unkultivierten Gegend, wo man nicht einmal den Heiligen Vater verehrt, nach dem, was mir eine ihrer Damen erzählt hat. Ich kann mir nicht vorstellen, was den König veranlaßt hat, sie zu heiraten, bis auf das Naheliegende!«

»Sie garantiert den Frieden mit Norwegen«, antwortete Gytha abwesend, deren Gedanken mehr mit dem beschäftigt waren, was Elisew gesagt hatte. »Dänemark und Norwegen haben jahrelang miteinander Krieg geführt. Die Heirat besiegelt den Frieden. Sie hat recht, daß Mutter gebrechlich aussieht. Es war mir gar nicht aufgefallen, wie sehr ... Sie scheint immer weniger zu werden.«

»Unsinn!« entgegnete Mildyth scharf, die dazu aufgelegt war, allem zu widersprechen, was Elisew in irgendeiner Form recht gab, aber ihr Leugnen klang nicht überzeugend. »Es war ein strenger Winter. Sie wird sich wieder erholen, bis es Sommer ist, denk an meine Worte.«

Aber Mildyth irrte sich. Ein paar Wochen später saßen Gytha und Edith in der Abendsonne vor der Haustür. Plötzlich erhob sich Edith und sagte so ruhig, wie sie es früher getan hatte: »Ich glaube, ich gehe jetzt schlafen, Gytha. Ich werde deinem Vater sagen, wenn ich ihn sehe, was für ein gutes Mädchen du bist.«

»Mutter!« Gytha sprang auf und ließ ihre Näharbeit fallen, doch Edith war bereits an der Tür zur Schlafkammer, und als Gytha ihr folgte, stand sie still und ausdruckslos da und wartete darauf, daß ihre Frauen sie entkleideten und zu Bett brachten.

»Sie hat gesprochen. Ich habe es gehört«, sagte eine der Frauen unaufgefordert. »Vielleicht erholt sie sich?«

»Vielleicht«, erwiderte Gytha, jedoch ohne Überzeugung, da sie in ihrem Innersten wußte, daß es nicht zutraf.

Als Edith im Bett und offenbar eingeschlafen war, ging sie in die St.-Lucius-Kirche und betete; sie war noch immer dort, als Mildyth am frühen Morgen erschien, um ihr mitzuteilen, daß Edith in der Nacht gestorben war.

Svein war auf seine kurz angebundene Art herzlich, sagte, daß es ihm leid tue, aber es so am besten sei, und klopfte ihr auf die Schulter. Doch er ordnete an, Edith in der St.-Lucius-Kirche zu bestatten, wie es der Witwe seines Cousins Harold zustand. Es war eine Ehre, die Gytha zu schätzen wußte, denn es gab ihr Trost, daß Svein dazu bereit war, die Ehe ihrer Eltern vor der Öffentlichkeit anzuerkennen und Edith neben den Toten der dänischen Königsfamilie zu bestatten.

Sie trauerte um ihre Mutter und vermißte sie, machte sich jedoch klar, daß Edith' Geist ihren Körper schon lange verlassen hatte und es ihr jetzt wirklich besser ging. Nachdem der erste Kummer vorbei war, verspürte sie Erleichterung darüber, nicht länger für sie verantwortlich zu sein und sich um sie sorgen zu müssen, sondern jetzt über ihre eigene Zukunft nachdenken zu können.

Die Aussichten waren nicht gerade glänzend. Svein hatte von Zeit zu Zeit ein paar halbherzige Vorschläge für eine Ehe gemacht, doch er war eindeutig weder überrascht noch enttäuscht, als sie einige dänische Adlige, den norwegischen Edelmann und sogar einen von Sveins jungen unehelichen Söhnen höflich zurückwies.

»Ganz recht, meine Liebe!« sagte er anerkennend, als sie den letzten ablehnte. »Da der Normanne schon Zweifel an deinem Rang erhebt, möchtest du einen Ehemann von makelloser Abstammung. Wenn die eine oder andere meiner Frauen mich mit ein paar Söhnen gesegnet hätte ... Keine Angst – wir werden schon irgendwann jemanden für dich finden ...«

Dieses »Irgendwann« schien eine sehr lange Zeit zu bedeuten. Ein weiteres Jahr verging, und Svein schien mehr daran interessiert zu sein, ein weiteres Königreich an sich zu bringen, als einen Ehemann für Gytha zu suchen. Er sandte drei seiner Söhne, darunter Knut, mit einer großen Flotte nach England, um in das Land einzufallen, mit Edgar, dem Thronerben, und dem Grafen von Northumbria als Verbündeten.

Es gab Proteste in Roskilde; man war der Ansicht, Svein hätte selbst gehen sollen – welcher König schickte schon andere, um ein Königreich für sich erobern zu lassen? Svein hörte davon, wie es beabsichtigt war, lächelte verschmitzt und erklärte seinen Kritikern, *er* wisse, was er im Sinn habe, und *sie* nicht, was sie zu Gythas Erstaunen zum Schweigen brachte.

»Ihr Vetter Svein ist ein schlauer, listiger Mann«, bemerkte Elisew mit ihrem geheimnisvollen Lächeln zu Gytha. »Er denkt an etwas, das ihm Gewinn bringen wird, und ich bezweifle, daß es sich um Eroberung handelt!«

Trotz Williams Bemühungen, die Dänen zu vertreiben, bewiesen sie das gleiche Widerstreben, das Land zu verlassen, das schon ihre Vorfahren ausgezeichnet hatte, und sie waren im darauffolgenden Frühjahr noch immer da, als Svein zu ihnen stieß. Alle in Roskilde Gebliebenen warteten besorgt auf Nachrichten und spekulierten darüber, was geschehen würde, wenn Svein William besiegte oder was aus Dänemark würde, falls Svein getötet würde, ohne legitimen Erben... Gytha bemerkte mit Interesse, wie Harald, Sveins ältester Sohn, dem man die Führung Dänemarks anvertraut hatte, stets bei Elisew Rat suchte, ohne sich dessen bewußt zu sein, und wie bereitwillig und vernünftig sie ihm riet. Elisew nutzte Sveins Abwesenheit, um ihren Einfluß auf seinen mutmaßlichen Nachfolger auszubauen.

Svein kehrte Ende Juni zurück; er sah äußerst selbstzufrieden aus, und es schien ihm nichts auszumachen, als er erfuhr, daß seine Flotte bei einem heftigen Sturm zerstört worden und der größte Teil seiner kostbaren Schiffe verschwunden war.

»Früher oder später werden sie wieder auftauchen«, sagte er am Tag seiner Rückkehr beim Abendessen, als handelte es sich um etwas Unwesentliches. »Ich gebe zu, daß ich daran dachte, das Land zu erobern und die Hälfte von Onkel Knuts Reich wiederzugewinnen, aber es wäre ein hartes Stück Arbeit gewesen, es zu bekommen, und noch härter, es zu behalten! William hat mir einen guten Preis geboten, und Gold in der Hand ist mehr wert als ein nicht erobertes Königreich.«

»Stimmt«, sagte Elisew und lächelte vor sich hin. »Was hat er für sein Gold verlangt?«

»Daß meine Armee sein Gebiet verläßt, meine Flotte sich von seinen Küsten entfernt, mein Wort darauf – was immer es auch wert ist –, daß ich meinen Anspruch auf England aufgebe und den von anderen nicht unterstütze.« Er warf einen Seitenblick auf Gytha. »Anscheinend haben unsere englischen Vettern ihm letztes Jahr im Westen einige Probleme bereitet, gerade als meine Männer ihm im Norden zugesetzt haben. Er war offenbar der Ansicht, es bestünde irgendwie eine Verbindung zwischen beiden Vorfällen. Gemeint sind natürlich deine Brüder, meine Liebe.«

»Ich wußte, daß sie etwas unternehmen würden!« rief Gytha. »Geht es ihnen gut?«

Svein zog die Nase hoch. »William interessierte sich nicht für ihre Gesundheit – genauer gesagt, er erwähnte sie gar nicht direkt – er sprach nur von – *Graf Harolds* – äh – *Sprößlingen!*«

Bastarde meinte er damit! dachte Gytha. Wahrscheinlich hat er es auch gesagt! Und sie war Svein dankbar, daß er das Wort vermieden hatte.

»Ich habe durch andere von ihren Unternehmungen gehört. Anscheinend sind sie zwei Jahre hintereinander zweimal mit irischer Unterstützung im Westen Englands gelandet, und es war nicht einfach für William, sie zu vertreiben. Es gelang ihnen sogar, eine seiner Burgen zu zerstören und einen seiner Sheriffs zu töten. Aber die Engländer sind anscheinend zu mutlos, um sich gegen ihn zu erheben, nach dem Gemetzel und der Verwüstung, das er in den Teilen Englands angerichtet hat, die sich ihm widersetzt haben. Ehrlich gesagt, meine Liebe, ich glaube nicht, daß deine Brüder die Führungskraft ihres Vaters geerbt haben, und ich bezweifle, daß sie einen weiteren Versuch unternehmen werden. Es tut mir leid.«

Gytha senkte den Kopf und gab keine Antwort, da sie nicht zugeben mochte, daß sie schon seit langem wußte, daß es Godwin und Edmund an der Fähigkeit mangelte, die ihren Vater und Großvater zu bedeutenden Männern gemacht hatte. Bei Magnus war sie sich nicht so sicher, aber sie wußte, daß er seinen Entschluß, Priester zu werden, nie aufgegeben hatte, und sie konnte sich nicht vorstellen, daß es ihn von dem gewählten Weg abbringen könnte, für ein irdisches Königreich zu kämpfen.

»Und was hast du gewonnen, das den Verlust von über zweihundert Schiffen und ihrer Besatzung aufwiegt?« fragte Elisew beiläufig.

Gytha warf ihr einen Blick zu und dachte, daß die Frage entschieden bissig geklungen habe, dann beobachtete sie Svein, um zu sehen, wie er sie aufgenommen hatte. Elisew lächelte wie eine grazile, elegante Katze, und Svein, über seinen Teller gebeugt, die kräftige Nase und die hohe zurückweichende Stirn scharf hervorgehoben im Schein der Kerzen auf dem Tisch, ließ ein listiges, schiefes Lächeln erkennen, das ihm das Aussehen eines in Stein gemeißelten Teufels verlieh.

»Nicht verloren, wie ich schon sagte, liebe Frau! Nur eine Weile verirrt«, sagte er. »Alles gute, seetüchtige Schiffe – und Männer, was das betrifft. Sie werden, wenn Wind und Wetter es erlauben, in etwa einer Woche heimkehren.«

Er hatte beinahe recht. Allein oder zu zweien kehrten die Schiffe von den wilden Küsten Norwegens und Schottlands, aus Flandern und der Normandie, sogar von England aus in den großen Fjord von Roskilde zurück. Das letzte kam fast zwei Monate später, als selbst Svein es schon aufgegeben hatte, aus dem fernen Irland. Der Kapitän erklärte nicht, wie der Sturm ihn von der Ostküste Englands nach Irland treiben konnte, und Svein fragte ihn auch nicht, sondern meinte nur, er freue sich, ihn mit unbeschädigtem Schiff und unversehrter Mannschaft und zwei Passagieren an Bord wiederzusehen.

Gytha war zu Hause, als dieses letzte Schiff eintraf; sie las ein Buch, das ihr der Bischof von Lund geliehen hatte, der sowohl Erstaunen wie Belustigung bekundet hatte, als sie ihn um etwas zu lesen gebeten hatte, da die meisten Männer in Roskilde, und erst recht die Frauen, Analphabeten waren. Er konnte kaum glauben, daß sie nicht nur lesen konnte, sondern auch darauf bedacht war, ihre Lateinkenntnisse zu bewahren.

Das Buch war ein Bericht über die Einweihung einer Kirche in der Lombardei, in blumigem Latein verfaßt und absolut nicht unterhaltsam, doch Gytha, die in einem kleinen

Haus mit vier weiblichen Bedienten und zwei Dienern wohnte, die von Svein bestellt (und bezahlt) wurden, genau wie Mildyth, hatte außer Spinnen und Nähen wenig Beschäftigung, und so war jedes Buch besser als keines. Sie war jedoch erfreut, als Sveins Diener außer Atem angelaufen kam, um sie in die Halle des Königs zu bitten.

»Ist etwas passiert?« fragte sie, während sie das kostbare Buch sicher in eine schwere hölzerne Truhe wegschloß.

»Das letzte der verlorenen Schiffe ist eingetroffen«, erwiderte der Mann ein wenig verwirrt, denn er hatte sich gefragt, warum das Ereignis so dringend die Anwesenheit der englischen Prinzessin erforderte.

»Oh«, sagte Gytha eine Spur verblüfft und zog erstaunt die Augenbrauen hoch. »Oh, ja ... der König freut sich bestimmt darüber«, und sie forderte Mildyth auf, sie zu dem Königssaal zu begleiten.

Wenn Svein Recht sprach oder den Rat versammelte, wurde die Hochtafel von dem Podest entfernt und durch seinen großen geschnitzten Eichenthron ersetzt, auf dem er gewissermaßen in die Windungen mehrerer ineinander verschlungener Drachen gebettet saß. Da er normalerweise sein Königsamt nicht gerade auf sehr formelle Weise ausübte, stellte Gytha überrascht fest, daß man den Thron aufgestellt hatte und Svein dort saß, nur um einen Kapitän zu empfangen, wobei ihr entging, daß der Mann seinen Bericht vor dem König bereits erstattet hatte. Sie vermutete, daß er auf irgendeine Weise die Schuld an der verzögerten Rückkehr trug und verurteilt werden sollte.

Sie nahm ihren gewohnten Platz ein, neben Elisew auf einem der Schemel, die man zur Linken des Königs unterhalb des Podests aufgestellt hatte, gegenüber dem halben Dutzend seiner Söhne, die zufällig gerade in Roskilde waren, nicht im Stadtgefängnis und nüchtern genug, um ihrem Vater ihre Aufwartung zu machen. Mildyth nahm zwischen Elisews Damen und einigen von Sveins Leibwächtern Platz, die die Wand entlang standen oder saßen; die Mitte des Saales blieb leer bis auf zwei geschnitzte Schemel, die auf halbem Wege zwischen dem Feuer und dem Podest standen. Gytha hatte dies bisher erst ein einziges Mal erlebt, als Svein die Gesandten Norwegens empfangen hatte.

Mit Ausnahme leisen Geflüsters unter den weniger hochrangigen Anwesenden herrschte Schweigen, bis sich die Türen am anderen Ende der Halle öffneten und eine Gruppe bewaffneter Leibwächter einmarschierte und sich in einer Zweierreihe formierte, die Gesichter nach innen, von der Tür zum Kamin gewandt, offensichtlich eine Art Ehrengarde. Einige Augenblicke später trat ein Mann ein – der Kapitän, seiner Kleidung und dem schlingernden Gang nach zu urteilen. Ihm folgten, wenige Schritte dahinter, zwei blonde junge Männer, beide in blaue Tuniken und lebhaft karierte Umhänge gekleidet, die auf der Schulter mit einer großen goldenen Brosche befestigt waren. Als wären sie in der Tat Gesandte, war keiner von beiden bewaffnet, obwohl jeder eine leere Scheide am Gürtel trug.

Sie gingen Seite an Seite durch die Halle, trennten sich, um am Feuer vorbeizugehen, schritten dann wieder nebeneinander her zu den Schemeln, wo sie stehenblieben und sich vor Svein verbeugten. Der Kapitän war mittlerweile unauffällig zur Seite getreten und hatte sich zu den Zuhörern an der Wand gesellt.

»Willkommen in Roskilde, Vettern!« sagte Svein herzlich und erwiderte mit einem Nicken die Verbeugung seiner Gäste. »Cousin Godwin – Cousin Edmund – nehmt bitte Platz!«

Gytha erkannte ihre Brüder kaum wieder. Sie hatte sie vor vier Jahren das letzte Mal gesehen, und sie hatten sich erheblich verändert. Godwin war fülliger geworden und war nun genauso groß, breitschultrig und massig wie ihr Onkel Tosti. Sein Haar war dunkler, als sie es in Erinnerung hatte, und eine lange Narbe säumte seine linke Gesichtshälfte vom

Augenwinkel bis zum Kinn. Edmund war genauso groß, aber immer noch schlank und jungenhaft. Als Knabe hatte er oft eine Armesündermiene gehabt, und diese wurde jetzt von einem trotzigen Ausdruck und einem ständigen rastlosen Flackern der Augen ersetzt, als vermeide er es, jemanden oder irgend etwas direkt anzusehen. Gythas unmittelbare Reaktion auf seine Erscheinung war die Gewißheit, daß, wäre er nicht ihr Bruder, sie ihm keine Angelegenheit von Bedeutung anvertraut hätte.

Svein stellte die beiden jungen Männer vor und hörte zu, als Godwin vorschlug, er solle ihnen helfen, das Königreich ihres Vaters zurückzuerobern. Er lehnte dies jedoch ab, indem er ihnen auseinandersetzte, daß sein Anspruch größer sei als der ihre und er ohnehin bereits Williams Entschädigung dafür angenommen habe. Statt dessen bot er ihnen Positionen an seinem eigenen Hof an, die sie wohl oder übel akzeptierten, und zwar weniger widerstrebend, als man vielleicht hätte erwarten können.

Sie waren überrascht und erfreut, Gytha zu sehen, und als die drei Geschwister erst einmal allein waren, gab es eine Menge Neuigkeiten auszutauschen.

»Wo ist Magnus?« fragte Gytha besorgt. »Weshalb ist er nicht bei euch?«

»Der Ärmste hat in einer unserer Schlachten seine rechte Hand verloren«, sagte Godwin traurig. »Er konnte nicht mehr kämpfen, und natürlich zerstörte die Verletzung seine Hoffnung, jemals Priester zu werden. Er bat William um die Erlaubnis, irgendwo in England als Eremit leben zu dürfen, und William schickte ihn nach Lewes, unter die Aufsicht des dortigen Kastellans. Es ist ihm gestattet, dem Gemeindepriester zu helfen, und er ist zufrieden.«

Gytha erinnerte sich daran, daß William von Warenne der Kastellan von Lewes war, und sie war froh und erleichtert, daß Magnus sich in seiner Obhut befand.

Godwin übernahm mühelos die Aufgabe als Befehlshaber einer Sektion von Sveins Leibgarde und verdiente sich den Respekt seiner Männer und der anderen Befehlshaber durch seine Vernunft und sein freimütiges Verhalten. Er hatte während seiner kurzen Feldzüge in England eine Menge erfahren und gelernt, nicht zuletzt seine eigenen Grenzen, und diese Kenntnisse nutzte er bei der Schulung seiner Truppe, ohne jedoch seine vergangenen Erfahrungen zu erwähnen. Die Männer wußten ohnehin alles darüber, wie eben Angehörige eines Berufsstands es stets verstehen, alles übereinander zu erfahren. Sveins Söhne versuchten, ihn betrunken zu machen, vergebens, versuchten, mit ihm Streit anzufangen, vergebens, und schließlich akzeptierten sie ihn als langweiligen Kerl, den man allerdings immer um einen Rat oder eine Anleihe bitten konnte – wenn man sie rechtzeitig zurückzahlte!

Edmund war anfangs unentschlossen und unzufrieden, aber Svein überließ den Brüdern ein Stück Land, und er sah es sich an, entwickelte Interesse daran, Landwirtschaft zu betreiben, und blieb dort. Bald darauf heiratete er die Tochter eines Nachbarn und kam danach nur noch selten nach Roskilde.

7. Kapitel

Nahezu zwei weitere Jahre schlichen für Gytha dahin. Auf der einen Seite gab es viel zu tun – einen Haushalt zu führen, Dienstboten zu beaufsichtigen, die nie endenden Aufgaben wie Spinnen, Weben und Nähen – doch sie hatte den Eindruck, ihre Zeit zu vergeuden, denn diese Tätigkeiten beschäftigten zwar ihre Hände, doch nur einen geringen Teil ihres Denkens.

Es gab in Dänemark nur wenige gebildete Menschen und sehr wenige Bücher. Die Gespräche der Frauen drehten sich nur um Kinder, Essen, Haushaltsangelegenheiten und Klatsch, die der Männer um Schlachten, die Seefahrt und die Ernte. Nur mit Elisew konnte sie sich ernsthaft über etwas unterhalten, denn Sveins Frau war gebildet und kam aus einem fremden Land, wo offensichtlich alles anders war. Gytha brachte sie jedoch nur selten dazu, von ihrer Heimat zu erzählen, und war sich nicht einmal sicher, wo es lag – irgendwo im Süden, nahm sie an. Es weckte ihre Neugier, daß, wenn sie zusammen bei der Arbeit saßen, zum Beispiel beim Spinnen, Elisew mitunter sagte: »Das haben wir zu Hause nicht so gemacht«, sich jedoch nie überreden ließ, sich weiter über das Thema auszulassen. Über eines jedoch war sie zu sprechen bereit – über Religion. Anscheinend waren die Menschen in ihrer Heimat Christen, unterschieden sich aber in vielen Bräuchen und der Ausübung ihres Glaubens von der Kirche in England und Dänemark.

»Du solltest dich nicht so häufig mit Elisew unterhalten«, sagte Godwin zu ihr. »Ich traue ihr nicht. Weißt du, wer sie ist?«

»Ja, Harald Hardradas Witwe. Als ob ich das je vergessen könnte! Ich traue ihr genaugenommen auch nicht, denn ich habe immer das ungute Gefühl, daß sie nur den richtigen Augenblick abwartet, um sich zu rächen. Aber sie ist jemand, mit dem man sich unterhalten kann. Sonst gibt es niemanden«, erwiderte Gytha bekümmert.

»Es gibt Dutzende von Leuten! Zum Beispiel Sveins Töchter, und Haralds Frau scheint eine nette Frau zu sein.«

»Aber sie reden nie über etwas Interessantes«, wandte Gytha ein. »Sie können nicht einmal lesen.«

Godwin dachte insgeheim, daß es auch nicht unbedingt nötig war, daß eine Frau lesen konnte – tatsächlich machte Bildung eine Frau nur unzufrieden und schwierig, Gytha war das beste Beispiel dafür. Er war jedoch vernünftig genug, diesen Gedanken für sich zu behalten, und wiederholte nur seine Warnung an Gytha, Elisew nicht zu trauen.

Dieser Warnung hätte es nicht bedurft. Elisew faszinierte und verwirrte sie. Manchmal erschien sie freundlich und offen, dann wiederum sah Gytha plötzlich auf und merkte, daß Elisew sie mit einem kalten Blick oder ihrem rätselhaften Lächeln anstarrte, und ein leichtes Zittern der Angst durchlief ihren Körper.

Svein schien mit seiner ungewöhnlichen Frau recht glücklich zu sein, auch wenn er weiterhin gern auf sie gemünzte boshafte Bemerkungen machte, wie er es bei den meisten Leuten tat. Er alterte jetzt rasch, sein dünnes Haar wurde weiß, sein listiges, glattrasiertes Gesicht von Falten überzogen. Sein Körper, der im Vergleich zu seinen muskulösen Söhnen stets schlank und zierlich gewirkt hatte, schien von Tag zu Tag zu schrumpfen und zu verwelken. Eine leichte Verletzung am Bein, die früher innerhalb einer Woche vergessen gewesen wäre, wollte nicht heilen und ließ ihn bei feuchtem oder kaltem Wetter humpeln. Er hatte Dänemark dreißig schwierige Jahre lang regiert, und Gytha wußte, daß er über fünfzig sein mußte. Sie wurde von einer unbestimmten Angst vor der Zukunft erfaßt, wenn er einmal nicht mehr da sein würde, um sie zu beschützen.

An einem frostigen, feuchten Tag zu Beginn des Frühjahrs – es war ihr sechstes Jahr in Dänemark –, als Tauwetter eingesetzt hatte und selbst die Wege in der Stadt dick mit Schlamm und Schneematsch bedeckt waren, ging sie wie gewohnt zum Abendessen an Sveins Tafel und war überrascht, Edmund dort vorzufinden. Er schien genauso überrascht, daß sie nicht wußte, daß Svein nach ihm geschickt hatte, aber es war keine Zeit, über seine Anwesenheit zu sprechen, da Svein mit seinem gewohnten Mangel an Förmlichkeit allen ihren Platz am Tisch zuwies, mit dem Hinweis, es bestehe kein Grund, das Essen kalt werden zu lassen, während man herumstehe und schwatze.

Nach dem Essen bat er Gytha und ihre Brüder, ihm in Elisews Gemach zu folgen, wo er gewöhnlich die Abende verbrachte, wenn er keine wichtigen Gäste hatte.

»Nehmt Platz, nehmt Platz!« sagte er und ließ sich in seinen geschnitzten Sessel sinken. »Leg noch ein paar Scheite aufs Feuer, Harald!« forderte er seinen ältesten Sohn auf, den man ebenfalls hergebeten hatte. »Dies feuchtkalte Wetter kriecht in die Knochen!« Er streckte vorsichtig sein steifes Bein aus, zuckte zusammen, als er das Knie durchdrückte, und legte es auf dem Rücken eines großen, ergebenen Jagdhundes ab.

Elisew saß bereits in ihrem Sessel, der ein wenig kleiner als der Sveins war, einen kleinen Webrahmen vor sich, auf dem sie Silber- und Goldfäden zu einer üppigen Verzierung für ein Kleid verwob. Harald setzte sich seinem Vater gegenüber auf einen Schemel beim Feuer und starrte düster in die Flammen, wobei er an einem schmerzenden Zahn sog. Godwin und Edmund saßen rechts und links von ihm, und Gytha sah sich, zwischen Godwin und Svein, Elisew gegenüber, die sie ansah und beiläufig fragte: »Wie alt sind Sie jetzt, Gytha?«

»Gerade neunzehn geworden«, antwortete sie vorsichtig, während sie überlegte, warum Elisew etwas fragte, das sie ohnehin wußte.

»Du sagtest, ein Kind wäre nicht angebracht«, sagte Svein gereizt. »Neunzehn ist nicht gerade alt!«

»Das habe ich auch nicht behauptet«, erwiderte Elisew liebenswürdig. »Ich würde eher sagen, ein passendes Alter. Alt genug, um vernünftig zu sein, und mit genügend Zeit vor sich.«

»Zeit wofür?« fragte Edmund scharf, der dem Wortwechsel mit einem fragenden Stirnrunzeln gefolgt war.

Elisew und Svein sahen erst ihn, dann einander an und tauschten ein Lächeln; Sveins sardonisches Lächeln enthüllte seine Zahnlücken, während Elisew ihren gewohnt katzenhaften Ausdruck zeigte, doch sie antworteten nicht auf seine Frage. Statt dessen wandte Svein sich an Gytha und fragte: »Ich gehe davon aus, daß du noch immer nicht den Wunsch verspürst, Nonne zu werden?«

»Absolut nicht«, erwiderte sie schärfer als beabsichtigt, da ein unbehagliches Gefühl ihr sagte, das man etwas plante, was sie betraf.

»Dann sollten wir besser einen Ehemann für dich suchen«, sagte Svein, als sei dies ein völlig neuer Gedanke.

»Denkst du an jemand Bestimmten?« fragte Godwin vorsichtig, nachdem eine Zeitlang Stille geherrscht hatte und Svein offensichtlich eingenickt war.

Svein öffnete die Augen und sah Godwin von der Seite an, zupfte an seiner spitzen Nase und sagte: »Laßt uns zuerst die Schwierigkeiten erörtern. Ich muß euch alle bitten, die Sache von einem Standpunkt aus zu betrachten, der nicht euer eigener ist, damit ihr versteht, warum meine Cousine so lange unverheiratet geblieben ist, länger, als es eigentlich – äh – normal ist. Das folgende wird euch nicht besonders gefallen«, sagte er mit einem bedeutsamen Blick auf Edmund und Godwin, die bereits ein wenig besorgt dreinblickten. »Wir wollen eure Situation einmal vom Standpunkt eines – sagen wir – französischen Prinzen im entsprechenden Alter betrachten, der eine Frau sucht.«

Er machte eine Pause und starrte über das Feuer hinweg auf einen Punkt zwischen Gythas beiden Brüdern, jedoch unendlich weit über sie hinaus.

»Ja«, nahm er den Faden plötzlich wieder auf, »ein französischer Prinz. Zunächst einmal hatte euer Vater nur einen Tropfen königlichen Blutes in sich, durch seine Abstammung von Harald Blauzahn. Anspruch auf die englische Krone besaß er nur aufgrund seiner Wahl und seiner Eignung in anderer Hinsicht – er verstand zu regieren, eine Armee zu befehligen, und das kann niemand bestreiten! Was den Eid, William zu unterstützen, betrifft, den er angeblich geschworen hat, kennen wir keine neutrale Fassung dieser Angelegenheit. William hat seine Version laut genug herausposaunt und auf jeden Fall, zum Nachteil eures Vaters, den Papst davon überzeugt. Außerdem ist William am Leben und König, euer Vater – nicht. Das könnte man als ein Gottesurteil betrachten.«

Wieder hielt er inne, als Edmund sich auf seinem Schemel bewegte und leise Protest erhob.

»So würde es einem Franzosen vorkommen«, erinnerte Svein ihn. »Es muß nicht die Wahrheit sein, und ich sehe es gewiß nicht so, aber ich habe noch keinen Heiratsantrag für eure Schwester erhalten. Leider«, fügte er hinzu, indem sich seine unersättliche Vorliebe für Frauen selbst in diesem Fall Bahn brach. Elisew warf ihm unter ihren langen Wimpern hervor einen seltsamen, verschleierten Blick zu, sagte jedoch nichts.

»Fassen wir also zusammen«, fuhr er fort. »Von einem bestimmten Blickwinkel aus erscheint sie als die Tochter eines in Schande geratenen, allzu ehrgeizigen Mannes – ganz gewiß eines Mannes, dessen Ruhm befleckt ist, und Ruhm ist schließlich alles, was ein Mann hinterläßt. Dann ist da noch die heikle Frage der – äh – Ehe eurer Eltern.«

Bei diesen Worten hoben Godwin und Edmund ruckartig den Kopf und blickten finster drein, einander ausnahmsweise sehr ähnlich.

»Es war eine gesetzliche Heirat«, sagte Harald plötzlich. Er war ein ruhiger, wenig selbstbewußter Mensch, der zwar etwas von Sveins Äußerem und seinem Verhalten besaß, nicht jedoch dessen Persönlichkeit oder Humor.

»Dänisches Gesetz – heidnisches Gesetz!« sagte Svein geringschätzig. »In den Augen der Kirche war es keine Ehe, was für unseren hypothetischen französischen Prinzen bedeutet, daß sie nicht mehr ist als die uneheliche Tochter eines zu ambitionierten Bürgerlichen. Und sie besitzt weder Ländereien noch eine Mitgift, abgesehen von ihrem Pachtgut in Dänemark.«

Mit diesen knappen Worten faßte er peinlich genau alle Ängste und Zweifel zusammen, die beiseite zu schieben sich Gytha in den vergangenen Jahren bemüht hatte. Er stellte ihr die Hoffnungslosigkeit ihrer Situation deutlich vor Augen, unerbittlich und ohne ihr die Chance zu lassen, sie weiter zu verdrängen.

»Ich muß für fünfzehn Söhne und vier Töchter sorgen«, fügte Svein mit einem wehmütigen Lächeln hinzu. »Sonst würde ich ihr einen Ehemann kaufen!«

»Du sagst mir, daß für mich keine Aussicht besteht zu heiraten«, sagte Gytha ruhig, jedoch mit bebender Stimme. »Was soll ich also tun?«

»Dich in größerer Entfernung umsehen«, erwiderte er. »Kein Prinz in Frankreich, dem Deutschen Reich, Italien, Spanien, Norwegen oder Schweden wird dich nehmen. Wir müssen nach jemandem suchen, der zu weit entfernt lebt, um vom Mißgeschick deiner Familie gehört zu haben.«

»Aber du hast doch die ganze Christenheit ausgeschlossen!« stieß Edmund mit finsterem Blick hervor, dann, als ihm bewußt wurde, daß er schrie, murmelte er eine Entschuldigung und verstummte.

»Nicht ganz.« Svein ähnelte stark einem Fuchs, während er Edmund angrinste.

»Du hast Söhne ...«, begann Godwin zögernd.

»Und ich habe William von Normandie ein Versprechen gegeben«, gab Svein zurück. »Und das zu einem guten Preis! Ich versprach, keinen Anspruch zu unterstützen, den eure Familie möglicherweise über den berechtigten Anspruch meiner Familie auf England zu erheben versucht. Außerdem ist keiner meiner Söhne geeignet ...«

Harald blickte finster bei diesen Worten, doch Svein, dem nichts entging, setzte hinzu: »... da sie entweder verheiratet oder verlobt sind. Deshalb haben wir uns in anderen Teilen der Welt für dich umgesehen, meine Liebe.« Er wandte sich beim Sprechen Gytha zu und schenkte ihr ein freundliches, aufmunterndes Lächeln.

Gytha schwieg einen Augenblick, dann regte sich in ihrem Geist eine Erinnerung, und sie fragte zögernd: »Im Osten?«

»Das Mädchen ist nicht dumm«, bemerkte Elisew, die plötzlich in das Gespräch eingriff. »Wie sie weiß, andere mögen weniger gut informiert sein, komme ich aus einem Land im fernen Osten. Die Norweger nennen es Garthariki oder Stromland, aber wir, seine Bewohner, nennen es Rußland. Mein Bruder ist jetzt der dortige Herrscher.«

»Ich habe nie von einem solchen Land gehört«, sagte Edmund argwöhnisch. »Wo liegt es? Ist es ein christliches Land? Ist Ihr Bruder ein König?«

»Die Antwort auf beide Fragen ist Ja«, sagte Elisew knapp, und ein leichtes Stirnrunzeln krauste ihre glatte Stirn. »Wir gebrauchen nicht den Titel *König,* sondern die Bezeichnung *Großfürst,* und mein Bruder ist Großfürst dieses Landes. Er regiert von der Stadt Kiew aus, die erheblich größer ist als Roskilde – oder Winchester. Mein Neffe wünscht sich eine Frau königlicher Abstammung, die alt genug ist, um Vernunft und Besonnenheit zu besitzen, und jung genug, um ihm Kinder zu gebären. Da er in seiner Nachbarschaft kein solches Exemplar gefunden hat, hat er sich an mich um Hilfe gewandt, und mir scheint, daß Gytha die Bedingungen hervorragend erfüllt.«

»Wir müssen die Sache gründlich erwägen, Godwin und ich«, sagte Edmund mit einem unheilvollen Stirnrunzeln. »Ich bin mir ganz und gar nicht sicher, daß wir es zulassen sollten, daß man unsere Schwester in irgendein unbekanntes Land verfrachtet...«

»Zulassen?« unterbrach ihn Gytha in kühlem Zorn. »Welches Recht habt ihr, zuzulassen oder abzulehnen? Es ist *meine* Zukunft, und ich werde für mich selbst entscheiden!«

»Nun komm«, sagte Godwin beschwichtigend. »Natürlich werden wir es mit dir erörtern und deine Wünsche berücksichtigen, aber du als Frau kannst etwas so Wichtiges nicht allein entscheiden.«

»Und was, glaubst du, habe ich in den vergangenen sieben Jahren getan?« fragte Gytha eisig. »Wo wart ihr, als ich entscheiden mußte, ob ich mich Williams Befehl, ins Kloster zu gehen, fügen sollte oder nicht? Wer von euch hat mich bei der Entscheidung unterstützt, für unseren Vater eine christliche Beerdigung zu fordern? Wer hat entschieden, daß Mutter und ich nach Roskilde gingen? Ich habe seit Vaters Tod meine eigenen Entscheidungen getroffen, und diese, die wichtigste von allen, werde ich ganz bestimmt allein treffen!«

Mit ihrer kerzengeraden Haltung, den flammenden blauen Augen und dem entschlossenen Kinn ähnelte sie so stark ihrem Vater, daß Godwin und Edmund geradezu verstört waren, und Sveins begeisterte Worte: »Ganz recht. Du sollst auf jeden Fall selbst entscheiden, und niemand soll dir widersprechen, Gytha«, machten ihre Niederlage komplett.

»Wie es dem König gefällt«, sagte Godwin diplomatisch. Edmund stammelte etwas Unzusammenhängendes und saß mit hochrotem Kopf und finsterem Blick da.

Nachdem ihre Rechte garantiert waren, wandte Gytha ihre Aufmerksamkeit Elisew zu und starrte sie an, ohne die Fragen in Worte kleiden zu können, die ihr auf der Zunge lagen. Sie spürte, wie eine seltsame Mischung aus Hoffnung und Angst in ihr aufstieg. Konnte dies die Antwort sein? Turkill hatte gesagt, sie ginge weit in den Osten, und ihres Vaters – welches Wort hatte er noch gebraucht? – Ehre würde im Osten wiederhergestellt!

»Haben Sie keine Fragen, Gytha?« fragte Elisew belustigt.

»Wie – wie alt ist er?« hörte sie sich fragen.

»Ungefähr so alt wie Sie, kein alter Tattergreis«, erwiderte Elisew leichthin.

»Großfürst«, murmelte Edmund. »Das hört sich nicht nach einem König an!«

»Die Frau meines Bruders, die Mutter von Gythas eventuellem Ehemann, war eine griechische Prinzessin, die Tochter des Kaisers von Konstantinopel – Miklagarth nennnt man es, glaube ich, in diesem Teil der Welt«, antwortete Elisew scharf, die letzten Worte leise an ihren Mann gerichtet.

»Konstantinopel!« rief Godwin verstört. »Du lieber Himmel! Konstantinopel!«

Elisew sah ihn belustigt an. »Aha, unsere englischen Vettern haben doch von einigen Orten im Osten gehört!« stellte sie fest. »Wollen Sie nicht seinen Namen wissen, damit Sie ihn in Ihren Träumen ansprechen können?« fragte sie Gytha neckend.

»Bitte!«

»Ich glaube, Waldemar käme ihm in der hiesigen Sprache am nächsten«, sagte Elisew nachdenklich. »In unserer Sprache ist es etwas schwieriger für Sie, ihn auszusprechen, aber er wird es Ihnen bestimmt beibringen.«

»Warum machen Sie sich so viel Mühe?« fragte Godwin sie stirnrunzelnd und in argwöhnischem Ton, obwohl er sich sichtlich bemühte, ihn zu unterdrücken. »Sie haben keinen

Grund, einem Mitglied unserer Familie Gutes zu wünschen...«

Elisews Lächeln verschwand, ihre dunklen Augen schienen plötzlich größer und ihre Stimme tiefer zu werden, als sie antwortete: »Ich halte nichts davon, einander zu befehden. Ihr Vater hat gekämpft, wie es sein gutes Recht war, um sein Land gegen einen Eindingling zu schützen, der zufällig mein Mann war. Es war Harald, der verloren hat.« Sie zuckte die Achseln. »Was hätte es für einen Sinn, Ihren Vater zu hassen? Er schonte das Leben meines Sohnes, als er ihn ebenfalls mit einigem Recht hätte töten können. Ich mag Gytha. Ich schätze ihren unerschütterlichen Mut, ihre Intelligenz, ihren praktischen Verstand, ihre Geduld. Ich hätte gern eine Tochter wie sie gehabt. Ich glaube, sie wird eine wunderbare Frau für meinen Neffen abgeben, und das ist mir wichtig, so wie es Ihnen wichtig ist, daß Ihre Schwester einen hervorragenden Ehemann bekommt.«

»Was wird das alles kosten?« murmelte Harald, laut genug, um in dem Schweigen, das Elisews überraschender Erklärung folgte, gehört zu werden, aber leise genug, um als lautes Denken durchzugehen. »Die Kosten für die Reise, vorausgesetzt, sie reist auf die Art, die man von einer Prinzessin erwartet, und ich vermute, Ihr Neffe verlangt eine Mitgift...«

»Mein Neffe«, sagte Elisew kühl, »will eine Frau in vernünftigem Alter, jedoch jünger als er selbst, deren Äußeres nicht abstoßend ist. Er verlangt außerdem eine Frau, die gesund ist, von einer einigermaßen fruchtbaren Rasse abstammt und eine Spur königlichen Bluts in den Adern hat. In Anbetracht der langen und teuren Reise und den Unglücksfällen, die unsere Cousine hinnehmen mußte, verlangt er keine Mitgift. Mir scheint, lieber Mann, dein ältester Sohn legt ein erstaunlich geiziges Verhalten an den Tag, dafür daß er der Nachkomme eines so großzügigen Mannes ist. Ich hoffe, du hast ausreichend vorgesorgt, falls ich dich überleben sollte! Bist du sicher, daß er *wirklich* dein Sohn ist?«

Harald blickte finster und errötete. Gytha verspürte Mitleid mit ihm, da sie sich vorstellen konnte, wie niedergeschlagen und gedemütigt er sich unter dem beißenden Spott seiner Stiefmutter vorkommen mußte, denn er war nicht sehr redegewandt. Sie war froh, daß Elisew sie nie mit dieser Schärfe behandelt hatte. Auf Sveins zerfurchtem, schlauem Gesicht malte sich ein Lächeln, als gefalle es ihm, daß Harald als Narr dastand, doch er beantwortete die Frage seines Sohnes.

»Fürst Waldemar schlägt anstelle einer Mitgift eine entsprechende Menge Kleidungsstücke und ein wenig Schmuck vor. Ich bin der Ansicht, die Reise sollte ohne großen Aufwand durchgeführt werden, sonst schwirren noch alle Piraten der Ostsee um unsere arme Cousine herum! Wenn du das Ganze für zu kostspielig hältst, was schlägst du als Alternative vor?«

»Nun, alles, was du bisher gesagt hast, ist nur zu wahr«, sagte Harald mürrisch, »und der Tropfen königlichen Bluts ist einigermaßen verwässert, nicht wahr? Warum kann sie nicht einen unserer Jarls heiraten oder einen Leibwächter? Ich kenne ein paar Burschen, die sie nehmen und sich geehrt fühlen würden, die Cousine des Königs zu heiraten, und zwar ganz ohne Mitgift!«

»Meine Schwester wird keinen Bürgerlichen heiraten!« stieß Edmund wütend hervor und stand auf. »Sie ist die Tochter eines Königs, und ich will nichts anderes von dir hören!« Auf seinem hübschen Gesicht erschien ein Ausdruck mörderischer Wildheit, und seine Hand lag bereits auf der Stelle, wo sonst sein Schwertgriff war.

»Setz dich hin!« erscholl Sveins Stimme mit beeindruckender Autorität, als Harald aufsprang, seinen Schemel umstieß und ebenfalls nach seinem Schwert griff, das natürlich außerhalb der königlichen Halle geblieben war. Der schnellste Gehorsam auf den Befehl erfolgte von Sveins Hund, der aus seiner Position als schlafende Stütze für Sveins verletztes Bein auffuhr, sich setzte und ihm hellwach ins Gesicht blickte. Svein wurde von der Bewegung beinahe umgeworfen, behielt jedoch das Gleichgewicht und seine gebieterische Miene, und die beiden jungen Männer gehorchten ihm, wenn auch nicht ohne einander zornig anzufunkeln.

»Das reicht, ihr beiden!« fuhr Svein fort. »Natürlich hat unsere Cousine königliches Blut, auch wenn es nicht viel ist. Selbstverständlich wollen ihre Brüder, daß sie eine gute Partie macht, und das solltest du auch, Harald. Wenn du bereit bist, den Rang deiner Cousine herabzusetzen, setzt du auch gleichzeitig dich selbst herab. Wir sind ihre nächsten Verwandten nach ihren Brüdern, und wir müssen vor unseren Vorfahren in der nächsten Welt verantworten, wie wir für sie und ihre Interessen gesorgt haben. Gytha ist jedenfalls keine Handelsware, um die man zankt und schachert! Es ist ihre Entscheidung. Wenn sie lieber in Dänemark bleiben und unter ihrem Stand heiraten will, könnten wir uns sicher mit der Vorstellung anfreunden, vorausgesetzt, sie ist glücklich. Wenn sie sich dafür entscheidet, ihr Glück zu versuchen und den Fürsten von Rußland zu heiraten, der um sie angehalten hat, dann ist es das wenigste, daß wir sie in einer Weise zu ihm schicken, die uns weder Schande noch Tadel einbringt. Mein Königreich ist reich genug, um dies zu ermöglichen, ohne übertrieben belastet zu werden und ohne dein *mögliches* Erbe anzutasten, Harald. Was willst du tun, Gytha? Denke gut nach, bevor du antwortest.«

Gytha überlegte. Dänemark war ein sicherer Ort, aber sie war hier nie richtig glücklich gewesen. Trotz Sveins Liebenswürdigkeit hatte sie sich immer wie eine arme Verwandte gefühlt und es als Bürde empfunden, ihm zu Dank verpflichtet zu sein, und offensichtlich hatte seine Großzügigkeit Groll in Harald und wahrscheinlich auch in seinen Brüdern geweckt. Die Jarls und Leibwächter waren eine Horde rüpelhafter, trinkfreudiger, unzivilisierter Männer, nicht viel besser als ihre Vorfahren, die Wikinger oder Bauern. Auf der anderen Seite war Elisew eine gebildete, kultivierte Frau, die ihre Bildung vermutlich nicht in Norwegen erworben hatte.

»Ich würde gern etwas mehr über Fürst Waldemar erfahren«, sagte sie.

Elisew stellte ihren Webrahmen neben sich auf den Boden, als wolle sie damit zeigen, daß sie Gytha ihre volle Aufmerksamkeit schenkte. »Mein Neffe ist zwanzig Jahre alt«, sagte sie in pedantischem Ton. »Er ist der Sohn meines Bruders Wsewolod und einer griechischen Prinzessin des Kaiserhauses von Konstantinopel – ich weiß ihren Namen nicht mehr. Sein Vater ist ein gebildeter Mann, der fünf Sprachen spricht oder lesen kann, und es würde mich sehr überraschen, wenn er nicht dafür gesorgt hätte, daß sein ältester Sohn ebenso gut erzogen wird. Waldemar hat seit seinem dreizehnten Lebensjahr eine Armee angeführt, um Rußland zu verteidigen, und er gilt als sehr fähiger Befehlshaber und als intelligenter und kluger Herrscher. Er ist auch ein frommer Christ. Ich habe ihn natürlich nicht kennengelernt, da ich Rußland vor seiner Geburt verlassen habe. Soviel ich weiß, sind alle Mitglieder meiner Familie ausnahmslos hübsch und sympathisch.«

Nach diesen Worten nahm sie ihren Webrahmen auf und wandte sich wieder so konzentriert ihrer Arbeit zu, als interessiere sie sich für nichts anderes. Es herrschte Stille in dem Gemach, während die anderen Gythas Antwort abwarteten.

Ich könnte hierbleiben, dachte sie, und einen wohlhabenden Bauern heiraten, all meine hochfliegenden Pläne vergessen und ein gesichertes Leben führen, oder ich kann es darauf ankommen lassen, daß Elisew nicht lügt, und nach Rußland gehen. Was tue ich? Ich muß mich selbst entscheiden, ich darf mich nicht von ihr oder meinen Brüdern drängen oder überreden lassen, das zu tun, was sie wollen ... Sie zögerte, um sicherzugehen, daß ihre Entscheidung wirklich dem entsprach, was sie wollte, schloß ein paar Sekunden lang die Augen und betete um göttlichen Rat. Die hartnäckige Stimme der Erinnerung antwortete ihr: Nach Osten, dem Sonnenaufgang entgegen. Wähle den schwierigen Weg. »Alle hier in Dänemark waren sehr freundlich zu mir«, sagte sie bestimmt und sah ihre Zuhörer der Reihe nach an, »aber, auch auf die Gefahr hin, undankbar zu erscheinen, ich würde gern nach Rußland gehen und Prinz Waldemar heiraten.« Wieder hörte sie im Geist das ferne Echo von Turkills Prophezeiung.

»Sie halten es nicht für zu weit?« fragte Elisew beiläufig.

»Es war für Sie nicht zu weit, von dort nach Norwegen und dann nach Dänemark zu kommen, also kann es für mich nicht zu weit sein, den umgekehrten Weg zu nehmen«, erwiderte Gytha, und zu ihrer Überraschung schenkte ihr Elisew plötzlich ein so warmes Lächeln, wie sie es noch nie an ihr gesehen hatte.

»Damit ist die Angelegenheit geklärt«, sagte Svein munter, während er mögliche Proteste von Gythas Brüdern oder Harald mit erhobener Hand zum Schweigen brachte. Es war der König, der da sprach, aber es war Gythas freundlicher Cousin, der hinzusetzte: »Es ist noch zu früh im Jahr, um zu reisen, selbst wenn du bereit wärest. Wir werden Fürst Waldemar benachrichtigen, daß du seinen Antrag annimmst und dich im Frühsommer auf den Weg machst, um zu ihm zu reisen. Das läßt dir, sagen wir, drei Monate Zeit, um die Kleider und alles übrige, was du benötigst, zu beschaffen und dich geistig auf dein neues Leben einzustellen.« Er zögerte, zog ein paar Minuten nachdenklich die Stirn kraus und fuhr dann fort: »Ich werde Schiffe und Seeleute aus Gotland für die Reise anheuern. Sie haben die Piraten so oft in die Flucht geschlagen, daß ihre Schiffe nur selten angegriffen werden, und sie kennen den Weg.« Er machte eine weitere kurze Pause und sagte dann langsam und nachdenklich: »Ich glaube, du hast eine kluge Entscheidung getroffen. Hier in Dänemark gibt es wirklich nichts für dich. Ich werde nicht mehr lange leben, und meine Söhne kannten deinen Vater nicht. Ich habe den größten Teil meiner Kindheit in England verbracht, als Geisel meines Onkels Knut, um das gute Benehmen meines Vaters zu gewährleisten. Dein Großvater war immer nett zu mir, und dein Vater war bei einer Gelegenheit auch einmal sehr freundlich zu mir.« Er lächelte bei der Erinnerung.

»Er muß jünger als du gewesen sein«, sagte Gytha, die sich fragte, was er wohl meinte.

»Ja, allerdings. Er war halb so alt wie ich. Königin Emma hatte ihm einen Kuchen gegeben – eine erlesene, seltene Köstlichkeit, gefüllt mit Ingwer und Rosinen, wie ein Kind sie normalerweise nicht bekam – etwas so Leckeres, daß mir heute noch das Wasser im Munde zusammenläuft, wenn ich daran denke. Er sah mich allein dasitzen, hatte Mitleid mit mir, brach den Kuchen entzwei und gab mir das größere Stück davon.«

Harald scharrte mit den Füßen in den Binsen, und seinem Gesichtsausdruck war deutlich zu entnehmen, daß er der Ansicht war, der Alte schwadroniere herum. Edmund und Godwin blickten verwirrt und verlegen drein, doch Elisew sah ihren Mann mit einem interessierten Blick an, der sanfter als gewöhnlich war, und Gytha tauschte mit ihm ein Lächeln, da sie genau verstand, was er sagen wollte.

In einem Aufruhr von Gefühlen ging sie nach Hause, teils ängstlich bei dem Gedanken, worauf sie sich eingelassen hatte, teils aufgeregt, weil es endlich etwas gab, worauf sie sich freuen und wofür sie Pläne machen konnte.

Sie fand Mildyth über einer Näharbeit vor, auf die sie sich jedoch kaum konzentrierte; offensichtlich hatte sie gemerkt, daß etwas im Gange war, denn sowie Gytha das Haus betrat, ließ sie die Arbeit fallen und sprang auf. »Was hat es gegeben?« fragte sie begierig, dann faßte sie sich und murmelte: »Es geht mich nichts an – tut mir leid.«

»Man hat einen Ehemann für mich gefunden!« Gytha bemühte sich, nicht ungebührlich begeistert und erwartungsvoll zu klingen. »Einen Fürsten, und seine Mutter war die Tochter des Kaisers von Konstantinopel!«

Mildyth' Augen wurden kreisrund vor Erstaunen, aber ihr gesunder Menschenverstand setzte sie unfehlbar auf die Fährte möglicher »Haken« bei der Sache. »Und warum will er dann eine mittellose Frau heiraten?«

»Er sucht eine Frau, die gesund ist, ihm Kinder gebären kann und königliches Blut besitzt.«

»Kinder! Söhne, meinen Sie. Das ist das einzige, was für Männer zählt. Eine Frau ist nur ein Spielzeug für müßige Stunden, ein Körper, der Söhne auf die Welt bringen soll«, sagte Mildyth bitter. »Verheiratet zu sein, ist nichts Schönes. Am Anfang Schmerz und Entsetzen, Schläge, wenn der Mann wütend ist, zu seinem Vergnügen benutzt, wann immer ihm danach zumute ist, und schließlich noch mehr Schmerzen, wenn man seine Söhne zur Welt bringt. Immer liegt es an der Frau, wenn sie nicht schwanger wird oder ein Mädchen zur Welt bringt; und immer an ihm, wenn er einen Sohn bekommt. Der eigene Körper gehört einem nicht mehr – er ist nur dazu da, seine Lust zu befriedigen, seinen Samen aufzunehmen und seine Söhne auszutragen. In einem Kloster wären Sie besser dran!«

Nie zuvor hatte Gytha einen solchen Ausbruch von Mildyth erlebt. Tatsächlich hatte Mildyth ihren verstorbenen Mann und ihre Kinder kaum je erwähnt, und Gytha hatte angenommen, das liege daran, daß sie noch immer um sie trauerte.

»Oh, Mildyth, wie kannst du so etwas sagen? Du weißt, wie sehr ich mir Kinder wünsche! Warst du nie glücklich mit deinem Mann und deiner Familie?«

»Glücklich?« Mildyth dachte über das Wort nach. »Ja, ich war glücklich, als er mir den Hof machte und ich als Braut die Kirche betrat, aber das hat er mir gründlich ausgetrieben, schon in der ersten Nacht und in jeder Nacht danach, nur direkt nach einer Geburt ließ er mich in Ruhe. An den Kindern hätte ich bestimmt meine Freude gehabt, aber sie starben so rasch, und schließlich war ich froh, als auch er starb.«

Gytha starrte sie sprachlos an. Sie kannte Mildyth so lange und hatte nichts davon gewußt, wie verbittert sie über ihre Ehe dachte. Ihre eigenen Eltern waren so glücklich zusammen gewesen, daß sie nie darauf gekommen wäre, eine Frau könnte ihren Ehemann hassen, und aufgrund ihrer Unwissenheit waren ihr auch Mildyth' Anspielungen unverständlich geblieben. Sie wußte natürlich, wie Kinder zustandekamen, und hatte gesehen, wie Tiere sich paarten, und sie vermutete, daß die Menschen es so ähnlich machten und daß es ein schmerzlicher, aber lohnenswerter Vorgang war, Kinder zu gebären.

»Es tut mir leid, Mildyth«, sagte sie hilflos, obwohl sie lieber etwas Aufmunterndes gesagt hätte.

»Nun, ich glaube, manchmal ist es auch anders. Wo lebt dieser Fürst? Wann holt er Sie ab?«

»Er lebt weit, weit im Osten, und er kann sein Land nicht für längere Zeit allein lassen, deshalb werde ich im Frühsommer zu ihm reisen.«

Mildyth sah sie bestürzt an. »Im Osten gibt es nur Heiden und Wilde! Und welcher Fürst erwartet von seiner Braut, daß sie zur Hochzeit in sein Land kommt?«

»Das genügt, Mildyth!« Gytha wußte, daß sie sich dagegen wappnen mußte, daß die Frau die Oberhand gewann, und sie verspürte bereits ein Gefühl der Loyalität gegenüber dem Mann, den sie heiraten sollte. »Wenn du meinst, es sei zu weit oder zu gefährlich, brauchst du nicht mitzukommen, und was deine Ansicht betrifft, es gebe nur Heiden im Osten – woher kamen denn die Heiligen Drei Könige, als sie nach Bethlehem reisten?«

»Ach, Sie wollen mich doch nicht etwa hierlassen?« rief Mildyth, während sich auf ihrem Gesicht der Ausdruck tiefer Sorge und Furcht ausbreitete. »Lassen Sie mich nicht allein, hier in diesem fremden Land!«

»Natürlich werde ich dich nicht hierlassen, wenn du mitkommen willst, aber ebenso wenig werde ich dich gegen deinen Willen mitnehmen. Wenn du willst, könnte ich den König bitten, dich zurück nach Waltham zu schicken, aber ich hätte dich lieber bei mir, in einem fremden Land, wo ich keinen Menschen kenne.«

Mildyth brach in Tränen aus und beteuerte, sie würde Gytha bis ans Ende der Welt folgen und könne es nicht ertragen, zurückgelassen zu werden. Als Gytha ihre Tränen getrocknet und versprochen hatte, sie mitzunehmen, gab es von ihrer Seite kein Gemurre und keine Einwände mehr.

Ein paar Tage später ließ Elisew Gytha in ihr Gemach kommen. Gytha traf sie dort mit ihren Nähfrauen und mehreren Kisten mit Stoffen an – feinen Wollstoffen, schneeweißem Leinen und üppigen Brokat- und Seidenstoffen. Die Näherinnen nahmen Maß bei ihr und drapierten verschiedene Stoffbahnen um sie herum, während Elisew in ihrem geschnitzten Sessel saß, zusah und bei jedem Stoff ein bestimmtes *Ja* oder *Nein* von sich gab. Gythas Meinung war nicht gefragt. Lange Zeit wurde sie wie eine Puppe an- und ausgezogen, bis ihr Rücken vom Stehen schmerzte. Endlich gähnte Elisew und sagte: »Das reicht im Moment«, und sie entließ die Frauen mit einer ungeduldigen Bewegung ihrer anmutigen Hand.

»Setzen Sie sich, Mädchen«, sagte sie zu Gytha und wies auf einen Schemel. Gytha nahm Platz, während die Stoffe zusammengefaltet und weggebracht wurden. Sie versuchte, Elisew zu danken, konnte jedoch noch nicht einmal ihren ersten Satz beenden.

»Natürlich brauchen Sie eine entsprechende Garderobe. Svein würde seinem Ruf Schaden zufügen, wenn er Sie mit weniger Kleidern auf die Reise schickte, als er einer seiner eigenen Töchter bewilligt hätte.«

»Es war sehr nett von Ihnen, mir einen Ehemann zu besorgen.« Gytha probierte es mit einer anderen Taktik.

»Wenn Sie erst verheiratet sind, denken Sie vielleicht anders! Ich hoffe, Sie haben keine so törichten Dinge im Kopf wie Liebe und so weiter!« antwortete Elisew in ihrer gewohnt kühlen, distanzierten Art. »Einem Mann ist es egal, ob seine Frau ihn mag oder nicht, ob sie glücklich oder unglücklich ist, solange man sie vorzeigen kann, sie ihn im Bett zufriedenstellt und ihm Söhne schenkt. Erwarten Sie nicht mehr, und wenn Sie in dem letztgenannten Aspekt versagen, erwarten Sie noch weniger. Sie werden ihr Leben möglicherweise sogar im Kloster verbringen, falls Sie sich als unfruchtbar erweisen! Ich erweise Ihnen keinen Gefallen, was diese Angelegenheit betrifft. Mein Neffe braucht eine Frau, und Sie eignen sich hervorragend dafür. Sveins Leben geht zu Ende, und ich sehe für die Zeit nach seinem Tod nur Schwierigkeiten voraus. Seine Bastarde werden sich seine Krone gegenseitig streitig machen, und ich möchte meine Lage nicht dadurch noch schlimmer machen, daß sie auch noch um Sie kämpfen! Wie ich Ihnen schon bei unserer ersten Begegnung sagte, ich werde hier keine Rivalin dulden. Haralds Frau ist ein Nichts, und er wird das tun, was ich ihm rate, aber ich will nicht, daß er sie wegschickt und Sie an ihre Stelle setzt – was er, falls er die Chance hätte, tun würde, trotz des Verwandtschaftsgrads, der ihm dies verbietet.«

Gytha starrte sie verblüfft an, und Elisew erwiderte ihr Erstaunen mit einem seltsam verkrampften Lächeln.

»Haben Sie nicht gemerkt, daß Harald, Knut und Olaf Sie alle gern in ihrem Bett hätten? Ich nehme an, wenigstens Harald wäre so vernünftig, seine Frau wegzuschicken und Sie aus Zuneigung zu heiraten, aber bei den anderen beiden kann man in bezug auf die Vernunft nicht so sicher sein, wenn sie die Lust überkommt. Ich hoffe und verlasse mich darauf, daß keiner von beiden Sie verführt hat? Es wäre besser, Sie wären noch Jungfrau, wenn mein Neffe Sie in sein

Bett holt, oder es gibt Schwierigkeiten, nicht zuletzt für Sie! Ich sehe Ihrem Gesicht an, daß Sie diese Torheit nicht begangen haben, und das ist gut so. Die Männer meiner Familie sind sehr eigen, was ihre Frauen betrifft. Wissen Sie, wie man Kinder empfängt?«

»Ich – ich glaube schon«, stammelte Gytha.

»Glauben!« Elisew stieß einen verärgerten Seufzer aus und gab ihr eine detaillierte, kühle, emotionslose Beschreibung des Vorgangs, die ihn äußerst unerfreulich erscheinen ließ. »Sie werden es das erstemal schmerzhaft und erschreckend finden, falls Ihr Fürst nicht rücksichtsvoller ist als die meisten anderen Männer. Mit der Zeit werden Sie sich daran gewöhnen, und es wird Ihnen vielleicht sogar gefallen – es kann recht angenehm sein. Erwarten Sie nicht zuviel von dieser Ehe, Gytha. Als Frau eines Großfürsten werden Sie einen hohen Rang haben, besonders, wenn Sie Söhne bekommen, und in mancher Hinsicht mehr Freiheit als hier, in anderer jedoch weniger. Ihr Mann wird die meiste Zeit nicht bei Ihnen sein – vielleicht sind Sie sogar froh darüber –, erwarten Sie also von ihm keine Geduld, Zuneigung oder Kameradschaft.«

»Weshalb wird er fort sein?« fragte Gytha.

»Rußland wird ständig im Osten und im Westen angegriffen. Es besteht wirklich nur aus einer Reihe von Städten, die sich von der anderen Seite der Ostsee bis zum Schwarzen Meer erstrecken; heidnische Horden greifen ständig im Osten an, während die lateinischen Christen von Westen her einfallen. In den vergangenen acht Jahren hat mein Neffe jeden Sommer damit verbracht, die einen oder die anderen zu bekämpfen – seitdem er alt genug war, ein Schwert zu schwingen. Seine Vorväter taten das gleiche zuvor.«

»Er bekämpft die Christen? Aber Sie sagten doch, er sei selbst Christ!«

»Griechisch-christlich.« Als sie Gythas verwirrten Blick sah, führte sie weiter aus: »Die Christenheit teilt sich in zwei

Hälften – wußten Sie das nicht? Die eine gebraucht Latein, die andere Griechisch. Die lateinische Hälfte wird vom Papst in Rom angeführt, die griechische Hälfte vom Patriarchen in Konstantinopel. Mein Volk folgt der Lehre und den Bräuchen der griechischen Kirche, obwohl unsere Gottesdienste in slawonischer Sprache abgehalten werden.«

»Slawonisch«, echote Gytha, nicht wie eine Frage, sondern weil sie das Wort noch nie gehört hatte.

»Mein Volk gehört den Slawen an – es ist ein asiatisches Volk. Vor hundert Jahren baten einige von ihnen in Holmgarth, wohin Sie gehen, meinen Vorfahren Rurik, über sie zu herrschen und ihnen bei der Bekämpfung ihrer Feinde zu helfen. Er war ein schwedischer Abenteurer, der unterwegs war, um in der Waräger-Leibwache des Kaisers von Konstantinopel zu dienen. Seine Söhne und Enkelsöhne errangen die Herrschaft über weitere Städte entlang oder in der Nähe des Stromlandes, und deshalb nennen die Schweden unser Land Garthariki, das Königreich der Städte.«

»Ich verstehe. Danke«, erwiderte Gytha. Sie hätte gern noch viel mehr Fragen gestellt, doch Elisew fand die Unterhaltung offensichtlich langweilig. Sie gähnte ostentativ und gab Gytha die Erlaubnis, sich zu entfernen, was gleichbedeutend mit einem Befehl war.

Im Verlauf des restlichen Winters wurde Gytha häufig in Elisews Gemach gerufen, um ihre neuen Kleider anzuprobieren, und jedesmal hielt Elisew einen Monolog über diesen oder jenen Aspekt des Lebens in Rußland oder über andere Themen. Sie unterwies Gytha in persönlicher Reinlichkeit, erklärte ihr, es sei nicht ratsam, sich einen Liebhaber zu nehmen, jedoch auch, wie sie sich am besten verhielt, falls sie es doch tat. Sie informierte sie über den Geburtsvorgang und wie man einen Säugling entwöhnte, wie man einen fürstlichen Haushalt führte und wie man sich in einen fremden Haushalt einfügte, da man von ihr erwartete, lange Besuche bei den Verwandten ihres Mannes zu machen, und schließlich, wie man eine lange Reise einigermaßen bequem überstand. Sie erwähnte nebenbei auch einige der russischen Sitten. Später sollte sich Gytha an viele ihrer Hinweise und Tips erinnern und sie äußerst nützlich finden. Sie sprach immer im gleichen kühlen Ton und schien Fragen gegenüber so ungeduldig, daß Gytha nur widerstrebend etwas zu fragen wagte, obwohl es vieles gab, was sie gern gewußt hätte.

Meistens kehrte sie von diesen Gesprächen ziemlich aufgewühlt zurück, überwältigt von dem Bild einer ihr völlig unbekannten Lebensweise, die Elisew ihr nur unzureichend geschildert hatte, und sie suchte in der St.-Lucius-Kirche Zuflucht, um zu beten und nachzudenken, bevor sie nach Hause ging und Mildyth einen Teil des Gehörten erzählte.

Als die Zeit ihrer Abreise näher rückte, entschloß sich Gytha, Elisews Mißfallen zu trotzen, und fragte bestimmt: »Darf ich Ihnen ein paar Fragen stellen? Es gibt noch immer einiges, was ich wissen muß.«

»Dann fragen Sie.«

Gytha schwieg einen Augenblick, dachte nach und sagte dann: »Sie haben mir schon viel erzählt, aber könnten Sie mir bitte sagen, wie mein normaler Tagesablauf aussehen wird?«

Elisew zog ein wenig die Augenbrauen hoch. »Ich kann Ihnen nur berichten, wie mein eigenes Alltagsleben ablief, als ich noch zu Hause war«, antwortete sie. »Ich hatte zwei Zimmer – eines für mich und eines für meine Zofe. Ich war unverheiratet und hatte nur eine Zofe. Wenn Sie erst verheiratet sind, werden Sie natürlich mehrere haben, und Sie müssen darauf bestehen, drei Zimmer für Sie selbst und Ihre persönliche Zofe zu bekommen und andere Räumlichkeiten für den Rest.

Jeder Morgen begann mit einem Besuch der Kirche, gewöhnlich der Kathedrale, die sich in Kiew an den Palast anschließt. Danach frühstückte die ganze Familie zusammen, und dann ging jeder seinen eigenen Interessen nach. Meine Schwestern verbrachten den größten Teil ihrer Zeit im *Terem*, den Frauengemächern, mit Lesen, Nähen, Reden, Singen... Mir war ein solches Leben zu langweilig. Ich saß im allgemeinen mit meinem Vater und meinen Brüdern in der täglichen Ratsversammlung des Fürsten, wo mein Vater Debatten mit den Bojaren – den Adligen – führte oder zu Gericht saß. Manchmal besuchte ich die Geschäfte oder den Markt. Wenn das Wetter gut war, gingen einige von uns, Schwestern und Brüder, meistens auf die Jagd oder ritten einfach durch die Gegend. Ich besuchte gern die Dörfer, die mir gehörten – das heißt, die in der Nähe gelegenen, denn einige waren zu weit entfernt. Die ganze Familie nahm gemeinsam und mit großem Pomp das Abendessen ein, und oft besuchten wir vor dem Zubettgehen nochmals die Kirche. Ich nehme an, es war Ihrem Leben hier nicht unähnlich.«

»Sie saßen in der Ratsversammlung Ihres Vaters?« fragte Gytha. »Ist das üblich – für eine Frau, meine ich?«

»In Rußland hängt die Stellung einer Frau davon ab, was sie daraus macht. Die Russen sind eine Mischung aus östlichen und nördlichen Menschen. Einige Frauen folgen dem östlichen Brauch, leben im *Terem* und treten nur selten in der Öffentlichkeit auf, andere dagegen ziehen es vor, wie die skandinavischen Frauen zu leben. Einige von ihnen sind Händlerinnen mit einem eigenen Geschäft, wenn sie aus einer Familie von Kaufleuten oder Handwerkern stammen. Wenn sie den Fürsten- oder Bojarenfamilien angehören, haben sie vielleicht Interesse am Regieren, obwohl nur Fürstinnen im Rat sitzen dürfen. Einige Bojaren-Frauen fühlen sich an den *Terem* gebunden, andere jedoch bewirtschaften die Güter ihrer Männer oder ihre eigenen, denn in Rußland darf eine Frau Land besitzen. Wenn ihre Männer bei Hofe oder in der Armee sind, tragen sie die Verantwortung für den ganzen Haushalt. Sie müssen sich für einen Weg entscheiden, den Sie gehen wollen, und gehen Sie ihn mit Zielstrebigkeit. Ich bezweifle, daß das Leben in Kiew sich in den Jahren meiner Abwesenheit sehr verändert hat, und ich kenne die Einstellung Ihres zukünftigen Mannes nicht. Vielleicht müssen Sie auf Ihrem Recht, nach skandinavischer Art zu leben, bestehen, aber denken Sie immer daran, es *ist* Ihr Recht, und falls Ihr Mann sich widersetzt, müssen Sie selbst herausfinden, wie Sie ihn am besten damit versöhnen.«

An diesem Tag verließ Gytha sie mit einem Gefühl der Ermutigung. Offensichtlich würde sie doch zumindest mitbestimmen können, welche Art von Leben sie führen wollte, und es würde nicht gänzlich anders sein als das Leben, das sie in Dänemark gewohnt war. Sie traf auf Godwin, der auf der Bank an der Wand der Seitenkapelle neben dem Grab ihrer Mutter saß. Er wartete, bis sie ihre Gebete beendet hatte, dann winkte er ihr, neben ihm Platz zu nehmen, damit er mit ihr sprechen konnte.

»Bist du sicher, daß diese Heirat richtig ist?« fragte er. »Du gehst in ein unbekanntes Land, sehr weit weg, und wir haben nur Elisews Wort, daß dieses Land überhaupt existiert.«

»Natürlich habe ich auch Bedenken«, erwiderte Gytha leise, wie zu sich selbst, während sie auf die Steinplatten zu ihren Füßen starrte. »Alle waren freundlich zu mir, aber ich vergeude hier meine Zeit. Ich habe mich immer als Fremde und fehl am Platz gefühlt. Du und Edmund, ihr füllt die Positionen aus, die Vetter Svein euch angeboten hat, aber für mich gibt es hier kein Leben und keine Erwartungen. Ich habe mich von einem Tag auf den anderen treiben lassen, habe gewartet, daß Gott mir ein Zeichen gibt, was Er von mir verlangt, und ich denke, daß ich jetzt die Antwort habe, den Weg vor mir sehe.«

»Wenn du nur einen Mann und Kinder willst, warum heiratest du dann keinen der Jarls und bleibst hier, wo du sicher bist und Edmund und ich dich beschützen können?« fragte Godwin mit verwirrtem Gesichtsausdruck.

»Das ist nicht alles, was ich will«, erwiderte sie geduldig, wohl wissend, er würde sie kaum verstehen. »Ich möchte etwas für Vaters Andenken tun. Ich brauche einen Mann, von dem ich einen Sohn bekomme, der zu einem Mann heranwächst, auf den wir stolz sein können und der es wert ist, der Enkel unseres Vaters zu sein.«

»Aber du hast doch keine Ahnung, wie dieser Fürst Waldemar ist. Er könnte sich als Monster erweisen!« Godwin hielt sich an die Aspekte der Angelegenheit, die in seinem Vorstellungsbereich lagen.

»Ich weiß, aber genausogut könnte er ein guter, freundlicher Mann sein, jemand, den ich lieben kann. Ich *muß* jemanden lieben, Godwin, und seit Vater getötet wurde und Mutter starb, habe ich niemanden mehr. Du und Edmund, ihr gingt fort, bevor ich alt genug war, euch zu kennen, und Magnus, Gunhild und Ulf sind außerhalb meiner Reichweite. Ich brauche einen Mann und Kinder. Pater Turkill sagte, ich ginge nach Osten – erinnerst du dich? –, und ich glaube, Gott hat eine Aufgabe für mich in Rußland. Wenn ich eine Aufgabe habe, kann ich alles überstehen, was auch kommen mag.«

Godwin seufzte, immer noch besorgt und verwirrt, erhob jedoch im Moment keinen Einwand mehr. Gytha ließ ihn allein, während sie sich gegen die Zweifel wappnete, die sie mit ihm teilte und die sie in der Zeit des Wartens immer wieder heimsuchten.

Ein Dutzend Kleider mit Übertuniken wurden für sie angefertigt und sorgfältig in stabile, mit Eisenbändern verschlossene Kisten verpackt, zusammen mit fein bestickter Unterkleidung aus Leinen und Kopfbedeckungen aus Batist und Seide. Sechs Paar Schuhe aus weichem Leder wurden eingepackt und zwei schwere Mäntel mit einem Besatz aus

Kaninchenpelz, denn Elisew sagte, die Winter in Rußland seien sogar noch kälter als die in Dänemark. Auch Mildyth erhielt passende Kleidung, da sie ja als erste Kammerfrau einer Großfürstin eine wichtige Position bekleiden würde.

Gytha besaß zwar die Juwelen ihrer Mutter, doch sie gab sie dem Priester von St. Lucius, um die Messen zu bezahlen, die für die Seelen von Edith und Harold gelesen würden. Danach blieben ihr noch das goldene Diadem, ihre Bernsteinkette, das Kreuz und die Kette, die König Edward ihr geschenkt hatte. Svein schenkte ihr eine weitere Bernsteinkette und eine goldene Halskette, die aus kleinen Tieren bestand, die mit ihrem Maul jeweils Schwanz und Gliedmaßen des vorigen gepackt hielten.

Sie hatte unter den Sachen ihrer Mutter einen silbernen, vom Alter blind gewordenen Spiegel gefunden, und als sie ihn von Sveins Goldschmied glänzend poliert zurückbekam, sah sie zum ersten Mal ihr Gesicht, denn sie hatte nie zuvor einen Spiegel besessen. Sie erkannte ein gut geformtes, ovales Gesicht mit einer geraden Nase und sanft gebogenen Augenbrauen über großen kornblumenblauen Augen, das, wie sie erfreut feststellte, eine starke Ähnlichkeit mit ihrem Vater aufwies, wenn auch mit weicheren Zügen. Ihr Teint war rein, jedoch ziemlich blaß, und ihr Mund hätte vielleicht mehr einer Rosenknospe und weniger einem Bogen gleichen sollen. Es war Elisew, die ihn taktlos mit der Waffe verglich, die Harold in der Schlacht gegen William, den Normannen, verwundet hatte, worüber Mildyth zornig wurde. Das beunruhigte Gytha nicht, da man ihr nie davon erzählt hatte und sie nur wußte, daß er von vielen Schwerthieben getötet worden war.

Godwin beobachtete die Vorbereitungen mit Zweifel und Besorgnis und wiederholte immer wieder seine Warnung an Gytha, Elisew nicht zu trauen. »Etwas verstehe ich an der ganzen Sache nicht«, sagte er. »Warum macht sie sich all die Mühe? Wenn es nur nicht so weit wäre! Was ist, wenn du dorthin fährst und feststellst, daß er gar nicht existiert oder abstoßend und entstellt oder verrückt ist? Ich wünschte, wir könnten mehr über ihn erfahren.«

»Du könntest ein paar der Kapitäne fragen, die ans andere Ende der Ostsee fahren«, schlug Gytha vor, die trotz ihres nach außen zur Schau getragenen Selbstbewußtseins auch gern gewußt hätte, ob jemand anderes wenigstens von dem Mann gehört hatte, den zu heiraten sie eine so weite Reise antrat.

Godwin, der offenbar akzeptiert hatte, das seine Schwester, obwohl sie eine Frau war, einen schärferen Verstand besaß als er, machte sich zum Hafen auf, um mit jedem Seemann zu sprechen, der von der Flußroute gehört hatte. Er fand viele, die sie wirklich entlanggefahren waren und viele Geschichten erzählten von den Wundern, die sie gesehen hatten. Alle berichteten, daß die Fürsten des Hauses von Rurik, die Herrscher Rußlands, prächtige, hübsche Burschen waren, obwohl sie nur zwei oder drei mit Namen kannten. Einige hatten von Fürst Waldemar gehört, den sie als großen Kämpfer bezeichneten, aber er traf niemanden, der ihn wirklich gesehen hatte. Dennoch kehrte er etwas beruhigter zu Gytha zurück, und sie schöpfte Mut aufgrund der Kenntnisse, die er in Erfahrung gebracht hatte.

An Pfingsten war sie reisefertig; all ihr Hab und Gut war in vier großen Kisten verpackt, die in Hüllen aus geteertem Segeltuch eingenäht waren, um den Inhalt vor dem Seewasser zu schützen. Sie hatte ihre Ängste und Zweifel weitgehend bewältigt, und ihre Aufregung wuchs mit jedem Tag.

»Es ist Zeit aufzubrechen«, sagte Elisew eines Morgens, als sie mit der Nachricht zu ihrem Haus kam, der Kapitän sei bereit, die Segel zu setzen.

»Ich bin fertig«, erwiderte Gytha und unterdrückte den Wunsch, noch etwas Zeit zu erbitten. »Es gibt keinen Grund, länger zu zögern. Ich danke Ihnen nochmals für all Ihre Bemühungen.«

»Mir danken?« Elisew hob erstaunt ihre fein geschwungenen Augenbrauen.

»Ich habe nicht den Wunsch, mein ganzes Leben lang unverheiratet zu bleiben oder in ein Kloster zu gehen, und ich weiß, daß ich ohne Ihre Hilfe keinen Fürsten gefunden hätte, der bereit gewesen wäre, mich zu heiraten, deshalb bin ich Ihnen dankbar.«

Elisew lächelte schwach. »Ich habe Ihnen bereits gesagt, daß Sie vielleicht feststellen, daß es keinen Anlaß gibt, dankbar zu sein, obwohl ich hoffe, daß alles gut für Sie ausgeht. Ich möchte einfach, daß Sie hier verschwinden, auf die eine oder andere Weise. Da ich Sie mag, ist dies der am wenigsten – äh – bedrückende Weg für mich. Ich habe ein kleines Abschiedsgeschenk für Sie.«

»Aber Sie haben mir doch schon so viel geschenkt...«

»Das waren Sveins Geschenke, nicht meine. Das ist alles, was ich Ihnen schenke.« Sie hielt ihr eine lange Kette aus kleinen Süßwasserperlen entgegen, die in allen Regenbogenfarben schillerten. »Sie besitzen keinen großen Wert, sollen jedoch ein Andenken sein.« Sie vereitelte Gythas Versuche, ihr zu danken, indem sie davonging, und Gytha sah sie nie wieder.

Der Tag der Abreise zog kalt und naß herauf. Gytha und Mildyth wurden von ihren Brüdern und den beiden ältesten Söhnen Sveins, Harald und Knut, zu Pferd über die Insel Seeland von Roskilde aus zur Ostküste begleitet. Svein selbst reiste in einer Pferdesänfte, denn er war plötzlich sehr alt und in den vergangenen Wochen immer unbeweglicher geworden.

Svein hatte die Reisevorbereitungen für Gytha schnell und mit großer Umsicht getroffen; er hatte in Gotland drei der Schiffe angefordert, die die Gotländer bauten, um ihre

Waren sicher von der einen Seite der Ostsee zur anderen zu befördern, wobei sie, falls nötig, Seeräuber abwehrten. Die drei Schiffe, die er bestellt hatte, gehörten dem Kapitän des größten, der Svein wohlbekannt war. Er war ein großer, schlanker Mann mit scharfen grauen Augen und einem Gesicht, das vom Wetter gegerbt und von einigen Schwerthieben gezeichnet war. Was Größe und Gesichtsfarbe anging, war er ein typischer Skandinavier, doch im Vergleich zu den geschwätzigen Dänen an Sveins Hof war er ungewöhnlich schweigsam.

Sein Name war Sigurth Tovisson, und das größte seiner Schiffe hieß, passend genug, *Sea-Fafnir*, nach dem Drachen, der von dem legendären Sigurth erschlagen worden war. Es war über dreißig Schritt lang und in der Mitte fünf Schritt breit, ein wuchtiges Schiff mit hohen Seitenwänden, mit einem Halbdeck für den Transport der Ladung und in den Seiten eingeschnittenen Löchern für zwanzig lange Ruder, das sich jedoch weitgehend auf sein großes Segel aus Wadmal verließ. Ungewöhnlich für ein Handelsschiff, ragte sein Bug hoch aus dem Wasser und endete in einem wilden Drachenkopf, während am Achtersteven ein kleinerer, niedrigerer Kopf allen Schiffen frech die Zunge herausstreckte, die zu langsam waren, um mitzuhalten. Im hinteren Teil des Schiffs war eine große, recht bequeme Kabine eingebaut, zum Teil in den Schiffsbauch eingelassen, um sie höher zu machen, ohne daß sie zu hoch über das Deck hinausragte. Die Begleitschiffe, die in einiger Entfernung von der Küste gewartet hatten, während die *Sea-Fafnir* in den Hafen eingelaufen war, um die Passagiere an Bord zu nehmen, waren kleinere und schmalere Kampfschiffe ohne Deck, die jeweils dreißig Ruder besaßen und die Namen *Mew* und *Tern* trugen. Ihre einzige Aufgabe war es, die *Sea-Fafnir* vor den Piraten zu schützen, die die Geißel der Ostsee waren. Sie waren aus stärkerem Holz gebaut, als es selbst für Kampfschiffe üblich war.

Die ganze Gesellschaft ging an Bord der *Sea-Fafnir*, um die

Kabine zu inspizieren, in der Gytha und Mildyth reisen sollten, und Svein stellte Sigurth mit einer schwungvollen Gebärde vor. »Der beste Kapitän Gotlands, und das bedeutet, wahrscheinlich der ganzen Welt!« verkündete er mit ungewohntem Enthusiasmus. »Stellt seine eigenen Bedingungen, denkt dran! Will keine schnatternde Schar Frauen mitnehmen, deshalb hast du nur eine Zofe, die dich begleitet, aber keine Angst – du wirst vollkommen sicher sein in diesem Schiff, meine Liebe. Sigurths Ruf als zuverlässiger Mensch bedeutet ihm mehr als ein kleines Abenteuer mit einem weiblichen Passagier, wie?« Er versetzte Sigurth mit einem anzüglichen Grinsen einen Stoß in die Rippen, doch das Gesicht des Kapitäns blieb ausdruckslos; er hob nur eine Augenbraue um eine Spur und neigte den Kopf in Gythas Richtung, wohl eine stumme Bestätigung dessen, was Svein gesagt hatte.

»Nun, ich denke, man kann es ihm nicht verübeln, daß er keine überflüssigen Frauen auf seinem Schiff haben will«, sagte Edmund unwillig, »aber ich bin der Ansicht, unsere Schwester sollte eine Eskorte haben. Wenigstens ein halbes Dutzend Leibwächter...«

»Ich habe euch beiden angeboten, sie selbst zu begleiten, aber ihr habt es abgelehnt«, erklärte Svein. »Was würden die Leibwächter nützen? Sie wird den ganzen Weg nach Holmgarth zu Schiff zurücklegen, und die zwei besten gotländischen Kampfschiffe werden sie begleiten. Du lieber Himmel, Mann, hast du eine Vorstellung, was es kostet, Gotländer anzuheuern? Außerdem würde Sigurth keine Leibwächter mitnehmen – sie wären seinen Leuten nur im Weg.«

»Wir nehmen nie mehr als zwei Passagiere mit. Kein Platz für mehr«, bestätigte Sigurth knapp und bedachte Edmund mit einem Blick, der ihn endgültig zum Schweigen brachte.

»Ihr werdet mit der Flut auslaufen wollen«, sagte Svein unvermittelt. »Leb wohl, mein liebes Mädchen. Ich habe es genossen, dich an meinem Hof zu haben, und ich bin sicher, du wirst in deiner neuen Heimat sehr glücklich sein, mit deiner raschen Auffassungsgabe und deinem Verstand. Gott segne dich.«

Er küßte sie auf die Wange und wandte sich dem Problem zu, mit seinem steifen Bein das Schiff zu verlassen. Harald bedachte sie mit einem förmlichen Segen und einem frostigen Lächeln. Knut wünschte ihr in unsicherem Ton alles Gute, und dann folgten sie eilig ihrem Vater.

»Werde glücklich, kleine Schwester!« sagte Edmund ungewöhnlich bewegt, umarmte sie und drückte ihr eine Geldbörse in die Hand. Godwin hängte ihr eine Goldkette um den Hals, bat sie, England, ihre Eltern und ihn nie zu vergessen, umarmte und segnete sie, dann, überwältigt von den Gefühlen, die der Anlaß in ihm weckte, umarmte und segnete er auch Mildyth, die davon so gerührt war, daß sie anfing zu weinen.

Edmund war bereits wieder an Land und Godwin im Begriff, ihm zu folgen, als er einen Augenblick stehenblieb und sagte: »Wenn du unglücklich bist, schreib mir, und ich werde versuchen, zu dir zu kommen.« Es war gut gemeint, aber Gytha hielt es für unrealistisch. Wenn er wirklich so besorgt um sie war, warum hatte er sich dann nicht erboten, sie zu begleiten? Sie bezweifelte, daß einer ihrer Brüder sie ernsthaft lange vermissen würde.

Innerhalb von Minuten entfernte sich das Schiff von der Küste, während die fünf Männer, aus gebührendem Abstand von Sveins Eskorte beobachtet, an Land standen und winkten, dann ging ein Graupelschauer über der Bucht nieder, und sie waren nicht mehr zu sehen.

Gytha sah die Küste von Seeland kleiner werden, so wie sie einst England hatte in der Ferne entschwinden sehen, und dachte bei sich, daß nun erneut ein Kapitel ihres Lebens zu Ende ging. Turkill hatte gesagt, sie würde weit in den Osten reisen, und nun bewahrheitete sich seine Prophezeiung. Was würde sie an ihrem Ziel antreffen?

Die Ostsee

8. Kapitel

Das Wetter war entsetzlich. Obwohl es inzwischen Mai war, blies der Wind aus Norden und war bitterkalt, und die Schiffe, welche die Segel aufgegeit und gerefft hatten, segelten gegen den Wind und schlingerten heftig in der rauhen See. In der Kabine drängten sich Gytha und Mildyth, in Mäntel und Schaffelle eingewickelt, fröstelnd aneinander. Der Wind drang durch jede Ritze in den Wänden und durchs Dach der Kabine und trieb die Gischt zu ihnen herein. Die einzige Lichtquelle bestand in einer kleinen Öllampe, die sicherheitshalber in Wasser schwamm.

Nach einiger Zeit klopfte es an die Tür. Mildyth mußte erst aufgefordert werden, nachzusehen, wer da war. Sie erwartete anscheinend, daß eine Horde Seeräuber eindringen würde, sobald sie öffnete, doch es war nur einer der Matrosen. Er brachte das Abendessen für die Frauen: hartes Brot, Käse, getrockneten Fisch und Ale. Es schmeckte widerwärtig, aber von ihrer vorherigen Reise von England nach Dänemark wußten sie, daß es unmöglich war, auf See Essen zu kochen, und so aßen sie, soviel sie konnten, ohne sich zu beklagen.

Das Schlingern des Schiffes nahm zu, und bald wurde Mildyth seekrank, lag stöhnend auf ihrer Pritsche und murmelte stundenlang Gedichte vor sich hin. Gytha stopfte die Finger in die Ohren und rang mit ihrer eigenen Übelkeit und der Angst vor dem grauen, wilden Meer, von dem sie nur durch die schwachen Wände ihrer Kabine getrennt war.

Die letzten Schimmer des Tageslichts, das durch die Planken einfiel, gingen in Dunkelheit über, die Lampe erlosch, und noch immer schlingerte und schwankte das Schiff, als würde es kentern. Doch kam immer ein Augenblick, in dem es zur Ruhe kam, danach schwankte es genauso heftig in die entgegengesetzte Richtung. Einmal wurde Mildyth auf den nassen Boden geschleudert und schrie wie ein ängstliches Kind, bis Gytha sie im Dunkel fand und ihr half, sich besser an dem niedrigen Bett festzuhalten.

»Sie sollen umkehren!« flehte sie. »Wir werden ertrinken und zerschmettert werden. Svein Estrithsson ist ein Mörder. Uns diesem fürchterlichen Sturm auszusetzen!«

»Schweig, Mildyth!« bat Gytha. »Mach kein solches Theater! Was hätte es für einen Sinn umzukehren? Wir müßten nur diesen Teil der Reise noch einmal machen. Ich bin sicher, Sigurth weiß, was er tut. Er wäre nicht losgefahren, falls Gefahr bestünde.«

Mildyth begann wieder zu stöhnen, zu beten und zu deklamieren – sie schien den *Beowulf* und *The Wanderer* auswendig zu können. Gytha tastete sich zu ihrem eigenen Bett zurück, was in der Dunkelheit nicht einfach war, da das Deck sich unter ihren Füßen hob und senkte. Bevor sie dort angelangt war, ertönte ein donnerndes Klopfen; sie wandte sich zur Tür und erreichte sie schneller als erwartet, da das Schiff eine schlingernde Bewegung machte und sie in genau diese Richtung schleuderte.

»Ich bin es, Lady – Sigurth, der Kapitän«, sagte eine Stimme laut in ihr Ohr, als sie die Tür einen Spalt breit öffnete. »Was war das für ein Geschrei?«

»Mildyth ist aus dem Bett gefallen.«

»Ist sie verletzt?«

»Nur verschreckt. Ist es in der Ostsee immer so stürmisch?«

Sigurth lachte, der Klang vermischte sich mit dem Toben des Sturms. »Nicht immer! Das ist gar nichts, verglichen mit dem Ozean. Es ist so ruppig, weil wir gegen den Wind segeln, aber wenn wir erst im Windschatten von Svealand sind, werden Sie den Unterschied merken. Haben Sie keine Angst?«

»Ein wenig«, gab Gytha zu.

»Das brauchen Sie nicht. Es besteht keine Gefahr, ist nur etwas beschwerlich. Dies ist sicherer als eine Flaute, denn es hält die Seeräuber fern. Frieren Sie?«

»Ja.« Gytha fröstelte.

»Nehmen Sie einen Schluck davon.«

Sie spürte, wie etwas Kaltes und Hartes ihr Gesicht berührte, hob eine Hand und fand eine Steingutflasche darin, aus der sie einen ordentlichen Schluck nahm, in dem Glauben, es sei Met.

Es war kein Met. Flüssiges Feuer rann ihr die Kehle hinab, explodierte in ihrem Magen und durchlief in Sekundenschnelle wie ein glühender Strom ihre Adern.

»Oh!« keuchte sie. »Was in aller Welt ist das?«

»Die Schotten nennen es *Lebenswasser*«, erwiderte Sigurth lachend. »Wickeln Sie sich in Ihre Schaffelle, Lady, bevor die Wirkung nachläßt!«

Gytha dankte ihm, schloß nach einem Kampf mit dem Wind die Tür und tastete sich zu ihrem Bett zurück, wo es ihr gelang, auf der Stelle in einen unruhigen, von Angstträumen durchsetzten Schlaf zu sinken. Als sie erwachte, schwankte das Schiff weitaus weniger, denn der Wind hatte sich gelegt, und eine wässerige Sonne kämpfte sich durch die Wolken.

Es war immer noch sehr kalt, und während der nächsten sieben Tage tat Mildyth nichts, außer unter ihren Schaffellen zu frösteln, zu murren und zu beten. Gytha wickelte sich in einen ihrer pelzgefütterten Mäntel und ging mit schnellen Schritten auf dem kleinen Achterdeck auf und ab, manchmal über das ganze Schiff, manchmal das Schanzkleid entlang, und betrachtete die graue Wasserwüste ringsumher. Himmel und Meer waren von der gleichen bedrückenden bleiernen Farbe und unterschieden sich nur durch die gekräuselte, gischtgesprenkelte Oberfläche des Wassers.

Die *Sea-Fafnir* teilte die Wellenberge, das Großsegel lief gut im Wind, bis sie einen nördlicheren Kurs in Richtung Gotland einschlugen; dann wurden die Ruder ausgefahren, und die Männer bedienten sie abwechselnd, wobei sie sangen, um im Takt zu bleiben. Es war harte, schweißtreibende Arbeit, und die meisten zogen ihre langen, wollenen Kittel aus und arbeiteten in Leinenhemden und ihren ausgebeulten, am Bein über Kreuz geschnürten Hosen. Diejenigen, die nicht ruderten, schöpften unaufhörlich mit einer Reihe von Ledereimern Wasser aus dem Laderaum, denn das Schiff hatte während des Sturms eine große Menge Wasser abbekommen. Die *Mew* und die *Tern* hielten sich zu beiden Seiten des Schiffes, nahe genug, daß die Männer, die an den großen Steuerpaddeln saßen, gutgemeinte Schimpfworte und Frotzeleien austauschen konnten.

Die Tage waren endlos. Alles war feucht, wenn nicht sogar durchnäßt, und es war unmöglich, bequem zu sitzen, ohne sich an etwas festzuhalten, deshalb konnte Gytha nicht einmal nähen, um sich die Zeit zu vertreiben. Endlich tauchte am Horizont ein dunkler Schatten auf und durchbrach die graue Monotonie; allmählich kam er so nahe, daß man eine langgezogene Küstenlinie mit schwarzen Klippen und Streifen gelben Sandes unterscheiden konnte: Gotland.

Nach mehr als einer Woche auf See, war Gytha dankbar für die zwei Nächte und den dazwischenliegenden Tag, die ihnen vergönnt waren, um sich in dem kleinen Hafen in Vlatergarn an der Nordwestküste der Insel zu erholen. Sigurth mußte Ware aus Seeland entladen und auf dem geschäftigen Markt verkaufen, und selbst Mildyth hatte sich genügend von ihrem elenden Zustand erholt, um mit Gytha an Land zu gehen und sie durch das Gewühl von Händlern und Hausfrauen zu begleiten, obwohl sie sich anfangs darüber beklagte, daß der Boden unter ihren Füßen nicht aufhören wollte zu schwanken.

Gytha war erstaunt über die Vielfalt der Waren, die zum Verkauf angeboten wurden. Die Gotländer befuhren die ganze Ostsee und weit darüber hinaus, nach Osten, um Seide, Gewürze und Teppiche aus Sirkland und Konstantinopel zu holen, und die Flüsse hinauf, die an der Südküste mündeten, um Wein, Glas und Metallwaren einzukaufen. Einige fuhren nach Norden, die norwegische Küste entlang, um Stoßzähne von Walrössern und Seehundsfelle zu besorgen, oder westwärts über das Meer nach Grönland und Island, um Wolle und Seifenstein zu erhandeln. Sie geriet bei vielen der schönen und ungewöhnlichen Dinge in Versuchung, aber sie besaß nur die kleine Börse mit Münzen, die Edmund ihr gegeben hatte, und sie fürchtete sich, etwas davon auszugeben, falls sie sie später noch brauchen würde. Sie trennte sich jedoch von einem Viertel Silberpenny, um sich ein Reitpony und einen Pferdeknecht zu mieten und ein paar Stunden durch den winzigen Kiefern- und Fichtenwald und über die Weiden der Insel zu reiten. Als sie nach Vlatergarn zurückkehrten, war es selbstverständlich, in die hübsche Kirche zu gehen, um ein Dankgebet dafür zu sprechen, daß sie trotz des Wetters sicher bis hierher gekommen waren, und für den Rest der Reise den Schutz Gottes zu erbitten.

Als sie auf dem Rückweg zum Schiff waren, trafen sie Sigurth, der sie mit strahlendem Lächeln begrüßte, seine Wollmütze abnahm und vor Gytha eine leichte Verbeugung machte. »Gutes Geschäft heute, Lady!« sagte er. »König Sveins Waren haben sich gut verkauft, hier ist ein netter Beutel Silber für Sie.« Er überreichte Gytha einen schweren ledernen Geldbeutel.

»Für mich?« fragte sie erstaunt.

»Ja. Der König hat mir Käse und Tuchballen mitgegeben, um sie für Sie zu verkaufen.«

Gytha, die sich schon wegen ihres geringen Bargeldbestands Sorgen gemacht hatte, war hocherfreut. Als Sigurth gegangen war, spähte sie in den Beutel und fand eine interessante Auswahl von Münzen. Es waren französische und englische darunter, eine trug den Kopf ihres Vaters, und sie beschloß, ihn als Talisman aufzubewahren. Viele hatten Aufschriften in seltsamen Buchstaben oder waren mit Wellenlinien oder Strichen gekennzeichnet, die überhaupt keinen Sinn zu haben schienen.

»Dieser Sigurth!« stieß Mildyth plötzlich hervor, als könne sie eine Bemerkung nicht länger unterdrücken, die ihr schon lange auf der Zunge gelegen hatte. »Haben Sie gesehen, was er um den Hals trug?«

»Nicht genau«, antwortete Gytha und versuchte, sich zu erinnern. »War es nicht ein silbernes Kreuz?«

»Nein, das war es nicht!« schrie Mildyth entrüstet. »Es war ein Hammer! Der Mann ist ein gottloser Heide!«

Gytha wußte, daß viele Skandinavier die alten Götter anbeteten, aber, soweit sie sich erinnern konnte, war sie bisher noch keinem von ihnen begegnet. Sie war so daran gewöhnt, daß man ein Kreuz als Amulett trug, daß sie nur mit einem halben Blick Sigurths Anhänger wahrgenommen und deshalb verwechselt hatte. Er war an Deck, als sie und Mildyth nach einem weiteren Rundgang über den Markt zum Schiff zurückkehrten, und ein verstohlener Blick zeigte, daß er tatsächlich ein Abbild von Thors Hammer trug, was für jeden, der mit den Erzählungen über die Grausamkeit der unzivilisierten Heiden der nordischen Länder aufgewachsen war, ein angsteinflößender Anblick war.

»Mein Schwiegervater gibt heute abend ein Fest, Lady«, sagte er zu ihr. »Er würde sich geehrt fühlen, wenn Sie und Lady Mildyth daran teilnähmen.«

Gytha warf Mildyth unwillkürlich einen ratsuchenden Blick zu. Das Gesicht der Frau war sehenswert; teils war sie entzückt, weil man sie als Lady bezeichnet hatte, teils entsetzt bei dem Gedanken, das Haus eines Heiden zu betreten. Gytha traf rasch die Entscheidung, die Einladung anzunehmen. Sie mußte sich gut mit dem Mann stellen, von dem ihre heile Ankunft in Holmgarth abhing, und konnte es nicht riskieren, ihn durch ihre Ablehnung zu beleidigen, daher erklärte sie, sie würden beide gern an dem Fest teilnehmen.

In der Ungestörtheit ihrer Kabine versuchte Mildyth, sie von ihrem Entschluß abzubringen, doch Gytha erklärte ihr, warum sie die Einladung angenommen hatte, und das genügte, um Mildyth für ein paar Minuten zum Schweigen zu bringen, doch bald fiel ihr ein anderes Problem ein. Alle Kisten, die Gythas neue Kleider enthielten, waren im Laderaum verstaut, doch sie erinnerte sich daran, daß die kleinste davon zwei fast neue Kleider enthielt, die elegant genug für das Fest waren, und sie fragte Sigurth, ob sie an sie herankönne.

»Ich will Ihren Leuten keine zusätzliche Arbeit machen«, sagte sie, »aber ich möchte auch Ihren Vater nicht beleidigen, indem ich in meinem salzverkrusteten Reisekleid erscheine.«

Sigurth lächelte und brachte die Kiste selbst herauf, mit den Worten, es habe keine Mühe gemacht. Gytha packte die beiden Kleider aus, das eine blau, das andere dunkelgrün, schüttelte sie kräftig aus und hing sie dann an ein quer durch die Kabine gespanntes Seil, damit die Knitterfalten verschwanden.

»Ich denke, das grüne wird dir passen«, sagte sie zu Mildyth. »Ich möchte Sigurth nicht die Mühe machen, deine Kiste auch noch herauszusuchen, da es eine große ist und sich bestimmt ganz unten befindet. Ich glaube, wir kommen hiermit zurecht.«

Mildyth hatte aufgrund ihrer Seekrankheit so viel abgenommen, daß sie mühelos in das grüne Kleid paßte, und sie erhob auch keinen Einwand, sondern genoß offensichtlich den weichen Wollstoff, als sie ihn über den Hüften glattstrich, denn ihre eigenen Kleider waren nicht von dieser Qualität, auch wenn sie einer königlichen Kammerfrau angemessen waren. Die Kleider zählten nicht zu den besten in Gythas Bestand, doch sie waren üppig verziert mit Elisews gewebten Borten und sahen sehr gut aus, nachdem Gytha ihr Halsband mit den nacheinander schnappenden Tieren angelegt und Mildyth ihre goldene Kette geliehen hatte.

Am frühen Abend erschien Sigurth, um seine Gäste zum Haus seines Schwiegervaters zu geleiten. Er war prächtig in eine schöne grüne Tunika gekleidet, die am Hals und den Ärmelaufschlägen reich mit Tressen verziert war, dazu trug er passende, über Kreuz verschnürte Hosen und weiche Lederstiefel. Zwei faustgroße Broschen aus Gold und Email hielten seinen Umhang aus dunklerem Grün auf den Schultern zusammen. Er ähnelte eher einem Prinzen als einem Kapitän, und Gytha war froh, daß sie im letzten Augenblick daran gedacht hatte, ihrem eigenen Schmuck einen Gürtel aus feinem Goldgeflecht hinzuzufügen.

Sigurth' Schwiegervater, Thorvald Grimsson, war ein alter, weißhaariger Mann, doch sein Rücken war ungebeugt, und seine hellblauen Augen blickten ungetrübt, trotz der fast sechzig Jahre, die er auf das glitzernde Meer geblickt hatte. Er maß über zwei Meter, besaß eine vorspringende, hochmütige Hakennase und ein wettergegerbtes Gesicht, das aussah, als sei es aus Eichenholz geschnitzt. Er begrüßte Gytha und Mildyth höflich, aber ohne jeden Anflug von Demut, zweifellos in der Überzeugung, der Besitzer einer großen Zahl von Schiffen, Vieh, Schafen und Pferden brauche sich einer Frau keineswegs unterlegen zu fühlen, selbst wenn sie eine Königstochter war. Das Gebäude war groß und stabil gebaut, besaß den Luxus eines Steinfußbodens unter den Binsen, und die Wände bestanden aus aufrechten Baumstämmen, die größer waren als alle Bäume, die Gytha auf Gotland während ihres Rittes über die

Insel gesehen hatte. Als die erste Begrüßung vorüber war und eine kurze Pause den Übergang zur allgemeinen Unterhaltung anzeigte, machte sie Thorvald Komplimente über sein schönes Haus, und er erklärte ihr schroff, aber erfreut, sein Vater habe es gebaut und das Holz dazu vom Festland geholt.

Im Hauptteil der Halle hatte man lange Tische auf Böcken und Bänke aufgestellt für die Leute, die im Haushalt und auf den Feldern arbeiteten und ihr Essen auf Holzbrettern serviert bekamen, die Hochtafel jedoch bestand aus massiver Eiche, und es gab Sessel mit hohen Lehnen für die Gäste und für Sigurth und dessen Frau sowie für Thorvald. Sigurth' Frau war ein dünnes, blasses, lebloses Geschöpf. Sie sprach den ganzen Abend über kaum ein Wort, und der Formlosigkeit ihres Körpers nach zu urteilen, dachte Gytha mit einem Anflug von Angst, war sie wahrscheinlich ausgelaugt von der Geburt allzu vieler Kinder.

Die einfachen, aber reichlichen Speisen wurden auf silbernen Tellern serviert, und die Horngefäße für Ale und Met waren in Silber gefaßt. Vor Gytha stand ein wunderschöner Silberbecher, der, wie sie mit einem unguten Gefühl feststellte, verdächtig einem Abendmahlskelch ähnelte. Als sie ihn unauffällig ein wenig drehte, sah sie, daß die breiten Schmuckornamente, die am Rand und am Fuß eingraviert waren, Weinblätter, Trauben und Kornähren darstellten, was ihre Befürchtungen bestätigte und ihren Widerwillen weckte, daraus zu trinken.

»Schmeckt Ihnen der Met nicht?« fragte Thorvald sie plötzlich. »Ich habe auch Rheinwein, falls er Ihnen lieber ist.«

Bestürzt zögerte Gytha einen Augenblick. Wenn sie erklärte, warum sie nicht aus dem Kelch trinken konnte, würde sie ihren Gastgeber vielleicht ernstlich beleidigen, aber ihr Gewissen befahl ihr, für ihren Glauben einzutreten. Blitzschnell fragte sie sich, was ihr Vater wohl an ihrer Stelle getan hätte. *Ehren und Titel bringen Verantwortung mit sich,* gab ihr Gedächtnis das Stichwort.

»Ich möchte Sie nicht verletzen«, begann sie vorsichtig, »aber ich möchte lieber wie alle anderen aus einem Horn trinken, wenn Sie verzeihen. Dieser Kelch ist – ist ...«

Thorvalds verwirrte Miene hellte sich plötzlich auf, und er rief: »Oh, ich verstehe – Sie sind Anhänger des Christentums! Wir nicht.«

»Das weiß ich«, sagte Gytha, so ruhig sie konnte. »Sehen Sie, in meinem Glauben ist dieser Kelch etwas Heiliges, das nur der Priester benutzen darf. Ich weiß, daß Sie mir eine Ehre erweisen wollen, indem Sie mich daraus trinken lassen, aber ...«

»Aber ich fordere Sie auf – wie sagen Sie dazu? – ein Sakrileg zu begehen? Sie haben recht – es stammt aus einem Ihrer Gotteshäuser. Mein Vater bekam ihn, als er mit Svein Gabelbart nach England ging. Wußten Sie nicht, bevor Sie herkamen, daß wir Ihren Glauben nicht teilen?«

»Doch. Ich habe gesehen, daß Sigurth Thors Hammer trägt.«

»Und Sie sind trotzdem gekommen. Das finde ich sehr liebenswürdig!« rief Thorvald. Er winkte mit einem Fingerschnippen einen Diener herbei und erteilte ihm ein paar scharfe Befehle. Innerhalb von Minuten erhielt Gytha wie alle anderen ein silberbeschlagenes, mit Met gefülltes Trinkhorn. Der Kelch wurde geleert und trocken gewischt und dann sorgfältig in ein großes Stück feiner roter Seide eingewickelt.

»Ein kleines Hochzeitsgeschenk«, sagte Thorvald lässig und überreichte Gytha das Päckchen mit einem freundlichen Lächeln und einer Verbeugung. Er wischte ihre Einwände und ihren Dank beiseite und wandte sich entschlossen einem anderen Gesprächsthema zu: seinen Erinnerungen an Rußland und die Flußpassage nach Konstantinopel, die er in seiner Jugend mehrmals zurückgelegt hatte.

Gytha hörte neugierig zu und stellte Fragen, wenn er eine Pause machte, um ihn zum Weitererzählen zu veranlassen. Ihr Interesse für das fremde Land, das ihre Heimat werden sollte, verlieh ihren sonst blassen Wangen einen seltenen Anflug von Farbe, und ihre blauen Augen sprühten. Sigurth, der sie beobachtete, bemerkte zu Mildyth, die neben ihm saß, ihre Herrin sei sehr schön, was in Mildyth ein zwiespältiges Gefühl auslöste: Freude darüber, daß man ihren Schützling lobte, und Beunruhigung, weil das Lob von einem gottlosen Heiden kam; deshalb fiel ihre Antwort etwas unklar aus.

»Ich glaube nicht, daß Sie je bis nach Konstantinopel kommen, wenn Sie in Holmgarth leben werden«, sagte Thorvald. »Es gibt dort eine große Stadt – eben Konstantinopel. Es hat einen großartigen Hafen – er heißt das Goldene Horn – und die größte christliche Kirche, die Sie sich vorstellen können! Heilige Weisheit, nennen sie sie – Hagia Sophia in der griechischen Sprache. Der Kaiser lebt in der Stadt, in einem Palast, der ganz aus bunten Steinen und Gold besteht, und sein ganzer Hofstaat ist in Seide gekleidet. Trotz all seines Reichtums braucht er uns Leute aus dem Norden als seine Wachen. Waräger werden sie genannt – die Burschen. Es sind Schweden, Dänen, Norweger, Gotländer, Engländer ... Haben Sie von Harald Sigurthsson von Norwegen, genannt Hardrada, gehört?«

»Ja«, erwiderte Gytha. »Mein Vater hat ihn getötet. Im Kampf«, fügte sie hastig hinzu.

Thorvald sah sie einen Augenblick lang seltsam verblüfft an, dann sagte sie: »Ach, ja, ich erinnere mich. Bot ihm sieben Fuß englischen Bodens an – ein gelungener Scherz! Nun, Hardrada war Chef der Waräger-Leibwache in Konstantinopel, bevor er König von Norwegen wurde. Ja, eine großartige Stadt.«

»Ist Holmgarth sehr groß?« fragte Gytha.

»Holmgarth? Nein, es ist nicht sehr groß. Aber geschäftig.

Voller Leute. Jede Menge Handel. Holmgarth wurde zu beiden Seiten des Flusses errichtet, die Stadt auf der einen, der Palast des Großfürsten und der Markt auf der anderen Seite...« Thorvald schwieg einen Moment und dachte nach, dann sagte er plötzlich: »Aber Kiew – das ist wirklich groß. Es liegt auf einer Klippe, und man kann von dort aus über den Fluß nach Osten blicken und meilenweit sehen, bis ans Ende der Welt, könnte man meinen! Das Land dort ist so flach wie das Meer und dicht bewaldet. Der oberste Großfürst lebt dort, dem alle anderen russischen Fürsten gehorchen. Zu meiner Zeit war es Jaroslaw – man nannte ihn den Weisen –, und er war ein hervorragender Mann, gescheit und gerecht und sehr schlau. Und ein guter Soldat, obwohl er ein Hinkebein hatte. Jetzt regiert einer seiner Söhne dort, aber keiner von ihnen kann es mit dem alten Jaroslaw aufnehmen.

»Sie kennen nicht zufällig Fürst Waldemar?« fragte Gytha mutig, wenn auch ohne große Hoffnung, denn es war eindeutig lange Zeit her, daß Thorvald in Rußland war.

»Waldemar? Das ist kein russischer Name. Sie müssen ihn falsch verstanden haben, Lady. Das ist ein deutscher Name, und kein Russe würde so heißen. Sie haben alle slawische Namen, da sie über die Slawen herrschen, verstehen Sie? Nein, »Waldemar« kann es nicht sein.« Gytha nahm es verwirrt und mit einem Gefühl des Unbehagens zur Kenntnis.

Dies war das zweite Mal, daß jemand, der Rußland kannte, verneint hatte, etwas von Fürst Waldemar zu wissen. Es erschien ihr sehr merkwürdig. Sicher waren doch alle Mitglieder der Herrscherfamilie bekannt, es sei denn... Konnte es einen Grund geben, warum er nie erwähnt wurde? Vielleicht war er ein Krüppel oder verrückt...? Hastig schob sie diesen Gedanken beiseite und versuchte, sich auf das zu konzentrieren, was Thorvald sagte.

Sea-Fafnir, Mew und *Tern* segelten am nächsten Morgen weiter, erst im Schneckentempo Richtung Nordosten die gotländische Küste entlang, dann wandten sie sich, eine leichte Brise nutzend, nach Osten. Gytha beobachtete mit einem Gefühl der Trauer, wie die Insel mit dem nebligen Horizont verschmolz, denn damit schien auch ihr bisheriges Leben endgültig zu verschwinden. Das nächste Land, das sie sehen würde, würde ihr völlig fremd sein und sich außerhalb der locker verbundenen Gruppe der nordischen Länder befinden, in denen man die skandinavische Sprache sprach und verstand. Es war eine größere Wende in ihrem Leben als ihr Wechsel von England nach Dänemark, denn viele Dänen kannten England, hatten Verwandte dort, und die beiden Sprachen ähnelten einander, doch jetzt ging sie in ein Land, in dem vermutlich niemand wußte, wo England lag, und in dem alles – Sprache, Sitten, selbst die Religion – völlig anders war.

Das Meer war sehr ruhig, und es gab nichts zu sehen als die beiden anderen Schiffe. Selbst der Horizont war kaum zu erkennen, und sie merkte, daß er in Nebel gehüllt war. Der graue Himmel schien sich zusehends um sie zu schließen, bis nur noch eine kleine Scheibe silbergrauen Wassers übrigblieb, die gerade groß genug für die *Sea-Fafnir* und ihre beiden Begleitschiffe war; ringsum und über ihnen gab es nur noch Nebel, der seine feuchtkalten Finger ausstreckte und sie frösteln ließ. Es wehte nur ein ganz schwacher Wind, gerade stark genug, um die Schiffe vorwärtszubewegen, und selbst er war kalt.

»Nebel«, sagte Sigurth, der hinter sie getreten war. »Es ist immer noch Eis da, obwohl es Mitte Mai ist.«

»Eis? Sie meinen, das Meer ist gefroren?« fragte Gytha.

»Nicht ganz, aber weiter nördlich treiben Eisschollen umher. Sie schmelzen erst, wenn das Wetter richtig warm ist. Das Schiff hat keine Probleme damit – meine schöne Lady kommt gefahrlos hindurch –, aber das Eis läßt Nebel entstehen, und das ist ärgerlich.«

Er ging weiter das Deck entlang, um im Laderaum etwas zu kontrollieren, und Mildyth gesellte sich zu Gytha.

»Sie machen sich doch nichts aus Sigurth, oder?« fragte sie.

»Er scheint ein netter Mann zu sein, und er muß ehrlich und vertrauenswürdig sein, sonst stünde er nicht in König Sveins Diensten«, erwiderte Gytha.

»Das habe ich nicht gemeint«, sagte Mildyth verärgert. »Das wissen Sie genau!«

Gytha sah sie ein paar Sekunden fest an und dachte, daß Mildyth trotz all ihrer guten Eigenschaften manchmal verstockt, störrisch, voreingenommen und anmaßend sein konnte. Andererseits hatte sie bereitwillig ihre Heimat England verlassen, um mit ihr nach Dänemark zu fliehen, sie hatte Edith aufopfernd gepflegt, und jetzt war sie ihr sogar, ohne zu zögern, auf diese lange, gefährliche Reise gefolgt. Außerdem war sie Gythas einzige Verbindung mit ihrem alten, glücklichen Leben, das nun in immer weitere Ferne rückte.

»Und wenn ich mir aus einem Mann etwas machte, ginge dich das etwas an?« fragte sie mit einer seltsamen Mischung aus Reserviertheit und Milde.

»Oh, natürlich, Sie können tun, was Sie wollen!« sagte Mildyth eingeschnappt. »Sie sind schließlich kein Kind mehr, aber von Männern verstehen Sie nicht viel!«

»Das vielleicht nicht, aber ich weiß, wessen Tochter ich bin und was ich meinem Rang und meinem Glauben schulde. Ich kenne auch meine Pflicht gegenüber meinem Gott, meiner Familie und meinem Ehemann«, erwiderte Gytha ruhig. »Sigurth ist ein freundlicher Mann, und ich glaube, man kann ihm trauen, auch wenn er Thors Hammer trägt.«

»Er betet auch zu Njörd.« Mildyth wechselte von Sigurth' möglichen Fähigkeiten als Verführer zu seinem zweifelsfrei feststehenden Heidentum.

»Njörd?« fragte Gytha. Ihre Kenntnis der alten Götter beschränkte sich auf die bekannteren – Odin, Thor, Frey, Baldur.

»Der Gott des Meeres.« Mildyth senkte unwillkürlich die Stimme und warf einen Blick auf das Element, das sich ruhig und spiegelglatt rings um sie ausbreitete. »Einer der ältesten Götter!« sagte sie beinahe flüsternd und bekreuzigte sich hastig.

Auch Gytha betrachtete das Meer; ihr Blick wanderte über die kleine, begrenzte Fläche vor der Nebelwand, die sich nur ein paar hundert Schritt jenseits der *Mew* auf der Steuerbordseite der *Sea-Fafnir* auftürmte. Falls man auf dem Meer Entfernungen in Schritten messen konnte. Christus konnte es, und Petrus ... *aber was war das?*

Irgend etwas – ein dunkler Schatten – war für einen Augenblick am Rand des Nebels aufgetaucht, und wieder verschwunden, noch ehe sie es richtig gesehen hatte. Hätte die Sonne geschienen, hätte es der Schatten der *Mew* sein können. Ohne lange zu überlegen, rief sie: »Sigurth! Da drüben ist etwas!«

Sigurth' Kopf erschien über dem Rand des Decks, rasch gefolgt vom Rest seines Körpers, als er die Treppe zwischen den beiden Decks hinaufrannte und in die Richtung sah, in die Gytha zeigte.

»Gut gemacht, Lady!« rief er, während ein strahlendes Lächeln auf seinem Gesicht erschien, dann wölbte er die Hände über dem Mund und brüllte dem Kapitän der *Mew* etwas zu, der als Antwort eine Hand hob, auf die Steuermannsbrücke sprang und in den Nebel starrte. Gleichzeitig rief er der Mannschaft Befehle zu, und alle eilten an ihre langen Ruder.

Innerhalb von Sekunden war das Segel der *Mew* eingeholt. Sie machte einen Satz vorwärts, als die Ruder das Wasser peitschten, und fuhr geradewegs in den Nebel hinein. Die Wirkung war außergewöhnlich, denn der vordere Teil des Schiffes schien zu verschwinden, und dann blieb das Schiff mit einem entsetzlichen, knirschenden Krachen jäh stehen, verharrte einen Moment so und schoß dann mit einem heftigen Ruck rückwärts, da die Leute an den Rudern jetzt in umgekehrter Richtung ruderten. Heisere Schreie und Rufe waren aus dem Nebel zu hören, und die Mannschaft der *Mew* antwortete mit einem kurzen, knappen Anfeuerungsruf.

Plötzlich kam Bewegung in den Nebel, und er verschwand wie ein Vorhang, der sich hob. Gytha erkannte drei Schiffe, kleiner als die *Mew,* die sich verwirrt zusammendrängten, als wären sie in einer Reihe hintereinander gefahren, als das Unglück sie ereilt hatte. Vor ihnen ragte der drachengeschmückte Bug eines vierten Schiffes aus dem Wasser, während eine Menge zerbrochener Planken und Ruder zwischen einer Anzahl von um sich schlagenden, um ihr Leben ringenden Menschen umherschwamm.

Die *Mew* schaukelte bereits auf das nächste Schiff in der Reihe zu und gewann Geschwindigkeit, während sie vorwärtsschoß, um es zu rammen. Die *Tern* zog rasch am Heck der *Sea-Fafnir* vorbei, um sich an der Abwehrschlacht zu beteiligen.

»Was ist los? Wer sind sie?« keuchte Mildyth.

»Njörd hat uns vier kleine Piratenschiffe geschickt!« sagte Sigurth fröhlich. »Oh, wie töricht von ihnen! Gotländer anzugreifen, und das auch noch in Sichtweite ihrer eigenen Insel! Welch eine Frechheit! Welch eine dreiste, törichte Unverschämtheit!« Und er warf seinen Kopf vor Lachen zurück.

Zugleich vernahm man Schreie und dann ein weiteres Krachen und Bersten, als die *Mew* und die *Tern* die Ruder und die schwachen Seitenflächen von zwei weiteren Piratenschiffen zerschmetterten. Dann schossen beide Schiffe wieder nach vorn, um – angestachelt von gegenseitigen Beleidigungen – Jagd auf das vierte Piratenschiff zu machen.

»Was ist passiert?« fragte Gytha. »Es sah aus, als hätten die *Mew* und die *Tern* sie seitlich gerammt.«

»Ja. Beide Schiffe sind am Bug mit Holz und einer Eisenverkleidung verstärkt und haben vorn unter Wasser einen Rammsporn. Es ist ein Trick, den wir von den Griechen gelernt haben. Man wartet nicht, bis der Feind längsseits kommt und es ein Gefecht Mann gegen Mann gibt, sondern man fährt so schnell wie möglich auf ihn zu, indem man das ganze Schiff als Waffe benutzt, und rammt die Seite, wo das Schiff am schwächsten ist. Wenn man schnell genug fährt, kann man es umstürzen oder in zwei Hälften spalten!« Sigurth schüttelte sich noch immer vor Lachen bei seinen Erklärungen.

Er unterbrach sich, als ein weiteres furchtbares Krachen und Splittern das Sinken des vierten Piratenschiffes anzeigte. Es hörte sich an, als hätten die *Mew* und die *Tern* es gemeinsam gerammt, aber der Nebel hatte sich erneut über die Szene gesenkt, und es war nichts zu erkennen. Die Besatzung der *Sea-Fafnir* spähte in das milchige Dunkel und strengte die Ohren an bei dem Versuch, zu erraten, was in dem Schreien, Rufen und Splittern vor sich ging. Es war ein Glück, daß ihr Wachposten auf dem Masttopp auf Draht war. Sein Warnruf machte sie auf die Gefahr aufmerksam, daß das fünfte und größte Piratenschiff aus dem Nebel auf ihren anderen Ladebaum zuschoß und gerade seine Enterhaken längsseits befestigen wollte. Sie holten ihre Waffen aus den Tonnen, die gegen das Schanzkleid schlugen, und machten sich an die Verteidigung ihres Schiffes.

Mildyth warf nur einen kurzen Blick auf die wilden Männer, die über die Seite des Schiffes kletterten, kreischte: »Wikinger!« und hastete die Treppe zum Laderaum hinab. Gytha hörte die Kabinentür hinter ihr zuschlagen, blieb jedoch, wo sie war, am anderen Ende des Decks.

Ein paar Augenblicke lang beobachtete sie mit blankem Entsetzen, wie sich auf der Längsseite des Schiffes ein heftiger Kampf entwickelte, dann überwand sie ihren Schrecken und ergriff eines der wenigen Schwerter, die in der Waffentonne zurückgeblieben waren. Noch vor ein paar Tagen hatte sie sie betrachtet und gedacht, wie vernünftig es von Sigurth war, sie griffbereit zu haben, falls ...

Das Schwert, das sie in der Hand hielt, war kurz und leicht, und als sie es aus der Scheide zog, schimmerte auf der Klinge ein feines Muster wie fließendes Wasser auf, vergleichbar den Mustern, mit denen der Schmied in Waltham oft ähnliche Klingen verziert hatte. Dies war jedoch nicht die Zeit, um gute Handwerksarbeit zu bewundern, deshalb packte sie den Griff und versuchte, sich an die Übungen mit dem Schwert zu erinnern, die Godwin mit seiner Kompanie von Leibwächtern in Roskilde durchgeführt hatte. Sie hielt es vor ihren Körper, wartete und überlegte, ob sie wohl den Mut aufbringen würde, es zu benutzen.

Plötzlich wurde aus dem wirren Durcheinander auf den Decks ein geordneter Kampf, als Sigurth' Männer nach dem Plan vorgingen, der ihnen in der Vergangenheit schon oft von Nutzen gewesen war; sie kämpften Schulter an Schulter gegen die Seeräuber, die eher Einzelkämpfer, undiszipliniert und ohne Organisation waren. Die Piraten wurden systematisch zurückgetrieben, bis der Kampf vor dem Schanzkleid stattfand. Der schweigsame Bursche, der den Damen immer das Essen brachte und jetzt wie ein Berserker kämpfte, ergriff die Gelegenheit und kappte eines der Enterseile, und innerhalb von Sekunden waren auch die anderen durchtrennt. Das Piratenschiff begann abzutreiben, während die Besatzung eilends zurück an Bord kletterte, um nicht zurückzubleiben.

Plötzlich tauchte ein anderes Schiff aus dem Nebel auf und fuhr in voller Fahrt auf das Piratenschiff zu; ein fürchterliches Bersten war zu hören, als es den Feind mittschiffs rammte. Es war die *Tern,* die lautlos im Nebel gewendet hatte und nun dem Mutterschiff zu Hilfe kam. Nur Sekunden dahinter folgte die *Mew,* doch sie kam zu spät. Das Piratenschiff, zerborsten und gekentert, war bereits gesunken.

»Tut mir leid«, sagte Sigurth mehr als selbstzufrieden, als

er die Klinge seiner Streitaxt an dem zerfetzten Hemd eines seiner Opfer abwischte und es wieder an seinen Platz in einer Tonne zurücklegte. »Erlauben Sie mir, Ihr Schwert wegzupacken, Lady. Ich bin froh, daß Sie keinen Gebrauch davon machen mußten!« Er klang durchaus nicht überrascht, daß sie bewaffnet war, und schien anzunehmen, daß sie sich im Notfall selbst verteidigt hätte. »Ich sehe, Sie haben von Ihrem Vater mehr als das Aussehen geerbt«, setzte er mit einem Grinsen hinzu.

Die *Mew* und die *Tern* kehrten bereits auf ihre Plätze zu beiden Seiten der *Sea-Fafnir* zurück, und innerhalb von Minuten segelten beide brav dahin, so unschuldig und friedlich wie zwei Drachenkinder, die mit ihrer Mutter einen Ausflug machten. Um den Drachenkopf der *Mew* hatte sich ein großes Stück Wadmal gewickelt, und vier Leute der Besatzung bemühten sich, es zu entfernen, ohne es zu zerreißen – denn das kräftige wollene Segeltuch war sein Gewicht in Silber wert. Die toten und verletzten Piraten, die noch an Bord der *Sea-Fafnir* lagen, wurden über Bord geworfen, die Decks abgewaschen, die Verwundeten bandagiert, und im Handumdrehen war nichts mehr von der Schlacht zu sehen.

Unterdessen stand Gytha in entsetztem Schweigen da, lauschte den Hilferufen, die in der Ferne verklangen, und sagte dann zögernd: »Aber Sie haben Männer dort im Meer zurückgelassen! Sie werden ertrinken!«

»Die meisten von ihnen haben Kettenhemden getragen, vielleicht denkt Njörd also, sie seien im Kampf gestorben, und überredet Vater Odin, sie nach Walhall zu lassen«, erwiderte Sigurth, um dann, als er Gythas entsetztes Gesicht sah, hinzuzufügen: »Es sind Piraten, Lady! Wenn wir sie nicht zuerst erwischt hätten, hätten sie uns früher oder später getötet. Die Männer, die im Kampf umgekommen wären, hätten Glück gehabt, die übrigen hätten am Ende um ihren Tod gefleht – Sie und Ihre Kamerfrau zuallererst! Meine Leute und ich befahren seit Jahren die Meere, von Grönland bis Konstantinopel, den Ozean und das Mittelmeer oder die Flußpassage. Wir haben das Nordkap und das Goldene Horn gesehen. Gorm, der die *Tern* befehligt, ist über den Ozean nach Finnland gefahren, ans Ende der Welt. Wo immer wir dem Weg der grauen Möwen gefolgt sind, nirgends sind wir schlimmeren Gefahren begegnet als den wendischen Piraten der Ostsee! Seien Sie froh, daß sie ertrunken sind, und danken Sie Ihrem Gott, daß er Sie vor ihnen gerettet hat. Ich will auch nicht vergessen, Ihnen zu danken, daß Ihre guten, scharfen Augen uns ein paar zusätzliche Sekunden Zeit verschafft haben.«

Gytha schüttelte stumm den Kopf und wandte sich erschüttert und angewidert von ihm ab. Sie fand sich plötzlich an der Seite des Schiffes, wohin sie blindlings gegangen war, und blickte ein paar Minuten in das bewegte grüne Wasser, das vom Rumpf der *Sea-Fafnir* zerteilt wurde. Sie stellte sich die Gesichter von Ertrunkenen vor, die aus den Tiefen blicklos zu ihr heraufsahen, und als plötzlich für Sekunden ein großer Fisch auftauchte, stieß sie einen entsetzten Schrei aus, ehe sie erkannte, was es war.

Sie hatte oft gehört, wie die Leute in Dänemark sich über die Seeräuber beklagten und es Svein verargten, daß er sie nicht stärker bekämpfte. Sie hatte sich keine großen Gedanken über sie gemacht, selbst als sie erfahren hatte, daß ihre Reise sie über die ganze Ostsee führen würde; denn würde sie nicht in einem gotländischen Schiff reisen, und sagten nicht alle, die Gotländer könnten es mit den Piraten aufnehmen? Erst jetzt bekam sie Angst vor ihnen, fürchtete die Möglichkeit, gefangengenommen zu werden und die unvorstellbaren Dinge, die sie ihr antun könnten ...

Andererseits waren diese Seeräuber, die man um ihr Leben ringend und sterbend in der See zurückgelassen hatte, Menschen, und wenn Sigurth das mit ihren scharfen Augen ernst gemeint hatte, lastete ein Teil der Verantwortung für deren Tod auch auf ihrer Seele. Sie schloß die

Augen und betete für die Seelen der Toten und Sterbenden und für einen sicheren letzten Teil der Reise. Während des Gebets spürte sie mit einmal eine angenehme Wärme auf dem Rücken, öffnete die Augen und stellte fest, daß der Nebel fast völlig verschwunden war und die Sonne über einem glitzernden, fast blauen Meer schien. Sie riß sich zusammen und machte sich auf den Weg, um Mildyth zu suchen und zu trösten.

Das gute Wetter hielt mehrere Tage an; ein kräftiger Wind trug die drei Schiffe zügig vorwärts, immer geradewegs nach Osten. Stunde um Stunde verging, jeder Tag zog sich endlos von der Morgen- bis zur Abenddämmerung dahin, und es gab nichts weiter zu tun, als mit Mildyth im Schutz des hohen Achterschiffs zu sitzen und zu nähen oder Borten zu weben und zu reden. Selbst die Mahlzeiten unterbrachen die Eintönigkeit kaum, denn das Essen war kalt und wenig schmackhaft; es gab Brot und geräucherten oder getrockneten Fisch oder Fleisch.

Eines Tages fragte Mildyth: »Was hat König Svein veranlaßt, für Sie einen Ehemann auszuwählen, der so weit entfernt lebt?«

»Er sagte, es sei unmöglich, im Westen für mich einen Prinzen zu finden, aber Fürst Waldemar lebe so weit entfernt, daß er wahrscheinlich nichts von dem gehört habe, was Herzog William über meinen Vater gesagt hat. Er wisse nur, daß ich die Tochter eines Königs bin, was ja zutrifft.«

»Wie hat König Svein von dem Fürsten erfahren?«

»Ich dachte, das wüßtest du – habe ich dir das nie erzählt?« rief Gytha, die sich jetzt erinnerte, daß Mildyth bei der Unterredung über ihre Heirat nicht anwesend gewesen war. »Königin Elisew kam aus Rußland. Fürst Waldemar ist ihr Neffe, und sie hat die Heirat arrangiert.«

»Königin Elisew!« Mildyth sah Gytha mit aufgerissenen Augen und offenem Mund an. »Diese schwarzäugige Hexe! Oh, wir müssen umkehren! Sie können keinen Mann heiraten, den *sie* für Sie ausgesucht hat. Er ist bestimmt verrückt oder ein Krüppel oder so häßlich, daß Sie seinen Anblick nicht ertragen können.«

»Sei nicht töricht, Mildyth!« rief Gytha und bemühte sich um einen strengen Ton, doch ihr schwante selbst nichts Gutes, denn Elisews Freundlichkeit war in der Tat unerwartet gewesen. Vielleicht hatte Mildyth recht – vielleicht war es gar keine Freundlichkeit gewesen!

Plötzlich erinnerte sie sich an die ersten Worte, die Elisew an sie gerichtet hatte – *Das ist also die Tochter von Harold Godwinsson* – und die Geschichte, die Mildyth von einer von Elisews Kammerfrauen gehört hatte; daß nämlich ihre Herrin Harald Sigurthsson geliebt und gegen den Willen ihres Vaters geheiratet hatte. Was, wenn alles – der ganze Plan, sie nach Rußland zu schicken und Elisews Neffen zu heiraten – wenn alles eine Art Rache war, weil ihr Vater Harald Sigurthsson getötet hatte?

Vielleicht umgab Fürst Waldemar etwas Schreckliches, oder vielleicht existierte er gar nicht! Was, wenn sie in Holmgarth eintraf und keinen Fürsten, keinen Ehemann, vielleicht überhaupt niemanden vorfand, der sie erwartete? Was sollte sie dann tun?

Mildyth beobachtete sie mit wachsender Besorgnis, als sie stumm dasaß und ins Leere starrte, an ihrer Unterlippe nagte und logisch über diesen Abgrund von Zweifeln nachzudenken versuchte, der sich so plötzlich vor ihr aufgetan hatte.

»Haben Sie nie bedacht, daß die Lady Ihnen vielleicht eins auswischen wollte?« fragte Mildyth besorgt. »Ach, meine Kleine, Sie haben ihr doch nicht getraut, oder? Ich wäre nicht im Traum darauf gekommen, daß sie das alles arrangiert hat. Gott steh uns bei! Was sollen wir nur tun?«

»Tun?« wiederholte Gytha. »Was bleibt uns anderes übrig, als weiter zu fahren und das beste aus dem zu machen, was wir in Holmgarth vorfinden?«

»Wir könnten zurückkehren ...«

»Wohin zurückkehren? König Svein wird nicht mehr lange leben, und Harald Sveinsson würde über die Ausgaben für meinen Lebensunterhalt kaum erbaut sein, und die Königin würde sicher einen anderen Weg finden ...« Gytha schüttelte den Kopf.

»Da sind noch Ihre Brüder.«

»Sie können mir nicht helfen. Sie sind von Harald Sveinsson abhängig. Er wird sie weiter unterstützen, weil sie gute Männer sind und sich seine Unterstützung verdienen. Wenn wir zurückkehren, bedeutet das, ganz und gar zurück – nach England und in das Kloster in Wilton, falls Herzog Williams Angebot, mir dort eine Bleibe zu gewähren, noch besteht.«

»Nun, ein Kloster ist vielleicht besser als ...«, sagte Mildyth unsicher.

»In Rußland wird es auch Klöster geben.« Gytha hob entschlossen das Kinn und sah ihrem Vater so ähnlich, daß Mildyth' Mut unerklärlicherweise wieder etwas stieg. »Wir gehen nach Holmgarth und warten ab, was geschieht. Es kann sich alles als gut erweisen, und falls nicht, ist es kein großer Unterschied, ob ich in England oder Rußland als Nonne lebe, da ich außerhalb der Klostermauern ohnehin nichts zu sehen bekomme!« Bei den letzten Worten schwankte ihre Stimme ein wenig, doch sie preßte die Lippen zusammen und wandte sich entschlossen ihrer Näherei zu. Mildyth, die noch etwas hinzufügen wollte, zögerte, änderte ihren Entschluß und vermied es für den Rest der Reise, das Thema Zukunft noch einmal anzuschneiden.

Doch der Schaden war angerichtet. Während der langen ereignislosen Stunden gab es allzu viel Zeit zum Nachdenken, und so sehr Gytha ihren Gedanken auch Einhalt zu gebieten versuchte, kehrten sie immer wieder zu der Frage nach Elisews Motiven und den verschiedenen Möglichkeiten zurück, die sie in Holmgarth erwarten mochten. Einmal kam ihr ein Gedanke, der ihre Stimmung für ein paar Stunden hob. Ihr fiel ein, daß sie Sigurth nie gefragt hatte, ob er Fürst Waldemar einmal begegnet war, doch als sie die erste Gelegenheit beim Schopf ergriff, schüttelte er den Kopf und blickte verwirrt.

»Ich weiß nicht. Es gibt so viele russische Prinzen, und alle haben so seltsame Namen. Ich kenne zwei von ihnen ganz gut, aber sie heißen Swjatoslaw und Gleb. Sie sehen alle gut aus.«

Danach konnte sie nur noch beten, während jede dahinkriechende Stunde sie dem Ende ihrer Reise näher brachte und damit wenigstens allen Spekulationen ein Ende bereitet würde.

Während der ganzen Zeit sahen sie nur wenig andere Schiffe und nur ab und zu in weiter Ferne ein Stück Land, deshalb war sie erstaunt und erleichtert zugleich, als Sigurth eines Abends zu ihr sagte: »Irgendwann werden Sie morgen im Verlauf des Tages Land sehen. Das ist Kap Domesnäs. Nicht weit davon liegt eine Insel namens Ösel, wo wir anlegen, um Waren zu tauschen und Trinkwasser an Bord zu nehmen. Sie werden Gelegenheit haben, die Glieder auszustrecken, und zur Abwechslung ein warmes Essen bekommen.«

Er klang so zuversichtlich, daß Gytha am Morgen mit einem Gefühl der Vorfreude erwachte und alle paar Minuten an Mast und Segel vorbeistarrte und den Horizont absuchte. Man sah nichts außer dem glitzernden Wasser und kleinen weißen Schaumkronen auf den Wellen.

Am Nachmittag, als sie vielleicht zum zwanzigsten Mal in die Ferne spähte, erkannte sie einen schwachen Umriß, der sich direkt vor ihr am Horizont abzeichnete. Er wurde größer und größer und kam in den nächsten zwei Stunden ständig näher, und am Abend fuhr das Schiff nördlich einer großen Landzunge vorbei und steuerte auf die Insel zu, die jetzt über die Meerenge hinweg sichtbar wurde. In der langen Dämmerung einer nördlichen Sommernacht umrundeten sie eine bewaldete Spitze und gingen in einer geschützten Bucht vor Anker, die *Sea-Fafnir* nahe an der Küste, ihre Begleitschiffe weiter draußen, bereit, sie vor einem Angriff von See her zu schützen.

Am Rand der Bucht befand sich ein kleines Dorf. Vielleicht zwanzig stabile kleine Holzhäuser drängten sich vor einem bescheidenen Herrensitz zusammen. Ein Dutzend Fischerboote war auf den Strand gezogen, und auf Holzrahmen trockneten eine Reihe von Netzen, die einen durchdringenden Geruch nach Fisch verbreiteten, was Mildyth veranlaßte, sich die Nase zuzuhalten und laut den Wunsch zu äußern, der Wind möge den Gestank vertreiben und nicht zu ihnen hin tragen.

Die meisten der Einwohner kamen ans Ufer hinunter, um Sigurth und seine Männer zu begrüßen. Sofort wurde am Strand ein improvisierter Markt aufgebaut; leuchtende Fakkeln hellten das Zwielicht auf und warfen einen qualmigen Schein über die schwatzenden, gestikulierenden kleinen Gruppen, die um Eisenwaren, Stoffe, Steingut, Walroßelfenbein, das aus den Stoßzähnen von Walrössern bestand, und Glasperlen feilschten.

Mildyth ging zu Bett, Gytha jedoch nahm Sigurth' Einladung, einen Spaziergang an Land zu machen, an und ließ sich in einem der zum Schiff gehörigen kleinen Boote zur Küste bringen. Das Dorf war schmutzig, und der Fischgestank vermischte sich in beengten Vierteln mit weitaus übleren Gerüchen, und so wanderte sie den Strand entlang und suchte nach Bernstein. In der Tat fand sie ein Dutzend kleine Stücke, die sie in ihre Geldbörse legte. Es war ein seltenes Vergnügen, so ganz allein umherzulaufen, wie sie es in ihrer Kindheit in Waltham und selbst manchmal in Roskilde gewohnt gewesen war. Sie vermutete, daß sie in Rußland stets von jemandem begleitet würde, also war dies vielleicht ihre letzte Chance, allein spazierenzugehen.

Als sie das Ende der Bucht erreichte, versperrte ihr eine

steile Klippe den Weg, deshalb wandte sie sich landeinwärts, durchwanderte den Pinienwald und genoß die Stille, das Gefühl, festen Boden unter den Füßen zu haben, und den Geruch der Bäume.

Unwillkürlich dachte sie über Sigurth nach, den sie für einen gutaussehenden Mann hielt, und fragte sich, ob der unbekannte Fürst Waldemar – falls es ihn gab – ihm vielleicht ähnlich sah. Möglicherweise schon, wenn die russischen Prinzen von schwedischen Vorfahren abstammten. Sie hoffte, ihr zukünftiger Mann wäre groß und blond wie Sigurth – wie ihr Vater ...

Ungewollt entfernte sie sich weiter vom Strand, als sie beabsichtigt hatte, und trat hinter dem Dorf aus dem Wald, in der Nähe des Herrenhauses. Sie war eben im Begriff, darum herumzugehen und durch das Dorf zurückzukehren, als sie Sigurth' Stimme vernahm.

»Wir sind diesmal auf dem Weg nach Holmgarth, um für König Svein einen Auftrag zu erledigen«, sagte er. »Ich könnte weiter nach Kiew oder sogar nach Miklagarth fahren, wenn die Flußpassage dieses Jahr friedlich ist.«

»Welche Fracht habt ihr geladen?« fragte eine rauhe, tiefe Stimme auf Norwegisch, jedoch mit starkem Akzent.

Gytha bemerkte, daß die beiden Männer in der Halle waren oder vielmehr in einem kleinen Raum, der in sie mündete, und sie konnte sie durch die Ritzen in der Holzwand verstehen.

»Das übliche«, erwiderte Sigurth. »Brauchen Sie irgend etwas?«

»Ich habe zwei Frauen an Deck gesehen, als Sie angelegt haben, und die jüngere ist an Land gegangen. Wieviel verlangen Sie für sie?«

»Was, sind Sie Ihre Frauen schon alle leid?« fragte Sigurth leichthin, und Gytha verspürte ein ängstliches Zittern. War er im Begriff, um sie zu handeln?

»Weiber werden nach ein paar Kindern dick und dann

haben sie nichts Aufregendes mehr. Kommen Sie, Sigurth – nennen Sie Ihren Preis! Ich habe etwas Gold, falls unser Fisch oder unsere Holzschnitzereien Sie nicht reizen.«

»Haben Sie einen Schatz in Ihrem Kiefernwald gefunden?« fragte Sigurth. »Soviel würde es Sie mindestens kosten, wenn Sie diese Frau kaufen wollten!«

»Seien Sie vernünftig, Sigurth! Keine Frau ist diese Art von Geld wert. Anders als ein Pferd oder ein Schiff, das Jahre hält! Eine Frau ist erledigt, wenn man sie ein paar Monate gebraucht hat. Lassen Sie die Scherze und nennen Sie Ihren Preis!«

Sigurth lachte. »Ich betreibe keinen Sklavenhandel. Sie ist nicht zu verkaufen; sie ist eine Passagierin, und die andere ist ihre Kammerfrau.«

»Ich gebe zu, sie ist ungewöhnlich hübsch, und ich biete Ihnen einen guten Preis für sie«, beharrte der andere. Gytha vermutete, daß es der Dorfvorsteher war.

»Hübsch! Sie ist eine echte Schönheit, und das wissen Sie genau, mit Ihrem Blick für Frauen! Nein, alter Freund – sie ist wirklich nicht zu verkaufen, und wenn sie es wäre, sie gehört leider nicht mir! Sie ist Svein Estrithssons Lieblingstochter, und ich bringe sie nach Holmgarth, weil sie dort einen der russischen Prinzen heiraten soll.«

»Der alte Svein verheiratet sie mit einem dieser verdammten Slawen? Welch eine Verschwendung! Sie wüßten eine schöne Frau doch gar nicht zu schätzen, wenn sie eine sähen! Ihre eigenen sind so langweilig und unansehnlich wie graue Mäuse.«

»Die Fürsten sind nur zur Hälfte slawisch. Die andere Hälfte ist so schwedisch wie Sie«, erwiderte Sigurth und lachte wieder.

»Ich sage Ihnen, was ich tun werde. Verkaufen Sie sie an mich, sagen Sie dem Fürsten, sie sei unterwegs gestorben, und ich stelle Sie Ihnen jedesmal, wenn Sie hier vorbeikommen, zur Verfügung!«

Gytha wurde übel bei dem Gedanken, Sklavin dieses Mannes zu sein, in diesem stinkenden Loch von einem Dorf zurückgelassen zu werden, und atemlos wartete sie auf Sigurths Antwort.

»Glauben Sie, der Fürst würde mir glauben? Er würde mir die Wahrheit mit glühenden Zangen entlocken! Und was sollte ich ihm dann sagen? Tut mir leid, Mylord, aber ich habe Ihre Braut an einen alten Bock in Ösel verkauft. Und Svein Estrithsson? Tut mir leid, mein König, aber ein Mann in Ösel wollte sie gern für sein Bett, also habe ich sie ihm für einen guten Preis verkauft. Er würde mich erst zur Schnecke machen und dann meinen Handel mit Dänemark ruinieren. Nein, Olaf Valdernarsson, meine Prinzessin fährt nach Holmgarth, und Sie begnügen sich mit den Frauen, die Sie haben! Warum kaufen Sie sich keine in Kurland? Sie haben hübsche Mädchen dort und verkaufen sie bereitwillig. Es lohnt sich nicht zu riskieren, daß Ihnen das Dorf über dem Kopf abbrennt, nur weil Sie versuchen, Sveins Lieblingstochter an sich zu bringen.«

Gytha merkte, daß der letzte Satz eine Drohung war, und sie war Sigurth ebenso dankbar dafür wie für seine Weigerung, ihren Verkauf auch nur in Erwägung zu ziehen. Trotzdem hielt sie es nicht für angebracht, von Olaf so nahe bei seinem Haus angetroffen zu werden, und sie lief rasch davon, durch das Dorf zum Strand hinunter. Sie dankte Gott, daß Sigurth das Vertrauen rechtfertigte, das Svein in ihn gesetzt hatte, selbst wenn er nur seinen Handel mit Dänemark sicherstellen wollte. Sie fragte sich, warum er sie als Sveins Tochter bezeichnet hatte, kam jedoch zu dem Schluß, daß es wohl eindrucksvoller klang. Man konnte von Svein ganz gewiß erwarten, daß er sich an jemandem rächen würde, der seine Lieblingstochter entführte, wegen einer entfernten Cousine würde er sich wahrscheinlich nicht sonderlich aufregen!

Unten am Strand war der Handel fast beendet und die

Fackeln niedergebrannt. Der junge Kapitän der *Tern* kam hastig über den Kiesstrand gelaufen und fragte besorgt, ob sie bereit sei, wieder an Bord zu gehen. »Ich wollte gerade nach Ihnen suchen – Sigurth Tovisson wird mir die Ohren abschneiden, wenn er erfährt, daß ich Sie aus den Augen gelassen habe!«

»Das tut mir leid – ich habe nicht daran gedacht, daß Sie sich Sorgen machen könnten. Ja, ich bin bereit, auf das Schiff zurückzukehren, vielen Dank.«

Mildyth wurde wach und setzte sich auf, als Gytha in die Kabine schlüpfte und sich beim schwachen Schein der kleinen Öllampe für die Nacht zurechtmachte.

»Was haben Sie an Land gesehen?« fragte sie.

»Nur ein kleines schmutziges Dorf und viele Bäume. Die Dorfbewohner haben eifrig eingekauft, und Sigurth hat, glaube ich, mit dem Than gesprochen. Er wollte mich kaufen!«

»Er wollte was?« rief Mildyth empört. »Welch eine Unverschämtheit!«

»Er hat einen guten Preis geboten.«

»Das will ich annehmen! Was hat Sigurth gesagt?«

»Er hat ihm geantwortet, ich sei König Sveins Lieblingstochter und auf dem Weg nach Holmgarth, um zu heiraten, und ich sei nicht zu verkaufen, und das merkst du dir besser, falls dich morgen jemand danach fragt!«

»Ich werde hier nicht an Land gehen, um nichts auf der Welt! Mir gefällt das Gerede über Frauenhandel nicht«, sagte Mildyth voller Abscheu. »Denken Sie daran, was Sie vorhaben, und gehen Sie nicht in die Nähe des Than!«

Gytha dachte daran. Sie ging am Morgen erneut an Land, während die Seeleute ihre Wasserfässer füllten und sie zusammen mit den Pelzen und dem getrockneten Fisch verstauten, den sie im Tauschhandel von den Dorfbewohnern erhalten hatten, doch sie mied das Dorf und ging nur ein kurzes Stück den Strand entlang, sich immer in Sichtweite der Schiffe haltend. Auf dem Rückweg begegnete sie dem Than, den sie an der Stimme erkannte, als er sie ansprach. Er war sehr höflich und redete sie mit »Lady« an, wobei er seine Wollmütze abnahm und sich verneigte, doch seine lustigen blauen Augen musterten sie bewundernd auf erstaunlich jugendliche Art, gemessen an seinem grauen Haar und dem fülligen Körper. Ihre Haltung ihm gegenüber war so huldvoll und königlich wie möglich, und als er sie zum Boot begleitete, schien er geradezu von Ehrfurcht ergriffen. Er half ihr so vorsichtig hinein, als bestünde sie aus Eierschalen, und blieb ohne Kopfbedeckung stehen und sah zu, bis sie sicher zurück an Bord der *Sea-Fafnir* war.

»War er das?« fragte Mildyth, die vom Deck aus zugesehen hatte.

»Ja.« Gytha wandte sich um und winkte ihm mit einer königlichen Geste zu, bevor sie in die Kabine hinunterging.

Am Nachmittag wurden die Segel gesetzt, und sie glitten an der Küste der Insel entlang. Gytha sah, daß der Nadelwald nur einen kleinen Teil der Insel bedeckte und für das Dorf einen Schutz vor dem bitterkalten Nordwind darstellte. Der restliche Teil der Insel bestand aus Acker- und Weideland.

Gegen Morgen waren die Schiffe erneut auf östlichem Kurs, das Festland zur Rechten noch immer sichtbar. Mehrere kleine Schiffe kamen im Lauf des Tages in Sicht, aber sie waren alle mit Fischen beschäftigt, nur eines wagte sich in Rufweite; es fuhr in Gegenrichtung an ihnen vorbei, mit einem fröhlichen Winken des Steuermanns und einem lautstarken Gruß des Wachpostens, den Gytha nicht verstand, der die Besatzung der *Sea-Fafnir* jedoch zum Lachen brachte.

Am siebten Tag nach ihrem Aufbruch von Ösel hatten sie die Küste noch immer dicht zu ihrer Rechten. Man konnte nicht viel erkennen – nur einen Streifen Strand, dahinter ein sanft ansteigendes Gelände und einzelne Baumgruppen. Die Bäume waren nicht sehr hoch, und ihre Stämme leuchteten silbern, wenn das Licht sie erfaßte, und Gytha vermutete, daß es Birken waren.

Als sie am Morgen des achten Tages an Deck ging, sah sie Land vor sich. Zumindest war es kein Meer, doch es war sehr flach und erhob sich kaum über das Wasser. Sigurth zeigte darauf und erklärte ihr, es seien Salzmarschen und sie näherten sich der Mündung der Newa.

»Sie ähnelt der Mündung Ihrer Themse in England«, sagte er, »sie ist nur viel schmaler. Wir verlassen jetzt das Meer, und den Rest Ihrer Reise werden Sie über Flüsse und Seen zurücklegen. Dies ist der Anfang von Rußland und der Flußpassage.«

Nowgorod

9. Kapitel

Gytha betrachtete ihr neues Land ohne große Begeisterung, als die Schiffe langsam in die Flußmündung einfuhren und sich unter Einsatz der Ruder durch die starke Strömung kämpften. Zu beiden Seiten erstreckte sich, soweit der Blick reichte, das Marschland, durchzogen von glänzenden Kanälen. Es war ein trostloser Anblick und bis auf die Scharen von Seevögeln ohne jede Spur von Leben. Der mächtige Strom wand sich zwischen sumpfigen Inseln hindurch, teilte sich in kleinere Kanäle auf, die sich wieder vereinten, wandte sich nach Nordosten und verlief dann allmählich in einem großen Bogen nach Süden.

Den ganzen Tag über schufteten die Männer an den langen Rudern, verfluchten das schwere Frachtschiff und die starke Strömung und kamen nur langsam vorwärts. Am frühen Abend bogen sie in eine kleine Bucht ein und gingen vor Anker, die *Mew* und die *Tern* zu beiden Seiten der *Sea-Fafnir*. Der strenge Geruch von faulendem Gras und Morast stieg im Dunst der Marschen auf, und die ganze Nacht über quakten unaufhörlich die Frösche.

Die kraftraubende Arbeit setzte sich auch den nächsten Tag über fort; der Fluß wand sich hierhin und dorthin wie eine große silberne Schlange und wurde nicht viel schmaler, floß jedoch nach und nach mehr in nordöstliche Richtung. Das Marschland setzte sich, flach und reizlos, weiter fort, bis am späten Nachmittag das Gelände auf beiden Seiten etwas anstieg. Dann, als sie um eine Biegung fuhren, traten die Ufer plötzlich zurück, und sie befanden sich auf einer großen Wasserfläche, die sich bis weit in die Ferne erstreckte.

»Der Ladogasee«, sagte Sigurth mit einer ausholenden Armbewegung. »Wir gehen jetzt vor Anker, denn die Männer brauchen eine Ruhepause, bevor wir weiterfahren.«

Auch in dieser Nacht blieben wieder alle an Bord, denn das Seeufer war weiterhin sumpfig, doch zwei Tage später wendeten sie sich nach Süden und bogen in die Mündung eines anderen Flusses ein, verloren sich in einem dichten Wald aus Kiefern und Birken, erreichten nach ein paar Stunden eine kleine Stadt und machten an einem langen hölzernen Schiffslandeplatz für die Nacht fest.

»Dies ist Aldejuborg«, erklärte Sigurth seinen Passagieren. »Die Russen nennen es auch Staraja Ladoga. Es war früher ein wichtiger Handelsplatz, wo die Skandinavier die Slawen trafen, aber jetzt hat Holmgarth fast den gesamten Handel übernommen. Aber hier sind noch immer alle möglichen Völker vertreten – Finnen, Schweden, Lappen, Dänen, Gotländer und natürlich Slawen. Hätten Sie Lust, an Land zu gehen und mit uns zusammen eine warme Mahlzeit einzunehmen?«

Gytha nahm das Angebot rasch für sie beide an, denn sie waren so lange in dem Schiff eingepfercht gewesen und hatten nur kaltes, kaum genießbares Essen bekommen, und sie hatte den dringenden Wunsch, sich in der ersten Stadt umzuschauen, die sie in ihrem neuen Land zu sehen bekam.

Sigurth und die Kapitäne der *Mew* und der *Tern* begleiteten sie an Land. Der Kai war eine breite, solide gebaute Holzkonstruktion, gesäumt von großen hölzernen Lagerhäusern. Dahinter erstreckten sich schmale, mit Baumstämmen belegte Wege, auf denen das Gehen schwerfiel, da sie schlüpfrig waren. Auch die Häuser bestanden aus Baumstämmen, doch anders als bei den Häusern in den nordischen Ländern verliefen die Stämme waagerecht und waren an den Enden eingekerbt und ineinander verzahnt, um die Ecken zu verstärken, und die Dächer waren mit Holzschindeln gedeckt. Sie kamen an einer Kirche vorbei, die ebenfalls aus Holz war und ein seltsam geformtes Dach besaß, das nur aus doppelt geschwungenen Giebeln bestand. Auf der Spitze ihres gedrungenen Turmes saß eine merkwürdige helmartige Kappe. Mildyth stieß Gytha an und zeigte auf die Spitze, wo ein goldenes Kreuz in der Abendsonne blitzte. Der Anblick befreite Gytha von einer ihrer Sorgen, denn es bestätigte Elisews Aussage, daß Rußland ein christliches Land war, auch wenn sie es für ein seltsames Kreuz hielt, denn über dem Hauptkreuz befand sich ein zweites kleines Kreuz, und ein drittes war schräg am Ständer angebracht.

Sie begegneten vielen Menschen, die alle einen sehr beschäftigten und zielstrebigen Eindruck machten. Viele von ihnen waren Nordländer – groß, blond, blauäugig –, doch die übrigen waren kleinere, untersetzte Menschen mit schwarzen Haaren und hohen, vorspringenden Backenknochen, die ihren Gesichtern einen katzenhaften Ausdruck verliehen. Die Männer trugen lange, bis an die Knöchel reichende, pelzbesetzte Mäntel, und die Frauen waren in dicke, formlose Kleider eingewickelt und trugen Kopfbedeckungen, die den Doppelbögen der Kirchendachgiebel glichen. Sie hatten runde Puppengesichter, die einander sehr ähnlich waren durch die mandelförmigen Augen, mit denen sie im Vorübergehen die beiden Engländerinnen neugierig und verstohlen musterten.

Die Nachricht von ihrer Ankunft mußte sich rasch in der Stadt verbreitet haben, denn sobald sie ein Gasthaus betraten, das Sigurth anscheinend kannte, wartete der Wirt kaum ab, bis sie Platz genommen hatten, als er sich auch schon nach dem Preis für eiserne Kochtöpfe und Rheinwein erkundigte. Sigurth antwortete ihm, ganz guter Geschäftsmann, eine warme, schmackhafte Mahlzeit könnte den Preis möglicherweise etwas drücken. Der Wirt verstand den Wink, und gleich darauf servierte man ihnen eine dicke Fleisch- und Gemüsebrühe, gefolgt von Fleisch und Wurzelgemüse, dicken Scheiben von feuchtem, klebrigem, dunkelbraunem Brot und Ziegenkäse.

»Das ist Bauernbrot!« sagte Mildyth verächtlich.

»In Rußland nicht«, erwiderte Sigurth. »Die Sommer hier sind kurz, und so hoch im Norden gedeiht nicht viel Weizen und Gerste. Selbst im Haushalt des Fürsten ißt man Roggenbrot, und ich glaube, es wird Ihnen schmecken – besser als das schwarze Brot des Westens.«

»Es ist frisch, und man braucht es nicht in Ale einzuweichen, um es genießbar zu machen«, erklärte Gytha listig, denn das war die einzige Art, in der Mildyth das steinharte Brot auf dem Schiff hatte kauen können, da sie sich nicht auf ihre Zähne verlassen konnte.

»Das ist das erste Mal, daß Sie sich über unser schreckliches Essen an Bord beschweren, Lady!« rief Sigurth lachend aus. »Ich gebe zu, ich schäme mich, daß wir Ihnen nichts anderes anbieten können; und deshalb nehme ich auch nicht gern Passagiere mit. Normalerweise murren sie die ganze Zeit, und das zu Recht, denn sie müssen Kälte, Nässe, Langeweile, Mangel an Bewegung und ungenießbare Nahrung ertragen! Ich bewundere die Art, wie Sie beide das alles klaglos durchgestanden haben.«

»Aber für die Seeleute ist es doch dasselbe«, meinte Gytha.

»Wir sind daran gewöhnt, und wir haben Arbeit, die uns auf Trab hält und uns so hungrig macht, daß wir alles essen, sogar halbverdorbenes Fleisch. Die meisten von uns haben kein anderes Leben kennengelernt, aber Sie haben in Palästen gewohnt, in aller Bequemlichkeit und mit gutem Essen«, erwiderte der Kapitän der *Mew*.

Der Rückweg zu den Schiffen im Zwielicht der nördlichen Sommernacht war angenehm. Gytha war beeindruckt vom stabilen, behaglichen Aussehen der Häuser und dem Ausmaß der Stadt. Sie war größer als Roskilde und wies anscheinend keine der baufälligen, aus einem Raum bestehenden, schäbigen Häuschen auf, aus denen die Städte in England und Dänemark größtenteils bestanden. Sie nahmen diesmal einen anderen Weg und gingen zwischen den Häusern und einem massiven Schutzwall hindurch, der aus einem hohen, aus Erdreich errichteten Wall und einem Palisadenzaun aus dicken Baumstämmen bestand, der in regelmäßigen Abständen von Wachtürmen unterbrochen wurde. Auf Sigurths Vorschlag hin stiegen sie die Holztreppe zu dem Fußweg hinauf, der dicht an dem Zaun entlangführte, und blickten hinüber.

Rund um den Wall erstreckte sich eine etwa zweihundert Schritt breite freie Fläche, und dahinter erhob sich der dunkle Wald, der nur darauf zu warten schien, wieder in die Höhe zu schießen und bei der ersten Gelegenheit den Platz, auf dem sich jetzt die Stadt ausbreitete, zurückzuerobern. Hohe, gerade Kiefern standen dicht gedrängt, während ab und zu der Schimmer einer Silberbirke sichtbar war und die weißen Blüten von Ebereschen zwischen den dunklen Stämmen aufleuchteten. Die dicht davor stehenden viereckigen Wachtürme, deren Holzschindeln mit ganzen Lederhäuten abgedeckt waren, wirkten massiv und stabil gebaut.

»Hier scheint man auf Angriffe gefaßt zu sein«, bemerkte Gytha. »Ich habe gehört, daß es in Rußland viele Kämpfe gibt. Wird diese Stadt oft belagert?«

»Die Kämpfe finden selten so weit nördlich statt, Lady«, antwortete Sigurth. »Die Wälder sind dicht, nahezu undurchdringlich. Weiter südlich gibt es viel flaches, offenes Grasland, und dort fallen Stämme aus dem Osten ein, die in den Städten Rußlands auf Beute und Sklaven aus sind; manchmal dringen auch Horden im Westen ein und versuchen, die Handelsstraße und das reiche Bauernland an sich zu bringen. Die Flüsse bilden das Rückgrat des Landes, doch es gibt keine natürlichen Grenzen, um sich nach Osten oder Westen zu schützen, deshalb ist es ein ständiger Kampf, die Polowzer, die Petschenegen und die Bulgaren im Osten und die Polen und die Deutschen im Westen abzuwehren. Aldejuborg und Holmgarth sind die bei weitem sichersten Orte in Rußland, da sie in den nördlichen Wäldern liegen.«

Das war eine ausgesprochen lange Rede für den wortkargen Kapitän, und Gytha, die seine Worte mit dem verglich, was sie zuvor gehört hatte, fand es tröstlich, daß Elisew hier ebenso die Wahrheit gesagt hatte, wie es schon bei ihrer Auskunft über die Religion der Russen der Fall gewesen war.

Der größte Teil der Mannschaft blieb über Nacht an Land, doch es blieb eine tüchtige Wache an Bord der drei Schiffe. Gytha vermutete, ihre Aufgabe sei es, die Ladung zu bewachen; als sie jedoch in der Nacht aufwachte und keinen Schlaf mehr fand, die Kabinentür öffnete und hinausblickte, sah sie nur wenige Fuß entfernt einen stämmigen Seemann auf einem Faß sitzen, ein gezogenes Schwert auf den Knien und eine Kuhglocke zu seinen Füßen. Offensichtlich bewachte er Mildyth und sie. Sie behielt diese Entdeckung für sich, da sie es für unvernünftig erachtete, Mildyth unnötig zu beunruhigen.

Nun, da sie Rußland erreicht hatte, war sie begierig, nach Holmgarth zu kommen und zu erfahren, was sie dort wirklich erleben würde, doch die Tage schienen noch langsamer zu vergehen als zuvor, während die Schiffe sich den Fluß hinaufquälten, denn dieser – Sigurth sagte, er hieße Wolchow – floß in den Ladogasee hinein und nicht aus ihm heraus, so daß sie noch immer flußaufwärts fuhren.

Wenigstens gab es etwas anderes zu sehen als das endlose Meer oder die Marschen, denn der Wald säumte auf beiden Seiten die Ufer. Die meisten Bäume waren Kiefern, ab und zu unterbrochen von ein paar Birken oder Ebereschen. Geißblatt und Kletterrosen wanden sich um die niedrigen Äste der Laubbäume. Eichhörnchen schimpften von hohen Zweigen aus auf die Schiffe herab und erinnerten Gytha an den Wald von Waltham, nur daß die Eichhörnchen hier einen schwarzen Glanz über ihrem rostroten Fell hatten.

Manchmal erblickte sie Hirsche oder Rehe, die aus dem Fluß tranken und vor dem herannahenden Schiff das Weite suchten. Einmal erkannte sie in der Dämmerung einen großen Bären, der sich aufrecht zwischen den Baumstämmen bewegte. Einer der Matrosen, der gerade keinen Dienst hatte, schoß einen Pfeil auf ihn ab, und Gytha war seltsamerweise froh, als er ihn verfehlte. Es gab auch Insekten, sie waren am lästigsten, da sie stachen!

Mehrmals hörten sie und Mildyth nachts Hunde heulen. Sie fragte Sigurth, weshalb die Dörfer in dieser Gegend außer Sichtweite des Flusses errichtet wurden.

»Hier gibt es keine Dörfer«, erwiderte er. »In diesem Teil Rußlands sind die Menschen dünn gesät.«

»Aber wir haben in der Nacht Hunde gehört, die den Mond angebellt haben!« wand sie ein.

Sigurth lachte. »Das waren keine Hunde, Lady! Haben Sie noch nie Wölfe heulen hören? Warten Sie, bis es Winter wird – wenn er streng ist, werden Sie auf den Straßen von Holmgarth Wölfe sehen.«

Gytha erschauerte bei dem Gedanken, und auch diese Entdeckung erwähnte sie Mildyth gegenüber nicht.

Vier Tage nach ihrer Abreise aus Aldejuborg erreichten sie eine kleine Rodung, wo man ein paar stabile Holzhütten errichtet hatte und ein dickes Seil über den Fluß gespannt war. Hier machten sie halt, die Ruderer hielten sie mit vereinzelten Schlägen im Gleichgewicht, während die *Mew* und die *Tern* zwischen der *Sea-Fafnir* und der Ansiedlung Position bezogen.

Ein Mann im Kettenpanzer, eine eisenbeschlagene, spitz zulaufende Lederkappe auf dem Kopf, kam aus der ersten Hütte und betrat wichtigtuerisch einen hölzernen Landungssteg, blieb, die Arme in die Seiten gestemmt, stehen und betrachtete eingehend die Schiffe. Weitere Männer in der gleichen Kleidung erschienen und sahen zu, als der Blick des ersten rasch die Umrisse der Schiffe, die Gesichter der Seeleute, Gytha und Mildyth überflog und schließlich auf Sigurth haftenblieb.

»Ich kenne Sie«, sagte er in einem seltsam betonten, fremd klingenden Skandinavisch.

»Sigurth Tovisson«, antwortete der Kapitän. »Und Sie sind Stepan Igorowitsch.«

»Natürlich. Wie ich sehe, haben Sie die Prinzessin mitgebracht. Geht es ihr gut?«

»Bestens, wenn man davon absieht, daß sie bei lebendigem Leibe von Moskitos und Stechmücken verspeist wird«, erwiderte Sigurth. »Wie sind die Verhältnisse in Holmgarth?«

»Ruhig.« Der Mann klang, als meinte er, zu ruhig. »Fürst Gleb regiert noch immer, und Fjodor ist noch immer Bischof, obwohl er sehr alt geworden ist. Es gibt nichts Neues in der Neuen Stadt.«

Gytha hörte zu und fragte sich, was er wohl mit der »Neuen Stadt« meinte, was ihre Aufmerksamkeit jedoch am meisten fesselte, war der Name Fürst Gleb, der ihr zukünftiger Ehemann sein mußte, obwohl sein Name keine Ähnlichkeit mit »Waldemar« hatte. Warum hatte Elisew ihn so genannt – oder hatte er zwei Namen, einen für die Öffentlichkeit und einen anderen, privaten für seine Familie?

»Wir werden also erwartet?« fragte Sigurth, der dies aus Stepan Igorowitschs Hinweis auf die Prinzessin geschlossen hatte. Stepan Igorowitsch – bedeutete das soviel wie Stepan Igorsson?

»Ja, aber noch nicht jetzt«, erwiderte er. »Es hieß, sie käme im Winter – deshalb habe ich Sie auch zuerst nicht erkannt, denn ich habe Sie erst kurz vor Weihnachten erwartet. (Weihnachten! dachte Gytha. Dann sind sie also wirklich Christen!) Es wird Sie freuen zu hören, daß der Fürst uns angewiesen hat, keinen Zoll von Ihnen zu erheben. Ich werde ein paar schnelle Reiter in die Stadt schicken, um Ihr Eintreffen anzukündigen, und am besten fahren Sie jetzt weiter. Wir können ja auf dem Rückweg ein längeres Schwätzchen halten.«

»Ich fahre vielleicht weiter nach Miklagarth und kehre durch das Mittelmeer zurück.«

»Miklagarth? Ach – Sie meinen Konstantinopel. Wir nennen es für gewöhnlich Zargrad, Kaiserstadt. Haben Sie gute Schwerter zu verkaufen? Ich traue meinem nicht – wir verstehen uns nicht auf die Kunst, sie herzustellen, oder vielleicht benutzen wir nicht die richtige Zauberformel.«

Sigurth lachte, ging polternd die Treppe in den Frachtraum hinunter und kehrte mit einem länglichen, in Stoff gehüllten Gegenstand zurück. »Sehen Sie sich das hier an!« sagte er, während er ein prachtvolles Schwert hervorholte. Der wellenförmige Schliff seiner Klinge ließ das Metall in verschiedenen Schattierungen wie Wasser aufblitzen, und sein schlichter, jedoch handlicher Griff bestand aus den Körpern zweier ineinander verschlungener Drachen, deren gebogene Schwänze das Schutzblatt bildeten. »Ein Geschenk!« setzte er hinzu, während er es wieder einwickelte und es Stepan über die beiden kleineren Schiffe und das dazwischenliegende Wasser hinweg zuwarf, der es geschickt auffing, auspackte und anerkennend betrachtete.

»Genau das, was ich wollte!« rief er aus. »Vielen Dank!« Er rief seinen Männern zu, das Absperrseil herunterzulassen. Die *Mew* war fast schon darüber hinweg, als es klatschend ins Wasser fiel, und die beiden anderen Schiffe folgten dicht dahinter.

Als Gytha zurückblickte, sah Gytha, wie einer der Männer ein Pferd bestieg. Sie fragte Sigurth: »War das ein Slawe?«

»Ja. Sie haben seine hohen Wangenknochen und seinen schwarzen Bart gesehen.«

»Warum haben Sie ihm das Schwert geschenkt? Wollte er nicht eines kaufen?«

»Er kassiert im Auftrag des Fürsten von den Schiffen, die nach Holmgarth fahren, Wegezoll und ist berechtigt, einen Teil davon zu behalten, um seine Leute zu bezahlen. Da der Fürst ihm befohlen hat, keinen Zoll von uns zu nehmen, würde er Geld verlieren. Außerdem kenne ich ihn schon lange, und ein Soldat braucht ein gutes Schwert.«

»War es ein gutes?«

»Natürlich. Das Leben eines Mannes hängt von seinem Schwert ab. Wenn ich ihm ein schlechtes gäbe, wäre ich ein Mörder!« Sigurth schien so empört über ihre Frage, daß Gytha sich entschuldigte, was er mit einer ruckartigen Verbeugung quittierte, und sein mißbilligender Ausdruck wich einem Grinsen. »Wir werden am Morgen in Holmgarth eintreffen«, sagte er. »Am besten lassen Sie die Kiste mit Ihrem besten Kleid aus dem Laderaum heraufholen oder sprechen Ihre Gebete. Vielleicht auch beides! Ich weiß nicht viel über den Mann, den Sie heiraten sollen.«

Gytha tat beides, doch sie zog nicht ihr bestes Kleid an, da sie dies für ihre Hochzeit aufbewahren wollte. Sie wählte jedoch ein beinahe ebenso prächtiges, ein schönes Wollkleid mit einer Übertunika aus Seide, beides in dem tiefen Saphirblau, das die Farbe ihrer Augen und die Reinheit ihres Teints betonte. Die Tunika war am Saum und an den weiten Ärmeln mit einer breiten bestickten Borte besetzt, was dafür sorgte, daß sie glatt herabfiel, statt an der Wolle zu haften wie »ein nasses Tischtuch«, wie Mildyth festgestellt hatte, bevor ihnen der Gedanke mit der Borte gekommen war. Die Tunika und das Kleid waren zerknittert, aber vielleicht hingen sich die Falten bis zum Morgen aus. Sie war jetzt nervös und gar nicht mehr überzeugt von Elisews guten Absichten, obwohl sie über einige Dinge eindeutig die Wahrheit gesagt hatte. Jedenfalls erwartete man sie, nach Stepan Igorowitschs Bemerkungen zu urteilen. Bevor sie an diesem Abend zu Bett ging, machte sie einen letzten Gang an Deck und traf auf Sigurth, der eine Angelschnur über eine Seite des Schiffes gehängt hatte und seinem abendlichen Fischfang nachging.

»Frische Fische für Ihr Frühstück morgen, wenn ich Glück habe«, bemerkte er.

»Was haben Sie damit gemeint, als Sie sagten, Sie wüßten nicht viel über den Mann, den ich heiraten soll?« fragte Gytha.

»Daß ich nicht sicher bin, welcher es ist«, erwiderte er. »Es gibt mindestens ein Dutzend Fürsten in Rußland, von denen jeder für den Großfürsten von Kiew eine Stadt regiert. Es sind alles seine Söhne oder Neffen oder Brüder ... Ich weiß nie, wer welcher ist.«

»Ich soll Fürst Waldemar heiraten.«

»Nun, wie Ihnen mein alter Schwiegervater bereits sagte, Lady, ist Waldemar kein slawischer Name, das ist das Rätselhafte bei der Angelegenheit. Alle Fürsten haben slawische Namen, deshalb weiß ich nicht, welcher es sein könnte, es sei denn, Waldemar ist sein privater Familienname – ich glaube, einige von ihnen haben so etwas zusätzlich.«

»Königin Elisew sagte, er sei der Sohn des Großfürsten von Kiew«, erklärte Gytha und fügte dann hinzu: »Glaube ich.« Denn plötzlich war sie unsicher, ob Elisew das wirklich gesagt hatte. Sie hatte jedenfalls gesagt, er sei der Sohn ihres Bruders, aber vielleicht besaß sie mehr als einen Bruder ...

»Der derzeitige Herrscher in Kiew hat, glaube ich, sechs Söhne. Es sind alles prachtvolle, hübsche Burschen, aber ich habe sie nicht alle gesehen, nur Gleb, David und Oleg. Wie dem auch sei, morgen werden Sie es erfahren.«

In dieser Nacht schlief sie schlecht und war schon frühmorgens an Deck. Der Wald säumte noch immer auf beiden Seiten den Fluß, und alles erschien dunkel und trostlos, denn der Himmel war von dicken Wolken überzogen und es regnete. Sie war zu nervös, um etwas zu essen, als der schweigsame Junge Brot, frisch zubereiteten Fisch und Ale brachte, doch es gelang ihr, etwas davon herunterzuwürgen, was sie gleich darauf bereute, denn es lag ihr wie Blei im Magen und verursachte ihr Übelkeit.

Etwa eine Stunde später hörte der Wald plötzlich auf, als hätte man ihn abgehackt. Der Menge von Baumstümpfen und aufgehäuften Baumstämmen am Ufer nach zu urteilen, war eben dies der Fall, doch diese geordnete Verwüstung machte bald einer endlosen Ebene Platz, die sich, so weit das Auge reichte, vor ihr ausdehnte. Sie fuhren an einer Ansammlung von Gebäuden am linken Ufer vorbei, die an ein Kloster erinnerte. Der Fluß wand sich durch die Ebene, hier und da tauchten einzelne Holzhäuser auf, dazwischen große Weideflächen mit Viehherden – Rinder, Schafe, Ziegen und Pferde – und den dazugehörigen Hirten.

Der Horizont war nebelverhangen, aber in der Ferne sahen sie plötzlich schemenhafte Umrisse vor sich. Es sah aus wie gezackte Klippen, eine riesige Masse von Felsen, die wie unregelmäßige Zinnen aufragten und plötzlich aus der flachen Ebene in den Himmel wuchsen.

»Holmgarth!« sagte Sigurth. Gytha sah ihn an, folgte der Richtung seines ausgestreckten Armes und Zeigefingers, bis ihr aufging, daß sie ihre neue Heimat vor sich hatte.

Der Regen ließ nach und hörte dann ganz auf, und die Wolken rissen nach und nach auf. Als die Sonne durchbrach, fiel sie auf mehrere seltsam geformte Kirchtürme über den zusammengedrängten Häusern der Stadt, und die Zinnen, die sie zuerst gesehen hatte, erwiesen sich als eine Gruppe von fünf helmartigen Kuppeln auf einem hohen, massiven Gebäude, das rötlichweiß in der Sonne leuchtete.

»Sind all diese Kuppeln Kirchen?« erkundigte sie sich bei Sigurth.

»Ja, Lady. Die meisten Leute hier beten zu Ihrem Gott, einschließlich des Fürsten und der bedeutenden Männer und der reichen Kaufleute. Die anderen verehren Thor, aber sie nennen ihn Perun.« Sigurth' Hand griff unwillkürlich nach seinem Amulett in Form eines Hammers, als er den Namen seines Gottes aussprach. »Das große Gebäude mit den fünf Kuppeln ist die Kirche des Bischofs. Sankt Sophia heißt sie. Mein Schwiegervater hat mir einmal gesagt, was das bedeutet, aber ich habe es wieder vergessen.«

»Es bedeutet Heilige Weisheit, die Weisheit Gottes«, erklärte Gytha. »Besteht die ganze übrige Stadt aus Holz?«

»Warum nicht? Es herrscht kein Mangel an Bäumen!« grinste Sigurth.

Sie sah Holmgarth immer näher kommen, während ihre Gedanken und Gefühle in einem Aufruhr aus Erregung, Hoffnung, Furcht, Besorgnis und Zweifeln durcheinanderwirbelten. Mildyth, die aus der Kabine heraufgekommen und neben sie getreten war, ergriff plötzlich ihre Hand und flüsterte: »Was wird nun kommen?«

»Ich weiß nicht«, flüsterte Gytha zurück. »Ach, Mildyth, wir dürfen keine Angst haben!«

»Ihr Kopfschmuck sitzt schief«, erwiderte Mildyth, »und Sie tragen immer noch Ihr altes Kleid.« Sie zog ihre Herrin in Richtung Kabine. Gytha folgte ihr widerstrebend, da sie nur ungern auf den Anblick von Holmgarth verzichten wollte.

In der Kabine nahm sie den zerdrückten Schleier ab, zog das neue Kleid an, das sie bereits zurechtgelegt hatte, ließ Mildyth ihr langes Haar bürsten und neu flechten und setzte dann ihre Kopfbedeckung richtig auf. Das zerknitterte Kleid ließ sich nicht glätten, aber die Goldkette mit den nacheinander schnappenden Tieren, die beiden Bernsteinketten und das goldene Diadem lenkten die Aufmerksamkeit davon ab. In der engen Kabine war es nicht leicht gewesen, sich zu waschen, doch der silberne Spiegel bewies Gytha, daß zumindest ihr Gesicht sauber war und ihre Wangen einen Hauch Farbe hatten, der ihr gut stand.

Sie wandte Mildyth ihre Aufmerksamkeit zu, die ein graubraunes, jedoch sauberes Kleid angezogen hatte. Ein leuchtender Seidengürtel und ein Paar silberner Broschen, die durch eine Glasperlenkette miteinander verbunden waren, heiterten es etwas auf. Beide knieten in schweigender Übereinstimmung ein paar Minuten im Gebet nieder, bevor sie an Deck zurückkehrten.

Die *Mew* hatte sich neben die *Tern* zurückfallen lassen und überließ es der *Sea-Fafnir*, als erste in Holmgarth einzulaufen. Irgendwoher war eine große Seidenfahne aufgetaucht und wehte nun von der Spitze des Mastes. Als der Wind sie aufblähte, erkannte Gytha erstaunt, daß der goldene Drachen von Wessex auf ihren Falten erstrahlte.

»König Svein hat sie mir gegeben, damit sie für Sie weht«, erklärte Sigurth, als er merkte, daß sie die Fahne anstarrte.

»Wie freundlich von ihm, daran zu denken«, erwiderte sie geistesabwesend, denn vor ihrem geistigen Auge erstand das Bild, als sie die Fahne von Wessex zum letzten Mal gesehen hatte – als sie ihren Vater zum letzten Mal gesehen hatte. Er hatte sie geküßt und gesagt: »Denk immer daran, daß König Svein von Dänemark dein Vetter ist. Er wird dir helfen – falls es nötig ist... Paß auf deine Mutter auf.« Dann hatte er sein Pferd bestiegen und war davongeritten. Sein Freund Ansgar war an seiner Seite gewesen und hatte seine Fahne getragen – genau solch eine Fahne, und der goldene Drache hatte in der Oktobersonne geleuchtet. Ihr Vater hatte so schön und königlich ausgesehen, mit seinem goldenen Haar und seinem blauen Mantel, der im Wind flatterte. Sie war ihm mit dem Blick gefolgt, als er vor seiner Eskorte her auf dem Dammweg über die Marschen geritten war, bis er außer Sicht war, und das letzte, was sie gesehen hatte, war ein leuchtender Blitz, als hätte jemand ein Schwert geschwungen... Damals hatte sie nicht gewußt, daß sie ihn nie wiedersehen würde. Ihre Augen füllten sich mit Tränen, doch sie wischte sie fort, bevor jemand sie sehen konnte.

Vor ihnen überspannte eine massive Holzbrücke den Fluß, und ihre rechte Seite schien direkt aus der Mitte einer langen Mauer aus cremeweißem Stein zu kommen, die etwa dreimal die Höhe eines großen Mannes hatte und obenauf in regelmäßigen Abständen große hölzerne Türme trug.

Über der Mauer erhoben sich die fünf grauen Kuppeln der Kathedrale St. Sophia.

Auf der linken Seite mündete die Brücke genau auf einen sehr großen, zum Fluß hin offenen Marktplatz, übersät von Menschen, die sich zwischen den geordneten Reihen der Verkaufsstände bewegten. In der Mitte ragte ein gedrungener hölzerner Glockenturm auf, und dahinter, als Abschluß der Südseite und gegenüber von St. Sophia auf der anderen Seite des Flusses, stand ein großes, weitläufiges Gebäude, teils zwei-, teils dreistöckig, mit einer Fülle von geschnitzten und geschwungenen Giebeln zwischen den schindelgedeckten Dächern. Zwei oder drei weitere Kirchen und ein paar große Häuser standen auf den beiden anderen Seiten des Marktplatzes, und dahinter erstreckten sich weitere Straßen mit Häusern.

»Das ist die Marktseite«, erklärte Sigurth. »Wir müssen hier anlegen, denn auf der Sophienseite sind ausländische Schiffe nicht zugelassen.«

Die *Sea-Fafnir* und ihre Begleitschiffe glitten unter der Brücke hindurch, wobei sie ihre Masten geschickt flachlegten, damit sie darunter hindurchpaßten, und sie dann wieder aufrichteten, als sie vorsichtig am Kai anlegten und festmachten.

Die nächsten Minuten waren für Gytha eine Enttäuschung, denn nichts geschah. Die geschäftigen Menschen auf dem Markt nahmen keinerlei Notiz von den Neuankömmlingen, niemand schien auch nur in ihre Richtung zu blicken, und sie stand an Deck und fragte sich, was sie als nächstes tun sollte.

Plötzlich begann die große Glocke im Glockenturm zu läuten, und alles veränderte sich. Die Leute schienen zu merken, daß etwas Ungewöhnliches vor sich ging. Köpfe wandten sich dem Schiff zu, und Hälse wurden gereckt, als die Menge zum Schiff strömte und zwei parallel verlaufende Reihen bildete, die diagonal von der *Sea-Fafnir* über den

Marktplatz zu dem riesigen Gebäude auf der Südseite führten. Es gab vereinzelte Rufe, die zu allgemeinem Beifall anwuchsen, als eine Gruppe von Menschen aus dem Gebäude trat, eine prachtvolle Treppenflucht von einem riesigen überdachten Portal aus hinabstieg und in einer würdevollen Prozession durch die gaffende Menge hindurch zum Kai ging.

»Da kommen sie!« sagte Sigurth. »Der große Mann mit dem Pelzrand an seiner goldenen Kappe ist Fürst Gleb, und der alte Mann mit dem goldenen Bienenkorb auf dem Kopf ist Bischof Fjodor. Sind Sie bereit, Lady?«

»Ja«, erwiderte Gytha mit einer Stimme, die nicht ihre eigene zu sein schien.

Sigurth nahm ihre Hand und geleitete sie über die breite Planke, die vom Schanzkleid der *Sea-Fafnir* zum Kai führte, während Mildyth ihnen folgte. Dann trat er zurück, und Gytha blieb allein stehen und sah der sich nähernden Gruppe von Männern entgegen.

Sie trugen alle Bärte. Die meisten von ihnen waren dunkelhaarig, die beiden, die nebeneinander vorneweg gingen, jedoch nicht; der jüngere hatte einen krausen, gelockten blonden Bart, und der ältere – viel ältere – Mann einen langen weißen. Alle mit Ausnahme des alten Mannes trugen lange Gewänder aus kostbarem, mit Pelz besetztem Stoff, die ihnen bis zu den Knöcheln reichten, und alle hatten spitz zulaufende Kappen auf. Die Kappe des Mannes mit dem goldenen Bart bestand aus einem leuchtend goldenen, juwelenbesetzten Stoff und hatte einen Besatz aus schwarzem Pelz, und seine Robe schien noch prächtiger als die der anderen. Der alte Mann war anders gekleidet, in Schwarz, mit einem Umhang in Blau und Gold, ähnlich den Chorröcken der Bischöfe im Westen. Die bienenkorbförmige Mitra war mit Edelsteinen besetzt, und der alte Bischof trug einen langen Stab mit einem silbernen Kreuz am oberen Ende, das dieselbe merkwürdige Form aufwies wie die Kreuze auf den Kuppeln seiner Kathedrale. Er hatte dunkle Augen, die Gytha gütig anblickten, und sein Bart konnte sein freundliches Lächeln nicht verbergen. Gytha schenkte ihm einen dankbaren Blick und wandte dann ihre Aufmerksamkeit dem Fürsten zu.

Er war älter, als sie erwartet hatte, eher Ende Dreißig als Zwanzig, aber sehr hübsch mit seinem blonden Haar, den leuchtend blauen, blitzenden Augen und wohlgeformten roten Lippen. Er mußte an die zwei Meter groß sein und sah wie ein typischer Skandinavier aus, und Gytha erinnerte sich daran, daß Elisew gesagt hatte, ihre Vorfahren stammten aus Schweden. Als er auf Gytha zutrat, lächelte er und streckte ihr eine Hand entgegen, die in einem feinen Lederhandschuh steckte und vor Ringen mit Edelsteinen nur so blitzte.

»Willkommen in Nowgorod, der Großen! Wir freuen uns, Sie zu sehen, und wünschen Ihnen ein langes und zufriedenes Leben im Land der Russen! Ich bin Gleb, Großfürst von Nowgorod, und dies ist Bischof Fjodor.«

Gytha ergriff seine Hand, machte eine tiefe Verbeugung und murmelte: »Mein Fürst«, machte dann eine weitere Verbeugung vor dem Bischof, küßte seinen Ring, und er sprach mit sonorer Stimme ein paar Worte, die vermutlich ein Segen waren, doch während Fürst Gleb ein einigermaßen fließendes Skandinavisch gesprochen hatte, gebrauchte der Bischof eine völlig fremde Sprache, die mit Sicherheit kein Latein war und sich auch nicht nach Griechisch anhörte, obwohl sie da nicht ganz sicher war, denn sie hatte Meister Athelard nur ein paarmal laut Griechisch lesen hören.

Fürst Gleb hatte inzwischen Mildyth begrüßt, die ihn mit offenem Mund anstarrte, es jedoch schaffte, eine Antwort zu flüstern und eine Verbeugung zu machen, und dann Sigurth, der zwar beeindruckt, jedoch nicht von Ehrfurcht ergriffen wirkte, und dann ging Gytha auf das große Gebäude zu, das offensichtlich Glebs Palast war, wobei der Fürst sie auf zeremonielle Art bei der Hand hielt und sie dorthin geleitete.

Sie empfand jetzt weniger Furcht, denn er war durchaus nicht abstoßend und erschien ihr freundlich und liebenswürdig. Die Menschen stießen und drängten einander, um sie sehen zu können, und sie nickte und lächelte nach links und rechts als Antwort auf ihre Begrüßungsrufe, die freundlich klangen, auch wenn sie die Sprache nicht verstand. Die große Glocke auf dem Marktplatz läutete ungleichmäßig, und die Glocken der Kirchtürme fielen mit einem holperigen Klingen und Klimpern ein; es klang fröhlich, hätte jedoch ebensogut eine Warnung vor Eindringlingen, Feuer oder einem Unglück sein können.

Als sie am Palast ankamen, führte Fürst Gleb sie die Treppe hinauf bis zu einem erhöhten Portal, wo sie stehenblieben und den Leuten zuwinkten, bevor sie durch die Tür in eine kleine Halle traten. Zwei Mädchen traten vor und boten den Neuankömmlingen zur Begrüßung Brot und Salz an, und Gleb forderte Gytha ruhig auf, ein Stück Brot zu nehmen, es in das Salz zu tauchen und zu essen, und Mildyth folgte ihrem Beispiel. Erst dann merkte Gytha, daß Sigurth am Kai zurückgeblieben war und sie ihm weder gedankt noch Lebewohl gesagt hatte.

»Das ist der Palast«, sagte der Fürst. »Mein Großvater hat ihn erbaut, als er Fürst von Nowgorod war, und wir leben hier. Es gibt noch einen Palast auf der anderen Seite des Flusses im Kreml, aber er ist sehr einfach, eng und unbequem.«

»Kreml?« fragte Gytha.

»Festung. Burg«, erklärte er. »Kommen Sie und begrüßen Sie meine Frau.«

Gytha blieb wie angewurzelt stehen. »Ihre *Frau*!« rief sie. »Aber ich dachte... Sind Sie nicht...?«

Gleb war ein paar Stufen hinaufgegangen, kehrte jedoch mit einem fragenden Stirnrunzeln zu ihr zurück, las plötzlich in ihren Gedanken und fing an zu lachen. »Oh, Sie dachten... Nein, meine Liebe! Es tut mir leid – es war mir gar nicht bewußt! Sie sollen meinen Cousin heiraten, nicht mich!«

»Fürst Waldemar?« fragte Gytha, die nun erneut nervös und besorgt wurde.

»Nein, nicht Waldemar. Wladimir.«

Gytha versuchte, den Namen auszusprechen, und es gelang ihr ein »*Wal*dimir«.

»Wladimir«, verbesserte Gleb mit breitem Lächeln.

Diesmal sprach sie es richtig aus, und Gleb fuhr fort: »Er ist Wladimir Wsewolodowitsch – der Sohn von Wsewolod, wissen Sie, und ich bin Gleb Swjatoslawowitsch. Mein Vater Swjatoslaw ist Großfürst von Kiew und Herrscher aller Russen – das heißt über alle Menschen des Stromlands südlich von hier, bis hinunter zum Schwarzen Meer.«

»Das verstehe ich nicht«, sagte Gytha. »Ich dachte, ich sollte den Fürsten von Holmgarth heiraten, und Sigurth sagte, dies sei Holmgarth, aber Sie nannten es anders...«

Gleb lächelte, machte mit beiden Händen eine entschuldigende Geste und sagte: »Ich erkläre Ihnen alles später. Kommen Sie jetzt und lernen Sie meine Frau kennen.« Wieder ergriff er auf förmliche Weise ihre Hand und führte sie durch eine beträchtliche Anzahl von kleinen Hallen oder großen Räumen, die jeweils durch einen Vorraum vom nächsten getrennt waren. Die Wände waren mit farbenfrohen, gemalten oder bestickten Wandbehängen bedeckt, und es gab viele Möbel – massive Tische, Sessel und Schemel mit gekreuzten Beinen und große geschnitzte Truhen. In jedem Raum stand in der Ecke oder in der Mitte der Wand ein riesiger Ofen, und die Fenster hatten reich geschnitzte Rahmen und Scheiben aus Marienglas. Die Böden waren mit großen Matten aus Binsengeflecht bedeckt. Es wirkte alles sehr bequem und üppig, weitaus prächtiger als Sveins schlichte Halle mit ihren wahllos angebauten Räumen oder König Edwards Paläste in Winchester oder Westminster.

Schließlich erreichten sie die Tür der Frauengemächer, von Gleb als *Terem* bezeichnet, und alle Männer bis auf Gleb und den Bischof blieben in einem besonders großen Raum vor der Tür zurück, während Gytha und Mildyth hineingeführt wurden, um Glebs Frau Anastasia zu begrüßen.

Sie war eine kleine, rundliche, dunkeläugige Frau von sehr slawonischem Äußeren. Sie wirkte wie eine Puppe, denn sie trug ein kunstvoll besticktes Kleid, das so steif war, daß es von ihrem Körper abstand, als hätte es auch von selbst stehen können. Ihr Haar wurde von einem gestickten Seidenschleier unter einem kronenartigen Kopfputz verborgen, und ihre Wangen und Lippen waren unnatürlich rot angemalt. Sie lächelte Gytha schüchtern an, doch es wurde schnell klar, daß sie nur wenige Worte Skandinavisch verstand.

»Setzen wir uns und reden ein wenig«, sagte Gleb, nahm auf einem geschnitzten Sessel Platz und wies auf zwei ähnliche Stühle für Gytha und den Bischof. Anastasia setzte sich auf eine Polsterbank an der Wand und beschäftigte sich mit dem Auffädeln von Perlen, ohne ersichtlichen Willen, sich am Gespräch zu beteiligen.

»Zunächst der Name der Stadt«, begann Gleb. »Das Problem ist, daß beinahe alle unsere Städte zwei Namen haben: einen slawonischen und einen warägischen beziehungsweise nordischen – wir nennen die Nordländer hier Waräger. Diese Stadt heißt auf warägisch Holmgarth, wir jedoch nennen sie Nowgorod – Nowgorod, die Große, offiziell gesprochen, denn es ist eine unabhängige Stadt mit einer eigenen Regierung. Kiew heißt bei den Warägern Königarth, und manchmal nennen sie unser Land Gathariki, aber wir sagen Rußland dazu. Verstanden?«

»Ich – ich glaube schon«, erwiderte Gytha unsicher.

»Mein Vater ist also Swjatoslaw, Großfürst von Kiew. Er hat

einen Bruder namens Wsewolod, und Wsewolods ältester Sohn heißt Wladimir. Wladimir ist der Mann, den Sie heiraten werden. Er ist Großfürst einer Stadt namens Susdal. Sein Vater, Wsewolod, ist Großfürst von Perejaslawl. Wenn mein Vater stirbt, wird er Großfürst von Kiew, und Wladimir wird mir wahrscheinlich Nowgorod wegnehmen und hier Großfürst werden.«

»Warum?« fragte Gytha, der diese Vereinbarung sehr merkwürdig vorkam.

Gleb zögerte, dann sagte er: »Es ist kompliziert, aber vielleicht ist es das beste, wenn ich jetzt gleich versuche, Ihnen alles zu erklären, denn das Ganze verursacht eine Menge Schwierigkeiten innerhalb unserer Familie. Mein Großvater Jaroslaw beschloß, daß jeder seiner Söhne der Reihe nach Kiew regieren sollte. Nowgorod ist die zweitwichtigste Stadt, und hier regiert der älteste Sohn des Großfürsten von Kiew, wenn also mein Vater stirbt und Wladimirs Vater Kiew erbt, wird Wladimir erwarten, daß er Nowgorod bekommt. Ich denke, das genügt für den Anfang! Sie werden nur zu bald hinter unsere familiären Probleme und Streitereien kommen.«

Gytha dachte insgeheim, daß sie wohl nie alles ergründen würde – es hörte sich äußerst verworren an. »Fürst Wladimir ist also nicht hier?« fragte sie.

»Nein. Er kommt nicht oft hierher und im Sommer nie. Normalerweise verbringt er den Sommer damit, unsere zahlreichen Feinde zu bekämpfen, aber jetzt hat mein Vater ihn nach Polen geschickt, um mit König Boleslaw einen Friedensvertrag auszuhandeln. Wir haben Sie nämlich erst im Winter erwartet. Das Reisen ist dann einfacher, auf dem Eis, und wir dachten, König Svein würde Sie erst dann herschicken. Wie geht es übrigens meiner Tante Elisew?«

»Als ich wegfuhr, sehr gut«, erwiderte Gytha und dachte, daß Waldemar – Wladimir – nicht krank oder verrückt sein konnte, wenn man ihn mit einer so wichtigen Aufgabe betraute, wie einen Friedensvertrag auszuhandeln. Wie seltsam, in einem Land zu leben, in dem das Reisen im Winter leichter war als im Sommer!

»Und Onkel Svein?«

»Er wird sehr alt.« Die Worte entschlüpften ihr unwillkürlich, und Gytha verspürte vorübergehend ein Gefühl der Panik und fragte sich, ob es nicht töricht gewesen war, ihm zu erzählen, daß ihr mächtiger Vetter bald nicht mehr da sein würde, um ihre Interessen zu vertreten.

»Das tut mir leid«, sagte Gleb höflich. »Ich habe ihn natürlich nie kennengelernt und erinnere mich, ehrlich gesagt, auch nicht an Tante Elisew. Es muß zwanzig Jahre her sein, daß sie Kiew verließ. Sie sehen müde und verwirrt aus. Ich werde Sie jetzt mit Anastasia allein lassen. Sie wird Ihnen Ihre Räume zeigen. Wladimir hat uns gebeten, Ihnen eigene Räume zur Verfügung zu stellen, da, soviel wir wissen, die warägischen Frauen sich nicht in einen *Terem* zurückziehen wie ein Teil unserer Frauen.«

»Wann erwarten Sie Fürst Wladimir?« fragte sie rasch, bevor er gehen konnte, ohne ihr diese wichtige Auskunft gegeben zu haben.

»Oh, frühestens Mitte des Winters.« Gleb schien dies absolut nicht zu bedauern. »Für gewöhnlich kämpft er den ganzen Sommer über. Dies ist die erste friedliche Phase, die wir seit Jahren haben, und er muß diesen Vertrag abschließen, um unsere Grenzen im Westen zu schützen und um sich auf den Kampf gegen die Polowzer, Kumanen und Petschenegen konzentrieren zu können, falls sie uns wieder von Osten her angreifen. In der Zwischenzeit muß er schließlich auch noch seine eigene Stadt regieren.«

»Sollte ich nicht dorthin gehen, um auf ihn zu warten?«

»Was, nach Susdal?« Gleb sah sie erstaunt an. »Guter Gott, nein! Es ist nicht sicher dort – es ist nur eine kleine Stadt, unmittelbar an unserer östlichen Grenze. Nein, Sie bleiben hier. Das ist die Abmachung, die wir getroffen haben.«

»Hier? Nicht in Kiew, wenn Susdal zu gefährlich ist?«

»Nein. Hier.« Gleb blickte finster. »Es ist nicht nur wegen Ihrer Sicherheit. Sie sind auch ein Pfand.«

»Ein Pfand?«

Gleb zögerte, atmete dann heftig aus und sagte: »Wahrscheinlich ist es am besten, Sie erfahren gleich das Schlimmste. Wladimir hat versprochen, nie zu versuchen, mir Nowgorod wegzunehmen. Sie sind das Unterpfand dafür.«

»Sie meinen, ich bin eine Geisel.«

»Tja, ich denke schon, aber Sie werden keine Gefangene sein – nichts dergleichen. Sie werden hier so bequem und sicher leben, wie ich es ermöglichen kann, und Wladimir wird, so oft er kann, herkommen. Sie würden ihn noch seltener sehen, wenn Sie in Kiew lebten, denn er geht nur ungern dorthin, während er sich hier gern aufhält. Kiew würde Ihnen auch gar nicht gefallen. Dort gibt es eine Menge Gezänk und Unstimmigkeiten, und meine Mutter ist keine liebenswürdige Frau...«

Gytha lächelte gequält und sagte: »Mein Onkel Wulfnoth, meine Schwester Gunhild und meine Brüder Magnus und Ulf sind alle Geiseln von William, dem Normannen – soweit ich weiß, auch meine Großmutter. Es scheint in der Familie zu liegen.«

»Sie werden hier glücklich sein – zur Familie gehören«, sagte Gleb beschwichtigend. »Man wird Sie niemals als Gefangene behandeln.«

»Aber ich darf nicht fortgehen.«

»Das würde ich nicht sagen.«

»Aber Sie und mein Mann bekämen Streit, wenn ich es täte?«

Gleb gab ihr lächelnd zu verstehen, daß sie die Situation richtig erfaßt hatte; und erhob sich, um zu gehen. Der Bischof, der nach seinem Segen kein Wort mehr gesprochen hatte, stand ebenfalls auf und sagte auf Skandinavisch: »Haben Sie keine Angst, meine Tochter. Wenn Sie dem Für-

sten für Ihren Mann bürgen, so bürge ich bei Gott für Sie.«
Er segnete sie erneut und entfernte sich mit Gleb.

Gytha blickte sich verzweifelt um und fragte sich, wie sie sich mit Anastasia und dem Dutzend anderer Frauen verständigen sollte, die im Raum saßen oder standen und sie anstarrten. Mildyth schien den Tränen nahe, so fremd war ihr alles. Anastasia lächelte und nickte jedesmal, wenn Gytha sie ansah, aber geschlagene fünf Minuten lang sagte niemand ein Wort.

»Darf ich sprechen, Fürstin?« fragte eine Stimme in nordischer Sprache.

Gytha wandte sich um, um zu sehen, wer gesprochen hatte, und stellte fest, daß es eine von Anastasias Damen war, eine freundlich aussehende, hübsche Frau, etwa in ihrem Alter.

»Oh, bitte, ja!« sagte sie drängend.

»Mein Name ist Jewpraksija. Ich spreche Ihre Sprache ein wenig. Wenn Sie und Ihre Kammerfrau mitkommen wollen, dann zeige ich Ihnen die Räume, die der Fürst für Sie ausgesucht hat.«

Gytha machte lächelnd eine kleine Verbeugung vor Anastasia, denn sie entschied, daß sie als Frau beziehungsweise zukünftige Frau eines Großfürsten den gleichen Rang hatten, und folgte Jewpraksija; Mildyth blieb ihnen dicht auf den Fersen, als fürchtete sie verlorenzugehen.

Die Räume, zu denen sie geführt wurden, lagen in der Nähe des *Terem*, schienen jedoch kein Teil davon zu sein. Sie lagen im oberen Stockwerk des Palastes. Einige Fenster gingen auf den Marktplatz hinaus, andere erlaubten einen Blick über die schindelgedeckten Dächer der Stadt, auf einen Festungswall gleich demjenigen in Aldejuborg und darüber hinweg auf ein paar Streifen Acker- und Weideland, das sich in der Ferne am Horizont verlor.

Es gab fünf Zimmer. Das erste neben dem *Terem* war ziemlich klein, und Jewpraksija sagte, es sei für Mildyth, die begeistert war von der Vorstellung, einen eigenen Raum zu haben. Das nächste war Gythas Schlafgemach, dann kam der größte Raum, das Eckzimmer des Gebäudes, dessen Fenster in beide Richtungen gingen. Der Vorraum zwischen diesem und den anderen beiden Zimmern hatte eine Tür, die zu einem im Freien liegenden Treppenabsatz führte; von da aus führte eine mit einem Schindeldach gedeckte Außentreppe hinab in einen Innenhof. Hinter dem Vorraum lagen zwei kleine Zimmer, die beide nur schlicht ausgestattet waren – mit einem Bett, einem Tisch, ein paar Stühlen und Kisten.

Jewpraksija erklärte, sie ließe sie nun allein, damit sie sich ausruhen konnten, und käme später zurück, um ihnen zu zeigen, wie sie sich im Palast zurechtfinden sollten. Außerdem trüge sie Sorge, daß ihr Essen und Gythas Kisten bald gebracht würden.

Mildyth wandte ihre Aufmerksamkeit als erstes den beiden Schlafräumen zu, doch Gytha interessierte sich mehr für das große Eckzimmer. Seine Wandbehänge zeigten eine Jagdszene, die sorgfältig auf steifen Stoff gemalt war, und auf der breiten Fensterbank lagen mit ähnlichen Bildern bestickte Kissen, ein Hinweis darauf, daß dies ein guter Sitzplatz war, um von dort aus auf den Markt zu schauen.

Sie öffnete eine der geschnitzten Truhen und stellte fest, daß sie nicht weniger als vierzehn Bücher enthielt, jedes in lederbezogene Holzdeckel gebunden und sorgfältig in Stoff eingeschlagen. Zu ihrer Enttäuschung waren sie nicht nur in einer fremden Sprache, sondern auch in einem anderen Alphabet geschrieben; nur einige der Buchstaben waren ihr vertraut, alle anderen sahen völlig anders aus als alle Lettern, die sie bisher gesehen hatte.

»Sie haben ein schönes großes Bett!« rief Mildyth, als sie ins Zimmer trat. »Das müssen Sie sich ansehen!«

Gytha folgte ihr. Das Schlafzimmer hatte bestickte Wandbehänge, die einen Zauberwald aus blühenden Bäumen darstellten, mit bunt gefärbten Vögeln auf den Ästen und Tieren und Blumen zwischen den Baumstämmen. Das Bett besaß einen geschnitzten Holzrahmen, und die Strohunterlage wurde von gewebten Lederstreifen gehalten, allerdings war es kein Stroh, sondern eine dicke Matratze in einem Stoffbezug, die mit einer festen, jedoch weichen Füllung, Wolle oder Federn, ausgestopft war. Die Decken bestanden aus feinem Leinen, und darüber lag eine wollene Tagesdecke mit einem Muster aus Tannenzapfen in zartblauen, roten und gelben Tönen auf grünem Grund.

An den Wänden standen vier geschnitzte Truhen von stattlicher Größe. Sie waren alle abgeschlossen, jede war mit drei schweren Schlössern versehen, und Gytha fragte sich, warum man sie dort gelassen hatte. Vielleicht hatte ihr Besitzer sie vergessen.

Auf ein lautes Klopfen hin eilte Mildyth in das Eckzimmer, um nachzusehen, wer da war, und dann hörte man heftiges Keuchen und Schnaufen, als Gythas Kleidertruhen und Mildyth' bescheidene Kiste von einer Schar von Dienstboten aus dem Hof heraufgebracht wurden, durchweg breitschultrige, stämmige Burschen mit einem freundlichen Grinsen auf ihren slawischen Gesichtern; sie trugen alle blaue Tuniken und Hosen und weiche Lederstiefel und hatten auf der linken Schulter eine dreizackige Brosche aus Bronze befestigt, von der Gytha annahm, daß sie Glebs Kennzeichen oder Symbol war. Ihnen folgten drei weitere Diener, die warmes Wasser zum Waschen, Weißbrot, Obst, Käse und Wein brachten.

Als sie gegessen hatten, begann Mildyth, ihre Habe auszupacken, während Gytha sich die beiden Räume hinter dem Treppenabsatz näher ansah.

Der erst war eindeutig das Zimmer eines Mannes. Das Bett war schmal und hart, und die Truhen enthielten Männerkleider, einige davon aus kostbaren Stoffen, doch das meiste abgetragen, einfach und praktisch. In einer Ecke stand ein

Kettenpanzer auf einem Gestell, mit einem spitz zulaufenden, ledergefütterten, pelzbesetzten Helm darüber, während an der Wand ein Bogen und ein gefüllter Köcher hingen. Gytha setzte sich auf das Bett und dachte bei sich, daß dieser Raum wohl Fürst Wladimir gehörte, und sie betrachtete die verschiedenen Gegenstände in der Hoffnung, sie könnten ihr etwas über den Fremden, der ihr Mann werden sollte, erzählen.

Dann erkannte sie, daß das zutraf. Der Kettenpanzer bewies, daß er zumindest zwei Exemplare besaß, denn er mußte einen davon tragen. Er war von sehr guter Qualität, die Ringe silbern und ohne Anzeichen von Rost, obwohl einige reparierte Stellen zeigten, daß er alles andere als neu war. Die Reparaturen ließen außerdem erkennen, daß der Träger irgendwann an der linken Seite und Schulter verwundet worden war. Das Kettenhemd wirkte, als würde es einem schlanken Mann mit breiten Schultern passen, sagte jedoch nichts über seine Größe aus – soweit Gytha sich damit auskannte.

Auf dem Tisch unter dem Fenster stand ein achtarmiger Kerzenleuchter, und daneben lag ein weiteres Buch, daraus konnte man schließen, daß er lesen konnte und Bücher genügend liebte, um eine ansehnliche Sammlung der kostbaren Schätze zu besitzen. Sicher besaß er noch mehr davon, wenn er so viele an einem Ort zurückließ, den er selten aufsuchte.

Die Wandbehänge waren ziemlich alt und schäbig, und erst bei näherem Hinsehen konnte sie erkennen, daß sie mit Vögeln, Tieren und Pflanzen bemalt waren, was sie zu der Ansicht veranlaßte, daß er derartige Dinge liebte. Auf einer der Truhen lagen ein Paar Fußriemen und ein Falknerhandschuh, demnach ging er auf die Jagd. In einer Ecke war ein kleines Bord angebracht, ziemlich hoch über ihrem Kopf, wie sie feststellte, als sie aufstand, um es sich anzusehen. Sie überlegte, wozu es wohl diente, und es fiel ihr ein, daß in jedem der anderen Räume ein solches Regal zu finden war. Neugierig erhob sie sich auf Zehenspitzen und fuhr mit der Hand daran entlang, doch es war leer. Nicht einmal Staub lag darauf.

Plötzlich hatte sie das Gefühl, ihre Nase in Angelegenheiten zu stecken, die sie nichts angingen, deshalb gab sie der Versuchung, die Truhen zu durchsuchen und nach weiteren Hinweisen auf Fürst Wladimirs Charakter Ausschau zu halten, nicht nach und schaute statt dessen in den fünften und letzten Raum; sie stellte fest, daß er dem von Mildyth stark ähnelte, also war er wahrscheinlich für den Diener des Fürsten bestimmt. Danach kehrte sie in ihr eigenes Zimmer zurück, um Mildyth beim Auspacken ihrer Kleiderkisten zu helfen.

Später kam Jewpraksija zurück und fragte, ob sie gern das Badehaus sehen würden. Unterwegs erklärte sie, daß es mehrere davon im Palast gab, eines für die Männer der Fürstenfamilie, eines für die *Druschinniki*, was offensichtlich der slawische Name für Leibwächter war, und weitere für die Dienstboten. Das Badehaus, in das sie jetzt gingen, befand sich im *Terem* und war für die Damen der Familie reserviert. Es war ein Dampfbad, wie man sie, soweit Gytha gehört hatte, auch in Schweden kannte, und sie fand es erstaunlich angenehm.

Nach dem Bad blieb gerade noch Zeit, daß Gytha eines der neuen Kleider, die sie mitgebracht hatte, und den größten Teil ihres Geschmeides anlegte und Mildyth ihr Kleid wechselte; dann erschien Jewpraksija wieder, um sie zu Anastasia und ihren Damen zu bringen und ihnen in einer förmlichen Prozession in eine riesige Halle zu folgen, wo Gleb und seine Familie mit großem Zeremoniell mit den *Druschinniki* und vielen festlich gekleideten Adligen, den Bojaren, das Abendessen einnahmen.

Während des Essens erzählte Gleb Gytha, die zu seiner Rechten saß, etwas von den Besonderheiten der Regierung von Nowgorod. Offenbar betrachteten die Einwohner von Nowgorod ihre Stadt als unabhängigen Staat und nicht als Teil Rußlands, obwohl sie den ältesten Sohn des Großfürsten von Kiew als Oberhaupt anerkannten.

»Aber ich bin wirklich nur der Befehlshaber der Armee, so wie Rurik – haben Sie von Rurik gehört? – mein Vorfahre, der aus Skandinavien nach Rußland kam«, erklärte er. »Bevor ich das Amt annahm, hatte das Volk für mich gestimmt, und zumindest theoretisch hätte es auch jemand anderen wählen können.«

»In England gibt es etwas Ähnliches«, sagte Gytha. »Der *Witan*, der Rat der bedeutendsten Männer im Königreich, wählt den neuen König, wenn der alte stirbt.«

»Werden die Mitglieder des *Witan* vom Volk gewählt?« fragte Gleb.

»Nein, Sie werden vom König ernannt.«

»In Nowgorod erledigen die Oberhäupter der führenden Familien der Stadt die meisten Regierungsgeschäfte – die Griechen nennen es Oligarchie. Sie wählen einen *Posadnik*, einen Ersten Bürger oder Bürgermeister, und dieser beruft Versammlungen mit den Oberhäuptern aller Haushalte von freien Bürgern ein, um alle wichtigen Angelegenheiten zu diskutieren. Das ist die Stadtversammlung oder das *Vetsche*. Sie werden die Glocke vom Marktplatz hören, wenn sie einberufen wird. Manchmal dauert sie Stunden, denn jeder ist berechtigt, seine Meinung zu äußern, und ab und zu kommt es zu Handgreiflichkeiten! Wenn die Diskussion völlig festgefahren ist, fragt man mich oder den Bischof oder uns beide um Rat, und gewöhnlich nimmt man unseren Rat an. Wenn es um militärische Fragen geht, kann ich das *Vetsche* selbst einberufen.«

»Es ist seltsam, daß Ihr Palast hier am Marktplatz liegt und nicht auf der anderen Seite in der Festung«, bemerkte Gytha.

»Der Palast drüben ist nur klein, doch mein Großvater,

Jaroslaw der Weise, hat diesen Palast gebaut, als er hier Großfürst war. Rurik und seine direkten Nachfolger hatten einen Palast weiter oben am Fluß, zwischen diesem Platz und dem See, und der Fürst lebte später im Kreml. Seit dreißig oder vierzig Jahren haben wir diesen Palast, und der Bischof lebt im Kreml. Er hat sogar einen kleinen Bauernhof innerhalb der Mauern – vor allem Kühe, Ziegen und Hühner – und dadurch, mit seinem Palast und der Kathedrale und den Behausungen für das Kirchenpersonal, ist alles ziemlich beengt. Die reicheren Kaufleute leben auf der Marktseite, und die Handwerker und die armen Leute auf der Sophienseite.«

»Ich habe gar kein Ackerland gesehen, als wir uns der Stadt näherten«, sagte Gytha, »obwohl ich ein kleines Stück von meinen Fenstern aus sehen kann. Es erscheint mir nicht ausreichend, um eine Stadt von dieser Größe mit Nahrung zu versorgen.«

»Nein. Fast das ganze Land in der Nähe der Stadt ist Weideland. Der größte Teil unseres Getreides wird weiter entfernt angebaut, bei den abhängigen Dörfern und Städten. Die *Smerdi* – die Bauern – bezahlen ihre Steuern in Form von Lebensmitteln und stellen Pferde zur Verfügung, wenn die Armee sie braucht. Die Bojaren beziehen die Nahrungsmittel für ihren Haushalt von den großen Gütern, die sie besitzen, mein Haushalt jedoch wird von der Stadt aus Steueraufkommen bezahlt. Übrigens, Sigurth, Ihr Kapitän, fährt übermorgen weiter nach Kiew. Ich dachte, wir sollten vielleicht morgen mit großem Zeremoniell zum Hof der Gotländer gehen und ihm danken. Ich werde all seinen Leuten in Wladimirs Auftrag Armreifen schenken, Sigurth ein besonders schönes Paar. Sie werden ihm sicher auch eine kleine Belohnung geben wollen, aber es muß nicht viel sein, denn König Svein hat ihn gut dafür bezahlt, Sie herzubringen.«

Gytha war natürlich einverstanden, doch sie lag lange wach in ihrem großen, bequemen Bett und überlegte, was sie Sigurth schenken könnte. Sie besaß nur das Geld, das Edmund ihr gegeben hatte, und den Erlös aus den Verkäufen, die Svein für sie hatte tätigen lassen, und sie scheute sich, etwas davon auszugeben, da sie keine Ahnung hatte, wann oder wie sie es ersetzen konnte. Andererseits war sie Sigurth sehr dankbar für seine Freundlichkeit und dafür, daß er sie sicher nach Holmgarth-Nowgorod gebracht hatte. Schließlich entschied sie sich, ihm ihre Kette mit den ineinander verschlungenen Tieren zu schenken, die sowohl für einen Mann als auch für eine Frau geeignet war. Es fiel ihr schwer, sich davon zu trennen, denn es war eine Erinnerung an ihr altes Leben, an Sveins Zuvorkommenheit, an den Buchschmuck und die Steinmetzarbeiten in England und Dänemark, an alles, was nun unwiederbringlich für sie verloren war.

»Es hat keinen Sinn, sich an die Vergangenheit zu klammern«, sagte sie sich. »Jetzt ist alles anders, also schau nach vorn und lerne und denk nicht mehr an früher.« Das waren tapfere Worte und ein guter Rat, aber das hinderte sie nicht daran, um die Halskette zu weinen, bevor sie sie als Geschenk verpackte.

Der Besuch im Hof der Gotländer war wirklich eine sehr eindrucksvolle Demonstration dessen, was Gleb unter »großem Zeremoniell« verstand. Zu ihrer Überraschung fuhren sie in Schlitten, glitten sanft über die Oberfläche des Knüppeldamms. Jewpraksija, die zusammen mit Gytha und Mildyth fuhr, erklärte, Fahrzeuge mit Rädern seien in der Stadt nicht erlaubt, weil sie die aus Baumstämmen bestehenden Straßen zu stark beschädigten. Die Schlitten waren lustig bemalt und wurden von jeweils drei kleinen, robusten schwarzen Pferden gezogen, die ein buntes Geschirr mit Glöckchen und Federn auf dem Kopf trugen. Gleb fuhr allein im ersten Schlitten, da Anastasia ihn nicht begleitete, und trug eine noch prächtigere Robe als diejenige, in der er Gytha am Kai begrüßt hatte. Die kleine Prozession wurde angeführt, begleitet und gefolgt von *Druschinniki* in pelzbesetzten blauen Tuniken und Hosen aus einem feineren Stoff als dem, den die Dienstboten trugen, und ihre dreieckigen Schulterbroschen bestanden aus Silber anstelle von Bronze. Sie ritten auf schwarzen Pferden, die erheblich größer waren als die, welche die Schlitten zogen, aber die gleichen bunten Ledergeschirre und Glocken trugen.

Sigurth war offenbar von dem Besuch in Kenntnis gesetzt worden und wartete am Kai neben der Landungsbrücke der *Sea-Fafnir,* während seine Leute in ihren besten Kleidern neben dem Schanzkleid aufgereiht standen. Die *Mew* und die *Tern* waren ebenfalls am Kai vertäut, jeweils an einem Ende ihrer größeren Schwester, und ihre Kapitäne warteten neben Sigurth, waren jedoch ein paar Schritte beiseitegetreten.

Gleb hielt eine offizielle Ansprache, die Sigurth ebenso förmlich beantwortete, und dann forderte er Gleb, Gytha und Mildyth auf, an Bord zu kommen. Gytha fand es seltsam beruhigend, daß Gleb, der vor ihr herging, kurz zögerte, bevor er sein nicht unerhebliches Gewicht und seine prachtvolle Kleidung der schmalen, federnden Planke anvertraute, obwohl die beiden jungen Kapitäne an beiden Enden Aufstellung genommen hatten, um die Besucher zu stützen, falls es sich als nötig erweisen sollte.

Als sie wohlbehalten an Deck waren, hielt Gleb eine weitere Rede, in der er Sigurth und seinen Männern im Namen von Fürst Wladimir von Susdal und König Svein von Dänemark und nicht zuletzt seinem eigenen Namen dafür dankte, daß er Prinzessin Gytha sicher nach Nowgorod gebracht hatte. Dann schnalzte er gebieterisch mit den Fingern, denn der *Druschinnik,* der die Geschenke trug, stand noch immer am Kai und sah interessiert zu, wie das Schiff aufgetakelt wurde. Er zuckte zusammen und hastete die Landungsbrücke entlang, um Gleb mehrere schwere Lederbeutel zu geben, die dieser Sigurth überreichte, je einen für die beiden jungen Kapitäne, einen für jede Mannschaft und einen größeren für Sigurth, mit den Worten, es seien Geschenke von Fürst Wladimir.

Sigurth nahm die Geschenke freundlich entgegen, mit einer Haltung, die zwar Dankbarkeit ausdrückte, jedoch keine Unterwürfigkeit, wie es einem freien, unabhängigen gotländischen Kapitän angemessen war.

Dann überreichte Gytha ihm ihre Kette. Sie hatte sie in ein Stück Stoff eingeschlagen, den er mit einer einzigen raschen Bewegung entfernte. Dann blickte er von der Kette auf in ihr Gesicht, mit einem Ausdruck, in dem sich Erstaunen und Besorgnis die Waage hielten, und sie erkannte daran, daß er sich darüber im klaren war, daß es ihr einziges wertvolles Stück war.

»Ich möchte, daß Sie es nehmen«, sagte sie ruhig. »Sie waren mir ein sehr guter Freund.«

Er verbeugte sich und sagte genauso ruhig »Vielen Dank«, dann winkte er dem Schiffsjungen, der mit Sigurths Gastgeschenken bereitstand, die auf einem Faß neben ihm aufgestapelt lagen. Es gab einen Ballen feines wollenes Tuch für Gleb, einen weiteren für Wladimir und für Gytha ein kleines, kompaktes, in Stoff eingewickeltes Päckchen. Sie dankte ihm, packte es jedoch erst später aus und entdeckte, daß die äußere Schicht aus Leinen ein Stück blaue Seide freigab, in der sich ein Halsband aus schwerem Silber befand, das in Gestalt von Drachen geformt und mit buntem Email verziert war. Es war viel schöner als ihre Goldkette und sah auf einem schlichten Kleid prachtvoll aus.

Wladimir

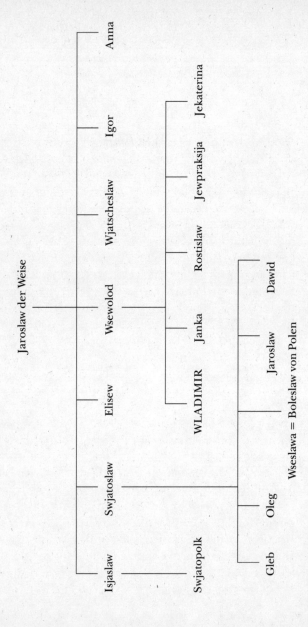

10. Kapitel

Im Verlauf der folgenden Wochen gewöhnte Gytha sich allmählich an ihr neues Leben. Anastasia machte keine Anstalten, mit ihr zu sprechen, sondern begegnete ihren Bemühungen, Kontakt aufzunehmen, mit einem frostigen Lächeln. Jewpraksija, die offenbar die einzige ihrer Damen war, die fließend Skandinavisch sprach, schien gern bereit, ihr zu helfen, doch sie beantwortete die meisten ihrer Fragen nur mit einem ängstlichen »Es tut mir leid, aber das weiß ich nicht«. Deshalb blieben die vier großen Truhen in Gythas Schlafzimmer ein Rätsel, und auch ihre Versuche, mehr über Fürst Wladimir herauszubekommen, waren vergeblich.

Was sie außerdem verwunderte, war, daß alle Schwierigkeiten hatten, ihren Namen auszusprechen. Selbst Gleb zögerte leicht, bevor er ihn aussprach, und alle anderen nannten sie »Prinzessin« oder »Gita Garoldowna«. Schließlich erkundigte sie sich deswegen bei Gleb, und er erklärte ihr mit einem bekümmerten Lächeln, das Problem bestehe darin, daß die slawonische Sprache die Laute »th« oder auch »h« nicht kenne.

Jeder Tag verlief in etwa dem gleichen Rhythmus; er begann frühmorgens mit dem offiziellen Besuch eines Gottesdienstes gemeinsam mit dem Fürsten und der Fürstin und ihrem Gefolge. Dieser fand an normalen Tagen in einer der Kirchen auf der Marktseite statt, an Sonntagen, Fast- oder Feiertagen jedoch in der Sophienkathedrale. In den normalen Kirchen standen die Frauen alle zusammen auf der Nordseite und die Männer in der Mitte, in der Kathedrale aber gab es eine Empore für den fürstlichen Haushalt, wo alle zusammenstanden.

Die Kirchengebäude kamen Gytha anfangs merkwürdig vor, da sie eine völlig andere, massivere Bauweise hatten als die, die Gytha kannte. Anstelle eines langen, durchgehenden Bauwerks mit Säulen wie Baumstämmen, die das Dach trugen, bestanden sie aus viereckigen, kastenartigen, mit Rundgewölben bedeckten Räumen, deren Zwischenwände von so vielen Bogen durchbrochen waren, daß häufig nur ein erstaunlich kleines Stück Mauer übrig war, um das Gewölbe zu stützen. Man hatte die gleiche Bauweise bei Holz- und Steinkirchen angewandt, trotz der unterschiedlichen Beschaffenheit des Materials. Das Sanktiarium wurde durch eine hohe hölzerne, mit Heiligenbildern bedeckte Wand verborgen, und in den größeren Kirchen, besonders der Kathedrale, waren die Wände wie in den westlichen Kirchen mit Heiligenfiguren bemalt, aber irgendwie waren sie anders, genau wie der Gottesdienst, vielleicht, weil die Sprache eine völlig fremde war. Die Abtrennung des Altars durch die Zwischenwand irritierte sie anfangs. Doch später fand sie Gefallen daran. Sie mochte es, wenn sich während der Abendmahlsfeier die mittleren Türen des Wandschirms öffneten und sich das Licht vom Sanktuarium in das Dunkel der Kirche ergoß. Was ihr ebenfalls Schwierigkeiten bereitete, war, daß man jetzt von ihr erwartete, sich nicht von links nach rechts, sondern von rechts nach links zu bekreuzigen.

Nach der Kirche fand ein kurzes Beisammensein im *Terem* statt, wo mit den anderen Frauen gemeinsam eine leichte Mahlzeit eingenommen wurde, und danach kam Bruder Isak vom Bischof herüber in das Eckzimmer, um Gytha und Mildyth zwei bis drei Stunden in der östlichen Form des Christentums und der slawonischen Sprache zu unterweisen. Danach folgte ein weiteres leichtes Mahl und eine ein- bis zweistündige Ruhepause, in der sich offensichtlich alle zu

Bett begaben. Gytha und Mildyth nutzten diese Zeit, um noch einmal durchzugehen, was sie am Morgen gelernt hatten, und schließlich begann Gytha mit dem Versuch, die Bücher zu lesen, die sie im Eckzimmer gefunden hatte, während Mildyth nähte und zuhörte und ab und zu eine Deutung für eines der unbekannten Wörter vorschlug.

Den späten Nachmittag verbrachte sie mit Ausflügen in die Stadt in Begleitung von Jewpraksija. Noch häufiger ging sie mit Gleb und seinem Gefolge auf die Jagd. Sie jagten mit Falken über die Wiesen, oder sie folgten den Jagdhunden und setzten hinter Rotwild und Wildschweinen her. Manchmal fuhren sie auch mit Booten auf den See hinaus, um mit Pfeil und Bogen Wildenten zu schießen. Gleb war erfreut, daß sie und Mildyth erfahrene Reiterinnen waren und Gytha gut mit dem Bogen umzugehen wußte, denn Anastasia zeigte nur wenig Interesse oder Freude an diesen Unternehmungen und begleitete sie nur selten. Tat sie es dennoch, fuhr sie in einer kleinen Kutsche, und da sie vor allem die Wildschweinjagd verabscheute, lehnte sie es ab mitzukommen, wenn es um diese Art Beute ging. Gytha empfand die Jagd auf diese wilden Tiere nicht anders als die auf jedes andere Wild, selbst wenn, was oft geschah, ein Wildschwein einen Mann angriff und diesem kaum noch Zeit blieb, den Angriff mit seinem Speer abzuwehren und das Tier zu töten.

Abends nahm der Hof mit großem Pomp das Essen ein, und danach wurden Gespräche geführt, in deren Verlauf Gytha vieles von der Geschichte und den Bräuchen in Nowgorod und Kiew erfuhr. Zum Schluß beteten sie in der Kapelle des Palastes zu Abend, und dann begaben sich alle zu Bett.

Bald wurde deutlich, daß Anastasia und ihre Damen ein todlangweiliges Leben im *Terem* führten. Sie besaßen offensichtlich keine Bücher oder machten Handarbeiten, mit Ausnahme von ein wenig Bortenweberei und einfachen

Näharbeiten. Den größten Teil der Zeit verbrachten sie mit kindischen Spielen und Getratsche. Einige der Frauen gingen auf den Markt, meistens um Naschwerk zu kaufen, und ein paar von ihnen ließen durch Jewpraksija fragen, ob sie Gytha begleiten dürften, wenn sie mit Gleb auf die Jagd ging, da sie anscheinend über eine Gelegenheit auszureiten froh waren. Anastasia war eine äußerst träge Frau, deren Interesse sich auf ihre Kleider und das Anmalen ihres Gesichts beschränkte und die sich außer zu den Kirchgängen und Mahlzeiten kaum einmal aus dem *Terem* herausbewegte.

Eingedenk dessen, was Elisew ihr erzählt hatte – daß, obwohl viele adlige russische Frauen im *Terem* lebten, einige sich für ein aktives Leben entschieden –, ergriff Gytha die erste Gelegenheit, die sich bot, um das Thema mit Gleb zu besprechen. »Erwartet man von mir, daß ich, wie Anastasia, im *Terem* lebe?« fragte sie und bemühte sich, nicht aufsässig zu klingen.

Gleb schaute sie erstaunt an, überlegte einen Augenblick und erwiderte dann: »Ich wüßte nicht, warum. Ich nehme an, Damen Ihres Ranges leben in den westlichen Ländern ein ziemlich aktives Leben.«

»Allerdings«, sagte Gytha bestimmt. »In Dänemark habe ich König Sveins Ratsversammlungen beigewohnt, auch wenn er Recht gesprochen hat. Meine Tante, König Edwards Frau in England, nahm immer an seinen Versammlungen teil und setzte sich persönlich für Schulen für adlige Kinder und für einige der größeren Nonnenklöster ein.«

»Und Sie wollen hier etwas Ähnliches tun?« Glebs Stimme klang betont ausdruckslos.

»Wenn ich in der Stadt meines Mannes lebte, würde ich es wahrscheinlich tun, um ihm zu helfen und ihn während seiner Abwesenheit in gewisser Weise zu vertreten, so wie meine Tante es getan hat.«

»Sie wollen doch nicht sagen, daß sie tatsächlich das Land regierte?« Gleb klang entsetzt.

»Nein, aber sie saß in dem Rat, der während seiner Krankheit die Regierungsgeschäfte weiterführte, und teilte ihm mit, wie die Dinge in seinem Sinne ausgeführt werden sollten. Das Entscheidende war, daß sie seine Pläne kannte.«

Gleb biß sich auf die Lippen. »Ihre Situation ist anders. Sie leben hier, also können Sie in Susdal nichts tun. Sie können meine Versammlungen besuchen, wenn Sie wollen. Es stört mich nicht, solange Sie sich – grob gesagt – nicht einmischen. Sie sind nicht meine Frau – obwohl ich froh wäre, wenn Anastasia ein wenig mehr Interesse zeigte ... Aber sie werden hart mit Bruder Isak arbeiten müssen, sonst werden Sie kein Wort verstehen!«

»Sie glauben nicht, daß es Anastasia stört?«

»Stört? Nein – warum sollte es? Sie weiß sehr wohl, daß sie die Sitzungen besuchen kann, wenn sie möchte, aber sie zeigt nicht das geringste Interesse daran.«

»Dann nehme ich Ihre Einladung an und danke Ihnen sehr«, sagte Gytha begeistert. »Ich werde mit meinen Lektionen fortfahren – ich mache bereits Fortschritte!«

Der morgendliche Unterricht mit Bruder Isak verlief erfreulich, denn er war ein guter Lehrer, und sie lernte rasch. Der Mönch war ein schlanker, melancholisch dreinblickender junger Mann mit dichtem, lockigem braunem Haar und einem ebensolchen Bart, einer langen Nase und traurigen braunen Augen, dem seine Rolle als Lehrer anfangs nicht zu gefallen schien; als er jedoch feststellte, daß seine Schülerinnen voll Eifer lernten, wurde er ein wenig freundlicher. Er kam immer pünktlich in großen Sätzen die Treppe vom Hof herauf gestürmt, während ein kleiner Junge mit den Büchern seiner schwarzgekleideten Gestalt folgte.

Bei seinem ersten Besuch betrachtete er das seltsame kleine Bord in der Ecke des Raumes und fragte in fließendem Skandinavisch: »Wo ist Ihre Ikone? Haben Sie sie in Ihrem privaten Zimmer?«

»Ikone?« fragte Gytha. »Verzeihen Sie – was ist das?«
»Ihr Heiligenbild.«
»Ich besitze keines.«
»Keine Ikone! Aber Sie beten doch, nehme ich an?«
»Ja.«
»An wen richten Sie dann Ihre Gebete? Welcher Heilige ist Ihr Fürsprecher?«
»Das Heilige Kreuz«, erwiderte sie.
»Haben Sie kein Bild davon, damit Sie sich besser sammeln und Ihre Gedanken konzentrieren können?«
»Nein. Zu Hause in England gab es eine Darstellung des Kreuzes in der Kirche, aber ich habe selbst nie ein Abbild davon besessen.«
Bruder Isak schnaubte heftig durch die Nase und erklärte ihr alles über Ikonen; er sagte, sie seien wie Fenster zum Himmel, durch die der betende Mensch sich direkt an den dargestellten Heiligen oder sogar an Christus oder die Jungfrau Maria wenden könne und durch die auch er vom Himmel aus beobachtet werden könne. Gytha fand dies äußerst interessant und studierte sorgfältig die Ikonen in den Kirchen, die sie besuchte, und schon bald gewöhnte sie sich daran, sich als Fenster vorzustellen. Sie fand, daß viele der Ikonen die Heiligen auf merkwürdig verzerrte Weise darstellten, doch es gab auch andere, die einen ganz bestimmten Typ zeigten – meist einen jungen Heiligen wie Johannes, Demetrius, Georg oder den Erzengel Michael, mit großen, unergründlichen dunklen Augen, kurzgeschnittenem schwarzem Haar und Bart und einem unnahbaren, unerforschlichen Gesichtsausdruck, der sie seltsamerweise schaudern ließ, nicht vor Angst oder Kälte, sondern aus einem Gefühl heraus, das ihr selbst unverständlich war. Bruder Isak war sehr angetan von ihren Fragen über Ikonen und erklärte, dieser spezielle Typus sei griechischen Ursprungs, wie eigentlich alles Gute an der Kirche in Rußland und Nowgorod.

Einige Tage, nachdem er sich nach Gythas fehlender Ikone erkundigt hatte, brachte er ihr eine als Geschenk von Bischof Fjodor. Es war eine wunderschöne Anbetung des Kreuzes, die in weichen, blassen Farben und Gold auf ein dickes Stück Holz gemalt war. Gytha fand es besonders tröstlich, daß sie zwei Engel zeigte, die zu beiden Seiten des Kreuzes knieten, und stark dem Siegel ähnelte, das ihr Vater seinem Kollegium in Waltham zugeeignet hatte. Sie verstand Bruder Isaks Erklärung, warum eine Ikone ganz besonders heilig war, nicht völlig, aber sie stellte sie auf das kleine Bord in der Ecke ihres Schlafzimmers, und sie war eindeutig eine große Hilfe für sie, wenn sie ihre Gedanken im Gebet sammeln wollte. Bruder Isak brachte eine weitere Ikone für Mildyth, mit dem Abbild der Muttergottes, und Mildyth war über die Gabe so gerührt, daß sie in Tränen ausbrach.

Als Gytha die Sprache besser verstand, stellte sie fest, daß sich die Liturgie nicht allzu sehr von den ihr vertrauten lateinischen Gottesdiensten unterschied, und sie versuchte, auf intelligente Weise die Unterschiede mit Bruder Isak zu erörtern. Offenbar gewann er einen angenehmen Eindruck, denn unmittelbar vor Weihnachten wurde sie mehrmals aufgefordert, Bischof Fjodor zu besuchen. Ihre Sprachkenntnisse waren inzwischen groß genug, daß sie sich mit ihm über alles unterhalten konnte, wobei Bruder Isak, immer wenn es nötig war, erläuternd einsprang. Sie überreichte dem Bischof den Abendmahlskelch, den Thorvald Grimsson ihr in Gotland geschenkt hatte, und erklärte ihm, woher er stammte und weshalb sie ihn zum Geschenk erhalten hatte. Er war hocherfreut und sagte, er wolle ihn in die Schatztruhe der Kathedrale legen und ihn bei den Gottesdiensten benutzen, und als er erfuhr, daß sie lesen konnte, schenkte er ihr ein Gebetbuch. Sie brauchte einige Zeit, bis sie die Schrift entziffern konnte, doch dann entdeckte sie, daß das Buch für beinahe jeden Anlaß ein Gebet enthielt, vom morgendlichen Aufstehen an bis zum abendlichen Zubettgehen. Sie stellte fest, daß die Leute diese Gebete wirklich sprachen, deshalb tat sie es auch und fand es sehr anregend für den Geist.

Die Zeit verflog rasch. Nach und nach lernte sie, sich im Palast und in der Stadt zurechtzufinden. Sie machte sich mit der Landschaft ringsum vertraut und wagte sich mit Mildyth auf den Markt, um ein paar bescheidene Einkäufe zu machen und die Marktschreier zu beobachten, die Purzelbäume schlugen, jonglierten, tanzten oder Tiere vorführten. Sie war oft verlegen, wenn die Händler darauf bestanden, ihr schöne Stoffe, Juwelen oder Raritäten aus fremdem Ländern zu zeigen. Sie bewunderte sie und lobte ihre Schönheit, ihren Wert oder ihre Ausgefallenheit, doch sie konnte nichts kaufen, denn ihre Geldvorräte nahmen ständig ab. Jeden Morgen mußte sie bei ihrem Kirchenbesuch etwas Geld geben, und vor der Kirche und dem Palast lagerten ständig Bettler. Sie konnte nicht an ihnen vorübergehen, ohne denen, die es am dringendsten brauchten, eine kleine Münze zu geben. Die Situation wurde immer peinlicher, denn je mehr Almosen sie gab, desto mehr Bettler scharten sich um sie, und je deutlicher sie die Waren der Kaufleute ablehnte, desto eifriger bemühten sie sich, sie ihr zu zeigen.

Einer der Händler schien besonders hartnäckig, obwohl nicht ersichtlich war, was er eigentlich verkaufen wollte. Es war ein kleiner, dicker Mann mit einem runden, roten Gesicht, einer sommersprossigen Nase und kurzgeschnittenem Haar, das ihm große Ähnlichkeit mit einem Igel verlieh. Er paßte Mildyth häufig ab und versuchte, mit ihr zu sprechen, doch ihr eingefleischter Argwohn gegenüber Fremden und ihre anfängliche Unkenntnis der Sprache veranlaßten sie, ihm mit einer herrischen Geste zu bedeuten, er solle aus dem Weg gehen, und sie eilte, so schnell sie konnte, an ihm vorbei. Kurz darauf versuchte er, sich Gytha direkt zu nähern, doch Mildyth verstellte ihm den Weg und trat mit dem Fuß nach ihm, bis er achselzuckend aufgab, nur um am folgenden Tag wieder zu erscheinen.

»War das nicht wieder der kleine Igelmann?« fragte Gytha eines Tages, als der Sommer schlagartig geendet und über Nacht dem Winter Platz gemacht hatte. »Was will er nur?«

»Er redet ständig über *Dengi* oder so etwas Ähnliches«, erwiderte Mildyth empört. »*Dengi* heißt Geld, oder? Er muß ein Bettler sein. Ich denke, Sie sollten Fürst Gleb bitten, etwas gegen ihn zu unternehmen.«

Tatsächlich war es dann Gleb, der auf das Thema zu sprechen kam, und zwar unter einem ganz unerwarteten Aspekt; er nahm Gytha eines Abends beiseite und sagte zögernd: »Verzeihen Sie, daß ich es erwähne, aber ich glaube, es gibt da ein paar Mißverständnisse. Einige der Kaufleute haben sich bei mir beschwert, daß Sie nie bei ihnen kaufen, und die Bojaren haben bemängelt, daß Sie sich immer auf warägische Art und nie in unserem Stil kleiden. Und Ihr *Ognischtschanin* ist sehr beunruhigt, weil Ihre Kammerfrau ihn nicht mit Ihnen sprechen läßt.«

»Mein *Ognisch*...?« fragte Gytha. »Es tut mir leid – ich verstehe nicht. Wer ist mein *Og*... Wie haben Sie gesagt?«

»*Ognischtschanin*.« Gleb dachte einen Augenblick nach, dann übersetzte er: »Verwalter. Er sieht aus wie ein *Josch* – ein kleines Tier, das überall Stacheln hat.«

»Ein Igel!« rief Gytha, die jetzt wußte, wen er meinte.

»Als Wladimirs Frau oder zukünftige Frau steht Ihnen ein bestimmtes Einkommen zu, verstehen Sie, und der arme Teufel gelangt nicht in Ihre Nähe, um es Ihnen auszuzahlen. Er hat Angst, daß Wladimir zurückkommt und wütend auf ihn ist oder ihn verdächtigt, das Geld für sich zu behalten. Hat Anastasia Ihnen nichts von ihm erzählt?«

Gytha war verlegen, sie wollte nicht sagen, daß Anastasia zwar nach außen hin freundlich war, jedoch offenbar immer schlief oder beschäftigt war, wenn Gytha in den *Terem* kam und es ihren Damen überließ, sie zu unterhalten; sie selbst sagte nur wenig, obwohl sie stets nickte und lächelte, wenn Gytha sie ansah.

»Spricht sie nicht Skandinavisch mit Ihnen?« fragte Gleb scharf, und als Gytha besorgt und verlegen den Kopf schüttelte, stieß er hervor: »Dieses kleine Biest! Sie hat mir erzählt, daß sie Skandinavisch kann und oft mit Ihnen plaudert! Sie ist so faul ...! Vermutlich erklärt das auch, warum Sie keines der Kleider getragen haben, die Wladimir für Sie geschickt hat, oder die Juwelen! Was ist aus ihnen geworden? Irgendwo in Ihren Räumen müssen vier große geschnitzte Truhen stehen.«

»Oh!« rief sie, als ihr die geheimnisvollen Truhen einfielen, die vermeintlich die Besitztümer eines Fremden enthielten. »Sind sie für mich? Wir dachten, jemand hätte sie dort abgestellt und dann vergessen!«

Gleb sah sie einen Augenblick sprachlos an, dann begann er zu lachen. »Sie müssen uns ja für eine schöne Familie halten!« sagte er. »Haben Sie sich nicht gefragt, warum wir Ihnen keine Einkünfte zukommen ließen und Ihr Bräutigam Ihnen keine Geschenke sandte?«

»Ich kenne ja die hiesigen Bräuche nicht«, versuchte Gytha zu erklären. »Niemand hat etwas gesagt, deshalb nahm ich an, ich müßte bis zur Hochzeit von dem leben, was ich mitgebracht habe.«

»Das tut mir leid!« entschuldigte Gleb sich in ernstem Ton. »Ich hätte mir denken müssen, daß meine törichte Frau zu faul ist, irgend etwas richtig anzupacken!« Er sah Gytha unbestimmt von der Seite an und fügte hinzu: »Ich vermute, Sie haben schon gemerkt, daß es keine besonders gute Ehe ist. Wahrscheinlich war es unklug von mir, mich von meinem Vater überreden zu lassen, die Tochter eines kumanischen Stammesfürsten zu heiraten, nur um einen Frieden zu gewährleisten, der dann doch nicht lange hielt! Ich gab mir anfangs Mühe, aber sie bekam keine Kinder, und wir haben keine gemeinsamen Interessen, deshalb gehen wir uns aus dem Weg und treffen uns nur bei offiziellen Anlässen. Ich sollte sie wirklich in ein Kloster schicken und noch einmal heiraten ... Hoffentlich haben Sie und Wladimir mehr Glück.«

Gytha war von seinen offenen Worten peinlich berührt, vor allem, da sie von einem Blick begleitet wurden, der ihr den Eindruck vermittelte, daß er Wladimir mehr beneidete, als angebracht war. Sie entschuldigte sich und eilte davon, um Mildyth zu berichten, wer der kleine Igelmann war und was es mit den vier großen Kleidertruhen auf sich hatte. Sie verbrachten vor dem Zubettgehen einige Zeit damit, darin herumzukramen, und stellten fest, daß eine der Truhen Sommerkleider aus feiner Seide und Leinen enthielt, und in den drei anderen befanden sich schwere Sarafane und Kaftane aus dicken Winterstoffen, Pelze, edelsteinbesetzte Kopfbedeckungen in Form einer Krone und *Kokoschniks*, Kopfbedeckungen, die den dreifach geschweiften Giebeln der Kirchen glichen.

Auf dem Boden einer der großen Truhen stand eine kleine Kiste. Sie war voller goldener Broschen und Halsketten, enthielt außerdem eine Perlenschnur in einem weichen Lederbeutel, Ringe mit funkelnden Steinen und mehrere Armreifen. Inmitten dieser Schätze befand sich eine dünne Rolle aus Birkenrinde, die man hier anstelle von Pergament zum Schreiben benutzte. Gytha erbrach das Siegel, öffnete sie und fand einen kurzen, in einer kleinen, ordentlichen Handschrift geschriebenen Brief auf Skandinavisch.

»Meine liebe zukünftige Frau. Ich heiße Sie in Nowgorod willkommen und hoffe aus ganzem Herzen, daß Sie in Rußland glücklich werden. Ich bedaure mehr, als ich sagen kann, daß ich nicht in der Stadt sein kann, um Sie bei Ihrer Ankunft zu begrüßen, doch die Pflicht verlangt von mir, persönliche Freuden und Wünsche hintanzustellen, was Sie als Königstochter sicher verstehen werden. Ich sende Ihnen diese Geschenke, um Ihnen so zu sagen, daß mir Ihr Wohlergehen am Herzen liegt, und bitte Sie, sich an meinen Vetter Gleb zu wenden, wann immer Sie Hilfe oder Rat brauchen. Seien Sie sicher,

daß ich mich bemühe, sobald es Gott zuläßt, bei Ihnen zu sein. Sein Segen sei mit Ihnen. Ihr zukünftiger Ehemann, Wladimir.«

»Was ist das?« fragte Mildyth.

»Ein Brief von Fürst Wladimir.«

»Brief! Hm! Es wäre besser, er käme selbst her. Ein schöner Bräutigam, der seine Braut erst heiratet, nachdem er sie monatelang hat warten lassen!«

Gytha war im Begriff, sie daran zu erinnern, daß der Fürst frühestens Mitte des Winters erwartet wurde, überlegte es sich jedoch anders und sagte bestimmt: »Das reicht, Mildyth. Du kannst jetzt zu Bett gehen.«

Mildyth sah aus, als hätte sie gern noch einiges mehr gesagt, doch sie wußte, wie weit sie gehen konnte, bevor ihre Herrin sie zur Ordnung rief, deshalb machte sie ihre förmliche Verbeugung und zog sich in ihr eigenes Zimmer zurück. Gytha setzte sich auf ihr Bett, zog die Kerzen näher heran und las ihren Brief wieder und wieder durch, in der Hoffnung, mehr daraus über Fürst Wladimir zu erfahren, denn sie setzte voraus, daß er ihn persönlich geschrieben hatte, da es keinen Hinweis darauf gab, daß es die Arbeit eines Sekretärs war. Der Brief bestätigte ihre Überzeugung, daß er lesen und schreiben konnte, was sie schon aus dem Vorhandensein seiner Bücher geschlossen hatte, und war ein Beweis, daß er gute Kenntnisse der nordischen Sprache besaß, was die Unterhaltung zwischen ihnen leichter machen würde, als wenn sie sich auf ihre noch immer begrenzten Slawonischkenntnisse verlassen müßten. Dennoch blieb das enttäuschende Gefühl, daß der Mensch hinter den zierlich geschriebenen Wörtern genauso schemenhaft und unbekannt blieb wie zuvor.

Am nächsten Morgen unternahm sie den entschlossenen Versuch, mit Anastasia zu sprechen, und bestand darauf, ihre Worte direkt an die Fürstin zu richten und es den Kammerfrauen nicht zu gestatten, diese mit Beschlag zu belegen.

Zu ihrer Überraschung begann Anastasia nach ein paar Minuten, darauf einzugehen, vielleicht, weil Gytha ausschließlich Slawonisch sprach, wenn auch mit einer Reihe von Fehlern. Zuerst korrigierte sie nur die Fehler, doch bald begann sie selbst zu reden, erklärte, das Geschwätz ihrer Dienstboten langweile sie zu Tode und es sei sehr angenehm, mit einer vernünftigen Frau ihres eigenen Ranges sprechen zu können. Sie unternahm sogar den Versuch, ein paar Wörter Skandinavisch zu sprechen. Kurz darauf entließ sie ihre Frauen und fing an, von persönlicheren Dingen zu reden.

»Ich habe zu meinem Mann gesagt, Sie hätten das mit den Kleidern oder Ihren Einkünften wahrscheinlich nicht verstanden«, sagte sie selbstgefällig. »Ich dachte, er hätte Ihnen Bescheid gesagt, aber Sie hätten keine Lust gehabt, die Sachen zu tragen. Schließlich haben Sie ja Ihre seltsamen Kleider, und man erwartet doch von einer *Königstochter*, daß sie mit einer Menge Geld und Kleidern zu ihrem Ehemann kommt. Ich habe gehört, daß Sie nicht bei unseren Händlern kaufen, aber ich dachte, Sie seien der Ansicht, ihre Waren seien nicht gut genug für eine *Königstochter*. Ich selbst finde sie sehr zufriedenstellend, aber mein Vater ist natürlich nur ein kumanischer Stammesfürst und kein König, und ich habe Gleb gebeten, mich nicht zu tadeln – *mir* steht es doch nicht zu, einer *Königstochter* zu sagen, wie sie sich kleiden oder wofür sie ihr Geld ausgeben soll, oder? Es war nicht nötig, daß er mich gestern abend deswegen angeschrien hat. Es war seine Aufgabe, Ihnen alles zu sagen, nicht meine! Er tadelt mich bei jeder Gelegenheit, und ich weiß gar nicht, warum, denn fast immer trägt er die Schuld. Die Männer sind alle gleich, wissen Sie! Fürst Wladimir ist genauso schlimm. Er hat nicht das geringste Interesse an dem, was wir Frauen zu sagen haben, sondern redet nur über Schlachten, die Jagd, Friedensverträge und Rechtsprechung. Hoffentlich denken Sie nicht an so törichte Dinge wie Liebe oder ähnlichen Unsinn, liebe Cousine – alle Fürstinnen sind doch

Cousinen, oder? Wenn sie nicht näher verwandt sind, natürlich. Falls Sie denken, Fürst Wladimir wird Sie um Ihrer goldenen Haare und blauen Augen willen lieben, seien Sie versichert, das wird er nicht. Alles, was er will, ist eine gesunde Frau, die eheliche Söhne zur Welt bringt, und damit beginnt und endet sein Interesse an Ihnen! Wenn er eine Frau zum *Vergnügen* will, geht er woandershin, genau wie Gleb. Ach, und seien Sie vorsichtig, meine Liebe! Gleb denkt manchmal, daß er mich, da ich ihm keine Söhne geboren habe, loswerden und er es noch einmal mit einer anderen Frau versuchen könnte. Vielleicht denkt er sogar daran, mich in ein Kloster zu stecken und Sie zu heiraten, bevor Wladimir kommt und Sie für sich in Anspruch nimmt, und das würde zu *Schwierigkeiten* führen, das sage ich Ihnen!«

»Aber...«, versuchte Gytha vergeblich, sie zu unterbrechen.

»Ich würde mir das nicht von Ihnen gefallen lassen, das kann ich Ihnen versichern, und Sie brauchen nicht zu denken, ich könnte es nicht unterbinden. Mein Vater ist vielleicht nur ein kumanischer Stammesführer, aber er ist nicht weit entfernt und hat eine große Armee. Ihr Vater ist tot, nicht wahr, und Ihr Onkel weit weg? Übrigens, Wladimir ist ganz versessen darauf, die Tochter eines echten Königs zur Frau zu bekommen und nicht nur die Tochter eines Stammesfürsten wie mich, und es gibt weiß Gott schon genug Streitigkeiten zwischen den einzelnen Familienmitgliedern, ohne daß Gleb und Wladimir sich auch noch zanken. Manchmal denke ich, sie sind die einzig Vernünftigen. Wirklich, sogar Glebs eigener Bruder hat mehrmals versucht, ihm Nowgorod wegzunehmen, und Glebs Vater hat seinem älteren Bruder Kiew weggenommen, dem es eigentlich zustand, und Wladimirs Vater stiftet ständig Unfrieden zwischen allen... Stellen Sie sich vor, Fürsten, die um einzelne Städte kämpfen, während Ihr Vater über ein ganzes Königreich herrschte!«

»Aber ich ...«, begann Gytha erneut, doch Anastasia hatte sich nur unterbrochen, um Atem zu holen, und schwatzte, ohne sie zu beachten, weiter und informierte Gytha über alle Skandale und Streitigkeiten in der Familie, an die sie sich erinnern konnte. Einiges davon reichte viele Jahre zurück in die Zeit, bevor Anastasia nach Rußland gekommen war, um Gleb zu heiraten, und Gytha war dankbar, als eine von Anastasias Damen erschien und ihnen mitteilte, es sei Zeit, in die Kirche zu gehen. Sie besuchte mit den anderen den Gottesdienst, aber die ganze Zeit wirbelte eine Fülle fremder Namen in ihrem Kopf herum. Sie gewann die Überzeugung, daß die Familie, in die sie bald hineinheiraten würde, so entsetzlich streitsüchtig war, daß selbst Sveins rauflustige Söhne sich im Vergleich dazu wie Friedensengel ausnahmen.

Was Anastasia betraf, so nahm sie an, daß Gleb sie gerügt hatte, weil sie nicht mit ihrem Gast gesprochen hatte, und nun war sie ins andere Extrem verfallen. Sie wußte jetzt, daß Anastasia eine Klatschbase war, und Gytha beschloß, in Zukunft vorsichtig zu sein und ihr nichts anzuvertrauen, was nicht allgemein bekannt werden sollte. Ihr sarkastisches Herumreiten auf dem Wort »Königstochter« war verständlich, vor allem, wenn sie wirklich fürchtete, Gleb könne sie verstoßen, um die neu angekommene Prinzessin zu heiraten, doch in ihre Eifersucht und Angst mischte sich auch Boshaftigkeit, und es war gewiß nicht klug, dies zu überhören.

Sie hatte sich an diesem Morgen nach der Mode Nowgorods gekleidet und trug einen reichbestickten und mit Borten besetzten Sarafan, doch das Kleidungsstück war so steif und schwer, daß sie beschloß, solche Sachen nur noch beim Kirchgang, bei Auftritten in der Öffentlichkeit und bei zeremoniellen Essen zu tragen. Während der übrigen Zeit des Tages trug sie weiterhin ihre warägische Tracht, die viel bequemer und praktischer war, besonders bei der Jagd. Jetzt wunderte sie sich nicht länger, daß Anastasia lieber in der Kutsche gefahren war!

In der mittäglichen Ruhepause begann sie, einen Brief an Fürst Wladimir zu schreiben, indem sie die neu gelernten slawonischen Buchstaben mit einem gut gespitzten Schreibstab feinsäuberlich mit schwarzer Tinte auf ein Stück Birkenrinde auftrug. Sie brauchte zwei Nachmittage, um ihre Sprachkenntnisse zusammenzufassen und ihm in einem Dutzend Zeilen förmlich für seine Großzügigkeit zu danken. Sie fügte, um ihn über die Entfernung und alle Fremdheit hinweg zu erreichen – auf Skandinavisch einen knappen Bericht über ihre Reise hinzu, ergänzt durch eine kurze Erklärung, warum sie seinen Brief erst jetzt gefunden hatte, ohne jemandem die Schuld daran zu geben. Einen weiteren Tag dauerte es, bis sie sich entschloß, den Brief auch tatsächlich abzuschicken, denn sie hielt ihn für unzulänglich, wußte aber auch nicht, wie sie ihn besser machen sollte. Als sie sich bei Gleb erkundigte, wie sie ihn befördern könnte, nahm er die Rolle mit einem beiläufigen »Ich kann ihn mit meinem monatlichen Brief an ihn abschicken« an sich und erwähnte damit zum erstenmal, daß er mit seinem Vetter regelmäßig in Verbindung stand.

Inzwischen hatte sie Kontakt mit ihrem *Ognischtschanin* aufgenommen, obwohl sie noch immer erhebliche Schwierigkeiten hatte, das Wort auszusprechen. Der kleine Igelmann hieß Maksim Nestorowitsch, und er schien sein Glück anfangs nicht fassen zu können, als Gytha Jewpraksija losschickte, um ihn zu suchen und zu ihr zu bringen. Er verschwendete viel Zeit, sich zu verbeugen und Entschuldigungen zu stammeln, bis Gytha ihm das Mißverständnis erklärt hatte. Sie entschied sich, ihm zu sagen, es sei nur dazu gekommen, weil sowohl Fürst Gleb als auch seine Frau angenommen hatten, der andere habe ihr Bescheid gesagt, und es sei keinesfalls seine Schuld. Daraufhin verwandelte er sich in einen verständnisvollen, taktvollen, vernünftigen Menschen, der Gytha erklärte, wie sich ihr Einkommen aus Nahrungsmitteln und Geld zusammensetzte, woher es stammte und wie sie damit umgehen sollte, was sehr einfach war, da ihre Güter von Fürst Wladimirs Personal verwaltet wurden und sie nur die Abrechnungen durchsehen und kontrollieren mußte, die Maksim ihr vorlegte. Diese waren deutlich auf Birkenrinde geschrieben, die in Nowgorod offensichtlich für die verschiedensten Zwecke benutzt wurde, da sie viel billiger als Pergament, aber genauso haltbar war.

Maksim erklärte, daß ihr als Fürst Wladimirs Frau ein beträchtlicher Anteil seines gesamten Einkommens zustand, und er habe angeordnet, ihr diesen Anteil vom Zeitpunkt ihres Eintreffens in Nowgorod an zu bezahlen und nicht erst die Hochzeit abzuwarten, was sie freundlich und großzügig fand. (»Hm! Das ist ja wohl das mindeste, was er tun kann!« war Mildyth' bissiger, wenn auch nur geflüsterter Kommentar aus ihrer Ecke heraus, wo sie über ihrer Näharbeit saß und zuhörte.) Sie war berechtigt, alles, was sie mitgebracht hatte, alle Geschenke, die ihr der Fürst oder jemand anderes gemacht hatte, und alles, was sie von ihrem eigenen Einkommen erworben oder selbst angefertigt hatte, zu behalten. Die letzte Bestimmung, sagte Maksim entschuldigend, bezöge sich natürlich eher auf die Frau eines *Smerd* als auf eine Fürstin.

»Wenn Sie durch ein tragisches Schicksal, was der Himmel gnädig verhüten möge, Witwe würden, wären Sie das Oberhaupt der Familie und dürften Ihren gesamten Besitz behalten, und Ihre Kinder müßten Ihnen einen Teil dessen, was sie von ihrem Vater erben, abgeben«, schloß er.

Gytha zog die Augenbrauen noch ein wenig höher und dachte an die weitaus weniger großzügige Vorsorge, die für Frauen und Witwen in England und Dänemark getroffen wurde. Noch überraschter war sie, als Maksim ihr die ungefähre Summe nannte, die sie würde ausgeben können. Es war ein verblüffend hoher Betrag für jemanden, der nie zuvor eigenes Geld besessen hatte, denn als ihr Vater noch gelebt hatte, und das war die einzige Zeit, in der man sie hätte als reich bezeichnen können, war sie noch ein Kind gewesen und hatte nur ab und zu einen Silberpenny bekommen. Sie beschloß, sich trotz dieser plötzlichen Veränderung ihrer Vermögensverhältnisse zu keinerlei Verschwendung hinreißen zu lassen.

»Und woher kommt das ganze Geld?« fragte sie.

»Ah. Hier.« Maksim holte ein weiteres Blatt Birkenrinde hervor und breitete es auf dem Tisch zwischen ihnen aus. »Dies ist eine Liste mit allen Dörfern, die Fürst Wladimir Ihnen geschenkt hat. Sie besitzen in jedem davon Land, das an die Dorfbewohner verpachtet ist. In einigen Orten sind Einzelpersonen Ihre Pächter, und in anderen pachtet der Gemeinderat das Land und teilt es den Familien des Dorfes zu. Die Pacht kann in Form von Geld oder Naturalien bezahlt werden. Da alle Güter bei Susdal oder in der Nähe von Kiew liegen, werden die Erzeugnisse auf dem Markt verkauft, und das dafür erzielte Geld erhalten Sie. Sie haben in jedem Dorf einen Verwalter, und er besitzt ein Stück Land als Bezahlung für seine Arbeit. Einige Ihrer größeren Dörfer haben Märkte, und jeder, der etwas auf einem Markt verkauft, bezahlt Ihrem Verwalter eine kleine Gebühr für seinen Stand, die wiederum an Sie geht.«

»Das hört sich alles so ähnlich an, wie es auch in England gehandhabt wird«, bemerkte Gytha.

Maksim strahlte vor Begeisterung und rief: »Wie interessant! So weit entfernt! Na, so etwas! Dort, wo die Sonne im großen Ozean versinkt, macht man also manches so ähnlich wie wir hier! Wie wunderbar!«

Er kam nun regelmäßig jede Woche, und Gytha freute sich, von ihm einiges über ihre Güter und das Leben der Menschen, die sie bewirtschafteten, zu erfahren, und sie empfand große Freude darüber, daß sie jetzt in der Lage war, die Bettler auf der Straße großzügig zu bedenken und die Almosenbehälter in den Kirchen zu füllen. Es gefiel ihr, daß sie etwas von den interessanten Waren kaufen konnte, die auf dem Markt angeboten wurden, und mit der Hilfe und Zustimmung von Bruder Isak erwarb sie eine kleine Sammlung schön geschriebener Bücher von den Schreibern des Klosters der Verklärung, das sie ein paar Meilen weiter nördlich auf ihrem Weg nach Nowgorod passiert hatte.

Sie hatte das Wetter im Oktober schon für kalt gehalten, doch im November begann der eigentliche Winter. Die Temperaturen sanken drastisch, und mehrere Tage lang fiel unaufhörlich Schnee. Man hatte bereits in alle Fenster des Palastes Rahmen mit einer doppelten Schicht Marienglas eingesetzt, so daß alles leicht verzerrt aussah; sie wunderte sich, daß man überhaupt noch hindurchsehen konnte und das Tageslicht überhaupt noch in die Räume drang; auf jeden Fall war jeder ofenbeheizte Raum behaglich warm, und es gab kaum Zug.

Draußen war es etwas anderes. Ein kurzer Gang über den Marktplatz zur Kirche, auf dem sie nur einen pelzbesetzten Mantel über ihrem Kleid trug, lehrte sie, sich künftig dick anzuziehen, bevor sie sich hinauswagte. Es dauerte jedesmal einige Zeit, bis sie die dicken Filzstiefel über die weichen Stiefel aus Leder gezogen hatte, die so bequem im Haus zu tragen waren, dazu mehrere Lagen wollener Kleidung, deren äußerste Schicht aus einem prachtvollen Mantel aus weichem Pelz bestand, der sie von den Ohren bis zu den Knöcheln einhüllte und eine Kapuze hatte, die man über den Kopf ziehen konnte. Das Außergewöhnliche daran war, daß er doppelseitig tragbar war. Er bestand auf der einen Seite aus Zobelpelz und auf der anderen aus weißem Hermelin. Er hatte sich in einer der Truhen befunden, die Fürst Wladimir für sie geschickt hatte.

Als es aufhörte zu schneien, kam die Sonne hervor und schien auf eine verwandelte Stadt. Alles war in ein glitzerndes Weiß getaucht, und es war so kalt, daß der Schnee selbst auf dem Marktplatz zwischen den sorgfältig gefegten Fußwegen unverändert liegenblieb. Die Luft war klar und belebend frisch, so daß der Tannenduft, der die Stadt stets durchzog, da ihre Häuser größtenteils aus Baumstämmen bestanden, noch stärker und kräftiger war als zuvor. Vielleicht lag es auch nur daran, wie Mildyth bemerkte, daß der Schnee den Tierkot bedeckte, der im Hof jedes einzelnen Hauses zu finden war und bei warmem Wetter einen Geruch verströmte, dem der Tannenduft hoffnungslos unterlegen war!

Der Fluß fror zu, und Dutzende von Pferdeschlitten glitten über das Eis von einer Seite auf die andere, da die Brücke den Winter über abgebaut worden war, oder fuhren einfach nur auf und ab. Alle trugen kleine Schellen, die den ganzen Tag über fröhlich klingelten.

Es gab auch Schlittschuhläufer, die auf aus Knochen bestehenden Schlittschuhen dahinglitten, wie sie sie manchmal in Dänemark gesehen hatte, und an vielen freien Flächen in den Straßen wurden Holzgerüste errichtet, um Gleitbahnen herzustellen – sorgfältig hergerichtete Abhänge aus hartem, glattpoliertem Schnee –, und alle schienen Zeit zu finden, diese Hügel auf kleinen Schlitten hinabzusausen. Gytha probierte es und fand die Fahrt sehr aufregend, fest eingeklemmt zwischen Glebs Knien, während seine kräftigen Hände ihre Taille umfaßt hielten. Mildyth versuchte es ein einziges Mal, kreischte während der ganzen Fahrt und weigerte sich, nochmals hinabzufahren, trotz aller Überredungsversuche ihres Partners, eines stämmigen, durchaus nicht unansehnlichen Mitglieds von Glebs *Druschina*.

Es waren immer fliegende Händler auf dem Markt, doch sie schienen im Winter ein völlig anderes Warenangebot zu haben. Sie verkauften den Leuten heiße Pastetchen und geröstete Kastanien und, als Weihnachten näher rückte, alle Arten von buntbemaltem Holzspielzeug. Der Advent war jedoch strenge Fastenzeit, und sobald er begann, verschwanden alle Jongleure und Akrobaten.

Weihnachten unterschied sich nicht sehr von dem Fest, das Gytha und Mildyth aus England und Dänemark kannten, und an Neujahr wurden auch in Rußland Geschenke ausgetauscht. Gytha genoß es, Geschenke für andere auszusuchen und selbst welche zu bekommen. Wladimir schickte ihr einen schönen Sattel und ein Geschirr mit Silberschmuck, der bei jeder Bewegung des Pferdes melodisch klimperte, und sie schloß daraus, daß Gleb ihm berichtet haben mußte, sie sei eine gute Reiterin. Sie schickte ihm ein Hemd, das sie selbst genäht hatte, nachdem sie seine Maße nach dem Kettenhemd und anderen in seinem Zimmer vorhandenen Kleidungsstücken geschätzt hatte. Sie hatte gehofft, er käme vielleicht rechtzeitig zu Weihnachten, aber niemand schien diese Möglichkeit auch nur in Erwägung zu ziehen.

Enttäuscht versuchte sie sich damit zu trösten, daß sie Anastasia und ihre Kammerfrauen über ihn ausfragte, was sie nachträglich bereute, denn Anastasia erklärte, er sei sehr stolz und kalt und habe keine Geduld mit Frauen.

»Sie müssen einsehen, daß er sich nur etwas aus Ihnen macht, weil sie eine echte Prinzessin, eine Königstochter, sind. Wenn er Sie heiratet, fällt auch ein Abglanz auf ihn, denn seine Vettern haben nur Töchter von Stammesfürsten, wie mich, zur Frau. Er kümmert sich nicht darum, wie Sie aussehen, wenn Sie nur seine Söhne zur Welt bringen, und da Sie königlicher Abstammung sind, kann er sie mit Königstöchtern verheiraten und seiner Familie in der Welt zu mehr Ansehen verhelfen.«

Gytha war bestürzt. Sie spürte, wie sich ihr vor Angst der Magen umdrehte. Was würde geschehen, wenn er die Wahrheit über sie erfuhr? Würde er sich weigern, sie zu heiraten – oder, noch schlimmer, wenn er es nach der Hochzeit erfuhr, würde er sie dann verstoßen?

Soweit mit ihren Gedanken gekommen, blickte sie auf und merkte, daß eine von Anastasias Damen sie offensichtlich belustigt ansah. Es war eine sehr hübsche Frau mit Namen Jekaterina, und Gytha wußte, daß sie eine Witwe mit einem kleinen Kind war, das irgendwo in der Stadt in Pflege war. Sie war vor einigen Wochen aus dem Süden nach Nowgorod gekommen, mit einer Referenz, die die Frau von Glebs Bruder Oleg geschrieben hatte. Anastasia hatte sie selbstverständlich in ihren Haushalt aufgenommen.

Nun lächelte sie auf eine Weise, daß Gytha sich noch unbehaglicher fühlte. Sie hatte glänzend schwarzes Haar, schwarze Augen, einen elfenbeinfarbenen Teint und rote Lippen, die sich in einem katzenhaften Lächeln nach oben schwangen und kleine weiße Zähne freigaben; irgend etwas in ihrem Gesichtsausdruck ließ Gytha ahnen, daß sie etwas *wußte,* Gythas Ängste verstand und sich über sie lustig machte.

»Sie müssen ja schon gemerkt haben, daß er nicht sonderlich auf Ihre Gefühle achtet, sonst würde er Sie nicht so lange warten lassen«, fügte Anastasia hinzu. »Er weiß genau, daß Sie seit Monaten hier sind, aber er hat es anscheinend nicht besonders eilig herzukommen, oder?«

Gleb sagte, er sei der Ansicht, Wladimir käme pünktlich zu den Neujahrsfeierlichkeiten, doch der einzige Neuankömmling war Oleg, Glebs Bruder, der Großfürst von Tmutorakan. Er war wie Gleb groß und blond, doch statt ruhig und nachdenklich wie Gleb, war er ungestüm, laut, taktlos und arrogant. Er erinnerte Gytha an die rüpelhaften unter Sveins Söhnen, und obwohl er ihr nicht ausgesprochen mißfiel, fand sie sein Benehmen doch ärgerlich, und er schien sie überhaupt nicht zu mögen.

»Aha, das ist also Wladimirs Prinzessin, von der wir alle schon so viel gehört haben«, sagte er zur Begrüßung. »Nun, er wird wahrscheinlich erfreut sein, daß sie nicht nur königlich, sondern auch sehr hübsch ist. Ich weiß nicht, warum er sich unbedingt eine Frau aus einem so fernen Land kommen lassen mußte, obendrein noch eine Warägerin – als ob man in Nowgorod nicht schon genug mit den verdammten Warägern geplagt wäre! Er sollte lieber mit einem unserer Feinde Frieden schließen, indem er die häßliche Tochter eines bedeutenden Stammesfürsten heiratet, so wie du und ich, Gleb.«

Anastasia war sichtlich beleidigt über seine Worte, und Gleb sah verärgert drein, sagte jedoch nichts.

»Dieses ganze Theater mit dem königlichen Blut«, fuhr Oleg fort. »Wahrscheinlich kann er einfach nicht vergessen, daß seine Mutter eine Purpurgeborene ist! Sie war zwar die Tochter eines Kaisers, aber einem Mann wenig nütze – die Geburt eines einzigen Kindes raffte sie schon dahin. Du mußt sie im Auge behalten, Gleb, sonst hetzt sie Wladimir noch auf, sich eine bedeutendere Stadt als Susdal anzueignen, eine, die ihrem königlichen Geblüt besser entspricht.«

»Wie Nowgorod?« fragte Gleb in dem ausdruckslosen Ton, in dem er, wie Gytha wußte, auf den Stadtversammlungen immer dann sprach, wenn er jeden Hinweis auf seine eigenen Ansichten verbergen wollte.

»Ja, wie Nowgorod«, bestätigte Oleg. »Ich habe dich schon früher gewarnt und ich tue es nochmals – traue niemals dem Versprechen eines Mannes, vor allem nicht dem eines Ruriki, wenn es um Städte geht, selbst unserem frommen Wladimir nicht. Die Hälfte der Leute hier ist warägischer Abstammung, und wenn sie zwischen dir und Wladimir wählen müßten, hätte ich keinerlei Zweifel, daß es auf eure Frauen ankäme!«

»Unsinn«, sagte Gleb wegwerfend und wechselte das Thema, doch Oleg schien davon besessen zu sein, denn er kam während der Woche, die er in Nowgorod verbrachte, mindestens ein dutzendmal darauf zurück, was bei Gytha den Eindruck erweckte, daß er entschlossen war, zwischen Gleb und Wladimir Unfrieden zu stiften, und sie mußte an Anastasias lange Aufzählung der Streitigkeiten in dieser stürmischen

Familie denken. Gleb schaute nur ausdruckslos, wenn Oleg auf ihn einredete, gebot ihm jedoch keinen Einhalt.

Am Abend, bevor er Nowgorod verließ, benahm sich Oleg besonders aufreizend; immer wieder kam er darauf zu sprechen, daß Wladimir es mit dem Heiraten offenbar absolut nicht eilig hatte, und betonte den Einfluß des Ehrgeizes auf die Zuverlässigkeit eines Mannes. An diesem Abend ging sie nach dem Essen in Wladimirs Zimmer und versuchte sich damit zu trösten, daß sie zum wiederholten Male seinen Brief las, und sie sagte sich, daß dieser Brief überhaupt nicht so klang, als sei er von Ehrgeiz zerfressen oder gleichgültig gegenüber ihren Gefühlen.

Ein wenig getröstet, war sie gerade im Begriff, den Treppenabsatz zu überqueren und ihre eigenen Räume aufzusuchen, als ein Impuls ihr eingab, auf den oberen Absatz der Treppe, die in den Hof hinunterführte, hinauszutreten und frische Luft zu schnappen. In regelmäßigen Abständen hingen Lampen an den Wänden, um jedem zu leuchten, der über den Hof zu einer der Treppen oder Türen gehen mußte, und die Reflexe des Lichts im Schnee tauchten die Fläche in eine erstaunliche Helligkeit.

Vor der Tür zum *Terem* standen zwei Menschen dicht beisammen und flüsterten miteinander. Gytha konnte zwar das leise Zischen hören, doch nicht verstehen, was sie sprachen. Die Größe der einen Person, das blonde Haar und der Bart, die im schwachen Lichtschein schimmerten, verrieten ihr, daß es sich um Oleg handelte, und die andere erkannte sie an dem unverwechselbaren, um die Schultern gelegten Mantel – ein dunkler Pelzmantel, in dessen Rücken ein auf der Spitze stehendes Dreieck aus weißem Pelz eingearbeitet war. Es war Jekaterina.

Gytha beobachtete sie einen Augenblick verwundert, denn sie benahmen sich nicht wie ein Liebespaar beim Stelldichein, was sie zuerst angenommen hatte. Sie schienen sich zu streiten, und das bestätigte sich, als Jekaterina plötzlich laut sagte: »Sie werden es mir überlassen müssen, die Art und Weise und den Zeitpunkt festzulegen. Ihre Methode ist zu plump und auffällig – Sie erreichen bloß, daß Gleb Mitleid mit ihr hat! Überlassen Sie es mir – ich werde Sie nicht enttäuschen!«

»Besser nicht, Du wirst es sonst bereuen!« erwiderte Oleg scharf und entfernte sich durch den Hof. Jekaterina sah ihm nach, stieß ein häßliches kleines Lachen aus und verschwand durch die Tür ins Haus.

Gytha, die zu lange in der Kälte gestanden hatte, schauderte und ging eilig ins Haus, um sich am Ofen aufzuwärmen; sie empfand ein Gefühl der Bedrohung, denn sie vermutete, daß Jekaterinas »ihr« sich auf sie bezog. Oleg wollte eindeutig nicht, daß Wladimir sie heiratete, aber was verband ihn mit Jekaterina, und was konnten beide tun, um die Heirat zu verhindern?

Oleg reiste am nächsten Morgen ab, und Gytha dachte nicht mehr an den Vorfall, abgesehen davon, daß sie Jekaterina mit Mißtrauen betrachtete, denn Wladimirs fortgesetzte Abwesenheit und Anastasias Verhalten, das aus einer seltsamen Mischung aus Liebenswürdigkeit und Eifersucht bestand, machten ihr genug zu schaffen. Positiv schlug jedoch zu Buche, daß sie dank Bruder Isak die Sprache jetzt gut beherrschte, und auch bei den Mitgliedern von Glebs Rat schien sie Fortschritte zu verzeichnen.

Am Anfang hatten sie sie mißtrauisch angesehen, wenn sie mit Gleb den Versammlungssaal betrat, und Gleb hatte ihnen keine Erklärung für ihre Anwesenheit gegeben. Mehrere Wochen lang hatte sie nur zugehört, kein Wort gesagt und ihre Zeit abgewartet, die schließlich kam, als über die Notwendigkeit diskutiert wurde, die Qualität der auf dem Markt zum Verkauf angebotenen Waren zu kontrollieren.

»Es ist wichtig für die Stadt, daß die Händler, die hierherkommen, alles so vorfinden, wie es sein sollte«, erklärte der *Posadnik*, der Bürgermeister. »Wenn zum Beispiel ein Stoff zu schmal oder von schlechter Qualität ist, fühlen die Kaufleute sich betrogen und verbreiten die Botschaft, man solle unseren Markt besser meiden. Wie können wir überprüfen, daß alle Waren so sind, wie sie sein sollten?«

Es entstand ein nachdenkliches Schweigen, und Gytha ergriff die Gelegenheit beim Schopf. Sie bewegte sich in ihrem Sessel und räusperte sich. Gleb sah sie an, und sie wertete seinen Blick als die Erlaubnis zu sprechen.

»Wer erledigt die Einkäufe für Ihren Haushalt?« fragte sie den *Posadnik*.

»Meine Frau und unsere Köchin«, antwortete er stirnrunzelnd.

Gytha lächelte all die ernsten Männer mit ihren edlen Roben und bärtigen Gesichtern wissend an und sagte: »Ich wage zu behaupten, daß Sie alle ungefähr die gleiche Antwort geben würden. Wenn Sie ein paar Bahnen gutes Tuch oder einen Korb frisches Gemüse haben wollen, beauftragen sie eine Frau, es zu kaufen. Warum suchen Sie nicht zwei verständige Witwen aus, die sich damit auskennen, auf dem Markt für eine ganze Familie einzukaufen, und erteilen ihnen den Auftrag, über den Markt zu gehen und aufs Geratewohl die Qualität der Waren zu inspizieren. Sie brauchen nicht jeden Tag die Waren aller Händler zu überprüfen, sondern nur Stichproben zu machen. Kein Händler wüßte, wann er an der Reihe ist, und könnte sich also auch nicht dagegen schützen, erwischt zu werden, falls seine Waren schlecht sind. Wenn Ihre Inspektorinnen bei ihren Stichproben auf schlechte Waren stoßen, könnte der Händler mit einer Geldstrafe belegt und das Geld dazu verwendet werden, die Frauen für ihre Arbeit zu bezahlen. Sie müßten sie allerdings sehr gut bezahlen, damit sie nicht in Versuchung geraten, sich bestechen zu lassen.«

Sie lehnte sich zurück und betrachtete ernst die würdevollen Gesichter. Sie konnte sehen, daß einige kurz davor waren, gegen den Vorschlag Einwände zu erheben, nur weil sie sich nicht vorstellen konnten, daß eine Frau in der Lage sein sollte, ihr Problem zu lösen, doch sie lächelte ein wenig bei dem Gedanken, daß dieselben Männer, ohne es zu wissen, Tag für Tag die Ratschläge ihrer Frauen befolgten.

»Das würde das Problem lösen«, sagte Gleb und nickte ihr anerkennend zu. »Kennt jemand Frauen, die dafür geeignet wären?«

Man schlug mehrere Namen vor, und der *Posadnik* erbot sich, bei seiner Frau weitere Erkundigungen einzuholen. Der Vorschlag wurde widerspruchslos angenommen, und danach akzeptierte man Gythas Anwesenheit bei den Versammlungen und nahm ihre gelegentlichen Bemerkungen höflich, wenn auch nicht immer begeistert auf.

Der Schnee und die bittere Kälte nahmen im neuen Jahr noch zu und waren schlimmer als alles, was Gytha und Mildyth bisher erlebt hatten. Für die Einwohner Nowgorods schien dies allerdings ganz normal zu sein, denn sie führten ihr Leben weiter, als wären mannshoher Schnee und Kälte, die einen Vogel in der Luft erfrieren ließ, ganz gewöhnlich und durchaus erträglich. Tatsächlich waren die Gebäude und die Kleidung der Kälte gut angepaßt, so daß man immer noch ganz behaglich leben konnte.

Zwischen Weihnachten und Epiphanias lud Bischof Fjodor Gytha und Mildyth erneut zu einem Besuch ein. Er empfing sie freundlich und befragte sie genau über ihre religiösen Ansichten, auf förmlichere Weise als in seinen früheren Gesprächen mit Gytha. Er schien besonders interessiert an ihrer Taufe und fragte, wann sie stattgefunden hatte, was anscheinend von einiger Bedeutung war. In Mildyth' Fall wurde rasch klar, daß es keine Probleme gab, doch was Gytha anging, wurden genau die Jahre gezählt, was ziemlich kompliziert war, weil die Ostkirche eine andere Zähl- und Rechenweise hatte. Wie sich herausstellte, erwuchs die Schwierigkeit aus der Exkommunizierung des Papstes durch den Patriarchen von Konstantinopel im Jahr von Gythas Geburt, doch nahm alles eine gute Wendung, als man herausfand, daß sie vier Monate vor diesem Ereignis getauft worden war.

»Und sind Sie gesalbt worden?« fragte Fjodor anschließend.

»Gesalbt? Nein«, antwortete Gytha für beide gleichzeitig.

Bruder Isak murmelte etwas über andere Bräuche im Westen, und nach einer langen Phase der Meditation, in der Gytha und Mildyth wie zwei versteinerte Mäuse dasaßen, verkündete Fjodor förmlich, er werde Gytha und Mildyth am Dreikönigstag salben, und danach dürften sie als vollwertige Mitglieder der Kirche das Abendmahl nehmen.

Die Zeremonie erwies sich bis auf die Salbung als der westlichen Konfirmation sehr ähnlich. Auch das Abendmahl war so ähnlich, wie sie es aus der Vergangenheit und den bisher in Nowgorod verbrachten Monaten kannten, obwohl aus Bruder Isaks Anweisungen vor der Salbungszeremonie hervorging, daß sie eigentlich die Kirche vor dem Abendmahl hätten verlassen müssen, solange sie noch nicht gesalbt waren. Doch daran ließ sich jetzt nichts mehr ändern, und er verfolgte das Thema nicht weiter. Sie stellten bei ihrem ersten Abendmahl überrascht fest, daß das Brot wirklich Brot und keine Oblate war und auch die Laien Wein bekamen, auf einem Löffel, zusammen mit dem Brot.

Mitte Februar begann die Fastenzeit, und in diesem Jahr fand Gytha das Herannahen dieser Jahreszeit besonders unangenehm. Sie neigte dazu, sich ständig über Kleinigkeiten aufzuregen, herumzusitzen, ohne etwas zu tun, und sich elend zu fühlen, was Mildyth der Kälte und Düsternis des langen Winters zuschrieb, während Gytha wußte, daß es in Wirklichkeit mit dem Nichterscheinen Fürst Wladimirs zusammenhing. Wenn er nur käme und alle Zweifel und Ängste ausräumte, die nun ständig zunahmen und eine unerträgliche Spannung erreichten. Immer mehr Zeit verging, und noch immer kam er nicht oder schickte ihr wenigstens eine Nachricht, wann sie ihn erwarten durfte. Selbst Gleb, der zuversichtlich von einer Hochzeit in der Mitte des Winters gesprochen hatte, erwähnte das Thema kaum noch, auch wenn er regelmäßig Briefe von Wladimir erhielt. Bei diesen Gelegenheiten berichtete er, sein Vetter sei wohlauf und sein Besuch in Polen verlaufe anscheinend erfolgreich, deshalb nahm sie an, daß er noch dort war. Nur einmal sagte Gleb etwas über seine Rückkehr: als er bemerkte, daß Gytha traurig aussah, und er sie aufzuheitern versuchte. »Ich denke, daß er bis Ostern hier ist, aber wenn nicht, hätte ich große Lust, Anastasia in ein Kloster zu stecken und Sie selbst zu heiraten!« Er sagte das zwar im Spaß, doch es bereitete Gytha Unbehagen, und danach vermied sie es, mit ihm allein zu sein.

Am ersten Tag der Fastenzeit fuhren sie hinüber in die Sophienkathedrale zum Morgengottesdienst, mit einer Flut von Pelzen bedeckt, in Schlitten ohne Glöckchen, da etwas so Heiteres wie Glockenklang nicht zu der Jahreszeit paßte. Sie wurden von Dienern mit brennenden Fackeln begleitet, denn die Tage waren immer noch kurz, und der bewölkte Himmel machte sie noch dunkler. Im Innern der Kathedrale erstrahlte das Sanktuarium im Schein von Hunderten von Kerzen, doch der Rest des Gebäudes war dunkel, und es war schwierig, in den einzelnen Gemeindemitgliedern mehr als schemenhafte, düstere Gestalten zu erkennen, vor allem bei dem schwachen Licht und der alles verhüllenden Winterkleidung, die jedermann trug, denn trotz der Kohlenöfen war es in dem großen Gebäude sehr kalt. Gytha konnte Gleb nur an seiner Größe, seinem blonden Bart und den Edelsteinen an seiner goldenen Kappe erkennen, in der sich das Licht des Sanktuariums spiegelte. Er stand wie gewöhnlich allein da und ging etwas vor seinem Gefolge her, als sie alle von der Empore hinabstiegen, um das Abendmahl zu nehmen, doch gleich darauf drängte sich ein weiterer Mann durch die Reihen der Bojaren und *Druschinniki* und stellte sich neben ihn. Gleb umarmte ihn rasch, doch dann wandten beide ihre ungeteilte Aufmerksamkeit dem Gottesdienst zu und gingen Seite an Seite nach vorn, um gemeinsam das weindurchtränkte Brot entgegenzunehmen. Der Neuankömmling war fast einen Kopf kleiner als Gleb. Gytha fragte sich, wer er sei, wurde jedoch von Anastasia abgelenkt, die sagte, sie fühle sich elend.

»Was haben Sie?« flüsterte Gytha. »Sind Sie krank? Wollen Sie nach Hause?«

»Ja«, flüsterte Anastasia zurück, »aber es geht noch nicht – ich muß zum Abendmahl bleiben. Reich mir den Duftessig, Marja, schnell!«

Eine der Kammerfrauen förderte, nachdem sie eine Weile mit ihren behandschuhten Fingern in ihrem Beutel herumgetastet hatte, ein kleines Riechfläschchen zutage und hielt es Anastasia unter die Nase.

»Stützt mich«, befahl sie überraschend energisch für jemanden, der kurz vor einem Ohnmachtsanfall stand. Ihre Damen scharten sich um sie und stützten sie, als seien sie an das Schauspiel gewöhnt, und Gytha wandte ihre Aufmerksamkeit wieder der Messe zu; ab und zu warf sie einen Blick auf Anastasia, um zu sehen, wie es ihr ging, obwohl man dies nur schwer erkennen konnte, da ihr Gesicht mit einer so dikken Farbschicht bedeckt war.

Nach dem Abendmahl nahm Anastasia Gytha am Arm, und sie verließen mit ihren Begleiterinnen unauffällig das Gebäude, anstatt auf die Empore zurückzukehren, und gingen in den Palast zurück.

»Das ist besser«, sagte Anastasia fröhlich, als sie den *Terem* betraten, und warf beim Gehen ein Kleidungsstück nach dem anderen ab, das jeweils geschickt von einer ihrer Kammerfrauen aufgefangen wurde. »Kommen Sie, Gita, nehmen Sie Platz, wir nehmen ein wenig heiße Suppe und Glühwein zu uns, dann geht es uns wieder gut.«

»Sollten Sie sich nicht etwas hinlegen, wenn Sie sich elend fühlen?« schlug Gytha vor.

»Elend? Ich werde nie ohnmächtig!« Anastasia ließ ein gurgelndes Lachen ertönen. »Wenn ich friere und mir langweilig ist, dann habe ich manchmal das Gefühl, ich *könnte* ohnmächtig werden.«

Gytha versuchte, sich ihr Mißfallen nicht anmerken zu lassen, und verbarg auch, daß sie sich Sorgen gemacht hatte, denn Ohnmachten waren häufig der Vorläufer einer Krankheit. Sie war jedoch froh über die warme Suppe, denn es war bitterkalt in der Kirche gewesen, und setzte sich, um Anastasias unermüdlichem Geplauder zuzuhören. Dreimal versuchte eine ihrer Dienerinnen ihr zu sagen, es sei eine Nachricht von Fürst Gleb gekommen, doch sie schickte die Frau ungeduldig fort, ohne ihren Redestrom zu unterbrechen.

Schließlich entschuldigte Gytha sich und verließ sie, denn es war längst Zeit für ihren Unterricht bei Bruder Isak. Sie lief eilig zu ihren eigenen Räumen, übte in ihrem besten Slawonisch eine Entschuldigung für ihr Zuspätkommen ein und wartete nicht auf Mildyth, die in ein Gespräch mit Jewpraksija vertieft war.

Sie haßte Unpünktlichkeit, deshalb rannte sie, ohne auf ihre Würde zu achten, durch ihren und Mildyth' Schlafraum und kam etwas außer Atem in dem Eckzimmer an, den Mund bereits zu einer Entschuldigung geöffnet, doch Bruder Isak war nicht da. Statt dessen saß ein Fremder auf der breiten Fensterbank des Fensters, das auf den Markt hinausging, den Rücken gegen den Rahmen gelehnt, einen stiefelbekleideten Fuß auf dem Fensterbrett, während der andere leicht auf- und abschwang.

Als Gytha stehenblieb und ihn anstarrte, wandte er den Kopf, und sie hielt überrascht den Atem an, denn er sah genau wie jene merkwürdigen griechischen Ikonen aus, die ein so seltsames Gefühl in ihr erweckten. Sein Haar und sein Bart waren schwarz und kurz geschnitten, seine Augen hatten den gleichen düsteren, durchdringenden Blick und sein ziemlich schmales, glattes Gesicht denselben unnahbaren, unergründlichen Ausdruck. Der einzige Unterschied bestand darin, daß sein entschlossener, wohlgeformter Mund sich zu einem Lächeln verzog, während sie ihn anblickte, und die Schärfe seines Blicks wurde dadurch etwas gemildert.

»Prinzessin Gytha?« fragte er, wobei er ihren Namen richtig aussprach. Er schwang die Füße auf den Boden und stand mit einer geschmeidigen, fließenden Bewegung auf. Er war ziemlich groß, sein Körper, anders als Glebs schwere, muskulöse Gestalt, schlank und beweglich. Er war mit schlichten dunkelgrauen Hosen, einer Tunika mit einfachem Ledergürtel und langen Stiefeln bekleidet und trug als einzigen Schmuck einen Ring mit einem roten Stein an einer seiner langgliedrigen Hände und um den Hals eine schwere Goldkette. Er durchquerte mit erstaunlich wenigen Schritten das Zimmer, packte Gytha mit festem, aber sanftem Griff bei den Schultern und küßte sie auf die Wangen. Sein Bart fühlte sich weich auf ihrer Haut an, nicht stachelig wie der ihres Vaters.

»Wer – wer sind Sie?« brachte sie mit einem Krächzen hervor, obwohl sie es bereits erraten hatte.

»Wladimir Wsewolodowitsch, Großfürst von Susdal«, antwortete er, und ein entwaffnendes Aufblitzen seiner Augen bewies, daß er sich über den hochtrabenden Titel lustig machte. »Ihr Mann, endlich eingetroffen! Hat es so lange gedauert, daß Sie schon nicht mehr an mein Kommen geglaubt haben?«

Gytha verspürte eine Woge der Erleichterung. Er existierte also *wirklich,* er war alles andere als abstoßend und klang freundlich, gutgelaunt und liebenswürdig. Nach all ihren Ängsten und Zweifeln war sie so erleichtert, daß beinahe die Knie unter ihr nachgaben. Sie fragte sich unsinnigerweise, ob ihr steifer Kaftan sie aufrechthalten würde, doch offensichtlich tat er es nicht, denn Wladimir verlagerte seinen Griff plötzlich von ihren Schultern zu ihren Ellenbogen und sagte: »Nein! Die Tochter eines Königs kniet nicht vor dem Sohn eines Fürsten!« Dann, als er merkte, daß sie blaß geworden war, fügte er hinzu: »Setzen Sie sich, Prinzessin. Es tut mir leid – ich wollte Sie nicht erschrecken! Haben Sie nicht Glebs Nachricht erhalten, daß ich gekommen bin?«

»Nein.« Gytha fiel die hartnäckige Dienerin mit ihrer Nachricht ein, die ungehört von Anastasia fortgeschickt worden war, während sie sich ziemlich abrupt auf den Stuhl setzte, den er irgendwie hinter ihr zurechtgerückt hatte. »Verzeihen Sie ... ich habe Sie natürlich erwartet, aber ich dachte, Sie würden einen Boten mit der Nachricht vorausschicken, daß Sie kommen ... ich freue mich sehr, Sie zu sehen, Mylord.« Ihr Ton klang ihr selbst fremd, während sich das Hervorsprudeln von Nichtigkeiten mit kalter Förmlichkeit abwechselte.

»Ich konnte genauso schnell hier sein wie jeder Bote, und ich habe Sie schon viel zu lange auf mich warten lassen. Es tut mir leid. Ich wollte viel früher kommen, aber ...« Er zuckte die Achseln.

Einen Augenblick herrschte Schweigen, dann hörte sie sich steif sagen: »Ich hoffe, es geht Ihnen gut und Sie hatten keine allzu unangenehme Reise?« Wie sollte sie einen völlig fremden Menschen anreden, der demnächst ihr Mann sein würde? Sie setzte hinzu »Mylord«, was noch förmlicher klang.

»Ich pflege während der Fastenzeit keine Frauen zu beißen«, erklärte er feierlich. Sie sah bestürzt auf und begegnete seinem dunklen, eindringlichen Blick. In seinen Augen war ein Lächeln verborgen, doch er schien tief in ihren Gedanken zu forschen. Es war ein beunruhigendes Gefühl, und sie konnte es nur einen Augenblick lang ertragen, ehe sie ihren Blick abwandte und ihn auf seine Tunika heftete, unter der sie plötzlich ein weißes Hemd entdeckte, das am

Hals mit einer blaugelben Borte bestickt war, die ihr bekannt vorkam.

»Hat Ihnen das Hemd gepaßt?« fragte sie in etwas natürlicherem Ton.

»Es ist das beste Hemd, das ich je hatte!« erwiderte er ernst und gab dann einen seltsamen Laut von sich, der zwischen einem Seufzer und einem Lachen schwankte. »Ich kann es einfach nicht glauben! Tante Elisew sagte, Sie seien ziemlich attraktiv und intelligent, und Gleb ging so weit zu sagen, Sie seien hübsch, und jetzt stelle ich fest, daß Sie wunderschön sind! Ihre Augen sind so blau, und Ihre Haut ... Ich wollte, ich könnte Ihr Haar sehen!«

Gytha verspürte ein Zittern in der Kehle, weniger aufgrund seiner Worte als wegen des Tones, in dem er sie gesprochen hatte. Sie faßte mit den Händen nach dem kunstvollen *Kokoschnik* und dem Schleier, der ihre Haare verbarg, und entfernte rasch die Nadeln, mit denen sie an ihren Zöpfen befestigt waren, dann legte sie alles auf den Tisch und glättete mit nervösen, ungelenken Fingern den Schleier. Einer der Zöpfe fiel ihr über die Schulter, und sie löste das Band, das ihn am Ende zusammenhielt, und schüttelte ihn, dann löste sie den anderen, fuhr sich mit den Fingern durchs Haar, bis es ihr in seiner schweren, goldenen Fülle den Rücken hinab bis zur Taille rieselte und nach vorne fiel und ihr Gesicht bedeckte, als sie auf ihre locker im Schoß gefalteten Hände blickte.

Wladimir schwieg lange, dann stieß er einen tiefen Seufzer aus und trat einen Schritt näher, hob eine der Locken mit seinen langen Fingern und führte sie an die Lippen. »Ich danke Ihnen. Sie sind wunderschön, Prinzessin!«

Sie fand, daß es so klang, als meinte er, was er sagte, und er ihr nicht einfach ein hohles Kompliment machte. Sie raffte das Haar, band es im Nacken mit einem der Haarbänder zusammen und sagte schüchtern: »Es freut mich, daß ich Ihnen gefalle, Mylord.«

»Oh, das tun Sie! Mehr, als ich zu hoffen wagte! Gefalle ich Ihnen auch?«

Wieder sah sie auf und begegnete seinem forschenden Blick, und auch diesmal konnte sie ihn kaum ertragen, doch sie hielt ihm lange genug stand, um zu erwidern: »Ja, sehr. Sie sehen wie die Ikone des heiligen Georg in der Kathedrale aus.«

»Eine angemessene Ähnlichkeit für einen Soldaten!« erwiderte er und schaute ein wenig verwirrt drein. »Inwiefern bin ich ihm ähnlich?«

»Wegen der dunklen Augen und wegen Ihrer Locken und wegen der Haarfarbe.« Sie holte Atem und zwang sich hinzuzusetzen: »Und wegen der Art, in der Sie alles so prüfend betrachten.«

»Ich bin zur Hälfte Grieche«, antwortete er auf den ersten Teil ihrer Bemerkung, während er den zweiten unbeantwortet ließ. »Meine Mutter war die Tochter des Kaisers von Konstantinopel – Miklagarth – Zargrad – Byzanz –, wie immer Sie es nennen wollen.«

»Es bringt einen ganz durcheinander, daß in Rußland so viele Städte mindestens zwei Namen haben«, bemerkte sie. »Im Westen heißt Rom Rom.«

»Lassen Sie das nicht Bischof Fjodor hören!« Wladimir lächelte plötzlich, wobei er ebenmäßige weiße Zähne enthüllte und seine Augen amüsiert aufblitzten. »Für ihn heißt Rom ›die Falsche‹! Finden Sie unsere Art der Anbetung anders als die Ihre?« fragte er, plötzlich wieder ernst.

»Nein, Mylord. Zuerst schon, aber seit ich die Sprache verstehe und dem Gottesdienst folgen kann, finde ich sie ziemlich ähnlich.«

»Beunruhigen Sie die Unterschiede im Glauben?«

»Nein. Bruder Isak hat sie mir erklärt und all meine Zweifel zerstreut.«

»Sie haben hier gar keine Ikone.« Er warf einen Blick auf das leere Regal in der Ecke. »Sollen wir die Maler des

Bischofs bitten, eine neue zu malen, die unsere beiden Heiligen, Ihren und meinen, trägt? Würde Ihnen das gefallen?«

»Ja, aber ich habe keinen Schutzheiligen.«

Wladimir sah sie an, und wieder senkte sie nach einer Sekunde die Augen. »Wie ist Ihr Taufname?«

»Gytha«, erwiderte sie verwundert.

»Haben Sie nicht den Namen eines Heiligen als Taufnamen, abgesehen von Ihrem Rufnamen?« Als er merkte, daß sie ihn nicht verstand, fuhr er fort: »Hier werden die Menschen, die Christen sind, immer auf den Namen eines Heiligen getauft, haben aber trotzdem oft noch einen persönlichen Namen. Im Haus Rurik haben wir alle einen Taufnamen und einen slawonischen Namen mit einer bestimmten Bedeutung. Mein Taufname ist Wassilij, nach Basilius, dem Großen, und mein slawonischer Name Wladimir; er bedeutet ›Macht über die Welt‹. Gibt es diesen Brauch in England nicht?«

»Nein, Mylord. Also – jeder, der als Heide geboren wurde und Christ wird, bekommt bei der Taufe einen neuen Namen, aber sonst nichts. Ich erbitte die Fürsprache des Heiligen Kreuzes, wenn ich bete, weil mein Vater zu Hause zu Ehren des Kreuzes eine Kirche errichtet hat.«

»Ich hoffe, Sie werden mir alles von Ihrem Vater erzählen.« In Wladimirs Stimme lag eine Wärme, die nach und nach Gythas Verlegenheit ob dieser unerwarteten Begegnung schwinden ließ. Als er sich abwandte, um sich die Bücher anzusehen, die sie gekauft hatte und die auf einem Regal neben der Tür lagen, betrachtete sie ihn eingehend und bewunderte seinen schlanken, geschmeidigen Körper und die Haltung seines Kopfes über den breiten Schultern. Es erschien ihr wie ein Wunder, daß er, nach all ihren Ängsten, sich als so... Es fiel ihr kein passender Ausdruck ein, doch das machte nichts. Das wichtigste war schließlich, daß Elisew nicht gelogen hatte. Er existierte, er war nicht häßlich, mißgebildet oder verrückt, und sie glaubte, daß sie lernen könnte, ihn zu lieben.

Sie war der Ansicht gewesen, wenn er erst einmal aufgetaucht wäre, hätten all ihre Zweifel und Sorgen ein Ende, doch sie stellte fest, daß einige davon geblieben waren und neue hinzukamen. Selbst Mildyth' säuerliche Kritik an einem Bräutigam, der nicht erschien, hörte nicht auf, sondern verwandelte sich nur in Klagen über einen Bräutigam, der ausgerechnet am ersten Tag der Fastenzeit erschien, obwohl er doch ganz genau wissen mußte, daß sie nun erst nach Ostern heiraten konnten.

»Warum konnte er es nicht einrichten, nur eine Woche, nur ein paar Tage eher zu kommen?« jammerte sie. »Jetzt dauert es noch mindestens weitere vierzig Tage, wahrscheinlich sogar länger, denn in der Fastenzeit können wir nicht einmal Pläne machen!«

Gytha lächelte gequält, unwillig zuzugeben, daß Mildyth recht hatte, denn die Fastenzeit wurde so strikt eingehalten, daß es sogar verboten war, über eine Hochzeit zu sprechen.

»Zumindest habe ich dann Zeit, ihn kennenzulernen«, sagte sie.

Noch ehe die Woche verstrichen war, hatten sie einander kennengelernt. Sie mochte ihn sehr, doch in dieses Gefühl mischte sich eine seltsame Scheu. Wenn sie nicht zusammen waren, dachte sie sehr viel an ihn und überlegte, wie sie ihn besser verstehen sollte. Wenn sie zusammen waren, brachte sie keinen Ton heraus und fühlte sich unterlegen. Sie freute sich rückhaltlos, seine Frau zu werden, doch war sie nicht so glücklich, wie es eigentlich hätte der Fall sein sollen. Er war höflich, freundlich, aufmerksam und offenbar zufrieden mit ihr, doch sie spürte, daß es sehr schwierig sein würde, ihn ganz und gar kennenzulernen. Oft hatte er diesen fernen, unergründlichen Blick, als ob ein Teil seiner Gedanken bei ihr, der andere Teil jedoch an einem Ort weilte, wo sie ihn nicht erreichen konnte. Besaß sie jedoch seine ungeteilte Aufmerksamkeit, konnte sie die Intensität seines Blickes meist nicht lange ertragen.

Sie waren häufig zusammen, denn Bruder Isak kam nicht länger, um ihr Unterricht zu geben, und sie verbrachte diese Zeit statt dessen mit Fürst Wladimir. Er schien sie jeden Tag besser zu verstehen, doch sie spürte noch immer, daß er sein Innerstes vor ihr verschloß.

Oberflächlich erfuhr sie viel über sein Leben, denn er erzählte freimütig von seiner Kindheit, seinen Vorstellungen und Überzeugungen, seiner Arbeit, seinen Abenteuern, auch wenn er manchmal selbst nicht gut dabei wegkam. Manchmal erzählte er von so haarsträubenden Eskapaden, daß Mildyth, die unauffällig in der Ecke saß und als Anstandsdame fungierte, beim Zuhören vor Aufregung der Mund offenstehen blieb, während ihre Näharbeit unbeachtet in ihrem Schoß ruhte.

Er hatte jedoch nichts Prahlerisches an sich und brüstete sich nicht mit seinen Erlebnissen. Er war ein bescheidener Mensch, und das nicht nur zum Schein. Er war tief religiös, jedoch tolerant, selbstsicher, was die eigene Person, seinen Glauben und sein Lebensziel betraf: Rußland den Frieden zu bringen und dem Land eine gute Regierung zu verschaffen. Doch er war sich sehr wohl bewußt, daß dies, wenn überhaupt, nicht mehr zu seinen Lebzeiten erreicht werden konnte, auch wenn er bereit war, diesem Ziel sein Leben zu weihen. Gytha hatte bald erkannt, daß er ein ausgezeichneter, ehrenhafter Mensch war, und das hätte ihr genügen sollen, doch seine Zurückhaltung, die Mauer, die sein verborgenes Inneres umgab, verwirrte sie und machte ihr Angst. Sie argwöhnte, daß er vielleicht ein Heiliger war, und hatte immer deutlicher das Gefühl, sich nie zu den Höhen aufschwingen zu können, in denen sein Geist sich bewegte, und ihm nie so viel zu bedeuten, wie er ihr schon jetzt bedeutete.

Am schlimmsten war es, wenn er das Gespräch auf ihre

Vergangenheit lenkte. Sie konnte ihm ohne Probleme von ihrer Kindheit, ihrem Leben in Dänemark oder ihrer Reise nach Nowgorod erzählen. Sie konnte allmählich offener über ihre Ansichten, ihre Hoffnungen und Ängste, ihre Einsamkeit, sogar über ihr Lieblingsthema, ihren Vater, sprechen. Doch in ihrem Innern wußte sie, daß ihre Beziehung zu ihm auf Lügen basierte.

Das wurde an kleinen Dingen deutlich, beginnend mit ihrer ersten Begegnung, als er sie die Tochter eines Königs genannt hatte, was bis zu einem gewissen Grade zutraf und doch nicht ganz der Wahrheit entsprach. Einmal, nachdem sie Seite an Seite in einer wilden Jagd hinter einem Rudel Rotwild hergeritten waren und dabei Gleb und sein Gefolge hinter sich gelassen hatten, bemerkte er lächelnd, er habe gehört, die Könige von England seien ausgezeichnete Jäger, die Liebe zur Jagd müsse ihr also im Blut liegen. Sie fühlte sich schuldig, weil es nicht stimmte. In ihren Adern floß nicht ein Tropfen Blut englischer Könige.

Mitte der Fastenzeit begann sie zu fragen, ob er wußte, daß man ihm nicht die ganze Wahrheit über sie erzählt hatte. Der Verdacht erhärtete sich, als er sie eines Tages über die militärischen Aktivitäten ihres Vaters ausfragte. Sie hatte ihm bereits einige der Geschichten erzählt, die sie über die Feldzüge in Wales gehört hatte, und Fürst Wladimir hatte Harolds Fähigkeit gelobt, seine Armeen so rasch von einem Ort zum anderen zu bewegen; also berichtete sie ihm von dem bewundernswerten Eilmarsch von London nach York vor der Schlacht bei Stamford Bridge gegen Harald Sigurthsson und seine Norweger. »Aber damit sollte ich nicht prahlen!« unterbrach sie sich. »Harald Hardrada war mit Ihrer Tante Elisew verheiratet.«

»Die Schlacht fand, glaube ich, im Jahr des Sterns statt«, sagte er mit unbewegtem Gesicht, den Blick noch eindringlicher als gewöhnlich auf sie gerichtet.

»Ja, Mylord. Ist der Stern auch hier erschienen?«

»Ich glaube, er war auf der ganzen Welt zu sehen, aber das ist neun Jahre her.«

»Mir kommt es viel länger vor. Alle Menschen in England hatten soviel Angst davor, aber Meister Athelard sagte, er könne auch etwas Gutes ankündigen, so wie der Stern von Bethlehem. Meister Athelard war...«

Wladimir unterbrach sie. »Vor neun Jahren. Dafür erinnern Sie sich sehr gut.«

»Es war ein Jahr, das ich bestimmt nie vergessen werde«, sagte Gytha traurig. »Es brachte England – und mir – so viel Leid. Mein Vater...« Sie unterdrückte bei der Erinnerung ein Schluchzen.

Wladimir ergriff ihre Hand und drückte sie herzlich, bis sie sich seiner Ansicht nach von den Gefühlen erholt hatte, die sie überwältigt hatten. Dann sagte er: »Für ein achtjähriges Kind erinnern Sie sich sehr genau.«

»Acht?« Gytha war überrascht. »Ich war zwölf!«

Wieder nahm sein Gesicht jenen undurchdringlichen Ausdruck an, und nach einem lastenden Schweigen sagte er: »Nach Tante Elisews Angaben sind Sie jetzt siebzehn.«

»Ich bin einundzwanzig«, flüsterte sie, während sie bei dem Gedanken an all die anderen Lügen, die Elisew vielleicht über sie erzählt hatte, von einem tiefen Schuldbewußtsein erfaßt wurde.

»Ja, ich dachte mir, daß Sie älter sind, als meine Tante sagte. Nicht, daß es mich stört, ich heirate lieber eine Frau als ein Kind – obwohl man ein Mädchen von siebzehn nicht mehr als Kind betrachtet in einer Zeit, in der Frauen an Ehemänner verkauft werden, sobald sie fähig sind, Kinder zu gebären. Es macht mir ganz gewiß nichts aus, meine Liebe!« fügte er hinzu, als sie keine Antwort gab und das Gesicht abgewandt hielt.

»Doch, es macht etwas aus, Mylord. Es war nicht die Wahrheit.«

»Ja, aber nicht Sie haben gelogen. Auf jeden Fall war es

unnötig – es macht mir nichts aus, daß Sie eine alte Dame von einundzwanzig sind, denn sie hat auch in einem anderen Punkt nicht die Wahrheit gesagt – sie hat verschwiegen, daß Sie eine Schönheit sind!«

Sie wandte ihm das Gesicht zu, die Augen vor Kummer weit aufgerissen, die Lippen geöffnet, um all die anderen Lügen und Halbwahrheiten zu beichten, die Elisew ihm vermutlich über sie erzählt hatte, doch bevor sie sprechen konnte, beugte Wladimir sich vor und küßte zum erstenmal ihre Lippen, und die unerwartete Woge der Erregung, die sie erfaßte, verdrängte jeden anderen Gedanken. Der Kuß dauerte lange, und danach blieb Wladimir noch einmal lange Zeit stumm; dann begann er, von anderen Dingen zu reden, und die Gelegenheit, ihm alles zu gestehen, war vorüber, und damit auch ihr Mut.

11. Kapitel

»Wie findest du sie?« fragte Gleb. »Du hast jetzt vier Wochen mit ihr verbracht und kein Wort über sie verloren. Bist du enttäuscht?«

Wladimir lächelte und schüttelte den Kopf. »Wie könnte ich enttäuscht sein? Ich hatte mich darauf eingestellt, auf eine Frau zu hoffen, die einen Funken Verstand und kein abstoßendes Äußeres besitzt, und nun stelle ich fest, daß sie intelligenter als viele Männer ist und meinem Schönheitsideal sehr nahekommt. Ich kann mein Glück noch immer nicht ganz fassen!«

Die beiden Vettern befanden sich allein in Glebs Arbeitszimmer und hatten über die Feldzüge des letzten Sommers und Wladimirs Aufenthalt in Polen gesprochen, doch nun hatten sie die geschäftlichen Dinge ad acta gelegt und sich persönlicheren Dingen zugewandt.

»Ja«, sagte er nachdenklich, »ich könnte dich richtig beneiden. Wladimir, paß auf sie auf. Laß sie dir nicht von Oleg wegnehmen.«

Wladimir runzelte die Stirn. »Ich bezweifle, daß er das tun würde. Er ist kein kompletter Narr, und eine Frau ist wohl kaum mit einem Pferd oder einem Sattel gleichzusetzen.«

»Oder einer Geliebten? Oleg bezeichnet sich als dein bester Freund, aber er benutzt dies offenbar als Vorwand, um Dinge an sich zu bringen, die eigentlich dir gehören. Vielleicht weiß er nicht, wo die Grenzen liegen.«

»Er ist der Ansicht, Freunde sollten alles miteinander teilen. Ich gebe zu, daß die Vereinbarung ziemlich einseitig ist; aber ich habe nie große Gelüste auf irgend etwas in Olegs

Besitz verspürt. Er gibt das Geliehene immer zurück – wenn ich will, auf der Stelle. Er ist in einer Atmosphäre des Mißtrauens aufgewachsen, wie du weißt, dank der ständigen familiären Verschwörungen, die die Generation unserer Väter angezettelt hat, und er fühlt sich unserer Freundschaft nur sicher, wenn er dauernd deren Grenzen testet. Es lohnt nicht, sich sein Vertrauen wegen Belanglosigkeiten zu verscherzen, wenn die ganze Zukunft Rußlands möglicherweise davon abhängt, daß wir beide zusammenarbeiten.«

»Meiner Meinung nach ist mein Bruder ein gewissenloser Halunke mit einer guten Eigenschaft – er ist ein großer Kämpfer«, erwiderte Gleb. »Ständig warnt er mich vor dir. Manchmal überzeugt er mich fast davon, daß er recht hat und selbst du der Versuchung nicht widerstehen kannst, Nowgorod einzunehmen, wenn mein Vater stirbt. Ich habe weiß Gott keinen Grund, Vater ein langes Leben zu wünschen nach all dem Verrat, den er begangen, und den Lügen, die er ausgestreut hat, aber ich fürchte trotzdem seinen Tod wegen der Folgen.«

»Die Folgen sind ganz einfach«, sagte Wladimir zuversichtlich. »Mein Vater bekommt Kiew, ich begnüge mich mit Perejaslawl, Onkel Wjatscheslaw bekommt Tschernigow, was ihm vielleicht sogar gefällt, und du behältst Nowgorod.«

Gleb sah nicht restlos überzeugt aus, doch sein einziger Kommentar war: »Um Wjatscheslaw etwas recht zu machen, wäre ein Wunder nötig! Hat er noch immer Angst vor dir? Ich nehme an, du bist auf dem Weg hierher in Smolensk vorbeigefahren.«

»Er hat nicht wirklich Angst vor mir«, widersprach Wladimir. »Warum sollte er? Er zuckt allerdings jedesmal, wenn ich ihn anrede, zusammen und bemüht sich nicht gerade, freundlich zu sein. Ich glaube, er hat alle anderen Nachfahren Ruriks ebenso ungern zu Gast, weil er keinem von uns traut. Wie hat sich Oleg gegenüber Gytha verhalten, als er hier war?«

Gleb zog eine Grimasse. »Er machte dauernd Anspielungen auf ihr königliches Blut und die Tatsache, daß sie Warägerin ist. Es klang, als ärgerte er sich darüber, daß dein Vater darauf bestanden hat, daß du eine königliche Braut bekommst, während unser Vater unsere Eheschließungen dazu benutzte, um Frieden mit dem einen oder anderen unserer Feinde zu schließen. Er meint, deine Heirat wäre nur für dich von Vorteil, für die Russen überhaupt nicht.«

»Das ist nur allzu wahr«, antwortete Wladimir gleichmütig. »England und Dänemark sind zu weit entfernt, um uns etwas zu nutzen. Der einzige Grund ist, daß der Vater meiner Mutter Kaiser von Konstantinopel war. Vater glaubt, daß es einem Menschen und dessen Nachkommen besonderen Ruhm verleiht, wenn blaues Blut in seinen Adern fließt. Deine und Olegs Mutter ist die Tochter eines Kaisers – hat er das vergessen?«

»Nur Kaiser des Heiligen Römischen Reiches – ein Emporkömmling, verglichen mit Konstantinopel!« erwiderte Gleb grinsend. »Aber, um auf Olegs Methode des Borgens zurückzukommen: War – wie hieß sie noch? Katja Soundso; sie soll übrigens sehr schön sein –, war sie auch eine Belanglosigkeit?«

»Vergleichsweise«, antwortete Wladimir mit ausdruckslosem Gesicht.

»Wo befindet sie sich jetzt? Hat er sie dir zurückgegeben?«

Wladimir zuckte die Achseln. »Ich habe keine Ahnung, wo sie ist. Wahrscheinlich in Tmutorakan bei Oleg, falls er sie nicht ausgezahlt hat, als er heiratete. Verzeih, wenn ich hartherzig klinge, aber du weißt ja, wie es gewesen ist.«

»Allerdings.« Gleb seufzte. »Ich wünschte, ich hätte auch eine Frau heiraten können, mit der man sich unterhalten kann, so wie deine Prinzessin. Meine denkt nur an Essen und Kleider, von wichtigeren Dingen will sie überhaupt nichts wissen. Da wir gerade vom Essen reden – man wird uns zum

Abendessen erwarten. Wir sollten lieber gehen, ehe der Hunger die *Druschina* auf die Barrikaden treibt!«

Fürst Gleb hatte die Gewohnheit, stets eine Reihe interessanter Leute zum Essen einzuladen, sogar in der Fastenzeit; dann wurden allerdings mehr Priester und Mönche gebeten, und Fleisch wurde nicht serviert. Natürlich waren immer die Bojaren anwesend. Sie erwarteten, eingeladen zu werden. Gytha hielt sie für Gefolgsadlige, doch sie unterschieden sich von den englischen Thans in zwei Punkten – sie besaßen viel mehr Land, weil einfach mehr zur Verfügung stand, und sie lebten fast ständig in der Stadt und besuchten nur selten ihre Güter, die von Verwaltern bewirtschaftet wurden. Sie bildeten eine kräftige, rotgesichtige Schar und waren einander sehr ähnlich mit ihren langen Bärten, steifen Roben und pelzbesetzten Kappen und ihren endlosen Gesprächen über die Jagd, die Beizjagd, Pferde und die drohende Kriegsgefahr.

Da waren die Kaufleute schon interessanter. Teilweise waren es Ausländer – große, blonde Waräger, ernste Deutsche, schlanke, braunhäutige, schwarzäugige Sirkländer, redegewandte, wild gestikulierende Griechen –, doch häufiger noch waren es reiche Bürger aus Nowgorod, die sich unbefangen und zwanglos benahmen, sich von Glebs fürstlichem Rang nicht sonderlich beeindrucken ließen und immer bereit waren, ihre eigenen Ansichten zu äußern und mit dem Fürsten oder jemand anderem über ein Thema zu streiten.

Dem häufigsten Gast aus der letztgenannten Gruppe sagte man nach, er sei der reichste und glücklichste Mann in Rußland. Sein Name war Sadko, und er war alt – über Sechzig. Sein Bart war weiß und dünn, sein Gesicht ein Netzwerk von Falten, doch seine dunklen Augen waren scharf, sein Verstand klar und seine Worte so offen wie die eines halb so alten Mannes. Gytha freute sich immer, wenn sie ihn sah, denn er war freundlich, weitgereist und wußte stets interessante Geschichten zu erzählen.

An diesem Abend saß sie beim Essen neben ihm, und er bemerkte: »Wie ich sehe, haben Sie in Nowgorod Ihr Glück gefunden, so wie ich.«

»Ja«, stimmte sie zu, »aber ich bin weit gereist, um es zu finden, während Sie schon immer hier waren!«

Er lachte, wobei er zeigte, daß er noch fast alle Zähne besaß. »Ich bin sogar noch weiter gereist als Sie«, sagte er. »Solch ein Narr war ich! In meiner Jugend beschloß ich, durch die Welt zu reisen und mein Glück zu suchen, und so machte ich mich auf den Weg mit den Waren, die ich für mein bißchen Geld eingetauscht hatte, und meiner Gusli als Begleitung.«

»Gusli?« fragte Gytha.

»Das kleine Saiteninstrument, das ein Sänger mit sich führt, um sich damit zu begleiten. Ich konnte damals mit den Besten spielen und singen! Ich brach auf und suchte entschlossen mein Glück; ich fuhr die Flußpassage entlang nach Zargrad und über Antiochia und Jerusalem bis nach Sirkland, die Ufer des Nil entlang, über das Mittelmeer nach Rom und Iberien, durch Frankreich und Deutschland bis in die nordischen Länder, sogar nach Island und bis zum Eismeer.«

»Und Sie haben es nicht gefunden?« fragte sie, froh, daß sie jetzt wenigstens ungefähr wußte, wo Sirkland lag, denn sie hatte nicht gefragt, weil sie nicht wollte, daß man sie für ungebildet hielt.

»Nein. Ich habe viel Geld verdient, aber ich war noch genau so einsam und unausgefüllt wie zuvor, und Heimweh hatte ich obendrein. Also kehrte ich nach Hause zurück und stellte fest, daß ich der reichste Mensch in Nowgorod war, der sich mit seinem Geld alles kaufen konnte, dessen Leben jedoch immer noch leer war. Ich errichtete eine Kirche – die hinter dem Hof der Deutschen – und versuchte alles zu tun, was einen Menschen glücklich machen sollte, doch ohne Erfolg. Dann merkte ich eines Tages, daß die Tochter meines Nachbarn traurig und vergrämt aussah, und ich fragte sie nach dem Grund. Sie sagte: ›Mein Vater hat mir erzählt, daß Sie vorhaben, wieder auf Reisen zu gehen, obwohl Sie von Ihrer letzten Fahrt noch nicht lange zurück sind.‹ Ich fragte sie, warum sie deshalb traurig sei, und sie errötete und sagte: ›Ich habe Sie vermißt, als Sie fort waren.‹ Also machte ich sie glücklich und fand so selbst mein Glück, und es hatte die ganze Zeit Tür an Tür mit mir gewohnt.«

»Sie haben sie geheiratet?« fragte Gytha lächelnd.

»Allerdings, und sie machte mich sehr glücklich! So muß es sein, nehme ich an – man wird selbst glücklich, indem man einen anderen Menschen glücklich macht. Fürst Wladimir ist ein guter Mensch.«

»Ja, ein sehr guter Mensch«, erwiderte Gytha lächelnd, doch insgeheim fragte sie sich, ob Wladimirs Güte ausreichen würde, um die Lügen und Halbwahrheiten zu verzeihen, die man ihm über sie erzählt hatte.

In diesem Augenblick erhob sich einer der Bojaren, um einen Toast auszubringen. Da es Fastenzeit war, hatte man den Wein mit Wasser verdünnt, doch er hatte eine gehörige Menge davon getrunken, und entsprechend wort- und gestenreich fiel seine Rede aus. Es dauerte mehrere Minuten, bis klar wurde, daß Gytha das Ziel seiner Ansprache war. Er pries besonders ihr königliches Blut und ihre Abstammung von einer Linie, die Könige hervorgebracht hatte, die große Feldherren waren und zugleich wegen ihrer Klugheit und Gerechtigkeit Ansehen genossen.

Er war gerade am Schluß seiner Rede angelangt und hielt einen Moment inne, bevor er den eigentlichen Toast ausbrachte, als Anastasia ihn plötzlich unterbrach. Sie nahm natürlich immer an offiziellen Essen teil und saß neben Gleb an der Hochtafel, doch normalerweise konzentrierte sie sich auf Essen und Trinken und sprach nur selten, wenn sie nicht direkt angesprochen wurde. Deshalb war ihr plötzliches Eingreifen um so überraschender, und ihre schrille, nervöse Stimme lenkte auf der Stelle die Aufmerksamkeit aller auf sich.

»Klugheit und Gerechtigkeit?« rief sie. »Unsinn! Und das mit dem königlichen Blut ist ebenfalls Unsinn.«

»Schweig still, Anastasia!« befahl ihr Gleb mit einem grollenden Flüstern. »Hast du den Verstand verloren?«

»Ich werde sprechen!« beharrte Anastasia. »Ich habe diesen Unsinn mit dem königlichen Blut satt, ich habe es satt, mir anzuhören, daß sie deshalb etwas ganz Besonderes ist und ich mir neben ihr wie ein unbedeutendes Nichts vorkomme. Ich habe aus glaubwürdiger Quelle erfahren, daß ihr Vater kein König war und keinen Tropfen königliches Blut in seinen Adern hatte! Er war nur ein Adliger, der sich die Krone widerrechtlich angeeignet hat. Der Papst in Rom mußte eine Armee schicken, um ihn zu töten und die Krone dem rechtmäßigen König zu geben. Es muß wahr sein, denn er wurde getötet, nicht wahr? Und der Mann, der ihn tötete, wurde König und regiert noch immer!«

»Wer hat dir diesen Unsinn erzählt?« fragte Gleb mit finsterem Blick.

Gytha warf Wladimir einen verstohlenen Blick zu. Er hatte den Kopf gewandt, um sie anzusehen, und ihre Blicke trafen sich. Sein schmales Gesicht wirkte starr, die Haut über den Wangenknochen war gespannt, und er runzelte leicht die Stirn. Sie hatte keine Ahnung, was in ihrem Blick und ihrem Gesicht zu lesen war, doch er schien sie zu fragen: »Ist es wahr?«

»Es ist kein Unsinn!« beharrte Anastasia trotzig. »Eine meiner Hofdamen hat es mir erzählt, und sie hat es von einem Kaufmann, der auf der Insel war, von der Gytha stammt – ich weiß den Namen nicht mehr...«

»England«, half ihr Gytha.

Anastasia zuckte die Achseln. »Es spielt keine Rolle – jedenfalls war er dort, und er hat ihr alles erzählt, und sie hat es mir erzählt, und ich erzähle es Ihnen, weil Wladimir die Wahrheit erfahren sollte, bevor er eine Betrügerin und Lügnerin heiratet.«

»Und weil du eine törichte, gehässige, eifersüchtige Frau bist!« sagte Gleb; es war eigentlich als geflüsterte Bemerkung an seine Frau gemeint, doch in seiner Wut sprach er lauter als beabsichtigt, und die Worte waren in der stillen Halle deutlich zu verstehen. »Leeres Geschwätz! Schick nach dieser Frau und laß uns hören, was sie zu sagen hat.«

»Das kann ich nicht. Ihre kleine Tochter ist sehr krank, und sie ist hingegangen, um sie zu pflegen. Ich weiß nicht, in welchem Teil der Stadt die Pflegeeltern des Kindes leben, und wenn ich es wüßte, ich würde sie nicht zurückrufen, ihr Kind stirbt vielleicht. Du kannst sie befragen, wenn sie zurückkommt, aber ich habe genau das gesagt, was sie mir erzählt hat.«

Jekaterina, dachte Gytha. Warum haßt sie mich? Hat es etwas mit Oleg zu tun? Haben sie darüber an jenem Abend im Hof gesprochen?

Gleb hob die Hände und ließ sie mit einer hilflosen Geste wieder sinken. »Es tut mir leid, Prinzessin Gytha, Fürst Wladimir«, sagte er förmlich, selbst in dieser Situation nicht außer acht lassend, daß dies ein öffentlicher Anlaß war und Fremde anwesend waren. »Bis wir die Frau befragen können – und den Kaufmann, falls wir ihn finden –, kann ich nichts unternehmen, um ihre Lügen zu widerlegen.«

»Jede Geschichte hat zwei Seiten«, hörte Gytha sich ruhig sagen. »Ich glaube, ich kann die Angelegenheit hier und jetzt aufklären und zeigen, wie die Wahrheit verzerrt wurde; wahrscheinlich durch den Gegner meines Vaters.«

Wladimir machte eine jähe Bewegung, wie Gytha aus dem Augenwinkel heraus erkannte. Sie machte ihm mit der linken Hand ein Zeichen, um anzudeuten, daß er sie sprechen lassen sollte, und als Antwort darauf lehnte er sich in seinem Sessel zurück.

»Wie Sie wollen«, sagte Gleb mit einer leichten Verbeugung in ihre Richtung.

Sie betrachtete die Gesichter der Kaufleute und Bojaren. Sie hatten sich alle ihr zugewandt und zeigten Neugier oder Interesse, aber keine offene Feindseligkeit. Die Gesichter derjenigen, die rechts und links von ihr an der Hochtafel saßen, konnte sie nicht erkennen, und es hatte keinen Sinn, erraten zu wollen, was sie dachten, deshalb verdrängte sie sie aus ihren Gedanken und konzentrierte sich auf das, was sie sagen wollte.

»König Edward, der England vor meinem Vater regierte, war ein weiser, sanftmütiger Mann, der seine Zeit im Gebet und auf der Jagd verbrachte«, begann sie. »Er heiratete die Schwester meines Vaters, doch er vollzog die Ehe nicht, also bekamen sie keine Kinder. Sein einziger Nachkomme war ein kleiner Junge, sein Großneffe. Es war schwierig, das Land zu regieren, weil die Grafen – die Bojaren – untereinander zerstritten waren, außerdem besitzt England nicht die ganze britische Insel. Wales im Westen und Schottland im Norden sind selbständige Königreiche und führen oft mit den Engländern Krieg. Mein Vater, der ein hervorragender Soldat war, befehligte die Armee König Edwards, der ihm vertraute und sich auf seinen Rat und seine herausragende Fähigkeit als Heerführer verließ. Als der König alt wurde, machte man sich Gedanken, wer nach ihm König werden sollte. Der König von Norwegen, der mit Fürst Glebs und Fürst Wladimirs Tante, Fürstin Elisew, verheiratet war, erhob Anspruch auf die Krone, genau wie König Svein von Dänemark und Herzog William von Normandie. Alle drei waren mit früheren Königen von England verwandt, besaßen jedoch keinen ernsthaften Anspruch, Edwards Nachfolge anzutreten.«

Gytha stellte fest, daß die Menschen in der Halle ihr genau

zuhörten, ja, die Geschichte über ein fremdes Land und die Streitigkeiten unter Königen geradezu genossen.

»Nun wird die englische Krone nicht dem nächsten rechtmäßigen Blutsverwandten weitervererbt, sondern durch eine Wahl vergeben«, fuhr sie fort. »Der *Witan,* der große Rat der Bojaren, Bischöfe und Äbte, wählt einen neuen König, wenn der alte stirbt. Sie berücksichtigen die Familie des verstorbenen Königs und die Wünsche, die er vielleicht geäußert hat, und wählen den Mann, der ihnen am besten geeignet scheint. Als König Edward starb, diskutierte der *Witan* die Ansprüche der ausländischen Herrscher und des kleinen Jungen, man wußte auch, daß König Edward auf dem Sterbebett das Königreich meinem Vater anvertraut hatte. Sie wählten meinen Vater, und er wurde gekrönt. Der König von Norwegen erkannte die Entscheidung nicht an. Er fiel im Norden Englands ein, mein Vater kämpfte gegen ihn und tötete ihn. Dann drang der Herzog von Normandie im Süden ein. Mein Vater zog seine Männer zusammen, von denen viele in der ersten Schlacht verwundet und alle erschöpft waren, und marschierte zweihundert Meilen mit ihnen, um gegen die Normannen zu kämpfen. Mein Vater kam in der Schlacht um, und die meisten seiner Männer mit ihm. Damit war niemand mehr übrig, der die englische Armee befehligen und den Eindringling bekämpfen konnte, und der Herzog eroberte das Königreich. Danach wählte der *Witan* ihn zum König.«

Ein paar Augenblicke lang herrschte Schweigen, und Gytha spürte, daß die Zuhörer ihre Geschichte verstanden hatten und sie akzeptierten, doch dann wurde die Stille durch Anastasias schneidende Stimme gebrochen: »Aber Ihr Vater war nicht von königlichem Geblüt!«

»Doch, das war er!« erwiderte Gytha und reckte das Kinn auf die gleiche Weise wie ihr Vater. »Seine Mutter, meine Großmutter und Namensvetterin, war die Urenkelin von König Olaf von Norwegen und König Harald Blauzahn von

Dänemark. Ihr Bruder heiratete die Tochter von König Knut dem Großen von Dänemark und zeugte König Svein, meinen Vetter. Mein Vater hatte genauso viel königliches Blut in den Adern wie König Edwards Großneffe und unendlich mehr als Herzog William von Normandie, der uneheliche Sohn einer Gerbertochter. Natürlich bezeichnete Herzog William meinen Vater, nachdem er ihn getötet und sich seine Krone angeeignet hatte, als Usurpator, und ich vermute, aus dieser Umgebung bezieht der Informant von Fürstin Anastasias Hofdame seine Nachrichten.«

»Offensichtlich«, sagte Gleb und sah seine Frau finster an. »Vielleicht besitzt, nachdem wir diese Bagatelle geklärt haben, Michail Sergejewitsch die Freundlichkeit, seinen Toast zu vollenden?«

Der Bojar, der sich mittlerweile hingesetzt hatte, erhob sich wieder, konzentrierte sich und sagte: »Was ich vorhin sagen wollte, ich trinke auf die Gesundheit von Fürst Wladimirs zukünftiger Frau, der königlichen Prinzessin und Königstochter von den Inseln des Sonnenuntergangs, Gita Garoldowna!«

Der Trinkspruch wurde begeistert wiederholt, und Gytha lächelte und nickte allen dankend zu, erleichtert, daß man ihre Erklärung anscheinend akzeptiert hatte, doch sie hätte gern gewußt, was Wladimir dachte.

»Gut gemacht!« sagte seine Stimme dicht neben ihr, kaum vernehmbar in dem einsetzenden Geschnatter, das dem Trinkspruch folgte.

»Ich weiß nur, was man mir erzählt hat«, bemerkte Anastasia laut. »Natürlich sehe ich auch, daß die Geschichte von Herzog Soundso verdreht werden konnte. Schließlich hören die Leute auf den Sieger, nicht wahr, und der Verlierer kann seine Version ja nicht mehr erzählen, wenn er tot ist.«

»Ja, Anastasia«, sagte Gleb finster. »Wir kennen die Wahrheit jetzt und können die ganze Angelegenheit vergessen, oder?«

Anastasia zuckte die Achseln und aß weiter, doch Gytha fragte sich, ob irgend jemand, besonders Wladimir, dies je vergessen würde. Wie lange würde es dauern, bis Oleg, oder wer auch immer Jekaterina benutzte, die Sache mit ihrer unehelichen Geburt herausfand? Besser erzählte sie Wladimir selbst davon und riskierte, verstoßen zu werden, als daß man später dahinterkam und sie vielleicht sogar erneut in aller Öffentlichkeit beschuldigte.

Sie verbrachte eine schlaflose Nacht mit der Überlegung, was sie sagen sollte, und ging nach der Kirche wie gewöhnlich in das Eckzimmer. Er stand am Tisch und wartete auf sie. Er lächelte bei ihrem Eintreten und sah an ihr vorbei, um Mildyth und Jewpraksija wie immer höflich zu begrüßen, stellte jedoch fest, daß sie nicht da waren.

»Haben Ihre Drachen sich endlich doch entschlossen, mir zu trauen?« fragte er scherzend.

»Sie helfen Anastasias Kammerfrauen beim Bemalen der Ostereier«, erwiderte sie und rang nervös die Hände. »Es sind Hunderte und nur noch zwei Wochen bis Ostern.«

»Welch ein Glück! Ich spreche lieber mit Ihnen allein. Darf ich Sie küssen?«

Sie hob ihm schweigend ihr Gesicht entgegen, und er nahm sie in die Arme und küßte sie. Da sie so aufgeregt war und fürchtete, ihn schon in den nächsten Minuten zu verlieren, reagierte sie mehr darauf als jemals zuvor. Er sah sie mit einem prüfenden Blick an, als er sie freigab, und führte sie dann zum Tisch, wo er dicht nebeneinander zwei Stühle aufgestellt hatte. Er rückte ihr einen davon zurecht, nahm dann selbst auf dem anderen Platz und blickte sie ernst an.

»Ich war gestern abend sehr stolz auf Sie«, sagte er. »Sie haben so unerschrocken gesprochen und Ihre Geschichte so einleuchtend erzählt. Aber es tut mir leid, daß Sie überhaupt dazu gezwungen waren. Ein Jammer, daß die Hofdame von Anastasia an diese gefälschte Darstellung gelangte.«

»Es ist die Version, die Herzog Williams Anhänger verbreiten«, erwiderte Gytha. »Ich glaube, da steckt mehr dahinter, als daß die Frau die Geschichte hört und sie ihrer Herrin weitererzählt. Sie scheint mich aus irgendeinem Grund nicht zu mögen, und einmal habe ich sie heimlich mit Ihrem Vetter Oleg sprechen sehen. Sie wissen ja sicher, daß Oleg zum Jahreswechsel hier war? Er machte unaufhörlich höhnische Bemerkungen über mein königliches Blut.«

»Gleb hat mir davon erzählt. Oleg ist ein seltsamer Bursche – mit einer etwas verworrenen Denkweise. Auf Feldzügen arbeiten wir hervorragend zusammen, aber außerhalb des Schlachtfelds scheint er unfähig, einem Menschen zu trauen. Er glaubt, ich würde Gleb Nowgorod entreißen, wenn ihr Vater stirbt, was dem Willen unseres Großvaters entsprechen würde, aber ich habe wiederholt betont, daß ich mich mit Perejaslawl begnügen werde. Natürlich traut er meinem Vater nicht – oder seinem eigenen, was das betrifft. Die beiden schmiedeten ein Komplott, um ihren älteren Bruder Isjaslaw aus dem Fürstentum Kiew hinauszuwerfen und ins Exil zu treiben. Ich fürchte, meine Familie ist nicht sehr angenehm oder harmonisch. Aber darüber wollte ich nicht mit Ihnen sprechen.«

Er machte eine Pause, sammelte sich und sagte dann: »Ich weiß, daß es sich nicht ziemt, in der Fastenzeit auch nur an Heirat zu denken, aber ich muß wissen, ob Sie bereit sind, mich direkt nach Ostern zu heiraten. Wie Sie bereits sagten, sind es nur noch etwas mehr als zwei Wochen bis dahin, und Gleb würde gern die Vorkehrungen treffen.«

Er sah sie forschend an, als sie nicht sofort antwortete und dann stammelnd hervorbrachte: »Ja – ich denke schon, Mylord...«

»Mein Vater hat geschrieben, daß ich vor Pfingsten zu ihm kommen soll. Dann bliebe uns etwas gemeinsame Zeit, bevor ich wieder abreisen muß, wenn wir gleich nach Ostern heiraten, sobald es Bischof Fjodor erlaubt.«

»Ja. Wenn Sie mich immer noch heiraten wollen ...«, brachte sie irgendwie heraus.

»Wenn ich ... Was soll das heißen? Sie glauben doch nicht, daß Anastasias Ausbruch gestern abend mich gegen Sie beeinflussen würde? Jedenfalls haben Sie uns die Wahrheit gesagt – das war eindeutig klar.«

»Es gibt noch etwas«, sagte sie unglücklich.

»Dann sagen Sie es mir.«

Sie holte nervös Luft und heftete den Blick auf ihre zusammengepreßten Hände, die vor ihr auf dem Tisch lagen.

»Meine Eltern haben nicht kirchlich geheiratet. Meine Mutter war nur eine einfache Frau – ihr Vater war Verwalter auf einem der Güter meines Vaters. Mein Großvater wollte nicht erlauben, daß sie kirchlich heirateten, aber sie lebten wie Eheleute zusammen, da sie einander vor Zeugen versprochen wurden. Man nennt das in England eine dänische Ehe, und die Verbindung wird vom Gesetz anerkannt. Meine Mutter und ihre Kinder besaßen fast die gleichen Rechte, als wenn sie in der Kirche geheiratet hätten, nur, daß die Ehe genauso aufgelöst werden konnte, wie sie geschlossen wurde – mit der beidseitigen Einwilligung vor Zeugen. Aber die Kirche erkannte die Ehe nicht an, deshalb war sie in den Augen der Kirche nur seine Mätresse, und ich bin seine – seine ... uneheliche Tochter.«

Es entstand ein langes Schweigen, so lange, daß Gytha ihm schließlich einen verzweifelten Blick zuwarf und merkte, daß er sie betrachtete und offenbar darauf wartete, daß sie fortfuhr. »Das ist alles«, flüsterte sie.

»Sie sagten ›Kinder‹ – wie viele?«

»Godwin, Edmund, Magnus, ich, Gunhild und Ulf. Sechs.«

»Wie alt war Godwin, als Ihr Vater umkam?«

»Oh – über zwanzig.«

»Und Ulf?«

»Drei.«

»Diese – Verbindung – dauerte also über zwanzig Jahre?«

»Ja. Mein Vater mußte aus politischen Gründen eine andere heiraten, als er König wurde. Ich glaube, seine zweite Frau hatte einen Sohn, der sein Thronerbe geworden wäre. Andernfalls wäre es Godwin gewesen, aber das Kind aus einer kirchlichen Ehe rangiert vor einem Kind aus einer – einer dänischen Ehe. Vater und Mutter waren unglücklich über die Trennung, aber Mutter erklärte uns, es müsse sein, und wir müßten es genau wie sie akzeptieren.«

»Ich habe gehört, daß Ihre Mutter seinen Körper auf dem Schlachtfeld identifizierte.«

Gytha fragte sich, was er noch alles gehört hatte und ob er all die Dinge, die zu beichten sie gerade erst den Mut aufgebracht hatte, bereits gewußt hatte, und sie erwiderte schlicht: »Ja. Sie erkannte ihn an einem Muttermal, das nur ...«

»... seine Frau kannte«, beendete er für sie den Satz. »Sie muß ihn sehr geliebt haben, wenn sie solch ein Martyrium auf sich genommen hat, um ihn zu finden.«

»Es brach ihr das Herz«, sagte Gytha bebend. »Sie kam nie darüber hinweg.«

»Nein.« Er schwieg eine Weile und nagte nachdenklich an seiner Unterlippe. »Gibt es noch etwas?« fragte er dann.

»Nein, ich glaube nicht. Ich weiß nicht, was Elisew Ihnen erzählt hat, aber ich dachte mir, daß Sie Ihnen über diese Dinge nicht die Wahrheit gesagt hat.«

»Sie schrieb zuerst meinem Onkel Swjatoslaw. Sie fragte an, ob er einen Sohn oder Neffen habe, der eine Frau suche und der die Tochter eines Königs heiraten würde, der in der Schlacht von einem Invasoren getötet worden sei, der sein Königreich erobert und seine Kinder ohne einen Pfennig ins Exil geschickt habe. Sie schilderte Sie als jünger, als Sie damals wirklich waren, schrieb, Sie seien von königlichem Geblüt, aus einer fruchtbaren Familie, gesund und von einigermaßen anziehendem Äußeren, intelligent, Sie könnten schreiben und lesen und seien unerschrocken genug, um die Reise hierher zu überstehen. Mein Vater begünstigte die Heirat, denn da er dafür gesorgt hatte, daß meine Mutter die Tochter eines Kaisers war, war er der Ansicht, meine Frau sollte mindestens die Tochter eines Königs sein! Außerdem hätte er gern eine große Zahl von Enkeln, deshalb reizte ihn die Erwähnung der fruchtbaren Familie.«

»Und Sie, Mylord?« Gytha fragte sich, wann er endlich dazu käme, ihr mitzuteilen, daß er sie nicht mehr heiraten wolle.

»Ich? Ich war fasziniert von dem Zauber der Geschichte – von der schönen Prinzessin, die alles verloren hatte, und ich wollte eine gesunde, intelligente Frau mit guter Bildung – eine Kombination, die hier, am Rande der Zivilisation, nicht so leicht zu finden ist!«

»Es tut mir leid«, murmelte sie.

»Leid? Weshalb?«

»Daß ich mich als die uneheliche Tochter eines Mannes erwiesen habe, der nur eine Spur königlichen Bluts in den Adern hat«, erwiderte sie bitter.

»Was wollen Sie jetzt tun?«

»Ich weiß nicht. Ich glaube, ich könnte es nicht ertragen, nach Dänemark zurückzukehren, und ich bin dort auch nicht erwünscht. Wahrscheinlich hat mich Elisew aus diesem Grund besser gemacht, als ich bin. Sie wollte mich loswerden.«

»Sie wollen also hierbleiben?«

»Wenn ich darf, aber was soll ich Ihrer Ansicht nach tun?«

»Ich hätte gern, daß Sie mich in zwei Wochen heiraten, am Mittwoch nach Ostern. Es sei denn, Sie würden statt dessen lieber etwas anderes tun.«

»Nein.« Sie brachte nur dieses eine Wort über die Lippen, und lange Zeit war sie zu überrascht, um etwas anderes hinzuzufügen. Dann stammelte sie: »Ich dachte, Sie wollten mich nicht mehr haben, wenn ich Ihnen erst einmal alles erzählt hätte ...«

»Ich bin froh, daß Sie es mir erzählt haben, aber es ändert nichts für mich. Sie sind genau das, was ich gewollt habe – schön, gesund, intelligent, mutig, gebildet, aus einer fruchtbaren Familie und eine Königstochter, was mein Vater gern wollte – wir brauchen ihm ja nicht zu erzählen, daß nicht alle Einzelheiten stimmten, bevor wir ihn zum Großvater gemacht haben. Dann ist es ihm ohnehin egal!«

»Und was ist, wenn ich keine Kinder bekomme?« stieß sie hervor, sich an Elisews Worte zu dem Thema und ihre eigenen Befürchtungen erinnernd.

»Das ist Gottes Wille. Wollen Sie mich nun heute in zwei Wochen heiraten, falls es möglich ist?«

»Ja, Mylord.«

»Dann hören Sie auf, mich *Mylord* zu nennen! Sie kennen meinen Namen.«

»Ja, My – Wladimir.«

»Nur aus Interesse, was hat Elisew Ihnen über mich erzählt?«

Gytha versuchte, sich zu erinnern, und hörte wieder Elisews kalte, schneidende Stimme. »Daß Sie stark, gesund und bei vollem Verstand sind.«

»Und nur dafür haben Sie die ganze Reise hierher gemacht?« Er klang verwundert.

»Es war besser, als in Dänemark zu bleiben. König Svein war freundlich, aber für alle anderen war ich nur lästig, ein Objekt der Nächstenliebe oder der Begierde. Nachdem meine Mutter gestorben war, brauchte mich niemand mehr, und mein Leben hatte keinen Sinn. Ich dachte, daß mich hier, wenn ich Glück hätte, jemand mögen würde. Als Ehefrau hätte ich ein Zuhause und einen Daseinszweck und Kinder, für die ich sorgen müßte.«

»Und wenn Sie kein Glück hätten?«

Sie zuckte die Achseln. »Vermutlich unterscheiden sich die

Klöster in Nowgorod, England und Dänemark nicht sehr voneinander.«

»Sie wollen nicht als Nonne leben?«

»Nein. Ich will nicht ins Kloster gehen. Die Vorstellung, eingesperrt zu sein, macht mir angst.« Sie schauderte.

»Diese – Anschuldigungen gegen Ihren Vater«, sagte er, jäh das Thema wechselnd, »sie gehen Ihnen anscheinend nahe. Sie haben Ihren Vater geliebt ... Es quält Sie, daß die Menschen schlecht von ihm denken?«

»Ich liebte ihn sehr. Er war ein guter, freundlicher Mann, tapfer und fromm. Ich weiß, er war ehrgeizig, aber er war auch sehr intelligent, fähig und aktiv. Er konnte seine Zeit nicht mit Nichtstun verbringen, wenn so viele Dinge getan werden mußten, die er besser tun konnte als – als die meisten anderen Menschen. Es ist ungerecht, daß Herzog William und seine Freunde ihm jetzt Dinge nachsagen, denen er nicht widersprechen kann, und alles, was er getan hat, in den Schmutz ziehen – alles, was ihm am Herzen lag und wofür er gekämpft hat. Er liebte England und wollte nicht, daß es vom Krieg zerrissen und ruiniert oder von Fremden mit Füßen getreten und ausgeplündert wird. Wenn ein Mann stirbt, hinterläßt er nichts auf der Welt außer seinem Recht auf Ruhm, sein Ansehen. Wenn jemand dies zu zerstören oder in den Schmutz zu ziehen versucht, zerstört er alles, was von dem Menschen auf der Welt zurückbleibt. Man hat meinen Vater seiner Ehre beraubt, und ich halte das für Unrecht. Man behauptet sogar, seiner Seele würde die Erlösung verweigert aufgrund der Dinge, die man ihm nachsagt! Herzog William wollte ihm anfangs sogar ein christliches Begräbnis verweigern.«

»Diese Lügen und Entstellungen kränken Sie und seine anderen Kinder.«

»Ja, aber wir sind noch da und können für uns selbst sprechen und handeln und beweisen, was Gutes in uns steckt. Er nicht. Seine Feinde kränken ihn, und er hat keine Möglichkeit, sich zu rächen, außer...« Sie brach ab, weil das Wort »rächen« eine Erinnerung in ihr wachrief.

»Außer?« drängte Wladimir.

»Mir ist gerade etwas eingefallen. In der Nacht, als ich mein Zuhause – England – verließ, war ein Priester unserer Kirche da, der die Sehergabe besaß. Er sagte, ich würde weit, weit in den Osten gehen, denn im Osten gebe es eine Aufgabe für mich, und die Ehre meines Vaters würde durch mich wieder hergestellt. Ich weiß nicht, was er damit meinte.«

»Das ist das Problem mit Propheten und Orakeln – was sie sagen, ist oft so schwer zu verstehen, daß es einem nichts hilft! Nun, bis jetzt haben Sie im Osten einen Ehemann gefunden. Gibt es noch etwas, was Sie mir erzählen wollen?«

Gytha hatte bereits bemerkt, daß er die Angewohnheit hatte, während einer Unterhaltung plötzlich das Thema zu wechseln, so, als ob er in Gedanken bei einem Gegenstand weilte, während er über etwas ganz anderes sprach. »Nur daß ich erstaunt darüber bin, daß Sie mich noch immer heiraten wollen.«

»Weshalb?«

»Ich glaube, ich bin nicht gut genug für Sie.«

»Zu viel Bescheidenheit ist genauso falsch wie zu wenig. Führen Sie ein gottloses, sündiges Leben? Falls ja, überrascht es mich, daß mir niemand davon erzählt hat! Ich höre nichts als Lob über Ihre Tugend, Ihre Freundlichkeit, Ihren Verstand, Ihre Lernfähigkeit, Ihren Fleiß. Bruder Isak, der gemeinhin nicht viel von Frauen hält, hat sich unaufgefordert lobend über Sie geäußert. Genausogut könnte ich sagen, ich sei nicht gut genug für Sie!«

»Nein!« rief sie. »Das ist unmöglich!«

»Woher wissen Sie das?«

Sie verhaspelte sich. »Ich – ich weiß es einfach! Ich spüre es, es macht sich in allem bemerkbar, Ihren Worten, Ihrem Verhalten, Ihrem Blick. Wenn ich mit Ihnen zusammen bin, fühle ich, daß ich mich in Gegenwart eines Menschen befinde, der gut ist und – und ...«

»Natürlich?« half er aus.

»Ja, in gewisser Weise. Wahrhaftig.«

»So fühle ich mich auch, wenn ich mit Ihnen zusammen bin«, sagte er mit einem ironischen Lächeln. »Wenn ich also richtig bin und so, wie ich sein sollte, wie kann ich mich dann in Ihnen täuschen?«

Darauf wußte sie nichts zu sagen. Er wartete, aber sie schüttelte nur den Kopf, daraufhin nahm er ihre Hand und sagte: »Wollen Sie mich also heiraten?«

»Ja, und ich werde versuchen, Ihnen alles zu sein.«

»Ich weiß, das will ich auch ... Ich bin nicht vollkommen, Gytha. Ich habe wie ein Soldat gelebt, nicht wie ein Mönch. Verstehen Sie?«

Diesmal begegnete sie offen seinem Blick und sagte: »Ja, ich verstehe. Ich weiß, daß es bei Männern anders ist.«

»Falls Sie damit meinen, daß Männer mehr Gelegenheiten, weniger Selbstbeherrschung und weniger zu verlieren haben ... Fällt es Ihnen nicht schwer, das zu akzeptieren?«

»Nein. Das ist vorbei.« Sie hoffte insgeheim, daß es auch so bleiben würde.

Er nickte zufrieden. »Wollen wir gemeinsam beten und dann Bischof Fjodor um ein Gespräch ersuchen?« fragte er.

Zusammen gingen sie am Nachmittag zum Bischof, der ihnen etwas Zeit gewährte, obwohl er sehr beschäftigt war, ihnen wohlwollend zuhörte und einwilligte, am Mittwoch nach Ostern ihren Hochzeitsgottesdienst abzuhalten. Gleb war von der Neuigkeit begeistert und stürzte sich in eine Orgie von Plänen, schickte seine Dienstboten an alle möglichen Orte in der Stadt, um für das Essen und die Zerstreuungen zu sorgen und die Gäste einzuladen, die er bei einer bescheidenen königlichen Hochzeit, deren Festlichkeiten nur fünf Tag dauern sollten, für unbedingt notwendig hielt.

Anastasia raffte sich auf, Jewpraksija von den Ostervorbereitungen zu entbinden, damit sie Gytha die russischen Hochzeitsbräuche erklärte, und wie vorauszusehen, hörte Mildyth auf, über einen Bräutigam zu schimpfen, der seine Braut neun Monate warten ließ, und klagte nun statt dessen über einen Bräutigam, der seiner Braut nur ein paar Tage Zeit für die Hochzeitsvorkehrungen ließ.

»Aber er ist doch erst vier Wochen hier«, erwiderte Gytha lächelnd.

Mildyth rümpfte die Nase, inspizierte den Inhalt von Gythas Kleidertruhen und verkündete, es sei nichts Geeignetes darin, was eine königliche Braut bei ihrer Hochzeit tragen könne.

Ein paar Minuten nach dieser lautstark abgegebenen Erklärung – Gytha versuchte gerade, ihr klarzumachen, daß sie noch über ein Dutzend ungetragener Kleider besaß – vernahm man ein Klopfen an der Tür zwischen Gythas Schlafgemach und dem Eckzimmer. Wladimir erschien, in seinen ausgebreiteten Armen ein Gebilde, das wie ein Regenbogen aussah.

»Das habe ich gekauft, als ich das letzte Mal mit den Silberbulgaren zusammen war«, sagte er. »Ich glaube, es stammt aus dem Fernen Osten.« Er ließ das Stoffgebilde in Mildyth' Arme gleiten und verließ mit einem leichten Lächeln den Raum, ehe Gytha ihm danken konnte.

»Na!« rief Mildyth aus und hielt sich das Kleidungsstück an. »Haben Sie schon einmal so etwas gesehen? Und wer in aller Welt sind die Silberbulgaren?«

Gytha konnte die zweite Frage nicht beantworten, und bei der ersten erübrigte es sich. Das Kleid glich einem Kaftan, der von schmal geschnittenen Schultern locker herabfiel und vorne mit kleinen goldenen Spangen geschlossen wurde, die auf einer breiten blausilbernen Borte befestigt waren. Die Ärmel waren sehr weit und am Saum mit der gleichen Borte besetzt. Der Stoff war aus Seide, die auf der einen Seite einen silbernen Schimmer hatte, aber je nachdem, wie das Licht darauffiel, alle Farbtöne zwischen Blau und Rosa annehmen konnte. Der untere Teil des Kleides war über und über in zart gefärbtem Seidengarn mit Pflanzen und Blumen bestickt, die auf natürliche Weise emporrankten; dazwischen waren exotische Vögel und Schmetterlinge zu erkennen.

»Ich glaube, das Kleiderproblem ist gelöst!« bemerkte Gytha, nachdem sie es lange Zeit stumm betrachtet hatte.

Es gab andere Komplikationen, aber sie wurden mit der gleichen Mühelosigkeit überwunden. Der Brauch verlangte, daß die Freunde des Bräutigams die Braut in der Nacht vor der Hochzeit aus dem Haus ihres Vaters abholten, deshalb wurde der alte Palast im Kreml aufgesperrt, gelüftet und ein paar Räume mit Möbeln ausgestattet, um am Dienstag ein paar Stunden lang als Gythas Zuhause zu dienen. Wladimir, der Glebs Pläne für zu verschwenderisch hielt, bat ihn taktvoll, die Menge des Essens, das den Gästen während der Festlichkeiten serviert werden sollte, zu halbieren und eine Hälfte davon den Armen zu geben, was Gleb anscheinend für einen vernünftigen Vorschlag hielt, doch er vereinfachte dessen Durchführung, indem er die bereits bestellte Menge verdoppelte.

Während der Osterfeiern kam alles, was mit der Hochzeit zu tun hatte, zum Stillstand. Am Donnerstag verbrachte man den größten Teil des Vormittags in der Sophienkathedrale, wo Fjodor und die übrigen Geistlichen, Gleb und Wladimir armen Männern und Frauen die Füße wuschen und Almosen gaben. Alle Bewohner des Palastes legten am Nachmittag die Beichte ab und besuchten am Freitag und Samstag die Bußgottesdienste, gingen am Samstagabend zeitig zu Bett und standen rechtzeitig wieder auf, um vor Mitternacht den Fastengottesdienst in St. Sophia zu besuchen.

Die Kathedrale war voller Menschen, als die Fürsten mit ihrem Gefolge eintrafen, aber still und dunkel. Gytha ging mit den anderen Frauen zur Südempore, von wo aus sie den weitläufigen Mittelteil überblicken konnte. Nur ein paar Kerzen brannten und warfen seltsame Schatten, gelegentlich erfaßten sie den aufmerksamen Blick eines der an die Wand gemalten Heiligen oder ein Gesicht in der wogenden, flüsternden Menschenmenge, die erwartungsvoll dastand.

Gleich darauf erschienen, angeführt von Bischof Fjodor, die Geistlichen mit Kerzen und Weihrauch und begannen mit der Frühmesse. Sobald der Gottesdienst vorüber war, wurden Kerzen herumgereicht, und alle schlossen sich einer Prozession an, die sich aus der Kirche heraus und draußen einmal rings um die Kirche herum bewegte, als Versinnbildlichung der Suche nach Christus, nachdem man das leere Grab entdeckt hatte. Sie endete, nachdem alle wieder in der Kirche waren, und dann rief Fjodor »Er ist auferstanden!« mit seiner klaren, jubelnden Stimme, die überall in den Kuppeln und Gewölben der Kathedrale widerhallte.

Alle antworteten: »Wahrlich, Er ist auferstanden!«, und man vernahm ein Durcheinander von Glückwünschen, als die Menschen ihre Nachbarn umarmten. Gytha verschwand in Anastasias parfümierter Umarmung und wandte sich dann Mildyth zu. Dabei fiel ihr Blick auf Wladimir, der vor der Ikonostase stand. Er schaute zu ihr hinauf und warf ihr eine Kußhand zu, als sie ihm zunickte.

Daraufhin schloß sich die große Liturgie des heiligen Basilius an, die über drei Stunden dauerte, da beinahe alle Anwesenden das Abendmahl nahmen. Nach der Messe kehrten sie zu einem hastigen Frühstück in den Palast zurück, und dann versammelten sich Gytha, Anastasia, Gleb und Wladimir, jeder mit einem halben Dutzend Begleitern und einer Anzahl von Männern aus Glebs beziehungsweise Wladimirs *Druschina*, in der Eingangshalle.

Man hatte eilends die großen Körbe mit den bemalten Eiern an der Wand entlang aufgestellt. Es waren Hunderte von Eiern, und Gytha staunte, da sie bis jetzt gar nicht bemerkt hatte, wie viel Arbeit es für Anastasias Damen und die weiblichen Dienstboten bedeutet haben mußte, sie zu verzieren. Sie hatte angenommen, jedes Ei würde einfach in eine färbende Flüssigkeit getaucht, doch ein rascher Blick zeigte ihr, daß alle auch noch mit einem Muster versehen waren.

»Sind wir bereit?« fragte Gleb, seine kleine Truppe ordnend. »Wissen Sie, was Sie tun müssen, Gytha? Sie geben jedem ein Ei und entbieten den Gruß. Wenn jemand um ein zusätzliches Ei für einen Kranken oder Behinderten bittet, handeln Sie nach Gutdünken. Und vergessen Sie um Himmels willen kein einziges Kind. Alles fertig? Dann öffnet die Türen!«

Die Türen wurden aufgestoßen, und Gleb betrat den Treppenabsatz, prachtvoll anzusehen in seiner schweren, goldbestickten Robe und der pelzbesetzten kronenartigen Kappe. Die *Druschinniki* traten in zwei Reihen hinaus und säumten die Stufen, und die beiden Fürsten schritten langsam hinab, hinter ihnen Gytha und Anastasia, schließlich das Gefolge und die Dienstboten, die einige der Körbe trugen.

»Ich hasse das!« vertraute Anastasia ihr im Flüsterton an. »Die meisten von ihnen stinken abscheulich, obwohl sie fast alle in einem Badehaus waren. Sie waschen nie ihre Kleider, wissen Sie.«

Gytha fiel keine passende Antwort ein, deshalb murmelte sie, daß es ja schließlich nicht lange dauere. Anastasia war seit dem Abend, an dem sie die Erklärung über Gythas Vater abgegeben hatte, etwas freundlicher zu ihr, hatte den Vorfall jedoch nie mehr erwähnt, geschweige denn sich dafür entschuldigt. Jekaterina war nicht wieder aufgetaucht, und Gleb hatte kein Wort mehr über sie verloren, deshalb nahm Gytha an, man habe sich stillschweigend geeinigt, die Angelegenheit zu vergessen.

Die Prozession marschierte über den Marktplatz zu einer erhöhten Tribüne, die neben dem Glockenturm errichtet worden war. Die Menge wich zurück, um sie ungehindert vorbeigehen zu lassen, und die *Druschinniki*, die zu beiden Seiten vorwegschritten, mußten niemanden beiseite drängen.

Als sie die Tribüne erreichten, halfen die beiden Fürsten ihren Damen die wenigen Stufen herauf, während die Begleiter ihnen folgten und ihre Körbe in der Mitte aufstellten. Die *Druschinniki* sorgten dafür, daß zu Füßen der Tribüne eine große Fläche freiblieb, und gestatteten nur auf jeder Seite einen Durchgang, und die Stadtmiliz stieß und zerrte die Näherstehenden hin und her, bis sie eine Art Schlange bildeten, die sich allmählich langsam innerhalb des von den *Druschinniki* freigehaltenen Raumes vorwärts bewegte.

Gytha überflog mit dem Blick die Menge und stellte erschrocken fest, daß dies noch längst nicht alle waren, die für ein Ei anstanden – weitere Menschen strömten aus den Seitenstraßen und von der Sophienseite herbei, ergossen sich über die Brücke, die man, nachdem das Eis des Flusses zu tauen begann, wieder aufgebaut hatte.

Und ich habe gesagt, es würde nicht lange dauern! dachte sie, während sie den ersten Korb mit Eiern von Mildyth entgegennahm, ihn neben sich abstellte und sie auszuteilen begann. Sie wünschte jedem Empfänger lächelnd *Christos woskrese* (Christus ist auferstanden), worauf er mit *Vo istinu woskrese* (Wahrlich, Er ist auferstanden) dankte. Viele fügten einen Wunsch für ihr zukünftiges Glück hinzu, was sie rührend fand.

Es kamen Menschen jeden Alters – von alten Männern und Frauen, die kaum an zwei Stöcken vorwärts humpeln konnten, eine knorrige Hand nach dem kostbaren Ei ausstreckten und froh über die stützende Hand eines Nachbarn oder Stadtpolizisten waren, bis hin zu Säuglingen, dick eingemummt gegen die bittere Kälte, von denen nur die Augen aus den umhüllenden Tüchern hervorsahen und deren

Mütter eine klamme Hand ausstrecken, um ein Ei zu ergattern. Gytha bemühte sich, den Kleinen die schönsten Eier zu geben, und lächelte in viele leuchtende, feierliche Kindergesichter hinab, die überwältigt die lebendig gewordenen Märchengestalten anstarrten, echte Prinzen und Prinzessinnen – und sogar zwei von jeder Sorte!

Sie machte es sich zum Prinzip, jedem ins Gesicht zu sehen, wenn sie ihm ein Ei gab, weil sie sich noch daran erinnerte, wie kränkend sie es als Kind gefunden hatte, wenn einem jemand etwas schenkte und sich nicht einmal die Mühe machte, einen dabei anzusehen. Nach einer gewissen Zeit merkte sie, daß sie unbewußt nach einem ganz bestimmten Gesicht Ausschau hielt – dem Gesicht Jekaterinas.

Sie hatte Jewpraksija gefragt, ob Anastasia etwas von der Frau gehört hätte, die nun schon seit sechs Wochen fort war, aber Jewpraksija antwortete, soviel sie wüßte, hätte Anastasia nichts gehört und erwartete das auch erst, wenn das Kind entweder genesen oder gestorben sei, und Gytha kam der Gedanke, daß Jekaterina das Kind, falls es nicht zu krank war, vielleicht herbringen würde, damit es ein Ei entgegennahm. Dann dachte sie zerknirscht, daß dies wohl eine törichte Hoffnung war – wie sollte sie in dieser Menschenmenge ein einzelnes Gesicht erkennen?

Wie um sie Lügen zu strafen, begrüßte sie danach eine Reihe von Leuten, die sie kannte, die meisten von ihnen Kaufleute, aber auch einige Bojarinnen, denn es waren Menschen jeden Ranges gekommen. Selbst die Dienstboten, die aus dem Palast kamen und weitere Körbe mit Eiern brachten, blieben stehen, um sich ein Ei geben zu lassen, und der Rest der *Druschina,* von denen einige mit denjenigen, die im Einsatz waren, die Plätze tauschten, damit auch sie sich in die Schlange einreihen konnten.

Sadkos gescheites, zerfurchtes Gesicht lächelte zu ihr herauf, und sie sah Bruder Isaks ernste, milde Züge, die Frau des *Posadniks* – ihr Mann ging, wie Gytha aus dem Augenwinkel heraus sah, zu Gleb –, und am anderen Ende der Treppe näherten sich ein paar elende, zerlumpte Bettler, wurden nicht abgewiesen, sondern erhielten ein Ei und etwas Geld von den Stadthauptleuten, die bis dahin an der Treppe gestanden hatten, ohne eigentlich etwas zu tun.

Endlich wurde die Schlange kürzer und löste sich dann ganz auf, und Gytha dehnte den schmerzenden Rücken, strich eine lose Haarsträhne mit einer farbbeschmierten Hand zurück, während sie sich umdrehte, um ihren Helferinnen die letzten, übriggebliebenen Eier aus dem dreißigsten Korb zu schenken.

»Und hier ist eines für Sie«, sagte Wladimir und lächelte zu ihr herab, als er ihr ein leuchtend rotes, mit einem Tannenmuster bemaltes Ei reichte.

Sie schenkte ihm das letzte aus ihrem Korb – es war blau und mit kleinen roten und gelben Blumen verziert –, und er beugte sich herab und küßte sie förmlich auf die Wangen. Die noch auf dem Platz anwesenden Zuschauer stießen fröhliche, heisere Beifallsrufe aus. Wladimir wandte sich um und dankte ihnen lächelnd, die Hand grüßend erhoben, und Gytha hielt den Atem an, während sie eine Welle der Zuneigung für ihn durchlief. Er sah sehr hübsch und fürstlich aus in seinem langen, mit steifem Pelz besetzten Kaftan aus schwerem grünen Damast, den gemusterten grünen Lederstiefeln und einer juwelenbesetzten, kronenähnlichen Kappe, die mit einem Pelz geschmückt war, so schwarz wie sein Haar und sein Bart.

Gytha kehrte in ihr Zimmer zurück, um sich auszuruhen, und schrubbte ihre Hände in dem warmen Wasser, das Mildyth in das Kupferbecken gegossen hatte, das auf einem Tisch am Ofen stand, doch sie trugen noch immer schwache Spuren von Grün, Rot, Blau und Gelb, als sie sich zum Festessen in die große Halle begab. Mildyth begleitete sie und bemühte sich so zu tun, als sei es nicht *ihr* Magen, der sich so lautstark über das stundenlange Fasten beschwerte.

Am Montag gab es viel zu tun. Als sie am Morgen von der Kirche zurückkamen, stellten sie fest, daß Oleg soeben eingetroffen war und sich in der Eingangshalle aus seinen pelzbesetzten Mänteln helfen ließ. Er trug den linken Arm in der Schlinge und war sichtlich schlecht gelaunt.

»Das verdammte Pferd rutschte auf dem Eis aus und warf mich ab!« sagte er nach dem Austausch von Begrüßungen. »Ich wollte schon vor Ostern hier sein, aber das hat mich aufgehalten, und ich habe das Fest statt dessen unterwegs verbracht.«

»Warum bist du überhaupt hier?« fragte Gleb in argwöhnischem Ton und nicht allzu begeistert.

»Vater hat mich geschickt. Außerdem habe ich Wladimir versprochen, sein Trauzeuge zu sein, wie er damals bei mir.«

»Warum hat Vater dich geschickt?« fragte Gleb scharf.

»Das hat er mir nicht gesagt.«

»Aus welchem Grund auch immer, jedenfalls bestimmt zu seinem eigenen Nutzen und nicht aus familiärer Zuneigung«, sagte Gleb bitter. »Komm, iß etwas, und dann gehst du am besten zu Bett. Du siehst erschöpft aus.«

Während des Frühstücks besserte sich Olegs Laune, und er stellte Wladimir die offenbar als Scherz gemeinte Frage: »Du willst diese Ehe also wirklich eingehen?«

»Natürlich«, antwortete Wladimir gleichmütig. »Warum auch nicht?«

»Oh, ich dachte, königliches Blut sei dir so wichtig, und sie hat ja keines, nicht wahr?«

Das Frühstück wurde im engsten Familienkreis eingenommen, mit nur zwei Dienstboten, die aufwarteten. Sie fuhren ungerührt mit ihrer Arbeit fort, aber Wladimir, Gytha und Gleb schienen einen Augenblick zu erstarren. Anastasia warf Oleg einen bestürzten Blick zu und aß dann weiter, als hätte er nichts gesagt.

»Und wo hast du dieses Gerücht gehört?« fragte Wladimir ruhig.

Oleg, der kein guter Lügner war, schaute unbehaglich drein und sagte: »Oh – äh – jemand – ein Kaufmann hat es mir erzählt. Er sagte, er sei in Dänemark gewesen und wisse alles über Gythas Vater ...«

»Er ist falsch informiert worden«, sagte Waldimir bestimmt. »Und sollte er mir je in die Finger kommen, werde ich ihn lehren, keine falschen Gerüchte mehr zu verbreiten. Das heißt, falls er existiert! Außerdem ist es mein Vater, nicht ich, der diese Vorliebe für königliches Blut hat. Du warst vermutlich in Kiew? Wie geht es deinem Vater?«

Oleg verzog das Gesicht. »Er ist so verdrießlich und korrupt wie immer. Das Geschwür an seinem Bein wird ständig schlimmer statt besser – ich nehme an, es ist das Böse, was aus ihm heraus will! Ich gehe jetzt zu Bett, wenn ihr mich entschuldigen wollt. Ich bin hundemüde.«

»Interessant«, bemerkte Gleb, nachdem Oleg gähnend den Raum verlassen hatte. »Meinst du, es handelt sich um denselben Händler? Oder glaubst du, daß es diesen Händler gar nicht gibt? Du hast so etwas angedeutet.«

»Ich weiß nicht«, sagte Wladimir nachdenklich. »Es kommt mir merkwürdig vor. Warum sollte sich ein Kaufmann die Mühe machen, es Oleg zu erzählen und gleichzeitig dafür sorgen, daß Anastasia die Geschichte erfährt? Was hätte ein Kaufmann davon, unter den *Ruriki* Unfrieden zu stiften?«

Gytha wunderte sich einen Moment über das Wort *Ruriki*, doch dann fiel ihr ein, daß man ihr erzählt hatte, alle Fürsten stammten von einem Waräger namens Rurik ab.

»Ist Jekaterina schon zurückgekommen, Anastasia?« fragte sie.

»Nein«, erwiderte Anastasia, während sie ihren Mund mit einer Serviette abwischte und dabei sorgsam darauf achtete, die Farbe in ihrem Gesicht nicht zu verschmieren. »Ich fürchte, ihr Kind ist sehr krank – vielleicht sogar tot.«

»Ich würde sie gern sehen, wenn sie zurückkommt«, bemerkte Wladimir grimmig und wechselte das Thema, indem er das Gespräch auf den angenehmeren Gegenstand der Hochzeitsvorbereitungen lenkte.

Gytha probierte am Vormittag mehrere Kleider an, um zu sehen, welches unter der schönen Seidenrobe am besten aussah, und entschied sich schließlich für ein einfaches Kleid aus weißer Wolle, das Mildyth für zu schlicht hielt. Nach einigem Hin und Her erreichten sie einen Kompromiß. Sie setzten sich zusammen mit Jewpraksija hin und hefteten große Mengen von Goldborte an Halsausschnitt, Ärmel und Saum. Von der Treppe zum Hof hörte man dumpfe Schläge und Rumpeln und Gemurmel, denn Wladimir hatte seit seiner Ankuft in einem anderen Teil des Palasts geschlafen, weil er es nicht für richtig hielt, in seinem üblichen Zimmer, so nahe bei Gytha, zu schlafen, solange sie noch nicht verheiratet waren, und jetzt wurde seine restliche Habe heraufgebracht.

Als das Kleid fertig war, ging Gytha in das Eckzimmer hinüber, um nochmals die Abschrift des Hochzeitsgottesdienstes durchzulesen, die Fjodor ihr geliehen hatte. Sie stieß auf Wladimir, der unter dem Fenster auf den Knien lag und Bücher in eine soeben eingetroffene Truhe packte. Bei ihrem Eintreten blickte er lächelnd auf.

»Sie haben sehr viele Bücher«, bemerkte sie, ließ sich am Tisch nieder und betrachtete, während er mit seiner Aufgabe fortfuhr, seinen gebeugten Kopf.

»Wissen ist wertvoller als Juwelen«, erwiderte er. »Manche Männer legen ihren Reichtum in Halsketten und Armbändern an – ich kaufe Bücher.«

»Wenn es nur eine Möglichkeit gäbe, sie rascher abzuschreiben«, sagte sie. »Es würden viel mehr Menschen lesen lernen, wenn Bücher nicht so teuer wären.«

»Ich vermute, jemand wird eines Tages eine Methode erfinden. Wenn ich je Zeit dazu habe, werde ich mir etwas einfallen lassen – vielleicht, wenn ich zu alt bin, um länger zu kämpfen, und wir ein halbes Dutzend Söhne haben, die an meiner Statt die Armee anführen.«

»Glauben Sie, die Kämpfe werden jemals aufhören?« Sie zog es vor, nicht über das halbe Dutzend Söhne zu reden, falls sie nicht in der Lage sein sollte, diese auf die Welt zu bringen.

»Das bezweifle ich.« Er drehte sich zu ihr um und setzte sich auf den Boden, den Rücken an die Truhe gelehnt. »Das Problem ist, daß es Gründe gibt, die eine Reihe von Stämmen und Völkern ständig veranlaßt, aus dem Osten hierherzukommen. Es hat den Anschein, als würde Gott immer mehr von ihnen erschaffen, irgendwo, jenseits des Horizonts. Mein Großvater kämpfte gegen die Petschenegen, bis sie geschlagen waren, doch dann traten die Polowzer an ihre Stelle, und jetzt beklagen sich schon die Polowzer, daß sie von Osten her immer härter von anderen Stämmen bedrängt werden. Sie strömen über die großen Ebenen, bis sie Rußland erreichen, und wir müssen sie bekämpfen, damit sie nicht über uns herfallen. Wir haben im Osten und Westen keine natürlichen Grenzen. Wir haben nur eine Reihe von Städten und einen Landgürtel, den die Flußpassage entlang den Städten durchquert. Vielleicht müssen wir irgendwann einmal alles Land östlich der Flußstraße abgeben, doch dann würden sie sie überqueren und nach Westen weiterziehen. Die Länder im Westen begreifen anscheinend nicht, daß wir sie genauso wie uns selbst beschützen, und auch sie greifen uns ständig an. Es ist, als besäße man ein sehr langes, schmales Feld, und die Menschen versuchten auf beiden Seiten die Zäune einzureißen. Ich eile von einem Grenzbruch zum anderen, vorwärts und rückwärts, von einer Seite zur anderen oder die ganze Strecke herauf und herunter, dränge hier einen Stamm zurück, lege dort einen Streit bei und regiere zwischen den Schlachten meine Stadt. Ich würde nur zu gern fest an einem Ort leben, ordentlich regieren, jagen, meine Bücher lesen und meine Tage und

Nächte mit meiner Frau verbringen, so wie Gleb, aber Gott hat mir ein anderes Leben auferlegt, und wir müssen beide daraus machen, was wir können.«

»Soll ich Sie begleiten?« fragte Gytha. Sie hatte nicht vergessen, was Gleb über ihre Rolle als Geisel gesagt hatte, aber sie dachte, daß Wladimir vielleicht zu einer anderen Regelung mit seinem Vetter gelangt wäre. Sie würde lieber weiter im Süden leben, wo er es nicht so weit hätte, zu ihr zu kommen, und sie fragte sich, warum er noch nie davon gesprochen hatte.

Er sah sie einen Augenblick an und sagte dann: »In diesem Fall wäre ich ständig in Angst und Sorge um Sie und mit meinen Gedanken nur halb bei der Sache. Wenn Sie hier sind, weiß ich, Sie sind am sichersten Ort, den Rußland zu bieten hat, und ich möchte, daß Sie hier bleiben.«

»Ja, ich verstehe, aber könnte ich nicht nach Susdal oder Kiew gehen?«

Er sagte langsam: »Ich dachte, Gleb hätte Ihnen von unserer Abmachung, daß Sie hier leben sollen, erzählt. Abgesehen davon, daß es wichtig ist, Gleb und Oleg zu beschwichtigen, hätte ich keinen Augenblick Ruhe, wenn Sie in Susdal oder Kiew wären. Nowgorod ist die sicherste Stadt, die es in Rußland gibt, und hier können Sie ein ähnliches Leben führen, wie Sie es in Dänemark gewohnt waren. Die Leute hier, einschließlich Gleb, akzeptieren, daß Frauen ein Recht haben, sich frei zu bewegen, Meinungen zu äußern und sogar ihre eigenen Geschäfte zu führen. Susdal ist ein Grenzposten, immer in Gefahr, umzingelt und angegriffen zu werden. Was Kiew betrifft ... Ja, dort wären Sie sicher vor eindringenden Feinden, aber Onkel Swjatoslaw ist der Ansicht, der Platz einer Frau sei im *Terem,* und seine Frau akzeptiert es. Sie könnten sich nicht so ungezwungen bewegen wie hier, und ganz bestimmt würde man Ihnen nicht erlauben, an Swjatoslaws Ratsversammlung teilzunehmen. Ich nehme an, Gleb sieht in Ihnen ein nützliches Mitglied seines Rats.«

»Anastasia lebt im *Terem* und verläßt ihn nur selten«, erklärte sie, »aber das hindert mich nicht, das zu tun, was mir gefällt.«

»Sie tut es freiwillig und aus purer Faulheit! Gleb wäre es lieber, sie würde ausgehen, auf dem Markt einkaufen und etwas Interesse für die Wohltätigkeitsarbeit zeigen. Er hätte sogar gern, wenn sie an seinen Ratssitzungen teilnähme, obwohl sie sich offenbar nur für Essen und Kleider interessiert. Nowgorod ist wahrhaftig eher eine warägische als eine russische Stadt, und die Leute finden es gut, wenn sich die Frau des Fürsten für sie interessiert. Und von allem einmal abgesehen, ist Gleb wirklich das einzig angenehme Mitglied unserer Familie – Sie würden die anderen nicht mögen! Oleg kann freundlich sein, wenn er sich Mühe gibt, aber er zieht es vor, schwierig zu sein.«

Gytha schwieg eine Zeitlang und überdachte seine Worte. Zu einem Leben im *Terem* gezwungen zu sein und nur offiziell und in Begleitung des Hofs auszugehen, wäre unerträglich, und was sie über Swjatoslaw und sein Verhalten gehört hatte, gefiel ihr nicht sonderlich. Als sie endlich sprach, gab sie mit der Frage: »Haben Sie keine Angst, die ganze Zeit zu kämpfen?« stillschweigend ihre Zustimmung, in Nowgorod zu bleiben.

»Angst wovor?«

»Getötet zu werden...«

»Manchmal habe ich Angst, zu verlieren und daß alles, was ich geliebt und wofür ich gekämpft habe, von den Heiden zerstört wird, aber Angst zu sterben...? Nein. Gott kennt die Stunde und den Ort meines Todes, und ich bin in Seinen Händen. Wenn Er mich zu sich ruft, kann nichts und niemand es verhindern, aber das brauche ich nicht zu fürchten. Ich kämpfe hart und so geschickt ich kann, um am Leben zu bleiben, aber die letzte Entscheidung liegt bei Gott. Ein Schlachtfeld ist nicht gefährlicher als ein anderer Ort, wenn man das erst einmal akzeptiert hat. Wenn Er will, werde ich alt und sterbe in meinem Bett oder ich falle die Treppe herunter und breche mir das Genick. So oder so, ich habe keine Angst. Hallo – was gibt's?«

Mit einer einzigen geschmeidigen Bewegung hatte er sich erhoben, denn die große Glocke auf dem Marktplatz hatte hektisch zu läuten begonnen, während die Glocken anderer Kirchen mit ungleichmäßigem Klang einfielen. Gytha folgte ihm ans Fenster und half ihm, die Haken zu lösen, mit denen der Rahmen mit dem Marienglas verbunden war. Endlich ließ das Fenster sich öffnen, und er lehnte sich hinaus und rief jemandem etwas zu.

»Feuer im Nerjewskij-Viertel!« antwortete eine Stimme von unten. »Es ist schlimm – eine ganze Straße steht bereits in Flammen!«

Wladimir zog den Kopf zurück, nahm den Fensterrahmen und brachte ihn mit vor Konzentration gerunzelter Stirn wieder an.

»Nerjewskij-Viertel – das ist auf der Sophienseite, nördlich des Kreml, nicht wahr?«

»Ja. Zwischen der Kremlmauer und der Straße der Lederhandwerker. Erst vor Weihnachten hat es dort gebrannt.«

»In einer Stadt aus Holz brennt es fast jede Woche irgendwo!« sagte er finster. »Ich muß hinüber und helfen.«

»Ja.« Gytha bemühte sich, mit ruhiger Stimme zu sprechen. »Passen Sie bitte auf sich auf, ja?«

Wladimir lächelte und küßte sie auf die Wange, dann wandte er sich zum Gehen. Mit einem einzigen Satz war er aus der Tür, und während er leichtfüßig die Treppe zum Hof hinablief, drang seine Stimme zu ihr herauf: »Beten Sie für die Leute!«

Ein paar Minuten später sah sie, wie er Gleb und viele ihrer gemeinsamen *Druschinniki*, die nicht im Dienst waren, zu Pferde aus dem Palast jagten, über den Marktplatz und über die Brücke setzten, angeführt von einem Mann auf einem besonders schnellen Pony, der die Leute anschrie, aus dem Weg zu gehen. Gytha lief zu einem Balkon, der auf der Flußseite des Palastes herausragte, um ihnen nachzuschauen, und sie sah, wie ein Pferd stürzte, als sein Reiter es beim Herannahen der Brücke zu stark herumriß. Sie stellte überrascht fest, daß der hölzerne Fahrweg naß, stellenweise sogar mit Pfützen bedeckt war und Wasser aus den Dachtraufen des Palastes tropfte. Auf der anderen Seite des Flusses, zur Rechten der grauen Kuppeln von St. Sophia, stieg eine schwarze, zinnober- und karmesinrot durchzogene Wolke in den Himmel auf, die immer größer zu werden schien.

Sie erinnerte sich an Wladimirs Worte und betete für ihn und seine Sicherheit wie auch für die armen Menschen im Nerjewskij-Viertel, und bald sah sie Flüchtlinge über die Brücke eilen, die Bündel trugen oder Schlitten zogen, auf die sie ihre Habe geladen hatten. Sie sahen müde und erschrocken aus mit ihren rauchgeschwärzten Gesichtern, als sie sich über den Marktplatz schleppten und von einigen der *Druschinniki* und der Stadtmiliz zu einem von Glebs großen Lagerhäusern am Kai gebracht wurden, wo man ihnen offenbar Unterschlupf gewähren wollte.

Da sie das Gefühl hatte, daß sie mehr tun sollte als zuzusehen und zu beten, ging sie zum Zimmer des Verwalters, um ihn zu fragen, wie sie helfen könne. Dort traf sie Glebs abgekämpften Hauptverwalter, Avvakum Perch, an. Er schien zunächst überrascht, dann erfreut, als sie fragte, was sie für die Menschen tun könne, die vor den Flammen geflohen seien, und schlug vor, sie solle sie in dem Lagerhaus aufsuchen und freundlich mit ihnen sprechen. Sie fand den Vorschlag merkwürdig, aber er schien sich seiner Sache so sicher, daß sie eine der jungen Frauen aus dem Haushalt, die zufällig vorbeiging, und zwei von Wladimirs *Druschinniki* als Begleitung mitnahm und zu dem Lagerhaus eilte. Dort stellte sie fest, daß Avvakum recht hatte – die Anwesenheit eines Mitglieds der fürstlichen Familie, das Mitgefühl zeigte und ihre Berichte anhörte, tröstete die verzweifelten Arbeiter und ihre Frauen sichtlich, und die gefühlsmäßige Unterstützung wurde noch verstärkt, als gleich nach Gytha Diener aus der Küche des Palasts mit Brot, heißer Suppe und Bier eintrafen und Stallburschen Strohballen als Lagerstatt verteilten.

Viele waren nur knapp mit dem Leben davongekommen. Nicht wenige Flüchtlinge prahlten damit, daß sie persönlich von einem der beiden Fürsten gerettet worden waren, die Leib und Leben riskiert hätten, und infolgedessen war Gytha sehr erleichtert, als Glebs hohe, breite Gestalt erschien, wie immer die Leute um ihn herum überragend, und dahinter Wladimirs schmaler, dunkler Kopf und sein ruhiges, gütiges Gesicht auftauchte.

Sie entschuldigte sich bei der Familie, mit der sie gerade sprach, und ging auf Wladimir zu. Er war erstaunt über ihre Anwesenheit, doch er lächelte, als sei er erfreut, sie an diesem Ort zu sehen.

»Sind Sie ...?« begann sie, sobald sie nah genug war, daß er sie verstehen konnte, doch als sie merkte, wie er aussah, unterbrach sie sich. Sein Gesicht war von der Asche geschwärzt, seine Augen entzündet und seine Haare und sein Bart waren auf einer Seite versengt. Seine Kleidung war zerrissen, und der eine Ärmel seines Kaftans hing in verkohlten Fetzen herab.

Ihre Augen weiteten sich und kehrten mit dem Ausdruck ängstlicher Besorgnis zu seinem Gesicht zurück, woraufhin sein Lächeln einem seiner forschenden Blicke Platz machte, als er auf ihre nicht beendete Frage antwortete: »Ein paarmal war es knapp, aber es ist nichts Ernstes. Gleb hat sich etwas die Hand verbrannt, aber das heilt wieder.«

Sie verspürte einen Anflug von Übelkeit wegen des Geruchs nach verbranntem Stoff, der das Lagerhaus erfüllte, und lehnte sich dankbar an ihn, als er mit dem Arm ihre Taille umfaßte. Kurze Zeit darauf betraten sie den kleinen Hof unter ihren Wohnräumen, und dort entließ Wladimir das Dienstmädchen und die *Druschinniki,* die sie die ganze Zeit begleitet hatten.

»Ich habe mich gefreut, als ich Sie bei den armen Leuten gesehen habe«, sagte er. »Ich weiß, daß wir ihnen manchmal nur unser Mitgefühl anbieten können, aber es ist wichtig für sie zu wissen, daß wir uns um sie kümmern.«

»Ja, deshalb bin ich auch hingegangen. Gab es viele Verletzte oder ...?«

»Eine Frau kam ums Leben, Gott habe sie selig. Ein paar Menschen wurden verletzt, aber die Barmherzigen Brüder vom Swerin-Kloster haben sie aufgenommen. Fühlen Sie sich besser? Sie haben bereits wieder etwas Farbe.«

»Ja, danke. Ich muß zu Mildyth zurück. Sie wird sich fragen, wo ich bleibe.«

Er küßte sie und eilte dann über den Hof davon. Sie sah ihm nach, dann ging sie nach oben in ihr Schlafzimmer und dachte beglückt an seine anerkennenden Worte. Sie fand ihn noch immer furchteinflößend und sehnte sich danach, seine Zurückhaltung zu durchbrechen und ihm näherzukommen. Es war seltsam, daß sie die Herzen so vieler Menschen gewann, nur Wladimir, der doch so viel wichtiger für sie war, noch immer ein Buch mit sieben Siegeln für sie blieb, er ihr nur oberflächlichen Einblick gewährte. Seine tieferen Gefühle und Reaktionen waren ihr nach wie vor verborgen, und sie spürte, daß er ihr nur so viel davon eröffnete, wie er wollte, und keinen Deut mehr. Sie würde sich Mühe geben müssen, keinen Groll gegen die Schranken zu entwickeln, die er um seine innersten Gedanken errichtete.

Mildyth war nicht da, deshalb setzte sie sich auf das Bett und dachte über Wladimir nach. In zwei Tagen würde er ihr Mann sein, und sie empfand keine Unsicherheit oder Angst deswegen. Sie hatte großes Glück, einen Mann zu bekommen, den sie lieben, bewundern und dem sie trauen konnte, doch sie wünschte sich so sehr, seine Liebe zu verdienen oder wenigstens den Respekt zu bewahren, mit dem er sie bisher behandelt hatte. Was sie am meisten fürchtete, war, kinderlos zu bleiben. Was, wenn sie ihm nicht die Söhne gebar, die er brauchte, damit sie sein Werk fortsetzten, wenn er älter wurde? Wie er selbst sagte, diese Entscheidung lag bei Gott, aber sie wollte ihn so gern zufriedenstellen, ihn nicht enttäuschen.

Es wurde leise an die Tür zwischen ihrem und Mildyth' Zimmer geklopft, und Anastasia kam, gelangweilt und träge wie immer, ins Zimmer spaziert. Gytha kam ihr bis zur Mitte des Raums entgegen, und sie tauschten einen Kuß zur Begrüßung, dann setzte Anastasia sich auf das Bett und blickte sich um.

»Das ist Ihr Schlafgemach, nicht wahr? Dann kommt Wladimir also Mittwoch nacht hierher zu Ihnen.«

»Ja.« Gytha hatte keine Lust, mit ihr darüber zu sprechen, und wünschte, sie hätte es nicht erwähnt.

»Ich dachte, ich sollte mich vergewissern, daß Sie sich im klaren sind, was auf Sie zukommt, Gita. Wissen Sie, was dann zwischen einem Mann und einer Frau passiert?«

»Ja. Man hat es mir erklärt, bevor ich Dänemark verließ«, erwiderte Gytha ein wenig steif.

»Ach, gut – dann brauche ich Sie nicht mit den unangenehmen Einzelheiten zu langweilen. Wahrscheinlich haben Sie Angst, aber ich nehme an, Wladimir wird Geduld mit Ihnen haben und nicht grob sein wie manche anderen Männer. Nach den ersten Malen ist es nicht mehr so schlimm, und vielleicht gefällt es Ihnen sogar. Wo waren Sie übrigens? Ich war vorhin schon einmal da und konnte Sie nicht finden, und Ihre englische Kammerfrau wußte offenbar auch nicht, wo Sie waren.«

»Ich war in dem Lagerhaus, wo die vor dem Feuer Geflohenen untergebracht wurden. Ich dachte, ich könnte ihnen vielleicht helfen.«

»Feuer? Ach ja, der Brand auf der anderen Seite. Gott sei

Dank war es nicht in der Nähe des Palastes! Aber diese Mühe hätten Sie sich nicht zu machen brauchen. Dieser komische, kleine, dicke Mann – Avvakum Soundso – hat bestimmt dafür gesorgt, daß sie etwas zu essen bekommen. Man kann sich etwas Unangenehmes holen, wenn man zu dicht mit den Armen in Berührung kommt. Am besten gehen Sie ins Badehaus und befreien sich von dem Gestank, bevor Sie zum Abendessen gehen. Zeigen Sie mir Ihre Hochzeitsgeschenke?«

Das tat Gytha nur zu gern. Erstaunlich viele Leute hatten ihr die verschiedensten Dinge geschenkt; die Vielfalt reichte von einem schönen Evangeliar von Bischof Fjodor, dem Saiteninstrument namens Gusli aus geschnitztem, poliertem Holz mit Elfenbeinwirbeln von Sadko, Seiden- und Leinenstoffen von mehreren Kaufleuten und einer Auswahl von Juwelen von den Bojarenfamilien bis hin zu einem einfachen Stück besticktem Stoffs für ein Unterhemd von zwei Frauen, die auf dem Markt Eier verkauften, einer kleinen Holzschnitzerei, die Darstellung eines Bären, der Honig aus einem hohlen Baumstamm naschte, das Geschenk eines Palastpförtners, und einer winzigen Ikone der Muttergottes in Email auf Kupfer von Bruder Isak, wobei die letzten drei Geschenke von den Schenkenden selbst angefertigt worden waren.

Sie führte Anastasia in das Eckzimmer, damit sie sich alles ansehen konnte, doch die Prinzessin verlor bald das Interesse, schlenderte durch den Raum, hob hie und da etwas hoch und stellte es wieder hin, machte eine Bemerkung über die Anzahl der Bücher – »Mit Lesen kann ich mich nicht abgeben – all diese albernen kleinen Zeichen auf einer Seite! Man braucht ein Dutzend, um ein einziges Wort auszudrücken!« – und kurz darauf erklärte sie, sie müsse gehen. »Es gibt tausend Dinge, um die ich mich kümmern muß, wissen Sie?« Trotzdem war Gytha ihr dankbar, denn sie wußte, welch eine Anstrengung es für sie darstellte, sich zu einem Besuch aufzuraffen, und freute sich über ihre unerwartete Freundlichkeit und ihren Mangel an Eifersucht und Bosheit.

Gleich darauf kam Wladimir. Er war im Badehaus gewesen, um sich von dem Brandgeruch zu befreien, seine Brandwunden mit Salbe zu behandeln, Haare und Bart schneiden zu lassen und frische Kleidung anzuziehen. Selbst seine Augen sahen nicht mehr so entzündet aus. »Ich dachte, wir könnten vor dem Essen noch ein wenig Zeit miteinander verbringen, wenn es Ihnen recht ist.«

»Natürlich. Sind Ihre Verbrennungen schlimm?«

»Nicht sehr. Mein Diener Jefrem hat eine gute Salbe.« Er ging unruhig im Zimmer umher, legte weitere Holzscheite auf den Ofen, nahm Mildyth' Näherei auf und legte sie wieder hin und nahm Gytha schließlich an der Hand und zog sie zur Fensterbank, damit sie sich zu ihm setzte.

»Ich muß versuchen, Ihnen etwas zu erklären«, sagte er. »Ich mußte heute helfen, den Brand zu bekämpfen, weil es zu meinen – meinen Pflichten als Fürst und Mann gehört.«

»Ja, natürlich.« Sie fragte sich, weshalb er es für nötig hielt, ihr eine so selbstverständliche Tatsache mitzuteilen.

Er schien über ihre Antwort nachzudenken und fuhr dann fort: »Es wird sehr, sehr häufig vorkommen, daß ich Sie verlassen muß, um zu kämpfen, ins Ausland zu reisen, meine Ländereien zu regieren ... Sie werden wahrscheinlich oft das Gefühl haben, daß ich bei Ihnen bleiben sollte, anstatt fortzugehen, und vielleicht denken Sie, daß ich – daß ich mir nichts aus Ihnen mache, daß mir alles mögliche auf der Welt mehr bedeutet als Sie.«

Plötzlich merkte sie, daß er im Begriff war, die Tür zu jenem Teil in seinem Innern zu öffnen, der ihr verschlossen geblieben war, und daß ihm dies sehr schwerfiel. Es wurde ihr klar, daß er sie nicht absichtlich von sich ferngehalten hatte, sondern weil er nicht wußte, wie er ihr sein Herz eröffnen sollte.

»Bei meinem Vater war es das gleiche«, sagte sie. »Er wollte am liebsten bei uns zu Hause sein, aber er mußte immer fortgehen, weil es seine Pflicht war. Die Bedürfnisse seines Landes und seines Volkes hatten stets Vorrang vor seiner eigenen Sehnsucht nach den Menschen, die er ...« Sie brach ab, als sie merkte, daß sie mit ihrer Parallele den irreführenden Eindruck erweckte zu glauben, daß Wladimir sie liebte.

»Liebte«, beendete er ihren Satz. »Ja, natürlich. Ihr Vater war ein Mann wie ich gern einer wäre. Ich bin der Ansicht, ein Mann sollte seine Frau lieben, sich aber nicht von seiner Liebe zu ihr beherrschen lassen. Mir war von Geburt an ein hohes Amt bestimmt, mit all seinen Vorteilen von Reichtum und Macht, aber mein Glück schließt auch Pflichten und Aufgaben mit ein. Ich hoffe, Sie verstehen das. Aus allem, was Sie von Ihrem Vater erzählen, schließe ich, daß Sie das tun, aber ich möchte, daß Sie genau wissen, daß ich Sie nie verlassen werde, weil ich nicht bei Ihnen sein will. Ich werde kommen, sooft ich kann, aber die Zeitabstände werden Ihnen sehr lang vorkommen, und ich verspreche Ihnen, daß sie auch für mich sehr lang sind. Ich werde nie freiwillig fortgehen oder wegbleiben, und nie wird, solange Sie leben, eine andere Frau Ihren rechtmäßigen Platz in meinem Herzen oder Leben einnehmen.«

Gytha war zu sehr von Glück erfüllt, um Worte zu finden, doch sie antwortete ihm, indem sie zum erstenmal seit ihrer Bekanntschaft die Initiative ergriff, sich vorbeugte, ihm die Hände auf die Schultern legte und ihn voll auf den Mund küßte. Er hatte nicht wörtlich ausgesprochen, daß er sie liebe, aber was er gesagt hatte genügte, um sie mit der Hoffnung zu erfüllen, daß eines Tages auch dieses Wunder geschehen würde. Er zog sie an sich und sagte in äußerst erleichtertem Ton: »Ja, Sie verstehen mich! Dem Herrn sei Dank dafür!«

12. Kapitel

Gytha stand am nächsten Morgen sehr früh noch vor Tagesanbruch auf und schlüpfte, nur von Mildyth begleitet, aus dem Palast. Sie wollte zu einer kleinen Kirche in der Nähe gehen, um zu beten und sich auf die kommenden Ereignisse vorzubereiten.

»Ich möchte eine Weile allein sein«, sagte sie, als sie durch das Westportal eintraten. »Du wartest hier. Wenn dir kalt ist, geh auf und ab, denn ich brauche eine Zeitlang.«

Mildyth öffnete den Mund, um zu protestieren, schloß ihn jedoch wieder und setzte sich hin, um zu warten, wickelte sich in ihren dicken Mantel und demonstrierte ein übertriebenes Schaudern, wovon Gytha jedoch keine Notiz nahm.

Drinnen war es sehr dunkel, nur vor den Ikonen brannten ein paar Kerzen, und eine einzelne Hängelampe warf ein schwaches Licht auf die heiligen Türen. Gytha betete eine Weile vor einer Ikone der Muttergottes, blickte in das sanfte, einfühlsam gemalte Gesicht und bat stumm um einen Segen für ihre Ehe, darum, daß sie ihr Glück finden und Kinder bekommen würde, die ihres Mannes und ihres Vaters würdig wären. Der Gedanke kam ihr, daß Wladimirs Großmutter vielleicht mit denselben Worten gebetet hatte, doch ihre Gebete waren nach allem, was sie von Wladimirs Vater und Onkeln gehört hatte, nicht erhört worden.

Die Kälte kroch ihr allmählich in die Glieder, doch sie hatte immer noch über einiges nachzudenken und ein paar Gebete zu sprechen, deshalb zog sie sich ans hintere Ende der Wand im Südflügel der Kirche zurück und setzte sich auf eine Steinbank, die eigentlich den Alten und Kranken vorbehalten war. Die Stille und das Dunkel hüllten sie ein wie schützende Schwingen, und sie entspannte sich und ließ ihren Gedanken freien Lauf.

»Warum erfüllst du deine Pflichten nicht?« fragte plötzlich eine leise Stimme direkt hinter ihrem rechten Ohr. Es war eine Männerstimme, die sich dünn und entfernt anhörte, jedoch deutlich zu verstehen war. Sie fuhr erschreckt zusammen, doch bevor sie aufspringen konnte, sprach die Stimme weiter: »Was nützt du mir, wenn du deine Aufgaben nicht erledigst?«

Auf seine Frage antwortete eine andere Stimme, die von der gleichen Stelle aus und ebenso entfernt sprach, doch diesmal war es eine Frauenstimme.

»Sie wissen sehr genau, warum. Er darf mich nicht sehen. Ich weiß, was vorgeht – ich habe meine Kontakte, um auf dem laufenden zu sein.«

»Du hast mich angelogen – du hast gesagt, du würdest die Ehe verhindern!« Das war wieder der Mann.

»Ich habe nichts dergleichen gesagt! Ich werde dafür sorgen, daß sie scheitert, und das ist viel wichtiger. Man muß einen Keil zwischen sie treiben, und wenn man nur ihr Vertrauen in ihn erschüttert. Das wird genügen. Welchen Sinn hätte es, die Heirat zu vereiteln? Er würde nur eine andere nehmen! Es ist besser, ihn unwiderruflich an eine Frau zu binden, die ihm mißtraut.«

»Ja, wahrscheinlich«, sagte der Mann unwillig.

»Sie sorgen dafür, daß sie in Nowgorod bleibt. Den Rest erledige ich. Ich weiß, was ich tue.«

»Die Enthüllungen über ihre Abstammung waren kein großer Erfolg! Sie hatte eine Antwort parat.«

»Ich weiß. Ich habe Ihnen gesagt, es würde nicht klappen. Warum mischen Sie sich dauernd ein und lassen mich nicht meine eigenen Pläne verfolgen? Sie werden Erfolg haben, das versichere ich Ihnen. Ich verfüge noch über eine ganze

Reihe von Waffen, die ich gegen ihn einsetzen kann. Sie werden überrascht sein, was ich alles erreiche.«

»Also gut.« Der Mann klang nur mäßig überzeugt. »Ich muß jetzt gehen, bevor man mich vermißt.«

»Gut. Rufen Sie mich nicht mehr zu sich, bis er die Stadt verlassen hat. Ich möchte erst wieder gesehen werden, wenn ich zu meinen ›Pflichten‹ zurückkehre.« Bei diesem Wort nahm ihre Stimme einen hämischen Unterton an.

Schnelle Schritte eilten über die Steinfliesen, irgendwo auf der anderen Seite des Gebäudes. Eine Tür öffnete und schloß sich. Gytha stellte fest, daß die beiden Sprecher sich ihr gegenüber im Nordflügel der Kirche befunden haben mußten, und plötzlich ahnte sie, weshalb sie sie hatte verstehen können. In der Mauer mußte sich ein Schallkrug befinden!

Bruder Isak hatte ihr von dem Verfahren erzählt, das man von den Griechen übernommen hatte, die die ersten Kirchen in Rußland erbaut hatten; man setzte leere Krüge, deren Öffnung in das Gebäude zeigten, liegend in die Wände ein. Sie fingen Geräusche innerhalb eines unsichtbaren Sektors zwischen der Öffnung und der gegenüberliegenden Seite des Gebäudes auf, sammelten sie im Hohlkörper des Kruges und warfen sie verstärkt zurück, zum Vorteil der Leute, die auf der Bank darunter saßen, welche, da sie größtenteils alt, auch meistens schwerhörig waren. Erst jetzt hatte sie gemerkt, welche Wirkung diese Krüge besaßen, denn sie hatte jedes einzelne Wort einer sehr leisen Unterhaltung verstanden und konnte sich außerdem über die Identität der Sprecher fast sicher sein.

»Narr!« Wieder erklang die Stimme der Frau in ihren Ohren. »Sie und Ihre armseligen Sorgen! Wenn mein Fürst kommt und mein Gott hier regiert, werden du und die Deinen keinen Platz mehr in diesem Leben haben!« Man vernahm das Rascheln von Stoff, dieselbe Tür öffnete und schloß sich, und Gytha spürte, daß sie allein in der Kirche war.

Da ihr der Sinn nicht mehr nach innerer Einkehr und Beten stand, blieb sie eine Zeitlang sitzen und grübelte über das Gehörte nach. Sie nahm mit einiger Gewißheit an, daß die Sprecher Jekaterina und Oleg gewesen waren, doch sie konnte nicht ganz sicher sein. Was sie gesprochen hatten, schien auf sie selbst und Wladimir zu passen, doch selbst wenn, sie hatten nichts gesagt, was sie nicht ohnehin vermutet hatte. Oleg wollte einen Bruch zwischen ihr und Wladimir herbeiführen, wenn er schon ihre Heirat nicht hatte verhindern können, und benutzte Jekaterina als Werkzeug. Auch wenn sie über den Plan Bescheid wußte – hatte es Sinn, Wladimir oder Gleb zu erzählen, was sie gehört hatte? Es würde nur zusätzliche Probleme zwischen den Vettern verursachen, und sie wußte, wie wichtig es war, daß Wladimir und Oleg einigermaßen einträchtig zusammenarbeiteten, um die Feinde Rußlands zu bekämpfen. Am besten war es, nichts zu sagen, jedoch auf der Hut zu sein und jeden Versuch, einen Keil zwischen sie und Wladimir zu treiben, vereiteln.

Nachdem sie ihren Entschluß gefaßt hatte, betete sie erneut, daß sie die richtige Entscheidung getroffen hatte, holte dann Mildyth am Eingang ab und kehrte in den Palast zurück, um sich dem täglichen gemeinsamen Besuch der Messe anzuschließen. Danach blieb ihr keine Zeit mehr, über das Gehörte nachzudenken.

Am folgenden Nachmittag begab sich Gytha mit Gleb in den alten Palast im Kreml, begleitet von Mildyth und Jewpraksija, die sie dort in ein steifes slawonisches Festtagsgewand kleideten, das Gleb besorgt hatte; es war aus einem seltsamen, reich verzierten tiefblauen Stoff gefertigt und mit hellblauen Bändern und roten Stickereien geschmückt. Sie malten ihr das Gesicht an und verwandelten es in eine puppenartige Maske, was ein merkwürdiges und unangenehmes Gefühl war. In ihrem Haar befestigten sie einen Schleier. Er war so lang, daß er den Boden berührte, als sie aufstand, und wurde von einem üppig mit Edelsteinen besetzten *Kokoschnik* aus massivem Gold gehalten, der so schwer war, daß ihr davon der Nacken schmerzte.

Als sie fertig war, folgte sie Gleb in die große Halle, und sie setzten sich an den Tisch, der am einen Ende auf einem Podest stand, und unterhielten sich, während Glebs Eskorte der *Druschinniki* im Raum verteilt stand oder saß und leise schwatzte oder Schach spielte.

»Sind Sie froh, Wladimir zu heiraten?« fragte Gleb. »Ich meine, Sie haben keine Angst?«

»Ich bin sehr froh«, erwiderte sie. »Nur ...«

»Nur was?« fragte er, als sie zögerte.

»Ich mache mir Sorgen, ob ich ihm alle – alle Wünsche erfüllen kann.«

»Kinder meinen Sie?« Gleb, der selbst eine unfruchtbare Frau hatte, erriet sofort, was sie meinte. »Er würde Sie nie verstoßen, falls Sie keine Kinder bekommen, das weiß ich. Mein Vater versuchte mich dazu zu bringen, Nastia in ein Kloster zu schicken, als sie kinderlos blieb. Wladimir unterstützte mich, als ich mich weigerte. Natürlich spreche ich manchmal davon, aber eher, um sie auf Trab zu bringen. Wladimir sagte, kein Mann habe das Recht, seine Frau zu verstoßen und sie für ihre Kinderlosigkeit verantwortlich zu machen, da Kinder ein Gottesgeschenk seien. Wenn Gott uns keinen Sohn schenken will, kann man Nastia nicht dafür bestrafen.«

Gytha hatte nie zuvor gehört, daß Gleb einen Kosenamen für seine Frau benutzte, und dachte, daß dies ein Zeichen dafür war, daß er sie mochte, auch wenn sie ihm keine Kinder geboren hatte. Trotzdem sagte sie: »Aber ich hätte das Gefühl, ihn zu enttäuschen.«

»Gibt es einen Grund anzunehmen, Sie bekämen keine Kinder?«

»Nein.«

»Warum machen Sie sich dann Sorgen?«

Gleb fuhr fort, die Wartezeit mit Geschichten zu verkürzen, und erzählte von Wladimirs und Olegs Abenteuern, bis man Stimmen vernahm, die etwas ungleichmäßig und heiser ein Lied sangen.

»Sie kommen!« sagte Gleb warnend. »Haben Sie keine Angst – sie tun Ihnen nichts, und wehren Sie sich nicht. Es ist nur eine vorgetäuschte Entführung!«

Die Türen zur Halle wurden aufgestoßen, und Glebs *Druschinniki* zogen ihre Schwerter und bildeten eine Reihe quer durch die Halle zwischen Podest und Tür. Gut zwanzig Bojaren stürmten herein, deren fröhlich strahlende Gesichter gerötet waren von der Freude und, wie Gytha argwöhnte, von Glebs bestem Wein. Sie wurden von Oleg angeführt, der in ausgelassener Laune war und es offenbar genoß, der Hochzeit seines Vetters beizuwohnen. Gytha, die sich so gut wie sicher war, daß es seine Stimme war, die sie am Morgen in der Kirche belauscht hatte, staunte über seine Falschheit.

Er hob die Hand, um Schweigen zu gebieten, und als der Lärm sich ein wenig gelegt hatte, rief er: »Wo ist der Vater von Gita Garoldowna, der zukünftigen Braut von Wladimir Wsewolodowitsch, dem Großfürsten von Susdal?«

»Ich bin sein Stellvertreter!« erklärte Gleb und erhob sich.

»Wir sind gekommen, um sie dem Bräutigam zuzuführen!«

»Sie ist noch zu jung, und das Brautgeld ist noch nicht bezahlt!« Oleg marschierte durch die Halle, während die *Druschinniki* Platz machten, um ihn vorbeizulassen. Oleg knallte einen großen Lederbeutel vor Gleb auf den Tisch, der ihn aufnahm, in der Hand wog und erklärte: »Das ist genug.«

Daraufhin drängten die Bojaren, einander schiebend und stoßend, auf das Podium, und Oleg zeigte auf Gytha und befahl: »Nehmt die Braut und laßt uns verschwinden!«

Sie erhob sich, als die Bojaren sich um sie drängten, und

verspürte einen Anflug von Panik, als sie sich gegenseitig rempelten, wobei auch sie nicht verschont blieb, und sie dann packten. Sie spürte, selbst durch den steifen Stoff ihres Gewands hindurch, wie man sie heimlich auf wollüstige Weise kniff, und eine Hand versuchte, in das Vorderteil ihres Kleides zu gleiten, wurde jedoch von einer anderen mit einem Klaps daran gehindert. Dann wurde sie vorsichtig an den Handgelenken gepackt und aus der Halle in den Hof vor dem Palast geführt, wo eine prachtvolle Sänfte auf sie wartete.

Sie glich einem auf Tragebalken aufgesetzten Zelt und war mit blauem Leder ausgekleidet, mit einem Muster aus goldenen Blättern bemalt und mit kleinen Glocken behängt. Sogar die Tragebalken waren vergoldet. Man half ihr eilfertig hinein, und Mildyth und Jewpraksija wurden nach ihr hineinverfrachtet. Dann wurde die ganze Konstruktion hochgehoben, wobei sie gefährlich schlingerte, und bewegte sich wackelnd und schwankend vorwärts, während die Bojaren sie umringten und ihre Stimmen erneut zu einem unmelodischen Gesang erhoben.

»Hoffentlich sind sie nicht alle betrunken!« rief Jewpraksija aus und bekreuzigte sich. Gytha folgte ihrem Beispiel, wobei sie wieder einmal ihre Hand in die falsche Richtung bewegte.

Die Sänfte war bequem mit Pelzen und Seidenkissen gepolstert, doch das Schwanken und Schlingern und die häufige Schräglage waren äußerst unangenehm, und bald begann Mildyth mit geschlossenen Augen leise vor sich hin zu murmeln. Jewpraksija nahm vermutlich an, daß sie betete, doch Gytha fing ein paar Sätze auf und erkannte, daß sie als Allheilmittel gegen Übelkeit den *Beowulf* aufsagte, wie sie es schon auf der *Sea-Fafnir* getan hatte. Um alles noch schlimmer zu machen, wandte die Prozession sich von der Brücke und der Marktseite ab und trug die Sänfte aus dem Kreml heraus und durch die Straßen der Sophienseite, unter den Beifallsrufen der Schuhmacher, Lederhandwerker, Töpfer und ihrer Familien, die aus ihren Häusern und Werkstätten kamen, um zuzusehen, wie man sie durch die einzelnen Viertel trug.

Schließlich kehrten sie in den Kreml zurück und hielten vor dem Bischofspalast, und Fjodor kam heraus, um Gytha seinen Segen zu erteilen. Dann ging es weiter, über die Brücke und über den Marktplatz, jedoch nicht direkt in den Palast. Zuerst durchquerten sie alle Viertel der Marktseite – das der Wachshändler, der Zimmerleute, der Gotländer, der Deutschen und die der Kaufleute aus Pleskau und Twer, dann hielten sie erneut vor dem Haus des *Posadnik,* der in seiner besten Robe heraustrat und Gytha Wein in einem goldenen Pokal reichte, der mit vier großen roten, auf ein ziseliertes Band aufgesetzten Karfunkelsteinen verziert war. Sie trank den Wein, froh, daß der Pokal nur halbvoll war, und wollte ihn mit einem Dankesgruß zurückgeben, doch der *Posadnik* preßte ihre Hände um das Gefäß und erklärte, es sei ein Geschenk des *Wetsche.*

Es wurde schon dunkel, als die Prozession sie zum Palast brachte, und einige der dickeren Bojaren schleiften inzwischen schon erschöpft die Füße nach. Die Sänfte wurde die Haupttreppe hinauf durch den Palast in die größte der Hallen getragen, die dicht mit Gästen besetzt war, die bereits an den langen Tischen Platz genommen hatten. Alle riefen oder sangen, so laut sie konnten, mit roten Gesichtern, von denen der Schweiß tropfte, und amüsierten sich, nach Aussehen und Lautstärke zu urteilen, großartig.

Die Sänfte wurde abgesetzt, ohne umzukippen, und Gytha stand auf. Bereitwillige Hände streckten sich ihr entgegen, um ihr herauszuhelfen, doch noch ehe sie einen Fuß auf den Boden setzen konnte, packten sie zwei bärenstarke Bojaren, nahmen sie auf die Schultern und trugen sie mit mehr Geschwindigkeit und Begeisterung als Vorsicht durch die ganze Halle bis zu dem Podest, wo Wladimir stand, groß, schlank und kerzengerade, in einer kleinen Oase der Stille inmitten des ganzen Trubels. Einer der Bojaren stolperte über die Kante des Podests, und sie wurde buchstäblich in Wladimirs Arme geworfen, die sich um sie schlossen, und er stellte sie unter dem stürmischen Beifall der Gäste sicher neben sich auf den Boden.

Während des Festes, das sich nun anschloß, gab Gleb ihr den Lederbeutel, den Oleg ihm zuvor überreicht hatte, und rief ihr über den ganzen Lärm hinweg zu, sie solle das Brautgeld lieber an sich nehmen, da er nicht die Absicht habe, es bis nach Dänemark zu schicken. Gytha versuchte zu protestieren, konnte sich jedoch nicht verständlich machen, deshalb reichte sie den schweren Beutel an Mildyth weiter und lächelte ihm dankbar zu.

Eine ganze Reihe von Speisen wurde vor ihr aufgetischt, und sie langte kräftig zu, doch schon bald bekam sie Kopfschmerzen wegen des Lärms und des Gewichts ihrer Kopfbedeckung. Es war eine große Erleichterung für sie, als die Unterhaltung begann und der Lärm sich legte, damit man die Sänger und Musikanten hören konnte. Dann folgten ein Jongleur und ein Tanzbär, der sehr schön nach der Pfeife und dem Tamburin seines Dompteurs tanzte.

Am Ende des Tanzes befand sich der Bär in der Nähe des Podestes, und er tappte schwerfällig auf den Hinterbeinen, die Vorderpfoten ausgestreckt, näher, bis er, Gytha direkt gegenüber, vor dem schmalen Tisch stand. Sie blickte in seine kleinen, rotgeränderten Augen, die ihr aus dem zotteligen Gesicht entgegenstarrten, und fand, daß er traurig aussah, deshalb streckte sie die Hand nach einer Schüssel Honigkuchen aus und gab dem Tier vier davon.

Erst dann merkte sie, daß Wladimir sich erhoben hatte und voller Anspannung dicht neben ihr stand, auch der Bärenführer war nervös, und fast alle Anwesenden in der Halle beobachteten stumm das Geschehen.

»Braver Bär!« sagte sie ruhig. »Er tanzt sehr schön!«

Der Bär stopfte sich die Kuchen in den Mund und sah sich erwartungsvoll um, deshalb gab sie ihm vier weitere Kuchen und reichte die übrigen samt Schüssel dem Dompteur, der den Bären unter ohrenbetäubendem Beifall hinausführte. Er schlurfte, immer noch auf den Hinterbeinen, hinaus, während er sich eifrig die letzten Krümel von den Pfoten leckte.

»Sie hatten keine Angst«, bemerkte Wladimir sanft.

»Nein. Ich glaube nicht, daß er mir etwas getan hätte – er interessierte sich nur für den Kuchen.«

Wladimir zeigte ein bekümmertes Lächeln. »Der letzte hungrige Bär, dem ich begegnet bin, hat mich in die Kniescheibe gebissen! Sie glauben nicht, wie schmerzhaft das war!«

»Nun«, sagte Gleb plötzlich, »meinst du nicht, du solltest deiner Prinzessin erlauben, sich zurückzuziehen? Sie hatte einen anstrengenden Tag und braucht etwas Schlaf. Ich glaube kaum, daß sie morgen nacht genügend bekommt!« Er zwinkerte Wladimir vielsagend zu und versetzte ihm einen Stoß in die Rippen, um seine Worte zu unterstreichen. Unglücklicherweise hatte er laut gesprochen, um sich über die Unterhaltung seiner Gäste hinweg verständlich zu machen, doch seine Worte fielen in einen jener unerwarteten Momente der Stille, die es mitunter auch auf den lärmendsten Gesellschaften gibt. Die meisten Leute, die an der Hochtafel saßen, hörten, was er sagte, und einige der Bojaren riefen Wladimir daraufhin Bemerkungen und Ratschläge zu, die eindeutig waren. Gythas slawonischer Wortschatz enthielt nicht viele der Wörter, die sie benutzten, doch es gab genug Gesten und lächelnde Mienen, die ihr die Bedeutung verrieten, und sie spürte, wie ihr die Röte in die Wangen stieg und war dankbar für die Farbe, die sie bedeckte.

Wladimir erhob sich, und seine feste, entschiedene Stimme übertönte den Lärm.

»Das genügt, Freunde!« sagte er. »Eure Ratschläge sind

gut gemeint, aber ich kann euch versichern, daß ich weiß, was ich tun muß, wenn es soweit ist. Meine liebe zukünftige Frau ist eine vornehm erzogene Prinzessin, und ich möchte nicht, daß sie euretwegen errötet! Soll sie euch für eine Schar von Wilden halten? Vielleicht achten die Polowzer ihre Frauen nicht oder vergessen, in ihrer Gegenwart ihre Zungen zu zügeln, aber die Russen und die Einwohner von Nowgorod sind zivilisierte Menschen. Ich bin sicher, ihr wollt nicht, daß sie euch für etwas anderes hält!«

Nach diesen Worten entstand eine verlegene Unruhe, und viele der Anwesenden murmelten eine Entschuldigung. Wladimir streckte Gytha die Hand hin, die sie beim Aufstehen ergriff. Er zog sie an sich und gab ihr auf jede Wange einen förmlichen Kuß, wünschte ihr eine gute Nacht und führte sie dann zu der Tür hinter dem Podest, die zu den Frauengemächern des Palastes führte. Gytha verneigte sich vor der Gesellschaft und vor ihm und flüchtete dankbar durch das endlose Gewirr von Räumen und Treppenhäusern in den sicheren Hafen ihrer eigenen Räume, dicht gefolgt von Mildyth und Jewpraksija.

Sie war müde, lag jedoch noch lange wach, starrte in die Dunkelheit und fragte sich, wie wohl die kommende Nacht sein würde. Wie würde es sein, das Bett mit einem Ehemann zu teilen? Würde er die ganze Nacht bleiben oder nur bis die – die Angelegenheit vorbei war? Würde sie ihn danach besser verstehen? War auch er nervös? Sie glaubte nicht, daß er ihr mehr weh tun würde, als nötig war, aber sie mußte immer noch an Elisews kalte, sachliche Beschreibung der sexuellen Vereinigung denken und wie unangenehm sie alles dargestellt hatte, und jedermann sprach von Schmerz...

Um sich zur Ruhe zu zwingen, suchte sie in ihrer Erinnerung nach dem schlimmsten Schmerz, den sie je gespürt hatte, und sie entschied, es sei damals gewesen, als einer ihrer Backenzähne geeitert und der Schmied in Waltham den Zahn gezogen hatte. Sie hatte es tapfer ertragen, ohne zu schreien oder ohnmächtig zu werden, obwohl sie erst neun Jahre alt war. Hinterher hatte sie ein wenig geweint, aber eher vor Erleichterung als vor Schmerz. Was morgen nacht geschehen würde, war bestimmt nicht viel schlimmer – oder?

Auf jeden Fall mußten es alle Frauen, die heirateten, durchmachen, und sie hatte wenigstens einen Mann, den sie liebte, während viele Frauen es ertragen mußten, mit einem Fremden oder einem Mann, den sie nicht mochten, das Bett zu teilen, also konnte sie wirklich dankbar sein. Sie drehte sich seufzend um und war völlig verblüfft, als Mildyth sie mit den mahnenden Worten wachrüttelte, sie käme zu spät zu ihrer Hochzeit, wenn sie noch länger schliefe.

Natürlich war in Wirklichkeit noch ausreichend Zeit. Mildyth machte ein Riesengetue, während sie die bräutlichen Kleidungsstücke auf dem Bett ausbreitete, deshalb zog Gytha einen wollenen Morgenmantel an und ging in das Eckzimmer, um ihre Gebete zu sprechen. Sie stellte erstaunt fest, daß auf dem Bord, das gestern noch leer gewesen war, eine neue Ikone stand. Sie stellte den heiligen Basilius in betender Haltung vor dem Kreuz dar, als großen, schlanken Mann, kahlköpfig und mit jenen dunklen, unergründlichen Augen, die sie so sehr an Wladimir erinnerten.

Nachdem sie für Wladimir, sich selbst und ihre Hochzeit gebetet hatte, ging sie zum Fenster hinüber und blickte über den durch das Marienglas völlig verzerrt wirkenden Marktplatz. Die Sonne schien, und über die dichtgedrängten Dächer der offenen Seite hinweg konnte sie die Stadtbefestigung erkennen, die Ebene dahinter und den dunklen Wald in der Ferne. Breite Flächen der Ebene ließen ein zartes Grün erahnen, und dazwischen schimmerten silberne Streifen und Flecken in der Sonne. Erst nach ein paar Sekunden wurde ihr bewußt, daß es kein Schnee, sondern Wasser war. Der Winter war endlich vorüber!

Dies erschien ihr als gutes Omen, und sie kehrte leichteren Herzens in ihr Schlafgemach zurück, wo sie Jewpraksija mit Kannen heißen Wassers vorfand, so daß sie sich vor dem Ankleiden gründlich waschen konnte. Dann halfen ihr die beiden Frauen beim Anziehen, zogen ihr ein neues Unterhemd aus dünnem weißem Stoff an, das am Hals weit ausgeschnitten und ärmellos war, und Stoffstrümpfe, die hinten geschnürt wurden und sich steif und unangenehm anfühlten. Darüber kamen das enggeschnittene weiße Kleid mit dem weiten Rock, das ebenfalls im Rücken geschnürt wurde, und weiße Schuhe aus weichem Leder, die mit goldenen Drachen bestickt waren, ein Geschenk der Lederhandwerker. Dann wurde das wunderschöne, regenbogenfarbene, federleichte Seidengewand aus Mildyth' Zimmer geholt, wo es auf einer Stange gehangen hatte, damit es nicht knitterte. Gytha legte es an, Mildyth schloß die goldenen Schnallen und trat dann zurück und betrachtete ihren Schützling mit ehrfürchtigem Schweigen.

»Sehe ich auch gut aus?« fragte Gytha unsicher.

Mildyth brach zu Jewpraksijas Entsetzen in Tränen aus, setzte sich auf das Bett und ließ ihren Gefühlen freien Lauf, während Jewpraksija Gythas Haar kämmte, bis es glänzte, es mit einem Stück Seide glattrieb, damit es noch mehr schimmerte, und es auf ihren Schultern ausbreitete. Dann holte sie den silbernen Spiegel. Gytha nahm ihn mit ans Fenster und bemühte sich, so viel wie möglich darin von sich zu erkennen.

Es war vergebens. Sie bekam keine Vorstellung von ihrer gesamten Erscheinung, doch eine kritische Prüfung von Kopf und Schultern zeigte ihr ein bleiches, ovales Gesicht, das von Haaren umrahmt war, die noch immer ihre korngelbe Farbe bewahrt hatten. Sie waren schlicht in der Mitte gescheitelt und fielen wellenförmig herab, da sie geflochten gewesen waren. Sie biß sich auf die Lippen, damit sie röter wurden, und strich dann mit dem angefeuchteten Finger über den sanften Bogen ihrer Augenbrauen, ohne auf die

Reinheit ihres Teints oder das herrliche Blau ihrer Augen zu achten.

»Wir werden Sie nicht anmalen«, sagte Jewpraksija. »Es würde Ihre Schönheit nur beeinträchtigen.«

»Sollte ich nicht etwas auf dem Kopf tragen?« fragte Gytha.

»Das werden Sie, wenn Sie die Kirche betreten«, erwiderte Jewpraksija. »Am besten setzen Sie sich jetzt ruhig hin. Sie brauchen nicht mehr lange zu warten.«

Gytha setzte sich gehorsam auf eine der Truhen, während Jewpraksija und die noch immer schluchzende Mildyth das Zimmer aufräumten. Nach etwa zehn Minuten klopfte Bruder Isak an die Tür des Eckzimmers und forderte Gytha auf, mitzukommen und mit Bischof Fjodor zu sprechen.

Sie war verblüfft, als sie den Bischof im Eckzimmer am Tisch sitzen sah. Sie fand, daß er sehr alt und müde aussah und bedauerte, daß er die Treppe vom Hof heraufgestiegen war, während sie doch hätte zu ihm hinuntergehen können. Er sprach eine Weile über die religiösen Aspekte der Ehe, erteilte ihr seinen Segen und verabschiedete sich dann, um in die Kathedrale zu gehen.

Nach langem Warten erschienen Anastasia und einige ihrer Damen, und Gytha ging in ihrer Mitte durch den *Terem* die Haupttreppe hinunter und durch die Hallen und Räume des Palastes zu dem großen Tor, wo Gleb wartete; er war strahlend und prachtvoll in scharlachroten, juwelenbesetzten Brokat und weißen Pelz gekleidet, trug eine goldgekrönte Kappe, drei oder vier massive Goldketten um seine breiten Schultern und ein Dutzend Ringe an seinen behandschuhten Fingern. Seine leuchtenden Augen zwinkerten Gytha zu, und er flüsterte: »Wladimir hat wirklich Glück! Ich wollte, ich hätte als erster um Sie geworben!«, während er ihr die Treppe herunter und in den großen Schlitten half, wo er sie sicher zwischen die Kissen bettete, bevor er sich selbst neben sie zwängte.

Drei graue, nebeneinander angeschirrte Pferde zogen den Schlitten. Sie waren wie der Schlitten mit kleinen Glokken behängt, in ihre Mähnen und Schwänze hatte man bunte Bänder geflochten, und riesige bunte Federn schwangen auf ihren Köpfen. Die Pferde lösten ein lautes Geklingel aus, als sie über den Marktplatz fuhren, und die Eisenkufen des Schlittens dröhnten auf dem hölzernen Fahrweg. Die Marktglocke begann zu läuten, und eine nach der anderen nahmen die anderen Kirchen in der Stadt den fröhlichen Klang auf und schmetterten und klirrten in einem einzigen Durcheinander, das die Tauben aufstörte und in den Himmel schwirren ließ, bis er voller Schwingen zu sein schien.

Die meisten Bürger waren auf den Beinen, in ihre besten Kleider gehüllt und in Festtagslaune, um ihren Fürsten und Wladimirs Braut hochleben zu lassen, und säumten den Weg vom Marktplatz über die Brücke bis zu den Türen von St. Sophia.

Gytha erschien alles wie ein Kaleidoskop aus Farbe, Gesichtern und Stimmen. Später konnte sie sich kaum noch erinnern, wie alles gewesen war, nur ein paar Ereignisse ragten heraus wie das Geschehen in einem Traum. Sie erinnerte sich daran, wie Wladimir sich umwandte, um sie willkommen zu heißen, als sie über den gemusterten Fußboden der Kathedrale auf ihn zu schritt, seine Hand ausstreckte und die ihre ergriff und sie zur Ikonostase führte. Er trug Weiß, als einzigen Schmuck einen weißen Pelzbesatz und eine schlichte Goldkette, und seine Augen lächelten sie an. Sie erinnerte sich, daß der Bischof ihnen, wie König und Königin, schwere goldene Kronen aufsetzte und sie Gelöbnisse austauschten, wobei ihre Stimme klar, aber nervös, und die Wladimirs ruhig und zuversichtlich klang, und dieser Klang ließ sie erbeben, bis er ihre Hand faßte und sie beruhigte. Danach reichte man ihnen angezündete Kerzen, und Bischof Fjodor führte sie in einer Art Kreis rund um den Mittelteil der Kathedrale.

Natürlich wollte Gytha jede Sekunde ihrer Hochzeit in Erinnerung behalten, doch ein Teil ihrer Gedanken weilte woanders. »Jetzt bin ich sicher, Jekaterina und Oleg können ihn nicht mehr daran hindern, mich zu heiraten, und sie können mir nicht mehr weh tun. Er ist gut und freundlich, und vielleicht lernt er es sogar, mich ein wenig zu lieben. Ich liebe ihn bereits und will nicht, daß ihre Lügen mich dazu verleiten, ihm zu mißtrauen. Wenn ich ihm nur einen Sohn schenken kann, dann wird alles gut, und ich habe Gelegenheit, Vaters Ansehen wiederherzustellen. Ich werde unseren Sohn so erziehen, daß er ihm gleicht, und die Leute werden sehen, was für ein prachtvoller Mensch er ist, und sagen, er sei wie sein Vater und sein englischer Großvater.« Ihre Gedanken waren mutig und voll Zuversicht, doch im Hintergrund lauerte noch immer eine Spur Besorgnis. Sie wappnete sich dagegen, indem sie sich auf die Zeremonie konzentrierte.

Nach dem Abendmahl traten sie, immer noch ihre Kronen auf dem Kopf, Hand in Hand aus der Kathedrale in ein Meer von Sonnenlicht, weißen Tauben, jubelnden Menschen und läutenden Glocken.

»Wollen wir zu Fuß gehen?« fragte Wladimir leise.

Sie nickte, und sie gingen gemeinsam durch den Hof und über die Brücke, lächelten und nickten zum Dank für die Hochrufe und Glückwünsche, die man ihnen von allen Seiten zurief, während das fürstliche Gefolge paarweise hinter ihnen herschritt, mit Ausnahme von Oleg, der, wie sich später herausstellte, starke Schmerzen im Arm verspürte, und Anastasia, die bei dem bloßen Gedanken, zu Fuß zu gehen und sich auch noch unter das gemeine Volk zu mischen, entsetzt war. Beide kehrten gemeinsam in dem glockengeschmückten Schlitten zurück.

Inzwischen beschwerte sich Gythas Magen. Sie hatte seit dem gestrigen Abendessen nichts gegessen, und ihr war ein wenig sonderbar, einmal wegen des Gewichts der schweren

Krone, zum anderen wegen der seelischen Erregung, die der Anlaß mit sich brachte. Sobald sie den Palast betraten, zog Waldimir sie in einen der Nebenräume, nahm ihr die Krone vom Kopf und legte sie mit seiner eigenen auf den Tisch, dann küßte er sie sanft auf den Mund.

»Nie zuvor habe ich etwas Schöneres und Ergreifenderes gesehen!« sagte er. Gytha dachte, er meinte die fröhliche, sie beglückwünschende Menge. Sie schwankte leicht, als er sie losließ, und er drückte sie rasch sanft in einen Sessel. »Ruh dich eine Weile aus«, sagte er. »Mein Vorschlag zu laufen, war töricht. Es tut mir leid.«

»Ich möchte den Spaziergang nicht um alles in der Welt missen!« erwiderte sie. »Alle waren so freundlich. Ich glaube, es hat ihnen gefallen.«

»O ja, das hat es! Sie alle mögen Hochzeiten, besonders, wenn die Braut eine Märchenprinzessin ist. Du bist wahrscheinlich das Schönste, was sie je im Leben gesehen haben!«

Sie hob erstaunt den Blick, doch er hatte sich bereits abgewandt, um ihr Wein einzuschenken. Man hatte einen Krug, zwei Gläser und einen Teller Brot für sie auf dem Tisch bereitgestellt, und sie waren beide froh, einige Scheiben davon zu essen und einander schweigend zuzutrinken, denn auch Waldimir hatte noch nicht gefrühstückt. Unterdessen trat Gleb ein und fragte, ob sie für das Festessen bereit seien. Er trat unruhig von einem Fuß auf den anderen wie ein nervöses Pferd, während Waldimir Gytha vorsichtig die Krone wieder aufsetzte und dann seine eigene nahm. Dann folgten sie ihm in die große Halle zum Hochzeitsmahl.

Die Gäste waren viel leiser als am Abend zuvor, deshalb war die Unterhaltung leichter. Gytha saß zwischen Waldimir und Oleg. Sie hatte mit letzterem seit seiner Ankunft kaum gesprochen, zum Teil aus Mangel an Gelegenheit, doch eher, weil sein Anblick sie an das Gespräch erinnerte, das sie in der Kirche belauscht hatte. Sie wußte, daß sie eine beunruhigende Verbindung zwischen Jekaterinas seltsamem Verhalten ihr gegenüber und Olegs ambivalenter Haltung gegenüber Wladimir entdeckt hatte, doch sie hatte keine Zeit gehabt, darüber nachzudenken und zu entscheiden, was sie tun sollte. Bestimmt war es nicht dringend und konnte warten, bis die Hochzeit vorüber war.

»Was macht Ihr Arm?« fragte sie.

»Er tut weh. Wenigstens war es ein glatter Bruch«, erwiderte er verärgert. »Der Arm war gerade erst von der Begegnung mit einem polowzischen Speer geheilt – da ziehe ich denn doch die jetzige Verletzung vor.«

»Sie kämpfen gemeinsam mit Wladimir, nicht wahr?«

»Normalerweise Seite an Seite. Wir geben ein gutes Gespann ab, trotz aller Probleme.«

Sie sah ihn fragend an, und er fuhr fort: »Wir sind eine Familie von Kriegern und bekämpfen uns gegenseitig, wenn kein anderer Feind da ist. Sie haben vermutlich vom letzten Willen des alten Jaroslaw gehört?«

»Ihrem Großvater? Ja, ich glaube. Hat er nicht festgelegt, daß jeder seiner Söhne der Reihe nach Kiew regieren soll?«

»Genau. Das mußte zwangsläufig zu Schwierigkeiten führen! Der zweite und der dritte Sohn – mein Vater und der Vater Wladimirs – haben bereits eine Verschwörung angezettelt und den ältesten ins Exil getrieben. Das ist Isjaslaw. Das bedeutete, daß sein Sohn, Swjatopolk, Nowgorod verlor, und er will es zurück. Im Moment gehört es Gleb, aber wenn unser Vater stirbt, wird Wladimir Anspruch darauf erheben. Sie wissen, daß Nowgorod immer an den ältesten Sohn des Großfürsten von Kiew geht?«

»Aber Wladimir hat versprochen, daß Gleb Nowgorod behält!« rief Gytha. »Das wissen Sie doch sicher?«

»Ja, ich weiß, daß er das sagt, aber die jüngste Geschichte unserer Familie liest sich wie ein Katalog von nicht eingehaltenen Versprechungen und Verrat«, sagte Oleg düster. »Auf dem Schlachtfeld vertraue ich Wladimir sogar mein Leben an, aber ansonsten traue ich ihm überhaupt nicht. Ich traue nicht einmal mir selbst!« Er verfiel in düsteres Schweigen, und Gytha dachte, er müsse entweder betrunken oder völlig verwirrt sein.

»Sprich heute nicht von familiären Problemen.« Entweder hatte Wladimir nichts gehört oder er tat nur so. »Dies ist ein Tag zum Glücklichsein!«

Oleg verzog das Gesicht, wechselte jedoch das Thema und fragte Gytha: »Wie gefällt Ihnen das Leben in Nowgorod?« Doch er achtete kaum auf ihre Antwort und schien mehr an dem interessiert, was die anderen taten oder sprachen.

Das Festmahl dauerte sehr lange und wurde zwischen den einzelnen Gängen immer wieder durch Darbietungen unterbrochen. Nach etwa einer Stunde nahmen Wladimir und Gytha erleichtert ihre Kronen ab, die vor ihnen auf den Tisch gestellt wurden, in die Mitte eines großen Blumengewindes, das Wladimirs Vater mit Hilfe einer schnellen Reiterstaffel aus dem Süden geschickt hatte.

»Er hat dir auch noch dies hier geschickt«, sagte Wladimir zu Gytha und zog zwischen den Blumen eine lange Kette aus goldenen Scheiben hervor, jede etwa zwei Daumen breit und verziert mit einem Vogel oder Tier aus schimmerndem Email und Augen aus Edelstein. Er streifte sie ihr über den Kopf, und sie hing bis zu ihrer Taille herab, ein wahrhaft fürstliches Geschenk. Während Gytha sie betrachtete, faßte Wladimir mit der Hand unter ihr Haar, um es unter der Kette hervorzuholen und streichelte zu ihrer Überraschung dabei ihren Nacken. Es war das erstemal, daß er sie so zärtlich berührt hatte, bis auf seine gelegentlichen Küsse, und sie fragte sich, ob sie eine zufällige Berührung für Absicht gehalten hatte, doch er wiederholte sie, bevor er seine Hand zurückzog, und löste damit in ihr ein verwirrtes, erregtes Gefühl aus, halb Hoffnung, halb Ungläubigkeit.

Viermal während des endlosen Festessens schlug er vor,

sich ein wenig unter die Gäste zu mischen, und sie war froh über die Möglichkeit, sich zu bewegen, denn der hochlehnige Sessel, auf dem sie saß, hatte auch einen hohen Sitz, und ihre Füße berührten kaum den Boden, so daß sie ein Kribbeln wie von tausend Nadelstichen verspürte. Jedesmal nahm Wladimir sie bei der Hand und führte sie langsam durch die Halle und dann durch das halbe Dutzend anderer Säle, in denen die weniger hochrangigen Gäste und Stadtbewohner aßen, und ab und zu blieben sie stehen, um Leute zu begrüßen und ein paar Worte mit ihnen zu wechseln. Dann gingen sie zu dem großen Portal des Haupteingangs und winkten den Menschen auf dem Marktplatz zu.

Bei ihrem letzten Rundgang stellte sie überrascht fest, daß die Sonne bereits hinter der Sophienkathedrale unterging, und Wladimir murmelte: »Nur noch eine kurze Weile«, als er sie in die große Halle zurückbrachte.

Sobald sie ihre Plätze wieder eingenommen hatten, schlug ein Sänger einen fließenden Akkord auf seiner Gusli an und stimmte ein neues, munteres Lied über eine schöne, blonde Prinzessin an, die Tochter des Königs von den Inseln des Sonnenuntergangs, die auf dem Rücken eines feurigen Drachen weit über das Meer gereist war, um den Fürsten aus dem Land des Sonnenaufgangs zu heiraten, einen mächtigen Krieger, berühmt aufgrund seiner Stärke, seiner Klugheit, seines Mutes und seiner Gerechtigkeit. Es war sehr poetisch, und Gytha war erstaunt, als sie erfuhr, daß Glebs Meistersänger das Lied extra für ihre Hochzeit gedichtet hatte. Es veranlaßte sie, über den Ursprung einiger Volkssagen nachzudenken, die sie gehört hatte.

Als der letzte melodische Kehrreim, in den alle einfielen, verklungen war, erhob sich Wladimir und trank dem Sänger aus einem goldenen Weinpokal zu, den er danach mit Goldmünzen füllte und einen Diener damit zu dem Mann schickte. Diese Art von Verschwendung wurde bei derartigen Gelegenheiten von Fürsten erwartet. Mittlerweile waren die meisten Gäste sehr betrunken, hatten hochrote Köpfe und schwitzten. Einige hatten sich sogar bereits unter die Tische zurückgezogen und bekamen von denen, die noch in der Lage waren zu sitzen, von Zeit zu Zeit zufällig oder zur allgemeinen Belustigung einen Tritt ab.

Wladimir sagte etwas zu Gleb und sah dann hinüber zu dem nächststehenden Tisch und suchte Mildyth' Blick. Sie hatte auf dieses Zeichen gewartet und berührte Jewpraksija am Arm, und die beiden Frauen schlüpften durch eine Seitentür aus der Halle. Ein paar Minuten später standen Anastasia, Gleb, Oleg und Wladimir auf, wobei letzterer Gytha an der Hand nahm und ihr mit einem Heben der Augenbrauen signalisierte, ihnen zu folgen, und alle entfernten sich unauffällig durch die kleine Tür hinter dem Podest.

»Ich dachte, wir kämen ohne das zeremonielle Zubettbringen aus«, sagte Wladimir erklärend zu Gytha. »Es ist eine Tortur, auf die wir gut verzichten können, und ich glaube, alle sind viel zu betrunken, um sich daran zu stören.«

Gleb verriegelte die Tür hinter ihnen und wies die Wachen an, aufzupassen, daß sie auch verriegelt blieb, und dann geleiteten er, Anastasia und Oleg Braut und Bräutigam in ihre Gemächer. Sie tranken ein letztes gemeinsames Glas Wein im Eckzimmer, und dann forderten die beiden Männer einen Kuß von der Braut, bevor sie ihnen mit anzüglichem Grinsen und vielsagenden Rippenstößen für Wladimir eine gute Nacht wünschten. Dann polterten sie die Treppe zum Hof hinunter, und Wladimir sperrte die Tür hinter ihnen zu.

»Ich habe Jefrem, meinem Diener, befohlen, die Tür hinter diesem Zimmer abzusperren, aber ich sehe lieber selbst nach, und du würdest besser die Tür zum *Terem* überprüfen. Schließlich wollen wir nicht, daß ein paar Trunkenbolde herkommen und uns stören!«

Gytha tat, wie ihr geheißen, und stand unsicher in der Mitte des Eckzimmers, als Wladimir zurückkehrte; sie war aufgeregt und sich im klaren darüber, daß sie unmittelbar davor war, ihren neuen Ehemann von seiner besten oder schlechtesten Seite kennenzulernen, und ihre Befürchtungen malten sich wohl auf ihrem Gesicht, denn Wladimir nahm sie sanft in die Arme und sagte: »Hab keine Angst!«

»N – Nein«, sagte sie zweifelnd.

»Wollen wir beten?«

Sie nickte, und sie knieten gemeinsam vor der Ikone nieder. Wladimir bat Gott in einer sehr schlichten Sprache, ihre Ehe zu segnen und ihnen die Kraft zu geben, einander glücklich zu machen. Danach führte er Gytha zur Schlafzimmertür, sagte: »Ich brauche nicht lange« und gab ihr einen kleinen ermutigenden Schubs.

Mildyth und Jewpraksija erwarteten sie. Sie halfen ihr aus ihrem Hochzeitskleid, brachen über Fürst Wsewolods hübsches Geschenk in Begeisterung aus, und Jewpraksija goß Wasser in das Kupferbecken, damit sie sich waschen konnte. Dann standen die beiden Frauen nebeneinander und schauten ein wenig verlegen drein.

»Wir haben die Kräuter unter die Kissen gelegt«, sagte Mildyth und bezog sich dabei auf den traditionellen Strauß jener Pflanzen, die nach allgemeinem Glauben Liebe, Fruchtbarkeit und Gesundheit förderten und die im fernen England gewöhnlich in der Hochzeitsnacht ins Bett gelegt wurden.

»Danke. Ihr könnt jetzt gehen«, erwiderte Gytha.

»Wollen Sie nicht...«, begann Mildyth, aber Jewpraksija zupfte sie am Ärmel, und sie deuteten beide eine kleine Verbeugung an und gingen zur Tür, nachdem sie Gythas »Gute Nacht« mit einem »Gute Nacht, Fürstin« beantwortet hatten.

Sie schliefen diese Nacht beide in Mildyth' Zimmer, deshalb vergewisserte Gytha sich, daß die Tür fest verschlossen war, wusch sich zu Ende und wickelte sich danach fest in ihr Nachtgewand; sie zitterte und redete sich ein, es läge daran, daß der Frühlingsabend so kalt war, obwohl der Ofen gut heizte. Dann kämmte sie ihr Haar und begann es zu flechten, bis ihr ihre erste Begegnung mit Wladimir in den Sinn kam, als er ihr mit den Fingern durch das Haar gefahren war, als würde ihm dies gefallen. Sie kämmte es nochmals durch und ließ es offen herabhängen.

Es war sehr still. Selbst das in einem hölzernen Bauwerk übliche Knacken hatte anscheinend aufgehört. Sie stand vor dem großen Bett und redete sich gut zu hineinzuschlüpfen, dann gab sie einen erschreckten Laut von sich, als sich die Tür öffnete und Wladimir eintrat.

Er blieb einen Moment stehen und sah sie an, als sie sich zu ihm umwandte, sein Gesicht verschlossener als je zuvor, ohne die Spur eines Lächelns, um den bitteren, düsteren Zug um seinen Mund aufzuheitern. Er war in ein dunkles Nachtgewand gehüllt, barfüßig und ähnelte im Kerzenschein noch mehr als sonst einer jener griechischen Ikonen.

»Hast du Angst vor mir oder vor dem, was man dir erzählt hat?« fragte er ruhig.

»Vor beidem ein wenig«, erwiderte sie in dem Versuch, ehrlich zu sein.

»Das brauchst du nicht, ich werde dir nicht mehr weh tun, als ich muß.«

Er streifte sein Nachtgewand ab und drehte sich um, um es über eine der Truhen zu legen. Gytha konnte nicht umhin, ihn anzustarren, da sie ihn zum erstenmal nackt sah. Sein Körper war fest und muskulös, breitschultrig und schmalhüftig und von über einem Dutzend Narben gezeichnet. Als sie in sein Gesicht sah, bemerkte sie, daß er ruhig dastand, sie betrachtete und darauf wartete, daß sie ihre Untersuchung beendete, und ihre Wangen überzogen sich mit einer tiefen Röte.

»Es tut mir leid, daß es ein so mitgenommener, magerer Körper ist«, sagte er.

»Er ist nicht mager!« sagte sie entrüstet. »Ich mag keine dicken Männer!«

Daraufhin lächelte er, ging auf sie zu, und innerhalb von Sekunden stand sie ohne Nachthemd da, spürte, wie sie hochgehoben und vorsichtig aufs Bett gelegt wurde, alle bis auf eine einzige Kerze wurden gelöscht, ein warmer, geschmeidiger Körper glitt neben sie, und zärtliche Hände zogen sie liebevoll an sich.

Sie dachte später, daß sie so etwas wie Schmerz verspürt hatte – wenn auch sehr wenig –, aber er war in einem Gefühl unerwarteter Lust untergegangen, die sich bis zu einem unerträglichen, schwindelerregenden Grad gesteigert hatte, bis sie sich in einem Moment der Erfüllung entlud. Es dauerte lange, bis sie wieder zusammenhängend denken konnte, und sie merkte, daß Wladimir auf seiner Seite des Bettes lag, ruhig und ohne sich zu bewegen. Vielleicht schlief er.

»Wladimir?« flüsterte sie.

»Meine Fürstin?« erwiderte er in einem trägen, zufriedenen Ton, den sie noch nie bei ihm gehört hatte.

Sie zögerte, weil sie nicht wußte, was sie ihm sagen wollte, rückte jedoch instinktiv näher an ihn heran. Sie spürte, wie seine Hände sie berührten und er einen Moment ihre Reaktion abwartete, dann schloß er sie fest in die Arme.

Er blieb eine Zeitlang stumm, und sie kuschelte sich an ihn, zum erstenmal vollkommen glücklich nach unendlich vielen Jahren, und sie vergaß darüber sogar, daß noch viele Probleme vor ihr lagen.

»War es sehr schlimm?« fragte er schließlich.

»Überhaupt nicht. Ganz im Gegenteil.«

Und so ging es weiter. Beinahe fünf glückliche Wochen lang blühte sie in dem wohltuenden Gefühl auf, endlich einen Menschen lieben zu können, einen Menschen, der freundlich war und sie gern hatte. Sie liebte Wladimir jeden Tag mehr, ritt mit ihm über die taubedeckten Weiden oder durch die tannenduftende Stille des Waldes, saß neben ihm beim Essen in der großen Halle oder allein mit ihm im Eckzimmer und lernte, wie angenehm es war, das Bett mit einem sanften, rücksichtsvollen Ehemann zu teilen.

Ihr Glück zeigte auch ein paar Mängel, andernfalls wäre es auch nicht zu ertragen gewesen. Mit jedem Tag rückte der Zeitpunkt näher, an dem er abreisen mußte, und obwohl er sie jede Nacht liebte und den größten Teil des Tages mit ihr verbrachte, und dies offensichtlich gerne, kam sie seinem Inneren nicht näher. Es fiel ihr immer noch schwer, seinem intensiven Blick länger als ein paar Minuten standzuhalten, und er hatte noch immer jenen unbestimmten, verschlossenen Ausdruck in den Augen, es sei denn, sie unterhielten sich ernsthaft über ein neutrales Thema. Sie sah sich zu der Erkenntnis gezwungen, daß er zufrieden war mit einer abgesprochenen Heirat, die sich trotz Elisews Halbwahrheiten als zufriedenstellend erwiesen hatte. Es bereitete ihm Vergnügen, mit einer Frau zu schlafen, die seinen Bedürfnissen entgegenkam, und er war gewiß erleichtert, eine Partnerin zu haben, die intelligent genug war, wenigstens zu begreifen, worüber er sprach. Aber er liebte sie nicht. Wenn sie sich vorstellte, wie schlimm alles hätte sein können, dann mußte sie sie sich glücklich schätzen, daß ihrer Ehe nur diese letzte Krönung fehlte. Einmal wenigstens hatte er versucht, ihr zu seinen innersten Gedanken Zutritt zu gewähren.

»Wie steht es zwischen dir und deiner Braut?« fragte Gleb Wladimir während einer ihrer privaten Gespräche in seinem Arbeitszimmer.

»Sehr gut«, erwiderte Wladimir knapp.

Gleb zog die Augenbrauen hoch. »Welch eine Begeisterung! Ich nehme an, das soll heißen, es ist genau das, was man von einer arrangierten Ehe erwarten kann, aber sie ist nicht mit, sagen wir, Katja Andrejewna zu vergleichen?«

»Sie ist nicht wie Katja«, erwiderte Wladimir ernst, um dann hinzuzufügen: »Gott sei Dank!« Und sein Mund verzog sich zu einem heimlichen Lächeln.

»Ah – ha!« Gleb lächelte ebenfalls und zupfte an seinem Schnurrbart. »Ich war schon neugierig wegen Katja. Ich fand, du hast ziemlich ungerührt reagiert, als sie mit Oleg auf und davon ging. Hast du Gytha vor meinem lieben Bruder gewarnt?«

Sein Vetter zuckte die Achseln. »Das halte ich nicht für nötig. Oleg kommt nur selten nach Nowgorod, und Gytha wird, wie abgemacht, hier leben.«

Gleb sagte nichts dazu, dachte jedoch bei sich, daß er eine Gelegenheit suchen würde, um Gytha vor Oleg zu warnen, wenn Wladimir Nowgorod erst einmal verlassen hatte.

Verlassen mußte er sie, und er tat es für Gytha viel zu früh; eine Woche vor Pfingsten machte er sich frühmorgens mit Oleg und ihren gemeinsamen Begleitern auf den Weg. In der Nacht zuvor war er besonders liebevoll und leidenschaftlich gewesen, doch ihre letzte Unterhaltung war eher praktisch als romantisch.

»Gytha, such dir eine sinnvolle Beschäftigung. Müßiggang ist die Mutter allen Übels – ich fände es nicht schön, wenn du ein so träges Leben wie Anastasia führtest.«

»Ja, Wladimir.«

»Mein Großvater hat hier eine Schule gegründet – vielleicht könntest du sie ab und zu besuchen –, und die Kathedrale braucht mehr Stickereien. Hier gibt es keine Nonnen, die diese Arbeit geschickt ausführen können so wie in Kiew.«

»Ich werde mich schon beschäftigen«, versprach sie, »und paß auf dich auf!«

»Ich bin immer vorsichtig. Den Zeitpunkt meines Todes bestimmt Gott, aber das heißt nicht, daß ich es mir leisten könnte, unvorsichtig zu sein!«

Sie beteten zusammen, dann gab er ihr einen hastigen Kuß und ging. Sie beobachtete vom Fenster aus, wie er auf den Marktplatz hinaustrat, wo ihn Oleg und die anderen erwarteten, und mit ihnen davonritt, dann erst setzte sie sich hin und weinte eine Zeitlang. Doch gleich darauf trocknete sie ihre Tränen, rief nach Mildyth und ging auf den Markt, um Leinen, Seide und goldenes Garn für eine Altardecke zu kaufen.

Erst bei ihrer Rückkehr fiel ihr ein, daß sie Wladimir nichts von dem Gespräch erzählt hatte, das sie am Tag vor ihrer Hochzeit in der Kirche belauscht hatte, aber wenn es wirklich um sie und Wladimir gegangen war, konnte er nichts unternehmen, ohne sich mit Oleg anzulegen, und das konnte er sich zum Beginn eines Feldzugs nicht leisten. Am besten war es, Stillschweigen zu bewahren, aber wachsam zu sein, vor allem, wenn Jekaterina in den Palast zurückkehrte.

13. Kapitel

Jekaterina kehrte zu Pfingsten zurück und nahm ihre Pflichten wieder auf, als wäre sie nicht über zwei Monate fort gewesen. Gleb fragte sie wegen der falschen Auskunft aus, die sie Anastasia über Gythas Vater gegeben hatte, aber sie sagte, sie habe sie von einem Kaufmann auf dem Markt bekommen, einem Fremden, der zu wissen schien, wovon er redete. Sie sei darüber beunruhigt gewesen und habe es deshalb für ihre Pflicht gehalten, Anastasia davon zu berichten. Als Gleb darauf antwortete, es habe sich als falsch erwiesen, lächelte sie und erklärte mit scheinbarer Aufrichtigkeit, sie freue sich, das zu hören, und er schien zufrieden. Gytha fragte sie, ob es ihrem Kind besser gehe, und sie antwortete bescheiden, es habe sich dank einiger Wochen auf dem Land recht gut erholt, und sie sei Anastasia sehr dankbar, daß sie ihr erlaubt hatte, so lange bei ihrem kleinen Mädchen zu sein. Gytha ließ sich nichts anmerken, war aber nun ziemlich sicher, daß es Jekaterina war, die damals mit Oleg in der Kirche gewesen war.

Die Wochen verstrichen quälend langsam. Gytha lernte, auf der Gusli zu spielen, die Sadko ihr zur Hochzeit geschenkt hatte, las sämtliche Bücher im Eckzimmer, manche mehrmals, und kaufte noch welche dazu, ritt mit Gleb und seinem Haushalt zur Jagd, zur Falkenbeize und zum Fischen aus und arbeitete an ihrer Stickerei. Sie verfügte jetzt über ihren eigenen kleinen Haushalt, bestehend aus sechs *Druschinniki* und vier Damen unter der Aufsicht von Mildyth und ihrer Helferin Jewpraksija, die auf eigenen Wunsch in ihren Dienst übergewechselt war. Wladimir hatte jedem von ihnen eine seiner Löwenmaskenspangen als Abzeichen zum Tragen geschenkt, silberne für die Männer und die neuen Damen, goldene für Mildyth und Jewpraksija, die von der Ehre ganz überwältigt waren.

Gytha bemerkte erstaunt, daß die Mädchen, obgleich vornehmer Herkunft, sich nicht auf das Sticken verstanden, und erklärte ihnen, daß englische Damen in der ganzen Christenheit für ihr Geschick mit der Nadel berühmt waren. Sie lehrte sie die Stiche, die sie selbst als Kind gelernt hatte, und gemeinsam bestickten sie ein sehr rühmliches Altartuch für die Sophienkathedrale und waren sehr zufrieden mit ihrer neuerworbenen Fertigkeit.

Sie besuchte Jaroslaws Schule, wo manche Söhne der Nowgoroder Bojaren eine gediegene elementare Erziehung erhielten, und spendete Geld, um das Material für neue Bücher zu kaufen, damit die durch ständigen Gebrauch abgenutzten ersetzt werden konnten. Die Jungen stellten die neuen Abschriften selbst her.

Alle drei oder vier Wochen sandte Wladimir einen Kurier nach Nowgorod, der Gleb Nachrichten von den Ereignissen im Süden überbrachte, und nun war auch immer ein kurzer Brief an Gytha dabei. Er enthielt gewöhnlich eine knappe Zusammenfassung dessen, was er ausführlicher in seinem Brief an Gleb geschrieben hatte, einen Bericht darüber, was er getan hatte, und einige Zeilen am Ende, die nur für sie bestimmt waren – eine Bemerkung zu etwas, das er gesehen oder gelesen hatte, oder ein Gedanke, der ihm plötzlich gekommen war, und einmal der Bericht über einen seltsamen Traum, der ihn belustigt hatte. Gytha gewann den Eindruck, daß er versuchte, über die große Entfernung, die zwischen ihnen lag, irgendwie eine persönliche Verbindung herzustellen, was einem so verschlossenen Mann schwerfallen mußte.

Sie schrieb ihm ausführlicher zurück, da sie mehr Muße hatte, und begann jeden neuen Brief, sobald der letzte mit

Glebs zurückkehrendem Boten abgesandt war. Jeden Tag fügte sie wie in einem Tagebuch ein paar Zeilen hinzu, erzählte ihm, was sie getan hatte, und schrieb manchen Gedanken nieder, aber sie versuchte, nicht zuviel von ihren Gefühlen merken zu lassen, ihre Angst um seine Sicherheit, ihre Sehnsucht nach seiner Rückkehr, weil sie befürchtete, er würde dies langweilig oder peinlich finden. Zu ihrem Leidwesen mußte sie in ihrem ersten Brief, den sie ihm nach seinem Aufbruch schickte, mitteilen, daß sie nicht schwanger sei, und sie wartete ängstlich auf seine Antwort. Sie kam in einem kurzen Satz am Ende seines nächsten Briefes: »*Gottes Wille ist nicht immer dem unseren gleich, aber wir müssen Ihm vertrauen, denn Er weiß, was am besten ist.*«

Sie fand den Satz rätselhaft, denn er konnte auf ganz unterschiedliche Weise gedeutet werden, und er hinterließ ein unglückliches Gefühl des Versagens in ihr, das sich tief in ihrem Innern festsetzte und, wenn sie nachts wach lag oder während des Tages unbeschäftigt war, auftauchte und sie beunruhigte. Manchmal versuchte sie in der Hoffnung auf eine tröstlichere Antwort das Thema in ihren Briefen erneut zu erwähnen, konnte aber nie ganz die richtigen Worte finden.

Gleb las seine Briefe (oder wenigstens einen Teil davon) normalerweise der kleinen Gruppe von Verwandten und Freunden vor, die sich nach dem Abendessen in dem Raum, den er als Studierzimmer und privates Wohnzimmer benutzte, versammelten, wobei er oft seine eigenen Bemerkungen hinzufügte. Gytha wurde selbstverständlich in diese Zusammenkünfte einbezogen, und die Gespräche ermöglichten ihr, mehr über die Ereignisse zu erfahren, die im übrigen Rußland stattgefunden hatten, und die inneren Schwierigkeiten und Streitigkeiten der fürstlichen Familie besser zu begreifen. Isjaslaw, der verbannte Onkel, der als Folge von Wladimirs Friedensvertrag mit König Boleslaw aus Polen vertrieben worden war, hatte sich zum deutschen Kaiser geflüchtet. Er blieb eine ständige Bedrohung für Swjatoslaws Herrschaft über Kiew und, durch seinen Sohn Swjatopolk, auch für Glebs Regiment über Nowgorod. Gleb schien ihnen allen nur Abneigung und Mißtrauen entgegenzubringen – Isjaslaw, seinem eigenen Vater, Wladimirs Vater und zwei weiteren Onkeln, von denen einer Smolensk regierte und der andere eine ferne Stadt im Südwesten. Offenbar achtete und mochte er Wladimir, war aber nicht völlig davon überzeugt, daß man ihm trauen konnte, und seine eigenen Brüder Oleg, Jaroslaw und Dawid, machten ihn wütend.

Gytha besuchte weiterhin auch Glebs Hof und lauschte der Erörterung der unterschiedlichen Probleme, zu denen ihn das *Wetsche* der Stadt oder die Bojaren um eine Entscheidung oder um Rat baten. Der Fürst besaß keine offizielle Gerichtsbarkeit über die zivilen Behörden oder die Stadtregierung, aber Gleb hatte mit großer Umsicht ein gutes Verhältnis zum *Wetsche* aufgebaut und verfügte über beträchtlichen Einfluß auf dessen Beschlüsse. Anastasia, die ebenfalls eingeladen wurde, sich aber selten die Mühe machte, daran teilzunehmen, schien Gythas Interesse überraschend und belustigend zugleich zu finden, war jedoch nicht im geringsten eifersüchtig, wenn die englische Prinzessin um ihre Ansicht gebeten wurde, sie dagegen nicht. »Ich habe keine Meinung zu solch langweiligen Dingen«, sagte sie ruhig.

Ein ernstes Problem ergab sich ganz unerwartet in jener kurzen Spanne zwischen Ernte und Einbruch des Winters, die in diesem Teil der Welt zu kurz ist, um den Namen Herbst zu verdienen. Ein Zauberer, der sich seit einigen Wochen in der Stadt aufhielt, führte auf dem Marktplatz die verschiedensten Kunststücke vor, die immer größere Zuschauermengen anlockten. Gytha hatte ihn mehrere Male gesehen und blieb mitunter sogar stehen, um ihm zuzuschauen, gefesselt von seinen Zauberstücken und rätselnd, wie sie zustande kamen. Sie machte sich kaum Gedanken über ihn, bis Gleb eines Abends bemerkte, er glaube, der Bursche werde zu einer Gefahr für die öffentliche Ordnung.

»Er stellt neuerdings unerhörte Behauptungen auf, und viel zu viele Leute glauben ihm.«

»Ein Schwindler, nichts weiter, und leicht in Verruf zu bringen«, äußerte einer der Bojaren mit einer wegwerfenden Geste.

»Mag sein, aber ich meine, er muß beobachtet werden«, erwiderte Gleb. »Er könnte Ärger machen.«

Der Ärger ließ keine Woche auf sich warten. Der Zauberer, der sich als Wundertäter bezeichnete, begann sich zu rühmen, er sei von Gott Pirun gesandt, um das Volk von Nowgorod zu retten vor der Habgier und den falschen Lehren der Priester von »jenem falschen Gott, den sie den Christus nennen«. Gytha hatte sich nicht vergegenwärtigt, wie dünn die Tünche des Christentums das Heidentum vieler Nowgoroder überdeckte, aber jetzt sah man es deutlich an der großen Zahl der Nowgoroder, die zusammenströmten, um den Wundertäter zu hören, und ihn zu noch größeren Polemiken und schärferen Verdammungen anfeuerten, während er schreckliches Unheil prophezeite, sofern die Menschen nicht auf ihn hörten, und täglich wilder und verstiegener in seinen Voraussagen und Behauptungen wurde.

Gleb beobachtete die Vorgänge genau und rief eines Abends seine Freunde und Ratgeber kurzfristig zusammen, um zu besprechen, was zu tun sei. »Ich bat Bischof Fjodor, ebenfalls zu kommen«, sagte er, »aber dieser Wundertäter hat ihn zu einem Kräftemessen für morgen herausgefordert, und er läßt mitteilen, daß er die Nacht mit Gebet und Meditation verbringen will. Ich glaube, der morgige Tag wird der Wendepunkt sein, zum einen oder zum anderen.«

Der *Posadnik*, in sein prächtigstes Gewand gekleidet, die Amtskette auf dem kostbaren Tuch schimmernd, hob zaghaft die Hand, und Gleb forderte ihn mit einem Nicken auf zu sprechen. »Mein Fürst«, begann er, indem er sich erhob und gleich wieder setzte, als Gleb ihm mit der Hand ein Zeichen gab. »Mein Fürst, ich fürchte morgen um das Leben des Bischofs und um unsere geliebte Sophienkathedrale. In der Tat fürchte ich um alle unsere Kirchen und alle unsere Priester! Die unwissenden *Smerdi* und die Tagelöhner der Stadt sind diesem Wundertäter geradezu verfallen, und ihre Verehrung geht so weit, daß die meisten von ihnen ihre Werkzeuge niedergelegt haben und sich weigern zu arbeiten. Sie planen einen großen Aufruhr für morgen, da der Wundertäter behauptet, daß er trockenen Fußes über die Wasser des Flusses schreiten wird, um zu beweisen, daß er so groß wie unser Herrgott sei. Meine – äh – meine Mittelsmänner berichten mir, daß die Leute offen darüber reden, danach den Kreml zu stürmen, den Bischof zu kreuzigen und alle Priester und Mönche der Sophienkathedrale als Opfer an ihren neuen Gott zu verbrennen. Sie sagen auch, daß Sie – daß das Fürstentum Nowgorod usurpiert worden sei und daß Pirun zornig sei und den echten Fürsten wieder auf seinen – äh – rechtmäßigen Platz ...«

»Womit wohl mein lieber Vetter Swjatopolk gemeint ist«, sagte Gleb. »Mit anderen Worten, sie behaupten, ich hätte Swjatopolks Fürstentum an mich gerissen.«

»Hm – äh – ja«, bejahte der *Posadnik* widerstrebend und sah ihn entschuldigend an. »Sie haben vor, den Palast anzugreifen, wenn sie mit dem Kreml fertig sind, und den – äh – den Usurpator und die – die ausländische Hexe zu verbrennen ...«

»So? Welche denn? Die Kumanin oder die Warägerin?« fragte Gleb mit beißender Ironie.

»Das weiß ich nicht genau.« Der *Posadnik* bedachte Gytha mit einem unsicheren, knappen Lächeln, als wollte er sich bei ihr für die Unvernunft der Stadtbevölkerung entschuldigen. »Unsere Hauptleute werden ihnen nicht Einhalt gebieten können, und ich weiß nicht, ob wir uns auf die Miliz verlassen können, deshalb muß ich Ihre *Druschina* um Hilfe bitten ...«

»Ausgeschlossen!« erklärte Gleb entschieden. »Die *Druschina* des Fürsten von Nowgorod besteht, um die Menschen Nowgorods zu schützen, nicht, um sie zu bekämpfen und zu töten, und dazu würde es kommen, wenn wir einen Aufruhr gewaltsam unterdrücken wollten. Kommt, laßt uns nachdenken! Dieser Bursche prophezeit, daß er auf dem Wasser gehen wird, und vermutlich weiß er einen Trick, damit es den Anschein hat, als könnte er es wirklich, und das wird das Signal für die Zerstörung unserer Sophienkathedrale sein, des Stolzes und Ruhmes unserer Stadt, von der Ermordung unseres frommen Bischofs ganz zu schweigen. Wie können wir das verhindern?«

Anwesend waren mehr als vierzig der führenden Bojaren und Kaufleute, die zu den fähigsten Köpfen der Stadt zählten, aber sie schauten einander zweifelnd und mit wachsender Hoffnungslosigkeit an und schüttelten trübsinnig die Köpfe.

»Vielleicht könnte ich mich verkleidet unter das Volk mischen und nahe genug an den Wundertäter herankommen, um ihn zu töten ...«, bot Onesifor, der Hauptmann der *Druschina,* zögernd an.

»Wenn Sie ihn ermorden, machen Sie ihn zum Märtyrer und sich selbst zweifellos ebenfalls, und die Leute werden nach Rache dürsten«, hörte Gytha sich sagen. »Sie würden besser daran tun, ihn in Verruf zu bringen.«

»Sie haben recht, aber wie?« Gleb kaute an seinem Schnurrbart.

»Vielleicht bringt er sich selbst in Verruf, wenn es ihm nicht gelingt, auf dem Wasser zu gehen ...«, begann Onesifor hoffnungsvoll.

»Aber vielleicht gelingt es ihm doch!« erwiderte Gleb scharf. »Er wäre nicht so dumm, es anzukündigen, wenn er nicht sicher wäre, daß sein Trick gelingt, und dann wird es zu spät sein, sich etwas einfallen zu lassen!«

»Es gibt eine Geschichte in England«, begann Gytha zögernd in der darauf folgenden Stille, während sie sich auf eine schattenhafte Erinnerung besann. »Es war ungefähr zu der Zeit, als unser Volk noch heidnisch war und die ersten Missionare kamen. Einer von ihnen namens Paulinus fand Gehör bei einem König im Norden des Landes und reiste mit dessen Hof umher. Eines Tages brachen sie zu einer Reise auf und trafen auf eine Krähe, die auf einem Baum saß und krächzte. Das ganze Gefolge hielt an, und der König sagte, sie müßten umkehren, denn die Krähe prophezeie ihnen Unheil. Paulinus nahm Pfeil und Bogen von einer der Wachen des Königs und schoß die Krähe ab. ›Ein armseliger Prophet, der den eigenen Tod nicht vorhersehen kann!‹ sagte er, und sie setzten die Reise fort.« Sie brach abrupt ab, da sie zum Ende der Geschichte gekommen war, und bemerkte, daß die meisten Anwesenden über diese belanglose Volkssage ungehalten die Stirn runzelten. »Ich meine, Sie müssen ihn irgendwie in Verruf bringen«, wiederholte sie ängstlich.

Gleb starrte sie an, während sich ein Lächeln auf seinem Gesicht andeutete. »Ich habe mich oft gefragt, warum die Heilige Weisheit weiblichen Geschlechts ist!« rief er aus. »Ich glaube, jetzt weiß ich, warum! Danke, meine Freunde, für Ihren Rat und Ihre Zeit. Ich weiß, was ich mit dem Wundertäter anfange. So, wie steht es mit dem Streit um die Ausbesserung des Walls im Töpferviertel?«

Gytha war genauso verwirrt wie alle anderen, doch Gleb schien ganz zuversichtlich, und an jenem Abend wurde nicht mehr vom Wundertäter gesprochen.

Kaum war am Morgen die Dämmerung angebrochen, als die Menschen sich schon auf dem Marktplatz zu versammeln begannen. Ein Bote Glebs rief Gytha zum Portal, das den Platz am zeremoniellen Eingang zum Palast überblickte, wo sie Anastasia fand, gähnend und nicht in ihrer gewohnten guten Laune, sowie eine stattliche Abordnung des fürstlichen Haushaltes. Gleb selbst stand mit nicht mehr als einem Dutzend *Druschinniki* im Gefolge auf der obersten Stufe der Treppe, die zum Marktplatz führte.

Als die Sonne aufging, erschien der Wundertäter in einem eigenartigen purpurnen, mit Sternen besetzten Gewand und einem hohen karmesinroten Hut. Er wurde von einer Schar hübscher Mädchen in weißen Kleidern begleitet, die Blumen vor ihm streuten, während er hochmütig über den Platz schritt, zu einem Punkt auf halbem Weg zwischen dem Palast und der Brücke, wo eine über den Fluß ragende Plattform errichtet worden war.

»Ah, der Usurpator Gleb! Bist du gekommen, um dich zu Piruns Anhängern zu gesellen?« schrie er in höhnischem Ton.

»Ich bin gekommen, um zu sehen, wie du dich zum Narren machst!« schrie Gleb zurück. »Meine Männer werden dich herausfischen, bevor du ertrinkst!«

»Jetzt magst du noch lachen! Was wirst du tun, wenn ich meine Macht zeige und über die Fluten des Wolchow schreite, als wären sie trockenes Land?«

»Wenn ich dich das tun sehe, werde ich glauben, daß du die Wahrheit gesagt hast«, erwiderte Gleb. Er hörte sich bemerkenswert ehrlich und vernünftig an, wenn man bedachte, daß die Unterhaltung wegen der großen Menge auf dem Platz gebrüllt wurde.

»Dann komm näher, damit du besser siehst!« lud ihn der Wundertäter ein.

Gleb stieg die Treppe hinab und ging in seinem gewohnten gemächlichen, beschwingten Schritt die kurze Strecke zur Plattform, während die Menschen ihm Platz machten, wie sie es stets getan hatten, denn seine Haltung war zuversichtlich und königlich wie immer. Der Morgen war frostig, und Gleb trug die übliche pelzbesetzte Mütze und einen umfangreichen Umhang mit Pelzsaum und Pelzkragen, der um ihn schwang, während er hoheitsvoll durch die Menge schritt. Die Handvoll *Druschinniki* folgten, zwei und zwei, einige Schritte hinter ihm, wie sie es stets taten.

Als er die Plattform erreichte und hinauftrat neben den Wundertäter, blickte er zur Brücke hinüber, und wie auf ein Stichwort erschien dort eine einsame Gestalt, die sich langsam von der Sophienseite herüberbewegte, um am Brückenkopf stehenzubleiben. Es war Bischof Fjodor in seinem kostbarsten Chorrock, seine juwelenbesetzte Mitra funkelte in der Morgensonne, und seine Hand im weißen Handschuh umfaßte den Schaft seines Bischofskreuzes. Als die Menge auf ihn aufmerksam wurde, rief er mit lauter, deutlicher und für einen so alten Mann erstaunlich mächtiger Stimme: »Wer immer an den Zauberer glaubt, möge ihm folgen, aber wer auf Christus vertraut, möge zum Kreuz kommen!«

Gemurmel, das zu einem Knurren anschwoll, lief durch die Menge. Der *Posadnik* und das *Wetsche* marschierten hinüber, um sich dem Bischof anzuschließen, und einige der älteren Kaufleute gingen mit ihnen. Die meisten aus Glebs Bojarenrat hatten sich beim Palast versammelt, und sie bewegten sich in fest geschlossenen Reihen über den Platz zur Brücke. Gleb bedeutete seiner kleinen Leibwache, ebenfalls zu gehen, was sie auch tat, aber mit sichtlichem Widerwillen, ihren Fürsten allein zu lassen. Gleb blieb, wo er war, bekreuzigte sich jedoch mit einer theatralischen ausholenden Geste, um zu zeigen, wem seine Treue galt. Gytha holte tief Luft, trat vor und rauschte die Treppe hinunter auf den Platz. Sie war sich nebelhaft bewußt, daß andere ihr folgten. Dankbar, daß sie einen prächtigen Kaftan und juwelenverzierten *Kokoschnik* wie zum Kirchgang trug, hielt sie den Kopf hoch, so daß sie königlich aussah, und ihr geschminktes Gesicht verbarg, ob sie bleich geworden war oder nicht. Das Stadtvolk wich aus Gewohnheit zurück, als sie majestätisch durch die Menge schritt, um sich zu dem

Bischof zu gesellen. Fjodor grüßte sie mit einem Segen und einem milden Lächeln, ganz so, als wäre es eine gewöhnliche Begegnung in der halbdunklen Herrlichkeit seiner Kathedrale.

»Du sagst, du kannst die Zukunft voraussagen?« Glebs klar schallende Stimme klang wißbegierig und zog die Blicke aller wieder zur Plattform am Flußufer.

»Alle Dinge, vergangene, gegenwärtige und zukünftige, werden mir offenbart!« verkündete der Wundertäter.

»Du meinst, du weißt, was morgen geschehen wird?« fragte Gleb scheinbar tief beeindruckt.

»Was dir und allen Menschen widerfahren wird!«

»Und dir selbst auch?«

»Selbstverständlich.«

»Dann weißt du also auch, was in den, sagen wir, nächsten fünf Minuten geschehen wird?« fragte Gleb beharrlich weiter, noch immer so laut er konnte, während jeder in der großen Menge schwieg und, offenbar in der Meinung, der Fürst werde gerade zum Glauben an den Wundertäter bekehrt, gespannt zuhörte.

»Ich werde Wunder wirken!« rief der Zauberer hochtrabend, während er die Arme in einer grandiosen Geste der Allmacht ausbreitete, so daß sein Gewand nach den Seiten ausschlug wie Flügel. Er hatte den Kopf zurückgeworfen, und sein Gesicht, das über die Köpfe seiner Anhänger hinwegblickte, leuchtete vor Zuversicht und Jubel.

Gleb führte mit einer ganz natürlichen Geste seine Hand an die Kehle und zog an den Bändern seines Umhangs, der auf den Boden fiel und plötzlich enthüllte, daß er eine Halsberge aus glitzerndem Kettenpanzer trug und sein linker Arm, zuvor unter dem Umhang verborgen, eine Streitaxt an seiner Hüfte hielt. In gemächlicher, beinahe spielerischer Weise packte er den Griff der Axt mit beiden Händen, schwang sie weit ausholend mit der ganzen Kraft seiner starken Arme und schlug dem Wundertäter den Kopf von den

Schultern. Ein Blutstrahl spritzte für einen Augenblick aus dem durchtrennten Hals, dann fiel der Leib des Zauberers in einem Bündel aus Purpur, Silber und fließendem Scharlachrot in den Fluß und trieb mit der Strömung davon.

»Falscher Prophet!« brüllte Gleb triumphierend in die Stille der wie gelähmten Menge. »Er konnte nicht einmal den eigenen Tod vorhersagen!«

Fjodor stimmte in seiner klaren, tragenden Stimme gleich einer silbernen Trompete einen Psalm des Dankes an, und die Menge um ihn fiel ein. Allmählich schwoll der Gesang an, während sich immer mehr Städter hastig von den getäuschten Dummköpfen absetzten und versuchten, sich selbst und alle anderen davon zu überzeugen, daß sie von Anfang an auf der Seite des Bischofs gestanden hatten.

Als der Psalm endete, ermahnte Fjodor die Leute, in ihren eigenen Kirchen um Vergebung zu beten, und die Menge löste sich langsam in schamrote Gruppen auf und zerstreute sich auf die vielen Kirchen zu, deren Glocken begannen, sie zum Gebet zu rufen. Gleb stand anmutig in der Haltung eines ruhenden Kriegers auf die Streitaxt gelehnt da und beobachtete sie mit einem ein wenig boshaften Lächeln auf seinem normalerweise gutmütigen Gesicht. Er nickte feierlich und anerkennend, als viele Menschen, die dem Zauberer zugejubelt hatten, stehenblieben, um ihm dafür zu danken, daß er ihnen die Augen geöffnet hatte.

Auch Gytha schaute zu, entdeckte viele bekannte Gesichter, von denen die meisten ängstlich und schuldbewußt aussahen, und sie wunderte sich über die Leichtgläubigkeit normalerweise vernünftiger Händler und Handwerker, den Tricks des Wundertäters auf den Leim gegangen zu sein. War es wirklich ein Wiederaufleben des Heidentums gewesen, überlegte sie, oder lag der Schlüssel zum Erfolg des Mannes in seinem Angriff auf Glebs Recht, die Stadt zu regieren? Falls Wsewolod und Swjatoslaw sich verschworen hatten, um Isjaslaw aus Kiew zu vertreiben, dann hatte ihre

Verschwörung vermutlich auch bewirkt, daß Swjatopolk aus Nowgorod vertrieben worden war – aber mit oder ohne Einverständnis der Stadtbevölkerung? War das der Grund ...

Ihre Gedanken wurden jäh unterbrochen, als sie Jekaterina erblickte, nicht in ihrem höfischen Kleid mit dem juwelenverzierten *Kokoschnik* um ihr reizendes Gesicht, sondern mit einem schlichten schwarzen Umhang und Kopftuch. Im ersten Augenblick glaubte sie, sich getäuscht zu haben – es war nur eine einfache Frau, die zufällig so ähnlich wie ... Nein, es *war* Jekaterina, mit weißem Gesicht, starrenden Augen und Tränen, die ihr über die Wangen liefen. Gerade als Gytha sich vergewissern wollte, zog die Frau ihr Kopftuch vors Gesicht, verschwand in der Menge und ließ Gytha mit dem lebhaften Bild eines verzweifelten Menschen zurück.

Als sich der Platz fast geleert hatte, sprach Fjodor einen Segen für die Stadt und schritt über die Brücke zurück, so aufrecht und energisch wie ein Mann von der Hälfte seiner Jahre. Die Bojaren zogen in Gruppen schwatzend davon, und der *Posadnik* und seine Begleiter verneigten sich tief vor Gytha und eilten zum Haus des *Posadnik,* ganz gewiß, um sich bei gutem Bier schneller von den Aufregungen des Morgens zu erholen. Gytha fand sich allein mit dem halben Dutzend *Druschinniki,* Mildyth, Jewpraksija und ihren anderen Damen und, zu ihrer Überraschung, Anastasia und ihrem Gefolge.

»Was für ein gräßlicher Morgen! Ich gehe sofort wieder ins Bett!« erklärte Anastasia entschieden und machte sich unverzüglich zum Palast auf, während ihre Damen ihr nacheilten. Onesifor, der sich unter den anwesenden *Druschinniki* befand, bot Gytha den Arm und geleitete sie feierlich nach Hause. Als sie an der Plattform am Flußufer vorbeikamen, gesellte sich Gleb zu ihnen.

»Ein hervorragender Einfall von Ihnen, Gytha!« sagte er. »Nicht, daß Sie die Methode genau beschrieben hätten, aber

Sie haben mir gesagt, wie ich ihm die Glaubwürdigkeit nehmen kann, und, bei Gott, es hat geholfen!«

Gytha, die den Kopf des Zauberers erblickt hatte, der sie mit blinden Augen anstarrte, verspürte eine leichte Übelkeit, doch als sie das Gesicht abwandte, hatte sie Glebs blutverschmierte Streitaxt vor Augen und fühlte sich noch schlechter. Sie kehrte in ihre Gemächer zurück und blieb still sitzen, bis ihr Magen sich beruhigt hatte, dann ließ sie einen Schlitten kommen und fuhr, nur von Mildyth und Jewpraksija begleitet, zu Sadkos »kleiner Holzkirche hinter dem Handelshof der Deutschen«. In Wirklichkeit war es ein großer, schöner Bau mit fünf helmförmigen Kuppeln, die mit vergoldeten Holzschindeln bedeckt waren wie mit goldenen Tannenzapfen, und einer Fülle von Giebeln, die wie *Kokoschniki* geformt waren. Innen war sie mit einigen herrlichen Wandbehängen, reichverzierten kupfernen Kerzenständern und einer vergoldeten Ikonostase ausgestattet. Der Priester war Mönch und infolgedessen besser ausgebildet und ein eindrucksvollerer Prediger als der durchschnittliche Gemeindepriester. Er hielt eine unvorbereitete Predigt über falsche Propheten und pries darin vorbehaltlos Glebs Tat, indem er zur Bekräftigung eine Reihe von Bibelstellen anführte, die dafür sprachen, und Gytha fühlte sich danach nicht mehr so erschüttert. Er hob auch hervor, daß Sünder, die ihre bösen oder törichten Taten bereuen, Gottes Gnade dank der Fürsprache Christi und der Heiligen gewiß seien, sofern sie keine Anstrengung scheuten, sich nicht noch einmal durch die Ränke des Teufels auf Abwege locken zu lassen.

Gleb rief seinen Rat an jenem Nachmittag zu einer besonderen Sitzung zusammen, um die Ereignisse des Morgens zu besprechen. Gytha nahm widerstrebend teil, weil sie sich schuldig fühlte, daß ein Mensch als Folge ihres Vorschlags gestorben war, doch Gleb war mit sich und allen anderen zufrieden und legte großen Wert darauf, ihr für den guten Rat zu danken.

»Nun, hier ging es eindeutig um mehr als einen einzelnen Verrückten, der versuchte, unsere Religion und unsere Herrschaft zu zerstören«, fuhr er fort. »Es drehte sich hier um zweierlei. Der erste Punkt ist das plötzliche Aufwallen des Heidentums und das Gerede von Pirun, dem sogenannten Donnergott. Offensichtlich gibt es in der Stadt ein ziemlich großes Nest heidnischer Schlangen, und Bischof Fjodor hat die Absicht, sie zur Strecke zu bringen – oder, wie er es ausdrückt, die verirrten Schafe aufzuspüren und gütig in den Schoß der wahren Kirche zurückzuführen. Nach dem zahlreichen Besuch in allen Kirchen heute morgen zu urteilen, sind die meisten gräulichen Schafe bereits wieder in den Schoß zurückgekehrt, aber irgendwo muß es noch einige richtig schwarze geben. Bischof Fjodor wird Hilfe von Ihrer Miliz und Ihren Hauptleuten brauchen, um sie zu finden und zur gründlichen und nachhaltigen Unterweisung gütig in die Klöster zu geleiten.«

Der *Posadnik* blickte die anderen anwesenden Mitglieder des *Wetsche* an, und alle nickten zustimmend.

»Der andere Punkt war die Behauptung, ich hätte Nowgorod an mich gerissen«, fuhr Gleb fort. »Vermutlich bezieht sich das auf die Tatsache, daß Nowgorod, als Isjaslaw auf das Fürstentum Kiew verzichtete und mein Vater es als der nächste Bruder erbte, an den ältesten Sohn des neuen Fürsten, nämlich mich, überging, wie es immer der Brauch gewesen war. Dies weckt in mir den Verdacht, daß mein Vetter . . .«

Er brach ab, als die Tür aufging und Onesifor eintrat, sich verbeugte und an Glebs Seite eilte.

»Wir fanden seine Unterkunft«, sagte er leise. »Niemand hatte gewagt, sich ihr zu nähern – alles war unberührt. Wir fanden das hier im doppelten Deckel einer hölzernen Kleidertruhe versteckt.« Er reichte Gleb eine kleine Pergamentrolle.

»Ha!« rief Gleb, noch bevor er sie aufgerollt hatte. »Nicht in Rußland geschrieben – wir verschwenden kein gutes Pergament für Briefe! Ah, ja!« bemerkte er, während er rasch den Inhalt überflog. »Wie ich schon sagte, hege ich den Verdacht, daß mein Vetter Swjatopolk etwas mit der Sache zu tun hatte, und hier ist ein Brief meines Onkels Isjaslaw an den Wundertäter, in dem er diesem befiehlt, Nowgorod im Namen Swjatopolks in seine Gewalt zu bringen. Hm – dies ist interessant – hören Sie – hier heißt es: ›Vergessen Sie nicht, meine Mittelsperson, von der ich Ihnen bei unserer letzten Begegnung erzählte, vor allen Ihren Handlungen zu Rate zu ziehen, und unternehmen Sie nichts hinsichtlich der Wiederherstellung der Stadtregierung ohne die volle Billigung jener Mittelsperson.‹ So, wer zum Teufel ist der Mittelsmann?«

Sein Blick wanderte von einem Gesicht im Saal zum anderen, als er den Brief dem *Posadnik* gab, der ihn las und an seinen Nebenmann weiterreichte. Der Brief ging durch den ganzen Saal, während Gleb die Mitglieder seines Rates musterte, doch sichtlich in keinem von ihnen einen Spion Isjaslaws erkennen konnte.

Gytha saß nachdenklich da und versuchte sich zu erinnern, dann sagte sie schüchtern: »Ich glaube, ich weiß, wer es ist!«

Gleb hob die Hand, um ihr Einhalt zu gebieten, und sagte scharf: »Nennen Sie keinen Namen, wenn Sie nicht gute Gründe haben, die eine Beschuldigung rechtfertigen!«

»Ich habe gute Gründe.« Gytha war jetzt ganz sicher. »Es ist Fürstin Anastasias Kammerfrau Jekaterina.«

»Eine Frau?« sagte der *Posadnik* zweifelnd.

»Ja. Ich hörte sie mit – mit jemandem reden...« Sie erklärte, wie sie zufällig am Morgen vor ihrem Hochzeitstag in der Kirche das Gespräch durch einen Schallkrug mitgehört hatte.

»Ich hatte dieselben zwei Personen schon früher heimlich miteinander reden gesehen, und ich bin sicher, daß Jekaterina die Frau war. Als der andere gegangen war, sagte sie, er sei ein Narr, und fügte hinzu: ›Wenn mein Fürst kommt und mein Gott herrscht, werden du und die Deinen keinen Platz in diesem Leben haben!‹ Ich denke jetzt, sie muß von Fürst Swjatopolk und Pirun gesprochen haben.«

»Haben Sie es Ihrem Ehemann berichtet?« fragte Gleb. »Mir haben Sie es bestimmt nicht gesagt.«

»Ich hielt es nicht für wichtig. Sie hatten davon gesprochen, meine Hochzeit zu vereiteln«, erwiderte Gytha und dachte dabei, sie müsse sich auffallend töricht anhören. »Ich glaubte, daß sie wenig ausrichten könnten, da ich vorgewarnt war, und ich wollte keinen Ärger zwischen meinem Mann und – und jemand anderem verursachen, besonders gerade damals nicht ... ich behielt es für mich, und ich bin auf der Hut gewesen vor allem, was daraus hätte werden können.«

Gleb sah sie scharf an, dann schlug er plötzlich mit der Faust auf die Armlehne – eine gewohnheitsmäßige Geste, die der fein geschnitzten Elfenbeinverzierung bereits sehr geschadet hatte. »Jekaterina! Die schwarzhaarige Frau, die aus Tmutorakan kam! Bei Gott, es hätte mir auffallen müssen, als sie diese Geschichte über Ihren Vater verbreitete! Katja Andrejewna, oder ich bin ein Silberbulgare!«

Alle andern im Saal blickten völlig verständnislos drein, nur Onesifor nicht, dessen Stellung bei Hofe ihm viel mehr Wissen um die persönlichen Angelegenheiten der fürstlichen Familie verschaffte. Er schaute nun ängstlich Gytha an und biß sich auf die Lippe.

»Sie kennen die Frau, Onesifor«, sagte Gleb zu ihm. »Machen Sie sie ausfindig. Fangen Sie im *Terem* an, aber ich bezweifle, daß sie noch da ist. Vermutlich ist sie inzwischen schon aus der Stadt geflohen.«

»Sie hat ein Kind – ein kleines Mädchen, glaube ich«, warf Gytha ein. »Wenigstens behauptet sie, ein Kind zu haben, das sie in der Stadt in Pflege gegeben hat, aber ich habe es nie gesehen ...«

»Ein kleines Mädchen. Ich habe es gesehen«, erklärte Onesifor bestimmt.

»Also gut«, sagte Gleb, als sein Hauptmann gegangen war, »Dank Ihnen allen für die Hilfe heute morgen und für Ihr Kommen heute nachmittag. Der Hof ist aufgelöst bis zu unserer nächsten gewohnten Sitzung.«

»Einen Augenblick noch«, sagte der *Posadnik,* der zur Rechten Glebs stand, um seine Meinung im Namen der Bürger zu äußern – schließlich kam Gleb nur das Recht zu, das *Wetsche* zu *beraten,* nicht aber, es zu leiten. »Die Frau sprach mit jemandem. Weiß Fürstin Gytha, wer es war, und sollten wir es nicht wissen? Er könnte in die Sache verstrickt sein.«

»Ich weiß, wer es war, und ich gebe Ihnen mein Wort, daß er nichts mit den heutigen Streichen zu tun hatte«, erwiderte Gleb rasch. »Ihre Sorge ist im Augenblick eher, die schwarzen Schafe des Bischofs ausfindig zu machen, den geheimnisvollen Fremden können Sie mir überlassen.«

Onesifors Männer konnten nirgendwo in der Stadt eine Spur von Jekaterina finden, und man nahm an, daß sie geflohen war. Um die zwanzig Heiden wurden zusammengetrieben und in kleinen Gruppen zu den verschiedenen Klöstern gebracht, um über die Verirrung ihres Glaubens belehrt zu werden. Bischof Fjodor äußerte seine Ansicht, daß es wahrscheinlich noch mehr gab, aber in einer so großen Stadt war es schwierig, Personen zu finden, die entschlossen waren, sich versteckt zu halten.

Während der folgenden Woche stattete Gytha dem Markt einen ihrer regelmäßigen Besuche ab, um Seidenstoffe und Garn für ihre Stickerei zu suchen. Sie stellte fest, daß die Ereignisse der vergangenen Woche sie bei den Händlern anscheinend beliebter denn je gemacht hatten, was ihr ein gewisses schmerzliches Vergnügen bereitete. Sie war jedoch entzückt, als ein kleines Mädchen von drei oder vier Jahren sie zwischen den Ständen aufhielt, um ihr einen dicken Wildblumenstrauß anzubieten. Sie waren schon ein wenig verblüht, da die ersten Fröste eingesetzt hatten, aber die Geste war gut gemeint.

»Wie lieb von dir!« rief sie aus, während sie sich zu dem Kind bückte. »Sie sind fast so hübsch wie du!«

Das Kind war in der Tat sehr hübsch, mit großen dunklen Augen in einem hellhäutigen pausbackigen Gesicht, rosigen Lippen und einer Fülle blaßgoldener Locken, die über ihre Schultern fielen. Sie lächelte Gytha scheu an und vertraute ihr an: »Meine Mama sagt, daß du eine echte Prinzessin bist und daß ich auch eine sein sollte.«

»Gewiß, ich bin sicher, daß du ihre kleine Prinzessin bist«, erwiderte Gytha freundlich. »Wie heißt du, Liebes?«

»Wassilia Wladimirowna«, antwortete das Kind, wobei es ein wenig über die fünf Silben des Vatersnamens stolperte.

»Und wo ist deine Mama?«

Das Kind deutete hinter sich, und Gytha erhob sich, als eine reich gekleidete Frau vortrat. Sie war verschleiert, doch das überraschte Gytha nicht, da viele Bojarinnen Schleier trugen, wenn sie ausgingen.

»Ihre Tochter ist sehr hübsch«, sagte sie freundlich. »Sie und Ihr Mann müssen sehr stolz auf sie sein.«

»Ich habe keinen Mann«, erwiderte die Frau in einer heiseren gedehnten Sprechweise, die Gytha nur zu vertraut war.

»Jekaterina?« fragte sie und schaute sich nach einem *Druschinnik* oder einem der Stadtkommandanten um, aber es war keiner zu sehen.

»Versuchen Sie nicht, mich verhaften zu lassen.« Jekaterina schien belustigt. »Ich würde Ihnen doch verraten müssen, wer der Vater des Kindes ist. Das wäre sehr peinlich für Sie – und für ihn!«

»Was wollen Sie damit sagen?« fragte Gytha gezwungen, aber der Ton der Frau und dazu der Name und Vatersname des Kindes hatten ihr bereits die Antwort gegeben.

Jekaterina bestätigte dies sogleich. »Wie schwer würde es Ihrem frommen Gemahl fallen zu erklären, wieso seine Geliebte, die Mutter seines Kindes – seines einzigen Kindes –, in eine Verschwörung zum Sturz des Fürsten Gleb verwickelt werden konnte! Wer würde dann noch seinen Beteuerungen glauben, nicht den Wunsch zu hegen, selbst Nowgorod zu regieren?«

»Sie behaupten, daß Fürst Wladimir der Vater Ihrer Tochter ist?« hörte Gytha sich ganz ruhig sagen. »Und wenn er es ist? Wir wissen, daß er nichts mit den Machenschaften des sogenannten Wundertäters zu schaffen hatte. Fürst Isjaslaw steckte dahinter.«

Jekaterina zog ihren Schleier mit einer anmutigen Geste zur Seite und sagte lächelnd: »Vielleicht dachte das der Wundertäter, aber hat Fürst Isjaslaw den Brief geschrieben, oder war es eine Fälschung?«

»Was wollen Sie?« fragte Gytha offen.

»Von Ihnen? Nichts. Sie haben nichts auf der Welt, was ich wünschen könnte.« Jekaterinas Blick wanderte langsam von Gythas Gesicht zu der Stelle unterhalb der Taille, wo ihre Rökke gerade hingen und keine vielsagende Wölbung bedeckten. »Nichts«, wiederholte sie. »Einen guten Tag, Fürstin.« Sie deutete spöttisch einen Knicks an, ließ den Schleier über ihr Gesicht fallen, nahm das Kind an der Hand und ging fort, um plötzlich zwischen zwei Ständen zu verschwinden.

»Wo ist sie?« keuchte Jewpraksijas Stimme direkt hinter Gytha. »Ihr nach, ihr Narren! Laßt sie nicht entwischen!«

Zwei von Gythas eigenen *Druschinniki* rannten ihr nach und begannen, zwischen den umlagerten Marktständen zu suchen, während Jewpraksija die Hände an die Rippen drückte und versuchte, wieder zu Atem zu kommen.

»Ich lief um Hilfe, sobald ich hörte, wer sie war«, keuchte sie. »Ich dachte, es hätte keinen Sinn, die Händler zu bitten – sie sind alle Ausländer hier.« Das stimmte, da dieser Teil des Marktes den Sirkländern und Bulgaren vorbehalten war.

»Macht nichts«, sagte Gytha geistesabwesend. »Danke, daß Sie es versucht haben.« Sie dachte an das, was Jekaterina von dem Kind gesagt hatte. Die Andeutung, Wladimir stecke hinter dem Wundertäter, tat sie ab, ohne einen weiteren Gedanken zu verschwenden. »Deshalb war sie so lange fort und behauptete, das Kind sei krank«, sagte sie laut. »Sie wollte Wladimir nicht begegnen.«

»Was meinen Sie?« fragte Jewpraksija sichtlich verwirrt. »Was hat Fürst Wladimir mit dieser Frau zu tun?«

»Genau das meine ich«, erwiderte Gytha knapp. »Ich glaube, ich habe alles, was ich brauche. Wir gehen jetzt nach Hause, Jewpraksija.«

Sie sagte sich einigermaßen ruhig, daß Wladimir ihr mitgeteilt hatte, es hätte andere Frauen vor ihr gegeben, und wenigstens schien er jetzt keinerlei Verbindung mehr mit dieser Katja zu haben.

Aber er hat mir nicht erzählt, daß da ein Kind war, dachte sie. Gewiß muß er seine Tochter sehen, wenn er herkommt... Natürlich konnte sie eine Ähnlichkeit zwischen Wladimirs Lage und der ihres Vaters erkennen. Wenn es nun wieder die gleiche Geschichte wäre – ein Mann, der eine Frau liebte, die ihm seine Kinder geboren hatte, aber wegen der Verpflichtungen seines Ranges gezwungen war, eine andere zu heiraten... Vielleicht wußte Gleb etwas, und sie beschloß, ihn am Morgen um eine Unterredung zu bitten.

»Sie wünschen, mich zu sehen«, sagte er, als sie ihn in seinem Studierzimmer aufsuchte. »Handelt es sich um eine offizielle Angelegenheit?«

»Nein. Ich brauche nur eine Auskunft in einer Sache, die man am besten unter vier Augen bespricht«, antwortete sie. »Die Frau, Jekaterina, trat auf dem Markt an mich heran – ja, die *Druschinniki* wissen davon. Zwei von meinen suchten nach ihr, aber sie verschwand wieder zwischen den Marktständen. Sie hatte ein Kind dabei – ihre Tochter. Sie behauptet, daß Wladimir der Vater ist.«

Gleb biß sich auf die Lippe. »Katja Andrejewna – ja, dann ist es dieselbe Frau. Verdammt!« Er schlug mit der geballten Faust noch härter als gewöhnlich auf die Armlehne, und ein Stück eingelegtes Elfenbein brach ab und fiel klirrend auf den Boden. »Ich hatte keine Ahnung, sonst hätte ich vor langem etwas unternommen.« Er seufzte zornig auf und hielt inne, um an seiner Faust zu saugen und Gytha nachdenklich anzusehen.

»Sie kennen sie demnach?« fragte Gytha. »Ich meine, Sie wissen, daß Wladimir eine Geliebte namens Katja hatte, aber Sie brachten Sie nicht mit der Dienerin Ihrer Frau, Jekaterina, in Verbindung?«

»Sie sind so gefaßt!« rief Gleb bewundernd aus. »Ich hätte hysterische Ausbrüche und Tränen erwartet, wenn Sie herausfänden, daß Ihr Mann früher eine Geliebte hatte!«

»Früher«, wiederholte Gytha mit einer gewissen Erleichterung. »Ich erwartete nicht, die erste Frau in seinem Leben zu sein – oder in seinem Bett –, und er erzählte mir, daß es andere Frauen gegeben hatte ... Ist sie ihm immer noch zu Diensten?«

»Um Himmels willen, nein!« erwiderte Gleb entrüstet. »Er hätte es Ihnen mitgeteilt, wenn er jetzt eine Geliebte hätte. Er ist übertrieben ehrlich, müssen Sie wissen, und er hätte nicht versucht, so etwas vor Ihnen zu verbergen. Nein, Katja Andrejewna ist seit langem Vergangenheit. Er bezahlte sie mehr als großzügig für ihre ausschließlichen Dienste, aber sie vergnügte sich mit einem anderen Mann hinter seinem Rücken und lief mit dem anderen weg – so etwa vor vier Jahren.«

»War er sehr aufgebracht?« fragte Gytha, erleichtert, die eigene Stimme so ruhig zu hören, obwohl sie innerlich aufgewühlt war. Irgendein selbständiger Teil ihres Verstandes bemerkte, daß sie auf Wladimir nicht böse oder von ihm enttäuscht war – er war schließlich ein Mann, und das alles war geschehen, bevor er von ihr auch nur gehört hatte. Was sie vor allem empfand, war Eifersucht auf Katjas außergewöhnliche Schönheit und Furcht, daß ihr viel unauffälligeres Aussehen sich nicht damit messen könnte. Verglich Wladimir sie mit seiner ehemaligen Geliebten? Falls ja, mußte er sie enttäuschend finden.

»Aufgebracht?« erwiderte Gleb nachdenklich. »Das glaube ich nicht. Ich würde sagen, er war eher ärgerlich, aber er sprach nicht viel darüber. Es war ein geschäftliches Abkommen, soviel ich erkennen konnte. Ich glaube nicht, daß sie ihm sehr viel bedeutete.« Er zögerte wieder, überlegte, dann fuhr er fort: »Ich habe Ihnen die ganze Zeit von Oleg erzählen wollen, also warum nicht jetzt?«

»Von Oleg?« Gytha war von dem plötzlichen Wechsel des Themas überrascht. »Ich dachte, wir reden über Katja?«

»Es ist Teil derselben Geschichte«, erwiderte er. »Wie Sie wissen, arbeiten Wladimir und Oleg hervorragend zusammen, aber Wladimir muß sich selbst sehr fest an die Kandare nehmen, damit die Freundschaft erhalten bleibt. Oleg hat die Angewohnheit, ihm Dinge zu stehlen.«

»Stehlen? Wie meinen Sie das?«

»Oh, Oleg gibt nicht zu, daß es Diebstahl ist. Er glaubt, daß Freunde ihren Besitz teilen sollten – was mein ist, soll auch dein sein, wissen Sie. Die Folge ist, daß er, wenn er bei Wladimir etwas sieht, das ihm gefällt, es sich nimmt. Was auch immer – ein Pferd, ein Schwert, einen Mantel, einen Diener...«

»Eine Geliebte«, fügte Gytha, die begriffen hatte, hinzu.

»Ganz recht. Der andere Mann war Oleg. Er nahm sie nach Tmutorakan mit, in seine Stadt, ohne Wladimir ein Wort zu sagen. Er erwähnte die Sache erst Monate später, als sie sich auf einem Feldzug befanden und er von ihr irgendeine Botschaft erhielt.«

»War Wladimir nicht besorgt, als sie verschwand?«

»Ihre Diener teilten ihm mit, daß sie mit einem anderen Liebhaber weggegangen sei – da erst bekam er heraus, daß sie ihn betrogen hatte –, aber sie wüßten nicht, wer es war. Oleg behauptete, er habe es ihm sagen wollen, aber unter dem Druck drängenderer Angelegenheiten vergessen.«

»Was für ein merkwürdiges Verhalten!« rief Gytha aus. »Geht er immer so unbefangen mit Wladimirs Eigentum um?«

»Ja. Machen Sie sich deswegen keine Sorgen. Wladimir weiß ihn zu nehmen, und gewöhnlich bekommt er die Sachen nach wenigen Wochen zurück. Er sagt, Oleg habe ein tiefsitzendes Bedürfnis, ihre Freundschaft auf die Probe zu stellen, oder so etwas. Das einzige, was Sie betreffen könnte, ist, daß Oleg so verrückt sein könnte, Gefallen an Ihnen zu finden, wenn Sie mir folgen können...«

Gytha nickte. »Ja, ich verstehe. Falls er also herkommt, muß ich höflich sein, aber auf Abstand bedacht.«

»So ist es. Ermutigen Sie ihn in keiner Weise, und nehmen Sie keine Einladung an, mit ihm allein auszureiten. Und hören Sie – machen Sie sich keine Gedanken wegen Katja Andrejewna. Es war alles vorbei, bevor Sie herkamen, und sie war bloß eine Frau, die ihm gab, was er manchmal brauchte. Es ist ein hartes Leben, das er führt, und es fällt ihm schwer, sich nach einem langen Sommer ständigen Reitens und Kämpfens zu entspannen.«

»Weiß er von dem Kind?« fragte Gytha.

»Kind? Ich weiß nicht. Ich höre zum erstenmal von ihm, es ist also durchaus möglich, daß er nichts weiß. Ist sie ihm sehr ähnlich?«

»Nein«, erwiderte Gytha nachdenklich. »Überhaupt nicht. Vielen Dank, Gleb.«

Er erhob sich und verneigte sich lächelnd vor ihr, und während er ihr nachblickte, als sie das Zimmer verließ, stand ihm die Erleichterung ins Gesicht geschrieben. Dann rief er nach Onesifor und schickte seine *Druschina* aus, die Stadt noch einmal nach Jekaterina-Katja abzusuchen, doch wieder ohne Erfolg.

Gythas Altartuch war fertig, und sie begann einen Chorrock, für den sie kleine Felder entwarf, die in konzentrischen Reihen darüberlaufen und jeweils einen Heiligen enthalten sollten, unter denen die Vornehmsten die Heiligen Theodor Stratilates, die Brüder Boris und Gleb, Wladimir von Kiew, Basilius der Große, Georg und Nikolaus waren, die Schutzpatrone des Bischofs, Glebs, Wladimirs und ganz Rußlands. Für die Mitte des Rückens zeichnete sie einen Entwurf des Heiligen Kreuzes, von Blumen umkränzt, und gab alle Zeichnungen an Bruder Isak, um seine Billigung einzuholen und seine Anmerkungen zu hören. Er war zufrieden, besonders mit der Auswahl der Heiligen, und obgleich er nichts dazu sagte, bemerkte sie, daß er die kleine Darstellung des Patriarchen Isaak etwas länger betrachtete. Sie hatte sie als Dank für die Hilfe, die er ihr während ihrer ersten Monate geleistet hatte, eigens dazugenommen.

»Bischof Fjodor heißt den Entwurf gut«, fügte er hinzu, als er ihn ihr ein paar Tage später zurückbrachte. »Er meint, Sie hätten wegen Ihres geschickten Umgangs mit der Nadel Dorkas getauft werden sollen. Sie tun ein gutes Werk, indem Sie Ihre Damen mit Arbeiten für die Kirche Gottes beschäftigen. Müßiggang ist aller Laster Anfang!«

Gytha mußte über dieses Echo von Wladimirs Worten lächeln. Mehrere Nachmittage war sie damit beschäftigt, die Vorzeichnungen auf den feinen Stoff, den Sadko eigens für dieses Vorhaben für sie beschafft hatte, zu übertragen und die zu verwendenden Farben und Stiche auszuwählen.

Einige Tage darauf saß sie mit Mildyth und Jewpraksija im Eckzimmer über der Stickerei, von der jede ein anderes Feld begonnen hatte. Sie waren aus der Kirche gekommen und hatten gefrühstückt, die anderen Damen waren ins Badehaus gegangen. Mildyth und Jewpraksija erzählten sich irgendwelche harmlosen Klatschgeschichten, während Gytha vor sich hinträumte und gern gewußt hätte, wo Wladimir sein mochte, was er tat, ob er zufällig gerade an sie dachte, als ein Klopfen an der äußeren Tür einen Boten Glebs ankündigte, der die Fürstin bat, sich in die Amtsstube seines Herrn zu begeben, da soeben eine gute Nachricht eingetroffen sei.

Gytha faltete ihre Arbeit zusammen und legte sie ordentlich auf den Tisch, strich ihr Kleid glatt und warf einen fragenden Blick auf Mildyth, die ihr mit einem Nicken bedeutete, daß ihre Haube gerade saß, denn sie hatte nach der Kirche ihre bequemere warägische Tracht angelegt. Der Bote eilte voraus, während Gytha in einem würdevolleren Schritt folgte – Gleb nannte seine Boten nicht umsonst *Beguni* oder Läufer – und sich fragte, was das für eine Neuigkeit sein mochte. Vielleicht war ein Brief von Wladimir eingetroffen, obgleich Gleb ihr normalerweise jede Mitteilung schickte, die für sie persönlich war, und seinen eigenen Brief aufhob, um ihn beim Essen vorzulesen. Als sie die Tür der Amtsstube erreichte, öffnete der diensthabende *Druschinnik*, verkündete mit einem gebändigten Brüllen: »Fürstin Gita, Herr Fürst« und trat beiseite, um sie vorbeizulassen, dann schloß er die Tür hinter ihr.

Gleb, der sich in seinem großen Sessel räkelte, erhob sich, als sie eintrat, und deutete auf das Fenster, doch es war ein trüber, bewölkter Tag, der Schnee verhieß, so daß wenig Licht durch die doppelten Scheiben aus Marienglas drang, und es dauerte eine ganze Weile, bis sie eine dunkle Gestalt ausmachen konnte, die dort stand und sie ansah. Es war Wladimir. Der freudige Schreck war so groß, daß sie strahlend vor Vergnügen auf ihn zurannte. Dabei rief sie seinen Namen mit einem so spontanen Gefühl der Freude, daß Gleb die Augenbrauen hochzog und ein wehmütiges kleines Lächeln zeigte, vielleicht, weil er dachte, daß er selbst niemanden hatte, der sich jemals so freute, ihn zu sehen.

Wladimirs Arme umfingen sie, und er blickte mit einem kaum merklichen Stirnrunzeln in ihr leuchtendes Gesicht, als wäre er verwirrt. »Deine Augen sind voller Weihnachtskerzen!« sagte er weich. »Bist du so froh, mich zu sehen?«

»Aber ja! Ich bin so glücklich, daß du hier bist! Ich habe eben noch oben gesessen und überlegt, wo du sein könntest, und nun bist du hier! Wie geht es dir?«

»Müde, steif, hungrig und froh, angekommen zu sein. Fühlst du dich wohl?«

Gythas überschäumende Freude fiel bei den letzten vier Worten von ihr ab, und sie senkte die Augen unter dem dunklen, unergründlichen Blick, der ihr Gesicht erforschte. »Es tut mir leid«, flüsterte sie. »Ich habe so sehr gebetet, aber ...«

»Du wirst mich doch nicht für so einen Dummkopf halten, der seiner Frau die Schuld gibt, daß er sie nicht nach dem ersten Versuch schwanger gemacht hat?« fragte er leise. »Gott wird uns Kinder schenken, wann und wenn er es für richtig hält. Wir können daran nichts ändern, und du sollst dir deswegen nicht den Kopf zerbrechen und dich schon gar nicht entschuldigen. Hast du denn meine Antwort auf den Brief, den du mir deswegen schicktest, nicht bekommen?«

»Doch, aber ...« Gytha schaute auf und stellte fest, daß er halb lächelte, halb ängstlich blickte.

»Zerbrich dir nicht den Kopf«, wiederholte er. »Du bist um deiner selbst willen wichtig für mich, nicht bloß wegen deines Vermögens als Zuchtstute.«

»Ein wenig derb ausgedrückt!« merkte Gleb an. »Ihr zwei werdet einander viel zu sagen haben, deshalb will ich dich nicht aufhalten, Vetter. Vielleicht können wir morgen ausführlicher miteinander reden?«

Auf dem Weg zu ihren Gemächern sagte Wladimir: »Gleb erzählte mir, wie sehr er deinen Verstand schätzt. Er hat es auch mehrere Male in seinen Briefen erwähnt – besonders bei dieser Geschichte mit dem Zauberer. Er sagt, du warst die einzige, die mit einem vernünftigen Rat aufwarten konnte.«

»Ich meinte nicht, daß er den Mann töten sollte!« Gytha hörte sich so gequält an, wie sie sich fühlte.

Wladimir, der weit ausschritt, anscheinend ohne zu merken, daß sie Mühe hatte mitzuhalten, blieb abrupt stehen und sah sie mit einem forschenden Blick an. »Gleb ist unter seinem freundlichen Benehmen ziemlich skrupellos. Das gilt übrigens für uns alle, sonst hätten wir nicht so lange überlebt. Rußland kann nicht von einer schwachen Hand gehalten werden, auch Nowgorod nicht!«

»Kein Königreich kann es«, antwortete Gytha. »Alle haben sie äußere Feinde und ehrgeizige Männer im Innern.«

Wladimir erwiderte nichts, sondern umfaßte fest ihre Hand und hielt sie fest, bis sie das Eckzimmer erreichten. Mildyth und Jewpraksija sprangen auf, als sie eintraten, ließen die Stickgarne vom Schoß fallen, warfen einen erschrokkenen Blick auf Wladimir und stürzten mit dem knappsten Gruß aus dem Zimmer, was Wladimir zu belustigen schien. Gytha sammelte automatisch die kostbaren Seidengarne vom Boden auf und legte sie auf den Tisch zu ihrer liegengelassenen Arbeit.

Wladimir nahm eines der Felder in die Hand und musterte es interessiert. »Ist das dein Werk?«

Sie warf einen schnellen Blick darauf und antwortete: »Ja«, denn es stellte den heiligen Basilius dar.

»Es ist wunderschön gestickt!«

»Engländerinnen sind für ihr Geschick in Nadelarbeiten berühmt. Ich bin nicht mehr als gut, am Maßstab von zu Hause gemessen.«

Er legte das Feld hin und sagte mit ausdrucksloser Stimme: »Dann bedeutet England noch immer *zu Hause* für dich?«

Gytha dachte darüber nach, während ihre Finger wie von selbst fleißig eine Spule Seidenfaden aufwickelten. »Nur als ein teurer, längst verlorener Ort, wo ich glücklich war, aber nie mehr hingehen kann. Jetzt ist dies mein Zuhause.«

Nun schien er seinerseits nachzudenken, dann fragte er unvermittelt: »Warst du wirklich so erfreut, mich zu sehen, wie es schien?«

»Ja.«

Er stieß einen leisen Seufzer aus und wandte sich zu der Ikone in der Ecke, wo er ziemlich steif niederkniete, und Gytha ließ das Garn fallen und kniete sich neben ihn. Er schob einen Arm um ihre Taille und zog sie näher, und sie dankten Gott für seine wohlbehaltene Rückkehr. Dann zog er zwei Stühle vor den Ofen, öffnete die Tür und stieß die Scheite darin an, bis sie fröhlich aufflackerten.

»Ich habe so oft an diesen Augenblick gedacht!« begann er, während er die Beine von sich streckte und den Stuhl auf die hinteren Beine kippte. »Ich habe die letzten sieben Monate damit verbracht, in jede Richtung zu ziehen, nur nicht in die richtige, bis ich mich zu fragen begann, ob ich verdammt sei, bis in alle Ewigkeit über die endlosen Ebenen zu reiten. Nowgorod verwandelte sich in einen phantastischen Traum aus Kuppeln und Türmen, in deren Mitte meine Märchenprinzessin versteckt war! Der Haken am Reiten über lange Strecken ist, daß man dabei so viel Zeit zum Nachdenken hat. Ich muß mir Zügel anlegen und mich dazu bringen, daß ich zuerst bete, mir über meine Pläne und andere Möglichkeiten klar werde und erwäge, was ich tun sollte, wenn etwas anderes geschieht, dann in Gedanken wiederhole, was ich gestern getan habe, ob es richtig war, was sich vermutlich daraus ergeben wird und so weiter und so fort. Erst danach darf ich mir erlauben, an die Heimkehr zu denken und an dich...« Er brach ab, als ihm plötzlich bewußt wurde, daß er für seine Verhältnisse eine sehr lange Rede hielt und daß Gytha ihn voller Staunen in ihren großen blauen Augen anschaute.

»Ich – ich hätte nicht gedacht, daß du soviel an mich denken würdest!« stotterte sie, während sie ein flüchtiges Rätseln, ob er jemals in der Vergangenheit so auch an Katja gedacht habe, streng unterdrückte.

»Du bist nie sehr fern von meinen Gedanken. Denkst du jemals über mich nach?«

»Immerzu.«

Er schwieg und schien zu versuchen, sich auf etwas Unerwartetes einzustellen. Nach einer Weile sagte er zögernd: »Es fällt mir nicht leicht, von meinen innersten Gefühlen zu sprechen – fehlende Übung, vermutlich. Meine Mutter starb, als ich noch sehr klein war, und meinem Vater ist nicht wohl, wenn es um Gefühle geht. Es gibt viele Dinge, die ich dir sagen möchte, aber ich weiß nicht, wie ich sie sagen soll.«

Gytha erlebte ein merkwürdiges Gefühl, das irgendwo ganz tief drinnen begann und rasend schnell anschwoll, bis sie kaum noch atmen konnte. Dann kam ein zittriges »Ich liebe dich!« über ihre Lippen.

Wladimirs schmales, ängstliches Gesicht löste sich zu einem Lächeln. »Genau das versuchte ich zu sagen! Jedenfalls ist das der Kern!«

Darauf trat eine längere Stille zwischen ihnen ein, nur unterbrochen von dem Lärm, den Jefrem machte, als er mit dem Gepäck seines Herrn die Treppe hinaufpolterte und dann in dem Raum hinter dem obersten Treppenabsatz hin und her ging, vom leisen Knacken der Scheite, die im Ofen brannten, und vom fernen Gemurmel der Stimmen vom Marktplatz her.

»Warum sitzen wir hier?« fragte er schließlich. »Ich bin todmüde, aber ich glaube, ich kann noch genügend Kraft aufbringen, um bis zu deinem Bett zu taumeln, wenn du mir hilfst. Was meinst du?«

Gytha sagte nichts, bot ihm aber lächelnd einen helfenden Arm und führte ihn zu ihrem Zimmer, wo er bald entdeckte, daß er nicht ganz so erschöpft war, wie er geglaubt hatte. Es verging einige Zeit, bis er mitten in einem Satz einschlief und Gytha sich sehr zufrieden auf einen Ellenbogen stützte, um sich dem Vergnügen hinzugeben, ihn einfach nur anzuschauen. Nach einer Weile schlüpfte sie aus dem Bett, kleidete sich an und setzte sich an den Ofen im Eckzimmer, um ihr Glück auszukosten und an ihrer Stickerei weiterzuarbeiten.

Es war später Nachmittag, als er auftauchte, sie im Vorbeigehen küßte und zum Badehaus ging. Als er wieder erschien, sah er sehr erfrischt aus. Er sagte, da es so spät sei, wolle er jetzt nicht essen, sondern bis zum Abendessen warten, und setzte sich wieder an den Ofen, anscheinend zufrieden, Gytha und ihren Dienerinnen bei ihrer Näharbeit zuzuschauen.

»Bist du heute aus gewesen?« fragte er bald darauf.

»Heute morgen in der Kirche und dann zu einem Gang über den Markt am Nachmittag«, antwortete sie. »Es schneite, deshalb blieben wir nicht lange draußen.«

»Fühlst du dich wohl?« fragte er, nachdem er einige Minuten geschwiegen hatte.

»Sehr wohl.«

»So wohl, daß du eine Reise machen könntest?«

Überrumpelt zögerte sie, denn sie hatte sich noch nicht an die Vorstellung gewöhnt, daß der Winter eine gute Zeit zum Reisen war. In England oder Dänemark blieben die Menschen bei schlechtem Wetter zu Hause und reisten im Sommer, wenn die Straßen trocken waren.

»Wohin?« fragte sie.

»Kiew.«

»Kiew!« wiederholte sie, während ihr Gesicht aufleuchtete. Jedermann an Glebs Hof sprach von Kiew, als wäre es der Mittelpunkt der Welt, und sie hatte oft gewünscht, sie könnte dorthin gehen.

»Mein Onkel und mein Vater möchten dich beide gern kennenlernen, und ich dachte, du würdest vielleicht gern die Stadt sehen«, fuhr er fort. »Es ist eine lange Reise. Im Sommer würde ich dich in Anbetracht der Hitze und der Mücken und der langen Schleppstrecke vom See nach Smolensk nicht bitten, sie zu unternehmen, aber im Winter geht es leicht über die Flußpassage.«

»Sigurth hat von der Flußpassage gesprochen«, sagte sie nachdenklich. »Ich konnte mir nicht vorstellen, was er meinte, bis er es erklärte. Ist es wirklich möglich, den ganzen Weg nach Kiew auf einem Fluß zu reisen?«

»Flüsse.« Er betonte die Mehrzahl. »Fast. Es gibt Abschnitte über Land, aber das sind nur Schleppstrecken, und die Schiffe werden auf Rollen darübergezogen. Sigurth war der Kapitän, der dich von Dänemark gebracht hat? Er ist häufig in Rußland gewesen, ich glaube, ich kenne ihn. Er ist doch der Kapitän mit dem Drachenkopf am Schiffsschnabel?«

»Ja. Er nennt sein Schiff *Sea-Fafnir*, weil der Sigurth in der Sage einen Drachen namens Fafnir erschlug.«

»Er ist viele Male nach Kiew gefahren und sogar nach Konstantinopel, glaube ich, was noch viel weiter ist. Es gehört ein entschlossener Mann dazu, ein Schiff an den sieben großen Stromschnellen unterhalb von Kiew vorbeizuschleppen. Kommst du also mit?«

»Natürlich! Wann brechen wir auf?«

»Nach Weihnachten. Kannst du bis dahin bereit sein?«

»Natürlich.«

Mildyth und Jewpraksija schauten einander abwägend an, in Gedanken wohl schon mit Plänen für neue Kleider und das Packen beschäftigt, und auf ihren Gesichtern zeichnete sich eine Mischung aus Enttäuschung und Erleichterung ab, als er sagte: »Nimm nicht sehr viel mit. Wir können alles, was du brauchst, in Kiew kaufen, wo es eine größere Auswahl gibt. Es ist ein noch größerer Handelsplatz als Nowgorod, und du findest dort Kostbarkeiten aus dem Süden, aus Konstantinopel und Sirkland, ebenso wie Waren aus den Ländern im Westen – vielleicht sogar aus England!«

»Und nichts aus dem Osten?« fragte Gytha, die Überraschung vorspielte.

»Es gibt nichts aus dem Osten, abgesehen von Pferden und Scherereien!« erwiderte er mit einem bitteren Unterton. »Die Petschenegen leben dort und die Polowzer, und sie bringen nichts hervor außer Zerstörung.« Er sah einen Augenblick lang sehr düster und müde aus, dann rutschte er auf seinem Stuhl herum, lachte und rief: »Meine Damen, sie sehen bei dem Gedanken an die Reise so besorgt aus, aber es gibt nichts zu befürchten, das verspreche ich! Ein Schlitten fährt schnell und ruhig auf Eis, es gibt gute Gasthäuser, wo wir essen und schlafen können, und wir werden ein starkes Schutzgeleit haben – was nicht heißen soll, daß die Polowzer oder die Polen im Winter in unser Land einfielen.«

»Sollen wir auch mitkommen?« fragte Jewpraksija hoffnungsvoll.

»Selbstverständlich! Wie könnte ich ohne Sie zurechtkommen?« rief Gytha aus. »Sie dürfen doch mitkommen?« wandte sie sich an Wladimir.

»Du mußt alle sechs mitnehmen«, antwortete er ernst. »Man erwartet, daß eine Großfürstin so viele Damen hat. Am Kiewer Hof geht es förmlicher zu als hier in Nowgorod. Ich erzähle dir alles unterwegs.«

Beim Abendessen erwähnte er ganz nebenbei, daß Swjatoslaw Gythas Besuch in Kiew wünsche und daß sie planten, gemeinsam nach Weihnachten zu reisen. Dann fügte er beiläufig hinzu, daß Gleb sie vielleicht gern begleiten möchte. »Deinem Vater geht es gar nicht gut«, fügte er hinzu. »Ich bin davon überzeugt, daß er dich gern sehen würde.«

»Ich wäre zweifellos so willkommen wie eine Rattenplage«, erwiderte Gleb ziemlich ungehalten, »und ich bin sicher, es würde deinem Vater sehr gut passen, mich fern von Nowgorod zu haben, während mein Vater krank ist. Ich nehme an, es war seine Idee?«

»Er erwähnte, daß er sich darauf freue, seine Schwiegertochter kennenzulernen, sagte aber nichts über einen

Besuch von dir in Kiew«, antwortete Wladimir ruhig. »Ich schmiede keine Ränke gegen dich, Gleb.«

»Das habe ich auch nicht behauptet«, erwiderte Gleb. »Beendest du unser Abkommen?«

»Ganz gewiß nicht«, antwortete Wladimir entschieden. »Ich habe hier einen Brief an dich von deinem Vater. Ich bat ihn, diesen Brief zu schreiben, um zu erklären, daß es sein Wunsch ist, daß Gytha Kiew besucht, nicht mein eigener oder der meines Vaters. Mein Vater weiß, daß sie eine . . .« Er brach ab und sah Gytha an, die ruhig ergänzte: »Eine Geisel ist.«

Gleb warf die Hände hoch und seufzte. »Ich denke an Sie als eine liebe Cousine, eine bezaubernde und nützliche Bereicherung meines Hofes und eine vernünftige Ratgeberin«, sagte er entschuldigend, »aber ja – die harte Wahrheit ist, daß Sie eine Geisel sind. Es tut mir leid.«

»Ich verstehe es doch«, sagte Gytha lächelnd. »Ich gebe Ihnen mein Wort, daß ich zurückkomme, und Wladimirs Wort haben Sie bereits. Vielleicht möchte Anastasia mitkommen?« erlaubte sie sich zu fragen, denn Glebs Frau hatte oft geklagt, Nowgorod sei ein langweiliger Ort, wo sich nichts Interessantes ereignete.

»Nach Kiew fahren!« rief Anastasia geradezu entsetzt aus. »Nein, vielen Dank! Ich bin sicher, Sie meinen es nett, wenn Sie mich fragen, aber ich könnte nicht diesen weiten Weg reisen, und ich würde mich ohne meinen Mann nicht sicher fühlen!«

Gleb grinste verlegen und tätschelte ihren Arm, ganz so, wie er seine herrlichen Jagdhunde streichelte. »Ist ja gut, niemand wird dich zwingen, nach Kiew zu fahren – wenigstens nicht, bis ich nicht selbst hingehe«, sagte er mit rauher Stimme. »Ich brauche dich hier!«

Wladimir machte eine kleine freundliche Geste, als wischte er seinen eigenen Vorschlag und Gythas Zusatz vom Tisch, und kam auf etwas anderes zu sprechen. Die Reise nach Kiew wurde nicht mehr erwähnt, abgesehen davon, daß Gleb während der nächsten Tage bei wenigstens vier Gelegenheiten betonte, er erwarte Gythas Rückkehr nach Nowgorod vor dem Ende des Winters. Gytha war überrascht, daß er nicht mehr Aufhebens darum machte, aber als sie ihn fragte, ob es ihm viel ausmache, erwiderte er: »Was kann ich tun? Mein Vater befiehlt es, und ich möchte nicht mit Wladimir streiten. Ich vertraue euch beiden trotz Olegs unheilvollen Prophezeiungen!«

Sie hatte an jenem Abend erwartet, daß Wladimir wünschen würde, sofort mit ihr allein zu sein, aber statt dessen nahm er an Glebs gewohnter abendlicher Gesprächsrunde teil, und enttäuscht ging auch sie hin. Danach jedoch waren sie endlich allein, und sein Verlangen nach ihr war durch den Aufschub nur noch stärker.

Später hielt er sie in den Armen und sagte: »Ich meine, wir sollten miteinander reden.«

»Worüber?« fragte sie schläfrig.

»Gleb hat mir berichtet, daß die Frau, die in Isjaslaws Verschwörung zur Rückeroberung Nowgorods verwickelt war, sich als Katja Andrejewna entpuppt hat, und daß sie ein Kind hat, von dem sie behauptet, es sei meines.« Seine Stimme war hart.

»Ach so.« Gytha war jetzt hellwach. »Hm – Gleb sagte mir, daß sie deine Geliebte war und dann mit Oleg fortging. Warum läßt du dir alles von ihm wegnehmen?«

Er seufzte. »Es klingt wahrscheinlich lächerlich, aber er hat das ständige Bedürfnis, unsere Freundschaft auf die Probe zu stellen, glaube ich. Er hat nämlich sein ganzes Leben in einer Atmosphäre des Mißtrauens und Verrats verbracht, und er kann nicht gelten lassen, daß ich unsere Gemeinsamkeit durch nichts zerstören lassen werde.«

»Gewiß weiß er, daß er seinem eigenen Vetter trauen kann?«

»Das ist der springende Punkt – in der Familie herrscht seit Jahren kein Vertrauen mehr. Die meisten von uns können beurteilen, wie weit man einem bestimmten Mitglied trauen kann, Oleg dagegen kann das nicht. Folglich stellt er mich, da wir eng zusammenarbeiten müssen, ständig auf die Probe, und das ›Ausleihen‹ meiner Habseligkeiten ist ein Teil davon. Nach einer Weile gibt er sie zurück. Kilikia, seine Mutter, hat sich nie im geringsten um die Kinder gekümmert, außer um Gleb. Sobald er geboren war, scheint sie etwas gegen weitere Kinder gehabt zu haben. Vielleicht hat Oleg deshalb wenig Achtung vor Frauen. Auf alle Fälle dachte er, Katja sei ein Teil meines Besitzes wie ein Schwert oder ein Pferd.«

»Dann hat er sie dir zurückgegeben?«

»Nein. Er sagte mir, daß sie ihn vor langer Zeit verlassen hat. Es gab Ärger zwischen ihr und dem Bischof seiner Stadt, und sie nahm einen Schlitten und eine Troika aus Olegs Stallungen und fuhr ohne ein Wort davon.«

»Und später tauchte sie hier mit einem Brief von Olegs Frau auf und wurde eine von Anastasias Damen?«

»Ja, und nach dem, was Gleb mir erzählt hat, schmiedete sie mit Oleg Ränke gegen dich und mich und mit Isjaslaw gegen Gleb.«

»Ich glaube, sie benutzte Oleg. Er dachte, sie arbeite für ihn, aber sie benutzte das als Mittel, um nach Nowgorod zu kommen und Zugang zum Palast zu gewinnen«, sagte Gytha nachdenklich.

»Ach ja – das Gespräch, das du in der Kirche mitgehört hast. Warum hast du mir damals nichts davon gesagt?«

»Es war der Tag vor unserer Hochzeit. Wir hatten Wichtigeres zu bedenken und zu bereden. Jedenfalls dachte ich, es sei nur Olegs und Jekat... – Katjas Groll gegen mich, und ich wollte so kurz vor eurem Aufbruch in den gemeinsamen Kampf gegen den Feind keinen Streit zwischen dir und Oleg anzetteln. Erst nach dem Ärger mit dem Zauberer wurde mir klar, was ihr letzter Satz bedeutete. Warum wollte Oleg dich daran hindern, mich zu heiraten? Einfach nur, weil ich Engländerin bin?«

»Für jeden in Nowgorod bist du eine Warägerin wie, zumindest der Abstammung nach, zwei Drittel der Bürger. Anastasia ist eine Kumanin, und fast alle Kumanen sind unsere Feinde. Wenn das Volk von Nowgorod zwischen Gleb und mir zu wählen hätte, wäre die Tatsache, daß ich eine warägische Frau habe, von großer Bedeutung.«

»Ich erinnere mich, daß Oleg so etwas ähnliches sagte, als wir uns zum erstenmal begegneten, aber ich nahm es nicht ernst.«

»Du hast nicht Olegs verdrehten und mißtrauischen Verstand! Bist du sehr empört, daß ich eine Geliebte hatte und möglicherweise ein Kind, von dem ich nicht einmal wußte?«

»Nicht mehr. Ich war bestürzt, als ich ihr zum erstenmal begegnete, aber jetzt nicht mehr. Du hast mir gesagt, daß du vorher Frauen hattest. Schließlich habe ich selbst darüber nachgedacht, zwei oder drei Männer zu heiraten, bevor ich dich kennenlernte.«

»Tatsächlich! Aber ich nehme an, du mußtest zwangsläufig darüber nachdenken... Ich habe allerdings mehr getan als denken!«

»Bei einem Mann ist das etwas anderes. Du hast keine von ihnen geheiratet und ich keinen von diesen Männern, also haben wir beide keinen Grund, verletzt oder böse zu sein.«

»Du bist sehr verständnisvoll.«

Sie zog die Schultern hoch. »Meinst du? Ich weiß nur, daß das, was ich habe, zu kostbar ist, um es durch unsinnige Eifersucht oder durch Streit aufs Spiel zu setzen. Am besten reden wir nicht mehr davon, sondern sind glücklich zusammen, solange es uns vergönnt ist.«

Ihre Beziehung schien durch dieses freimütige Gespräch gestärkt, und sie verbrachten mit Freuden lange Tage miteinander, redeten oder spazierten bei Schneewetter durch die Galerien des Palastes und ritten aus, wenn es schön war. Eines Tages, eine oder zwei Wochen vor Weihnachten, gingen sie mit einem Teil von Wladimirs *Druschina* auf die Jagd und genossen gemeinsam die Verfolgung eines Rudels Wölfe, das sie tief in den Wald lockte.

Als sie auf dem Rückweg gemächlich ein Stück vor ihren Begleitern herritten, stießen sie auf eine Lichtung, die in diesem Teil des Waldes, weit weg von jeder menschlichen Siedlung, ungewöhnlich war. Sie zügelten ihre Pferde am Rand, und beide spürten, daß an diesem Kreis freier Erde etwas Merkwürdiges war.

»Wie seltsam!« rief Gytha. »Hier liegt kein Schnee. Er ist weggeräumt und unter den Bäumen aufgehäuft – und was bedeutet der große Stein dort in der Mitte? Er sieht fast wie ein Denkmal aus.« Sie dachte verschwommen an die Steinkreuze, die sie in Dänemark gesehen hatte, aber es befand sich kein Querbalken daran und auch keine herausgemeißelte Zeichnung auf dem Schaft.

»Es ist ein heidnischer Tempel«, sagte Wladimir, dessen Stimme hart und zornig klang. »Das ist ein Götzenbild Piruns, des sogenannten Donnergottes, und die flache Platte ist ein Altar für Opfer.«

Die *Druschinniki* hatten sie eingeholt und saßen mit aufgerissenen Augen auf ihren Pferden; einige unter ihnen bekreuzigten sich wiederholt.

»So nahe der Stadt!« murmelte Jefrem, der seinen Herrn immer begleitete. »Und immer noch in Gebrauch.«

»Ich weiß, daß das Christentum bei manchen Menschen nur dünne Tünche ist, und der Wundertäter hat bewiesen, daß viele von ihnen wieder zum Heidentum bekehrt werden können, aber ich dachte, sein Sturz und Bischof Fjodors Priester hätten sie zur Vernunft gebracht. Es hat jedoch den Anschein, daß es genügend Anbeter Piruns in Nowgorod gibt, um einen Tempel von dieser Größe zu erhalten. Reißt das Götzenbild nieder und werft den Altar um!«

Die *Druschinniki* saßen ab und liefen eifrig hinüber, um Wladimirs Befehl auszuführen, denn alle waren sie davon abgestoßen, diesen heidnischen Schandfleck auf dem Boden Nowgorods zu finden. Mit Stricken und Pferden rissen sie den aufrechten Stein um, und mit Ästen stemmten sie den Altar aus seinem Lager, dann zündeten sie ein Feuer darauf an, das den gefrorenen Stein in Stücke sprengte.

»Merkt euch diese Stelle gut«, sagte Wladimir, während er mit grimmigem Gesicht das Ergebnis ihrer Arbeit überblickte. »Bischof Fjodor wird Priester schicken wollen, um diesen Ort zu reinigen.«

Als sie nach Hause kamen, begab sich Wladimir sofort zu Gleb, um ihm von ihrer Entdeckung zu berichten, und Gytha ging allein nach oben in ihre Gemächer. Sie verspürte eine böse Ahnung, als sie daran dachte, was im Wald geschehen war. Sie erinnerte sich an die gefährliche Lage durch die Herausforderung des Wundertäters, rief sich ins Gedächtnis, wie leicht viele Stadtbewohner durch die Kniffe jenes einen Mannes gegen den Bischof und die Kirche aufgebracht worden waren, und sie erzitterte, als sie sich fragte, wie viele Anbeter Piruns es in der Stadt geben mochte und was sie tun würden, wenn sie herausbekämen, was mit ihrem Tempel geschehen war. Sie sollte es schon bald erfahren.

Einmal in der Woche hielt Gleb einen offenen Hoftag ab, zu dem jeder mit Beschwerden oder Vorschlägen kommen konnte. Er saß auf seinem Thron in der Runde seiner Ratgeber und hörte zu, bot Rat an, nahm gute Ansichten zur Kenntnis und gab hin und wieder ein Urteil ab. Häufiger bestimmte er jemanden, die Beschwerden zu untersuchen, die immer aufgegriffen wurden und sich fast immer als unbegründet erwiesen. Von Wladimir wurde erwartet, daß er bei dieser fürstlichen Aufgabe half, während er sich in Nowgorod aufhielt, und Gytha begleitete ihn gewöhnlich. Manchmal bat man sie um ihre Meinung, besonders wenn die vorliegende Sache mit einer Frau zu tun hatte.

Bei dem Hoftag, der etwa eine Woche nach der Entdeckung des heidnischen Tempels stattfand, war sie überrascht,

Katja Andrejewna mit den anderen Städtern in die Halle eintreten zu sehen. Sie erschrak über das Äußere der Frau, denn ihre Kleider waren zerrissen und ihr Haar hing in wirren Strähnen um ihr übel zugerichtetes und geschwollenes Gesicht. Anstatt bei den anderen Bittstellern Platz zu nehmen, drängte sie sich nach vorn und zeigte anklagend mit dem Finger auf Wladimir.

»Es ist Ihre Schuld!« schrie sie. »Ihr Blut ist auf Ihrem Kopf! Pirun verfluche Sie für Ihre Tat! Sie haben versucht, unseren Gott zu vernichten, und Ihr Blut ist genommen und verschüttet worden, um unseren Tempel von dem Verbrechen zu reinigen!«

Gytha schloß die Augen, erfüllt von eisigem Entsetzen, da sie erriet, was die Anklage bedeutete, aber Wladimir erhob sich und trat ein paar Schritte vor, bis er, die Stirn runzelnd und ratlos, vor der Frau stand.

»Wie meinen Sie das, Katja Andrejewna?« fragte er streng. »Wollen Sie sagen, daß Sie eine Abtrünnige sind – eine Heidin? Beten Sie zu dem falschen Gott Pirun?«

»Pirun ist der wahre Gott!« schrie Katja gellend. »Er wird Sie für Ihre Tat bestrafen! Er wird Sie mit dem Blitzstrahl treffen, und Sie werden verbrennen! Sie werden verbrennen!« Sie lachte hysterisch und hörte sich wie eine Wahnsinnige an.

»Beruhigen Sie sich, Frau!« befahl Gleb. »Wie können Sie es wagen, herzukommen und den Großfürsten mit Ihrem Unsinn zu bedrohen! Wir wissen, daß Sie sich mit dem verbannten Fürsten Isjaslaw verschworen haben, die gute Regierung Nowgorods zu stürzen und den rechtmäßigen Fürsten, mich, durch den verbannten Swjatoslaw, Isjaslaws Sohn, zu ersetzen. Als ob das nicht genug des Verbrechens wäre, waren Sie im Bund mit dem falschen Zauberer, um die Ermordung des Bischofs Fjodor und aller christlichen Priester und Mönche zu bewirken und die Bürger von Nowgorod Ihrem falschen Gott zu versklaven, womit Sie ihre sterblichen Körper und ihre unsterblichen Seelen in Gefahr brachten! Bei Gott, ich weiß nicht, ob Sie wegen Hochverrats hängen oder als Hexe verbrannt werden sollten!«

»Isjaslaw gab das Versprechen«, sagte Katja, plötzlich ruhig. Gytha schien es eine unnatürliche Ruhe zu sein, da sie so unvermittelt nach der Hysterie kam. Die Augen der Frau funkelten, und ihr Gesicht verzerrte sich zu einer häßlichen Grimasse. »Isjaslaw gab das Versprechen!« zischte sie. »Er schwor bei Pirun, uns von eurem falschen Christus zu befreien! Er wollte uns die Freiheit wiedergeben. Sie haben unseren Propheten vernichtet – Pirun wird Sie vernichten!«

Ihr Gesicht verzerrte sich noch mehr, und ihre Stimme schwoll zu einem Wehgeschrei an, während sie den Finger wieder anklagend auf Wladimir richtete. »Er tötete nur unseren Propheten, aber *Sie* haben unseren Tempel zerstört! Sie haben Piruns heilige Stätte entweiht! Nur Ihr Blut konnte ihn wieder reinigen! Nur Ihr Blut! Oh, meine Kleine – meine arme Kleine! Die Sünden des Vaters – *Sie* haben ihn entweiht, aber Ihr Kind – Ihr Kind – meine Kleine – meine entzückende Wassilia...!«

Vorübergehend trat Stille ein, als den entsetzten Anwesenden der Sinn ihrer Worte aufging. Dann fuhr sich Gleb mit der Hand übers Gesicht und sagte mit wankender Stimme: »Sie ist völlig verrückt! Das Kind, von dem sie phantasiert – es muß das sein, von dem Gytha mir erzählt hat – von dem sie behauptet, es sei deines...« Er schaute Wladimir an.

»Ich habe den Tempel zerstört«, sagte Wladimir mit weißem, müdem Gesicht. »Nur mein Blut konnte den Ort reinigen. Sie behauptete, das Kind sei meines, deshalb nahmen sie es ihr weg und... Barmherziger Himmel! Ein Kind! Meine Männer – zu mir! Holt die Pferde! Wir müssen los und nachsehen...«

Während er noch redete, wandte er sich an Gytha, das Gesicht vor Entsetzen verzerrt. Sie deutete den Ausdruck seiner Augen und nickte ernst.

»Ja«, sagte Gleb gewichtig. »Es ist klar, was sie meinte, aber du solltest lieber selbst nachsehen, ob es wahr ist. O Gott! Hoffentlich nicht«, fügte er leise hinzu.

Wladimir schaute wieder auf Gytha, und sie bedeutete ihm stumm: »Sei vorsichtig.« Er nickte ihr beruhigend zu, dann eilte er aus der Halle, gefolgt von einem Dutzend *Druschinniki*, die schon die Pferde geholt hatten.

Jefrem ging ihm nach, kehrte aber gleich darauf zurück und stellte sich unauffällig unmittelbar hinter Gythas rechte Schulter, den Blick auf Katja gerichtet, die leicht schwankte und leise murmelte.

Auch Gleb beobachtete sie einen Augenblick, dann sagte er: »Hebt sie auf einen Stuhl – holt diesen dort.«

Der Stuhl an der Wand, auf den er zeigte, wurde gebracht, und zwei von Glebs *Druschinniki* hoben Katja darauf, dann stellten sie sich zu beiden Seiten auf, während Gleb sich zusammenriß und mit seinem Hoftag fortfuhr, als wäre nichts geschehen.

»Wie ich sagte«, begann er, »liegen mehrere Anklagen gegen die Frau vor, nämlich wegen Verschwörung gegen Fürstin Gytha, gegen Bischof Fjodor und gegen das große Nowgorod, aber sie befindet sich offensichtlich nicht in dem Zustand, vor Gericht gestellt zu werden. Mag sie sich also beruhigen, bis Fürst Wladimir zurückkehrt. Der erste Fall, bitte.«

Der erste angesetzte Fall betraf einen Streit zwischen zwei Bürgern um den Besitz eines engen Gäßchens, das zwischen ihren Werkstätten und Höfen verlief. Jeder brachte Zeugen bei, die für ihn eintreten sollten, und bald wurde deutlich, daß niemand wirklich wußte, wem das Gäßchen gehörte. Die von den beiden Gegnern vorgebrachten Behauptungen wurden immer verworrener und erhitzter, bis jeder in der Halle das Hin und Her ihres Wortwechsels mit gespannter Aufmerksamkeit verfolgte.

Beinahe jeder. Katja hatte zusammengesunken auf dem

Stuhl gesessen, blind für ihre Umgebung, doch plötzlich hob sie den Kopf und starrte Gytha an. Ihr Gesicht verzerrte sich erneut, und sie zischte: »Es ist dein Fehler, du käsebleiche Warägerin! Deine Schnüffelei hat uns verraten, und du hast ihm gesagt, er soll unseren Propheten töten! Du hast mir meinen Mann genommen – ich hätte ihn zurückgewonnen und glauben gemacht, die Kleine sei sein Kind ... Meine Kleine! Meine Kleine!« Ihre Stimme schwoll zu einem klagenden Schrei an, während der ganze Hof bestürzt dasaß oder stand und sie voller Entsetzen anstarrte. Dann stützte sie die Hände auf die Lehnen ihres Stuhls und kam auf die Beine. Es schien sie ungeheure Mühe zu kosten, aber sie schaffte es und stand schwankend da, während sie immer noch auf Gytha starrte.

Gytha blieb sitzen, aber straffte sich und machte sich auf alles gefaßt, was die Frau als nächstes tun würde. Die Wachen kamen plötzlich zu sich, rührten sich, um Katjas Arme zu packen, doch es war schon zu spät. Katja zog ein Messer aus den Falten ihres Kleides und stürzte auf Gytha zu.

Die Wachen sprangen ihr nach, doch sie bewegte sich zu flink für sie. Sie hatte nur noch wenige Schritte vor sich, und Gytha, die wie angewurzelt dasaß, hatte nur noch Zeit zu denken: »Aber ich habe meinen Sohn noch nicht geboren ...«

Etwas blitzte an ihrem Gesicht vorbei, so daß sie den Luftzug wie Eiseskälte an der Wange spürte, und Katja blieb mit einem Ruck stehen und starrte Gytha leer an. Ein verblüffter Ausdruck stand ihr im Gesicht, als sie das Messer fallen ließ und beide Hände um einen Gegenstand preßte, der ihr aus der Brust ragte. Ihr Blick wanderte von Gytha weg, dann nach oben, während sie langsam zu einem zerknüllten Haufen Stoff vor Gythas Füßen zu Boden sank.

In der Halle war es totenstill. Gleb stand auf und machte zwei vorsichtige Schritte auf die Leiche hin, die Stirn verwirrt in Falten gezogen. Dann ging Jefrem um Gytha herum und hob Katjas Messer auf, fiel auf ein Knie, drehte ihre Leiche mit einer scheinbar lässigen Bewegung um und zog sein Messer aus ihrer Brust. Dann stand er auf, wandte sich an Gleb und sagte förmlich: »Wünschen Sie, mich von Ihren Männern in Haft nehmen zu lassen, Herr Fürst?«

Glebs Augenbrauen fuhren in die Höhe, aber er fand rasch wieder zu einer angemessen ernsten Miene und sagte ruhig: »Ich glaube nicht. Ein klarer Fall: Ein guter Diener verteidigt das Leben der Gemahlin seines Herrn, wie, Bürger?«

Die anwesenden Bürger, die bemerkt hatten, was sich abgespielt hatte, brachten ihre Zustimmung zum Ausdruck, und diejenigen, die langsamer begriffen oder es nicht gut hatten sehen können, schlossen sich an, als die anderen ihnen erklärten, daß Katja versucht habe, die Fürstin zu ermorden, und Jefrem sie daran hinderte, indem er sein Messer warf.

»Ein außerordentlich guter und genauer Wurf«, fügte Gleb kühl hinzu. »Gut gemacht, Jefrem!«

Jefrem verneigte sich und zog sich auf seinen Platz hinter Gytha zurück, die wieder auf ihren Stuhl gesunken war, da ihre Knie nachgaben. Er lächelte und schüttelte den Kopf, als sie ihm zu danken versuchte.

Katjas Leiche wurde von den zwei Männern hinausgetragen, die sie eigentlich hätten bewachen sollen und deren Gesichter deutlich genug zeigten, daß sie nicht zu hoffen wagten, diese unangenehme Aufgabe werde ihre einzige Strafe bleiben, und Gleb fuhr mit seinem Hoftag fort. Gytha war von Katjas Äußerem und Benehmen entgeistert gewesen und machte sich jetzt erst langsam klar, wie nah diese Frau daran gewesen war, sie zu töten, aber nicht einmal das konnte ihre Gedanken von dem armen, hübschen Kind ablenken ...

Wladimir kehrte zurück, nachdem der Hoftag zu Ende war und Gytha endlich in das Eckzimmer gehen konnte, um zu beten und dann still auf ihn zu warten. Sie erhob sich, als er, noch in Mantel und Stiefeln, eintrat, und schaute ihn fragend an.

»Wie geht es dir?« fragte er, indem er sie an den Schultern nahm und ihr suchend ins Gesicht sah. »Ich habe gehört, was passiert ist... Was hat Gleb sich dabei gedacht, sie unbewacht zu lassen?«

»Das hat er nicht... Es ist nicht wichtig – Jefrem war da. Ihm ist es zu danken, daß sie mir nicht nahe kam. Ich versuchte, ihm zu danken, aber er wollte nichts davon wissen... Was hast du vorgefunden?«

»Danken wir Gott für Jefrem«, erwiderte Wladimir, indem er ihrem Blick auswich. »Mach dir keine Sorgen – ich kümmere mich um ihn. Komm zum Ofen, Liebste – mir ist so kalt!« Er öffnete die Ofentüren und kauerte eine Weile über dem Feuer, dann löste er seinen Umhang und ließ ihn auf den Boden fallen. »Es war, wie sie gesagt hat.« Er blickte Gytha an, das Gesicht gezeichnet vom Schmerz über das, was er gesehen hatte. »Sie haben das arme Kind ermordet – es war alles voller Blut. Ich hätte nicht geglaubt, daß so viel aus einem einzigen kleinen Körper kommen könnte.« Ihn schauderte.

Gytha legte die Arme um ihn und hielt ihn fest, und irgendwie sanken sie zusammen auf den Boden. »Die arme Kleine«, sagte sie. »Aber vielleicht ist es besser, als bei dieser Frau aufzuwachsen. Sie hätte ihr das gleiche Böse beigebracht, sie zu einer heidnischen Hexe gemacht...«

»Ja.« Wladimir seufzte. »Ich habe schon so viele Leichen auf dem Schlachtfeld gesehen – man sollte meinen, der Anblick einer weiteren würde mir nicht viel ausmachen... Es ist wohl die Ungewißheit. Sie hätte meine Tochter sein können. Wenn sie es war, habe ich sie im Stich gelassen. Ein Vater sollte für sein Kind sorgen, aber meine Taten führten zu ihrem Tod... ihrem entsetzlichem Tod...«

»Es war nicht deine Schuld«, sagte Gytha bestimmt. »Jeder, der dabei war, als wir den Tempel fanden, war der Ansicht, daß er zerstört werden sollte. Wie konnten wir wissen, daß die Heiden ein Kind opfern würden? Was wird mit ihnen geschehen?«

»Die Männer des *Posadnik* sind mit dem größten Teil unserer vereinten *Druschinniki* draußen und machen Jagd auf sie. Die Nachricht, was sie mit dem Kind gemacht haben, hat manchen Mund in der Stadt geöffnet, und ich glaube, es besteht die gute Aussicht, daß die Anführer dieses Mal gefaßt werden. Ich wollte selbst etwas tun, aber Gleb läßt es nicht zu. Er meint, meine persönliche Verstrickung lasse es unklug erscheinen.« Er lächelte gequält. »Er wird recht haben. Die Leute dürfen nicht persönliche Rache mit Gerechtigkeit vermischt sehen.«

»Das ist wahr«, beteuerte Gytha. »Was wird mit ihnen geschehen, wenn sie gefaßt werden?«

»Sie werden vor Gericht gestellt. Gleb will sie unbedingt hängen sehen, aber Bischof Fjodor besteht darauf, daß Ketzerei schwerer wiegt als Mord, und beansprucht sie für sich. Ich rechne mit lebenslangem Gefängnis.«

»Was geschieht, wenn Gleb dabei bleibt, daß sie in seine Zuständigkeit fallen?«

»Wird er nicht. Der *Posadnik* stimmte dem Bischof zu, und vergiß nicht, daß Gleb Nowgorod nicht regiert – er kann nur beraten und schützen. Ich denke, das ist auch gut so – Gleb könnte unseretwegen zu zornig sein, um ihnen Gerechtigkeit widerfahren zu lassen. O Herr im Himmel, Gytha! Wenn ich nur wüßte, ob sie wirklich mein Kind war!«

»Würde es nutzen, wenn du es wüßtest?« fragte Gytha zögernd.

»Ja, ich glaube doch. Ich wüßte dann, wie ich mich fühlen sollte. Wie es jetzt ist, bin ich durcheinander, und das macht es noch schlimmer.«

»Sie kann nicht dein Kind gewesen sein«, erklärte Gytha eindeutig.

Wladimir sah ihr erschrocken ins Gesicht. »Woher weißt du das?«

»Du bist sehr dunkelhaarig, und vermutlich war es deine Mutter auch. Ist dein Vater dunkel?«

»Ja, wie mein Großvater. Die ganze Familie bis auf Swjatoslaws Söhne. Tante Kilikia, ihre Mutter, ist so hell wie Butter ... Was redest du da, Gytha?«

»Daß die Frau so dunkel wie du war. Wie könntet ihr zwei also ein goldhaariges Kind haben?«

Er starrte sie eine Weile an, während die Anspannung langsam aus seinem Gesicht wich, dann endlich sagte er: »Oleg«, und schnitt eine Grimasse. »Arme Kleine. Ein Vater, der sich nie um sie kümmerte – ein uneheliches Mädchen, nutzlos für ihn –, und eine Mutter, die eine Hexe war und eine Hure!«

»Vielleicht wußte Oleg nichts von ihr...«, wandte Gytha vorsichtig ein.

»Hätte Katja ihm einen Sohn geboren, hätte er ihn anerkannt, aber ein Mädchen nicht. Ich vermute, daß sie deshalb versuchte, es mir unterzuschieben. Ich bitte Bischof Fjodor, Gebete für ihre Seele sprechen zu lassen, das arme Kind.«

»Hast du Katja sehr geliebt?« fragte sie zögernd.

Er zog ein Gesicht und sagte: »Ich war jung und dumm. Sie blendete mich zunächst, bis ich herausfand, wie selbstsüchtig und habgierig sie war.«

»Wir alle bilden uns einige Male ein, verliebt zu sein, wenn wir jung sind«, bemerkte sie.

»Du auch?« fragte er neugierig.

»Natürlich. Es wurde nichts daraus, aber ich träumte der Reihe nach davon, jeden von ihnen zu heiraten. Ich weiß jetzt, daß es nur Schwärmerei war, aber damals erschien es mir sehr ernst.«

»Ja, so scheint es, bis man das einzig Wahre findet.« Er sah sie mit jenem durchdringenden Blick an, den sie immer so einschüchternd empfunden hatte, aber dieses Mal hielt sie ihm stand und erwiderte ihn mit vollkommenem Verstehen.

Kiew

14. Kapitel

Trotz Mildyth' Kopfschütteln und Sorgenfalten waren Gythas beste Kleider und Schmuckstücke rechtzeitig in große Holz- und Lederkisten verpackt, und die Reisegesellschaft brach wenige Tage nach Weihnachten nach Kiew auf. Ihr Gepäck war auf einem großen Schlitten festgezurrt und mit einer groben Wolldecke bedeckt. Gytha und ihr Gefolge reisten in drei besonderen Schlitten mit gepolsterten Sitzen, die genügend Platz für drei Personen nebeneinander boten. Sie waren komfortabel mit Pelzmatten, Umhängen und Kissen ausgestattet und fast vollständig von einem mit Leder bezogenen, kräftigen Holzrahmen umschlossen. Durch Fenster mit Marienglas fiel etwas Licht hinein. Der Schlittenführer saß vorn auf einer erhöhten Bank und lenkte seine drei gedrungenen kleinen Pferde mit Zügeln, an die Silberglöckchen genäht waren, die hell und fröhlich bimmelten, als sie vom Palast wegfuhren, sich über den Markt schlängelten und hinunter auf den zugefrorenen Fluß fuhren.

Vor dem Aufbruch hatten sie alle den Gottesdienst besucht, doch Bischof Fjodor erwies ihnen die Ehre, von der Sophienseite herüberzukommen und sich zu Gleb ans Ufer zu stellen, um sie zu segnen, sobald sich Wladimirs *Druschina* um die Schlitten aufgestellt hatte. Ihre Pferde bliesen dicke Dampfwolken in die frostige Luft.

»Wir werden vor dem Tauwetter zurück sein«, sagte Wladimir zu Gleb mit einer Eindringlichkeit, die aus der Bemerkung ein Versprechen machte.

Glebs Pferd tänzelte unruhig, obwohl sein Reiter gelassen

wirkte. Er tätschelte seinen Hals und antwortete: »Wenn mein Vater keinen Streich im Schilde führt.«

»Ich bringe Gytha auf seinen Befehl nach Kiew«, sagte Wladimir bestimmt, »aber nirgendwo anders hin. Ich bin mir seiner Vorliebe, zwischen Mitgliedern der Familie Unruhe zu stiften, sehr wohl bewußt, und Gytha kehrt vor dem Tauwetter nach Nowgorod zurück, gleich, was er sagt. Ich möchte sie an dem sichersten Ort wissen, bevor ich wieder nach Polen gehe.«

»Mir wäre es lieber, ihr beide würdet bis dahin hierbleiben«, sagte Gleb offen. »Ich glaube dir zwar, daß du sie zurückbringen willst, aber Oleg wird einen ungeheuren Wirbel veranstalten, wenn er hört, daß sie nach Kiew gereist ist, und er wird mir deshalb tüchtig zusetzen. Ich traue auch meinem Vater nicht – dahinter steckt noch ein anderer Grund als nur der Wunsch, deine Frau kennenzulernen.«

»Du sollst deinen Vater und deine Mutter ehren«, zitierte Bischof Fjodor ein wenig salbungsvoll. »Ein schwieriges Gebot in Ihrem Fall«, fügte er trocken hinzu. »Die Damen scheinen bereit und Ihre *Druschina* ist vollzählig angetreten.«

Aus dem Schlitten spähend, dachte Gytha, daß Nowgorod an diesem Morgen wie eine Märchenstadt aussah. Reiner, frischer Schnee bedeckte die Kuppeln der Sophienkathedrale und der unzähligen anderen Kirchen, krönte die Mauern und schmückte die Giebel der Häuser. Der Himmel zeigte ein helles, klares Blau, und alles funkelte vor Frost und Sonnenschein.

»Wahnsinn, im Winter zu reisen!« murrte Mildyth leise. »Wir werden erfrieren, und was ist, wenn das Eis bricht?«

»Warum sollte es brechen?« fragte Gytha. »Jeder in Rußland zieht es vor, im Winter zu reisen, warum sollten wir dann etwas dagegen haben? Sieh doch, wie viele andere Leute mit Schlitten draußen auf dem Fluß sind! Warum sollten wir fürchten, das Eis bricht, wenn sie keine Angst haben?«

Bischof Fjodor, der am Ufer mit Wladimir und Gleb gesprochen hatte, warf plötzlich sein Gewand zurück, hob die Hände zum Gebet und wandte sich mit seiner klaren, tragenden Stimme an den Himmel, flehte um Segen für Wladimir, seine Frau und seine Begleiter während ihrer langen Reise und sprach den Bannfluch gegen jeden aus, der versuchen sollte, sie aufzuhalten oder anzugreifen.

»Angreifen!« rief Mildyth aus, die naturgemäß das einzige unheilvolle Wort aus dem Gebet herausgriff. »Diese Kumanen und Petschenegen und Polen werden uns angreifen, und wir werden alle ermordet, vergewaltigt und ausgeraubt!«

»Solange es bei dieser Reihenfolge bleibt«, sagte Gytha boshaft, »haben wir wenig Grund zur Sorge. Du weißt ganz genau, Mildyth, daß sie im Winter keine Überfälle machen, und sieh doch, was für ein starkes Schutzgeleit wir haben.«

»Es muß gefährlich sein, sonst bräuchten wir nicht so viele«, sagte Mildyth in düsterstem Ton.

Jewpraksija, die auf Gythas anderer Seite saß, schnalzte tadelnd mit der Zunge. »So ein Unsinn!« sagte sie. »Dies ist ein kleines Geleit für einen Großfürsten und seine Gemahlin. Wenn Fürst Gleb reist, hat er zweimal so viele, und dreimal so viele sind es, wenn Fürstin Anastasia ihn begleitet!«

Inzwischen hatte sich Wladimir von Gleb und dem Bischof verabschiedet, bestieg sein Pferd und übernahm die Spitze des Geleits, und die Kavalkade setzte sich in Bewegung, während die Schlittenglöckchen die Schlittschuhläufer mahnten, den Weg frei zu machen.

Gytha war oft zur Falkenbeize und zum Fischfang den Fluß hinauf zum Ilmensee gereist, aber noch nicht mitten im Winter. Es war schwierig, die Flußufer zu erkennen, denn der Schnee lag fast mannshoch über allem und die Landschaft dehnte sich flach und praktisch konturenlos bis zum Horizont. Nur hin und wieder zeigte eine Gruppe Erlen oder Weiden, wo Land an Eis stieß, und Gytha, die den Wolchow für einen sehr großen Fluß hielt, breiter als die Themse bei Barking, fragte sich, ob die anderen Flüsse, auf denen sie reisen würden, ebenso breit und gewaltig sein würden.

Das Eis war glatt, denn das *Wetsche* von Nowgorod schickte Männer, die während des Sommers Hindernisse im Fluß beseitigten, so daß es keine Felsbrocken oder umgestürzte, halb herausragende Baumstämme gab, die einen Läufer behinderten oder einen Schlitten umkippen ließen. Solange es hell war, konnten Gytha und ihre Damen nähen, Geschichten erzählen und sogar lesen, denn sie hatte Bücher mitgenommen.

Die Stunden der Dunkelheit waren die unangenehmsten. Die Tage waren zu dieser Jahreszeit so kurz, und in diesen Breiten war es notwendig, jede Tagesreise im Dunkeln zu beginnen und zu beenden, wobei jeder Reiter eine flackernde Hornlaterne trug und weitere Laternen an dem Bogen über dem mittleren Pferd der Troika angebracht waren. Anfangs war es bezaubernd, durch die Dunkelheit zu gleiten, während die Läufer über das Eis zischten, die Pferdehufe vom Schnee gedämpft klangen, die schimmernden Laternen wie Glühwürmchen zu beiden Seiten leuchteten und der Schnee weich im unsteten Mondlicht glitzerte, aber der Zauber machte bald der Langeweile Platz. Es gab nichts anderes zu sehen, nichts anderes zu tun, als zu reden und stundenlang unter der Kälte und verkrampften Gliedern zu leiden, bis der nächtliche Rastplatz erreicht war und die Damen in das mehr als willkommene Licht und die stickige Wärme eines Gasthauses oder, wenn keine Stadt in der Nähe war, in den fragwürdigen Schutz lederner Zelte wanken konnten.

Der Ilmensee wurde erreicht und überquert, und ihr Weg folgte dem Lowat, der auf der anderen Seite in den See mündete. Von seinem Oberlauf gab es eine lange Strecke über Land bis zum Dnjepr bei der Stadt Smolensk. Gytha bedauerte die Kapitäne, die diesen Weg im Sommer zurücklegen mußten. Im Winter war die Strecke leicht zu bewältigen, da die Schlitten auf der vielbenutzten Schleppstrecke ruhig über den gefrorenen Schnee glitten.

»Bringt man tatsächlich Schiffe über die ganze Strecke?« fragte Mildyth. »Wie schaffen sie das bloß? Es muß genauso weit sein wie vom Ladogasee nach Nowgorod!«

»Auf Rollen und mit Pferdegespannen«, antwortete Jewpraksija. »Unsere Zugpferdchen machen vielleicht nicht viel her, verglichen mit den herrlichen Tieren, auf denen die Soldaten reiten, aber sie sind sehr kräftig, und sie ziehen die Schiffe mühelos hinüber. Die Lasten werden freilich auf Wagen oder Schlitten geladen. Sobald sie drüben und am Dnjepr sind, können sie den ganzen Weg nach Kiew fahren, viele Hunderte von Werst, und über einige kürzere Schleppstrecken weiter bis zum Meer und den ganzen Weg bis nach Zargrad, wenn sie wollen!«

»Zargrad«, wiederholte Mildyth. »Ich kann mich nicht daran gewöhnen, daß es für alles so viele verschiedene Namen gibt! Warum kann nicht jeder Konstantinopel sagen?«

Als sie Smolensk erreichten, sagte Wladimir, sie würden sich einige Tage im Palast des Großfürsten der Stadt, seines Onkels Wjatscheslaw, aufhalten. Er begrüßte sie mit der gebührenden Zeremonie, aber ohne jegliche Begeisterung, und seufzte tief, als er ihnen zuschaute, wie sie dem Brauch gemäß Brot und Salz entgegennahmen.

»Ihr werdet doch nicht lange bleiben?« fragte er düster.

»Nur ein paar Tage, damit Gytha und ihre Damen sich die Beine vertreten und ein wenig von der Stadt sehen können«, erwiderte Wladimir.

Wjatscheslaw seufzte noch einmal. »Es gibt nicht viel zu sehen«, sagte er. »Alles liegt unter Schnee, und kein einziger Ofen brennt richtig. Das ganze Brennholz ist entweder frisch oder feucht. Ihr werdet euch überhaupt nicht wohl fühlen.«

»Wir werden schon zurechtkommen«, besänftigte ihn Wladimir. »Wir sind nicht gekommen, um Ihnen Schwierigkeiten zu bereiten, lieber Onkel – nur um ein wenig auszuruhen.«

»Warum ist dein Onkel so traurig, uns zu sehen?« fragte Gytha, sobald sie und Wladimir in dem Zimmer, das man ihnen zugewiesen hatte, allein waren.

»Er hat ein bißchen Angst vor mir, glaube ich. Hast du bemerkt, wie er jedesmal zusammenfährt, wenn ich ihn anspreche?«

»Warum sollte er vor dir Angst haben?«

»Eigentlich nicht vor mir, sondern vor meinem Vater. Wjatscheslaw ist der vierte Bruder, und ich glaube, die älteren ärgerten und tyrannisierten ihn, als er klein war. Die drei – Isjaslaw, Swjatopolk und Wsewolod – stritten ständig untereinander, und ich glaube, der arme Wjatscheslaw geriet immer dazwischen wie ein Knochen, um den sich ein paar Hunde streiten. Jeder von ihnen verlangte seine Hilfe, wo er doch nur in Ruhe gelassen werden wollte. Er ist ein guter Mensch, aber furchtsam, verglichen mit dem Rest der Familie. Ich glaube, er würde die andern hassen, wenn er die Kraft dazu aufbrächte! Er regiert Smolensk gut, aber die Mühe erschöpft ihn zu sehr, um noch etwas anderes zu tun.«

Gytha stellte fest, daß dies ziemlich genau zutraf. Wjatscheslaw versah die Regierungsgeschäfte recht gut, aber ansonsten saß er nur im einen oder anderen Zimmer am Ofen, döste entweder oder beklagte sich schwach über das Wetter, die Diener, das Essen oder das Brennholz, wobei ihm letzteres ein besonderer Greuel war.

Als er einmal mit Gytha allein war, sagte er vertrauensvoll: »Sie scheinen ein gutes Herz zu haben, liebes Kind. Lassen Sie sich nicht von dem Mann tyrannisieren, hören Sie? Jetzt ist er ja noch nett, aber sein Vater und sein Großvater waren Tyrannen, und das gilt auch für seine Onkel – das heißt, von mir und Igor abgesehen! Ich würde keinem von ihnen über den Weg trauen. An Ihrer Stelle würde ich nicht nach Kiew gehen. Swjatoslaw ist der schlimmste von allen. Sie sollten bei Igor wohnen. Er ist mein jüngerer Bruder, lebt weit weg im Südwesten und hat nichts mit uns anderen zu tun. Er ist ziemlich ehrlich und angenehm – wenigstens verglichen mit der übrigen Familie ... Oje, da kommt Wladimir wieder ...« Er schloß fest die Augen und schien einzuschlafen.

Gytha war froh, aus Smolensk abzureisen. Sie wurden von Wjatscheslaw mit noch weniger Begeisterung, falls das möglich war, verabschiedet, als sie begrüßt worden waren. »Ich würde nicht weiterfahren«, sagte er kopfschüttelnd. »Es ist ein weiter Weg. Es wird euch in Kiew nicht gefallen. Nun ja, Gott steh euch bei, wenn es denn sein muß. Auf Wiedersehen.« Seinen Umhang über die Ohren ziehend, ging er in seinen Palast zurück, noch bevor Gythas Schlitten sich in Bewegung gesetzt hatte.

Von Nowgorod bis Smolensk war Wladimir mit seiner *Druschina* geritten, und enttäuscht hatte sich Gytha beherrschen müssen, um ihn nicht zu bitten, mit ihr im Schlitten zu fahren. Kurz vor ihrer Abreise aus Smolensk jedoch hatte er sie sehr förmlich gefragt, ob er bei ihr sitzen dürfe, und sie hatte hocherfreut ihre Damen auf die anderen Schlitten verteilt, damit sie mit ihm allein sein konnte.

»Er wirkt so traurig und enttäuscht vom Leben«, bemerkte sie, als ihr Schlitten über die Helling auf den zugefrorenen Dnjepr glitt.

»Er fühlt sich gekränkt und übergangen«, meinte Wladimir. »Smolensk ist eine reiche und wichtige Stadt, aber nicht so wie Kiew und Perejaslawl, und es ist nicht die Stadt, die er gemäß Jaroslaws Plan regieren sollte. Als Swjatoslaw Kiew übernahm, hätte mein Vater nach Tschernigow gehen und Perejaslawl an Wjatscheslaw übergeben sollen. Aus irgendeinem Grund – Habgier vermutlich – behielt Swjatoslaw Tschernigow ebenso wie Kiew für sich. Wjatscheslaw wirft, was ziemlich ungerecht ist, meinem Vater vor, ihm Perejaslawl nicht zu geben, auch wenn er dann selbst gar keine Stadt hätte. Aber das ist mehr als genug von meinen unmöglichen Onkeln! Hast du denn auch welche?«

»Ja, ich hatte fünf Onkel«, antwortete sie. »Einen mehr als du.«

Wladimir grinste wehmütig. »Aber nicht solche Schurken wie meine, hoffe ich! Erzähle mir von ihnen.«

»Svein war der älteste«, sagte sie, während ihre Miene unbewußt traurig wurde, als sie an die sechs hübschen, klugen Männer dachte, die Godwins Söhne waren, alle so voller Lebensfreude, als sie sie kannte, und jetzt alle tot, den jüngsten vielleicht ausgenommen. »Er entführte eine Äbtissin und lebte mit ihr zusammen, weigerte sich aber, sie zu heiraten, und er tötete seinen Vetter. Sein Vater schickte ihn auf eine Pilgerfahrt nach Jerusalem, er starb auf dem Heimweg in Konstantinopel.«

»Ziemlich schurkisch«, bemerkte Wladimir. »Und der nächste?«

»Tosti war der nächste nach meinem Vater. Er regierte die Grafschaft Northumbria im hohen Norden Englands, und er machte sich dort beim Volk so verhaßt, daß es sich gegen ihn erhob und König Edward bat, einen besseren Mann zu schicken. Er wurde verbannt. Er gab ohne jeden Grund meinem Vater die Schuld, und als der König von Norwegen in England eindrang, schlug sich Tosti auf seine Seite und fiel in der Schlacht im Kampf gegen meinen Vater.«

»Zwei Schurken!« rief Wladimir aus. »Das macht mir Mut! Und der Rest?«

»Gyrth und Leofwin waren gute Männer. Ich liebte beide sehr. Sie wurden getötet, als sie neben meinem Vater gegen die Normannen kämpften. Der jüngste, Wulfnoth, wurde vor vielen Jahren von William von Normandie als Geisel genommen. Ich kann mich kaum an ihn erinnern. Ich hoffe, er ist noch am Leben.«

»Ich wünschte, ich hätte deinen Vater und die beiden

Onkel, die du lieb hattest, kennenlernen können«, sagte Wladimir, während er sie um die Taille faßte. »Dein Vater muß solch ein ausgezeichneter Mann und guter Soldat gewesen sein. Wir brauchen seinesgleichen hier in Rußland. Ich würde gern meine Onkel und meinen Vater für einen einzigen Mann wie deinen Vater eintauschen!«

»Warum mußt du wieder nach Polen ziehen?« fragte sie eine Weile später, da sein Hinweis auf ihren Vater als Soldaten diesen Gedankengang ausgelöst hatte. »Ich dachte, du würdest gebraucht, um gegen die Stämme aus dem Osten zu kämpfen.«

»Das ist Teil des Vertrages, den wir mit König Boleslaw geschlossen haben. Ich soll ihm einen Sommer lang helfen, gegen die Deutschen zu kämpfen. Oleg und mein Vater müssen sich um die Grenzen im Osten kümmern. Sie sind beide sehr fähige Heerführer, und es gelingt ihnen, in der Schlacht zusammenzuarbeiten, nur nicht anderswo! Ich rechne damit, auch gegen Isjaslaw und seinen Sohn zu kämpfen – sie haben beim deutschen Kaiser Zuflucht gesucht.«

Gytha schauderte. »Wie konnte ein christlicher Fürst planen, Nowgorod den Heiden zu überlassen, nur damit sein Sohn es regieren könnte!« rief sie aus.

»Fast genauso schlimm ist, daß er versucht hat, den Papst zu überreden, ihn zu unterstützen! Ein orthodoxer Christ, der den ketzerischen Bischof von Rom um einen Gefallen bittet!« Wladimir seufzte. »Manchmal wünsche ich, ich wäre in eine Familie ehrlicher Handwerker hineingeboren worden – am liebsten Holzschnitzer oder Steinmetzen. Erzähle mir von deiner Kindheit, Gytha. Ich möchte alles über dich wissen, und wir haben so wenig Zeit, miteinander zu reden. Wir sind schon neun Monate verheiratet, und ich fühle noch immer, daß wir beinahe Fremde sind, obwohl ich dich so sehr liebe!«

Neun Monate! dachte Gytha. Bitte, lieber Gott, schenke

mir einen Sohn! Aber sie behielt den Gedanken für sich und erzählte ihm von ihrer glücklichen Kindheit in Waltham mit ihren Brüdern und der Schwester, von ihren Lektionen in Latein und Französisch bei Meister Athelard und von Pater Turkills geheimnisvollen Visionen.

»Er verkündete, ich würde weit gen Osten reisen«, sagte sie und runzelte die Stirn, als sie sich an die genauen Worte zu erinnern suchte, »und mein Vater würde durch mich gerächt.«

»Ich möchte wissen, was das bedeutet«, sann Wladimir nach. »Vielleicht meinte er, daß du einen Sohn bekommst, der ein bedeutender Mann sein wird, und jeder sich seinetwegen an seinen englischen Großvater erinnern wird.«

Gytha war verblüfft, daß diese Deutung ihrer eigenen so genau glich, und es machte sie froh. »Ich habe das gleiche gedacht«, sagte sie. »Aber wenn das gemeint ist, dann läßt er sich viel Zeit mit seinem Auftritt! Meine Mutter gebar Godwin innerhalb eines Jahres nach der Hochzeit. Hast du Brüder und Schwestern? Du hast davon ...«

»Ja. Das heißt, meine Mutter starb bald nach meiner Geburt, aber mein Vater heiratete vor rund acht Jahren wieder. Er hat vier weitere Kinder, aber drei von ihnen sind Mädchen.«

»Und Mädchen sind weniger wünschenswert und nützlich als Jungen?« fragte Gytha mit einem bitteren Unterton.

»In mancher Beziehung, aber es ist Gottes Wille, ob wir Söhne oder Töchter bekommen. Ich hätte gern beides«, erwiderte er gleichmütig.

Gytha schwieg eine Weile und dachte nach, dann sagte sie scheinbar unvermittelt: »Fürst Gleb hilft dir nicht im Kampf?«

»Mitunter tut er es, wenn wir in großer Bedrängnis sind. Er ist ein tapferer Kämpfer, aber kein guter Befehlshaber eines Heeres. Seine Talente liegen auf den Gebieten der Regierung und des Handels. Er liebt Nowgorod. Es ist seine

Heimatstadt, und er versteht sie. Es würde ihm das Herz brechen, wenn er sie verlassen müßte, davon bin ich überzeugt, und deshalb möchte ich ihm nicht die Stadt wegnehmen, falls mein Vater Großfürst von Kiew wird, wenn es ihm auch noch immer schwerfällt, das zu glauben.«

»Möchtest du deshalb, daß ich in Nowgorod lebe? Als Geisel?«

Wladimir war für einen Augenblick ganz still, während sein Gesicht den alten verschlossenen, unnahbaren Ausdruck annahm.

»Das möchte Gleb glauben«, antwortete er. »Es ist jedoch vielschichtiger. Ich wünsche dich an einem sicheren Ort, und Nowgorod ist der sicherste, den wir haben. Auch gibt es dort bessere Gesellschaft für dich. Ich gebe zu, daß Anastasia dir an Klugheit nicht gleichkommt, aber sie benimmt sich wenigstens kultiviert. Onkel Swjatoslaws *Terem* wird von Frauen bewohnt, die keine passende Gesellschaft für eine Königstochter sind, und der Haushalt meines Vaters sieht nicht viel besser aus! Auch hat Gleb kein Vorurteil gegen Frauen und glaubt, daß eine kluge Frau ganz genauso gut ist wie ein kluger Mann. Ich nehme an, du hast bemerkt, daß er gern deine Meinung hört, auch zu wichtigen Angelegenheiten, nicht nur zu alltäglichen. Die meisten anderen Männer in der Familie halten Frauen für minderwertig und für unfähig, wichtige Dinge zu verstehen. Abgesehen von alldem wärest du in Susdal sehr einsam. Es gibt dort keine Damen, und alle Frauen sind tapfere, robuste Geschöpfe, die neben ihren Männern kämpfen, wenn es sein muß, und wenig frauliche Fertigkeiten besitzen. Ich bezweifle nicht, daß du an meiner Seite kämpfen würdest, wenn es sein müßte, aber mir ist es lieber, du hast ein besseres und sichereres Leben. Gleb würde dich nie schlecht behandeln und wenn er noch so argwöhnisch gegenüber mir und meinen Zielen wäre.«

»Wenn du nicht versuchst, ihm Nowgorod wegzunehmen?«

»Was ich nie tun werde, also stellt sich die Frage nicht.«

Gytha nickte. »Er ist immer sehr freundlich und aufmerksam, und ich habe Bischof Fjodor sehr gern. Anastasia ist eine angenehme Gefährtin – sie verlangt nichts als ein wenig Klatsch!«

»Du hast also nichts dagegen, nach unserem Besuch in Kiew nach Nowgorod zurückzukehren?«

»Überhaupt nichts, es sei denn, du wünschst es anders. Natürlich gehe ich überall hin, wohin du möchtest.«

»Du findest den Gedanken, eine Geisel zu sein, nicht unangenehm?«

Gytha verzog das Gesicht zu einem halben Lächeln und erwiderte: »Mein Onkel und mein jüngster Bruder sind Geiseln von Herzog William, und meine Tante, meine Schwester und mein dritter Bruder befinden sich, obgleich unter dem Schutz der Kirche, beinahe ebenso in seiner Hand. Meine älteren Brüder sind geachtete Mitglieder von König Sveins Hof, aber ich glaube, sie könnten ihn nicht ohne weiteres verlassen! Es sieht so aus, als würde ich einer Familientradition folgen.«

Trotz dieser interessanten Gespräche, die Gytha klargemacht hatten, daß ihr Ehemann ihren Verstand ebensosehr schätzte wie sein Vetter Gleb, trotz der Bücher, der Stickerei und des Geplauders der Damen erschien die Reise unendlich lang und öde. Es gab wenig Abwechslung in der Landschaft, die Interesse hätte wecken können. Allmählich machten Lärche, Kiefer, Fichte, Birke und Eberesche Platz für Eiche, Esche, Kastanie, Rotbuche und Hainbuche. Der Fluß wurde breiter, da ein Nebenfluß nach dem anderen mündete, und das rechte Ufer wurde merklich höher als das linke. Schließlich stieg das rechte Ufer zu einem hohen, steilen Hang an, der über den Fluß ragte, und der Wald auf der linken Seite wich offenem hügeligem Land, das sich einem grenzenlos weiten Horizont entgegendehnte.

»Die Steppen«, sagte Wladimir finster, als Gytha ihn nach

der großen Ebene fragte. »Zwei andere größere Flüsse fließen durch sie, der Don und die Wolga, und dahinter reichen sie, soviel ich weiß, bis ans Ende der Welt. Allerdings behaupten die Kumanen, das Land, aus dem die Seide kommt, läge am anderen Ende der Steppen.«

»Ich dachte, Seide käme aus dem Heiligen Land und dem Sirkland drum herum«, bemerkte sie.

»Zum Teil, ja, aber die beste kommt aus dem Osten. Erinnerst du dich an das Gewand, das du zu unserer Hochzeit trugst?«

»Natürlich! Es war das schönste Kleid, das ich jemals besaß!«

»Die Silberbulgaren erzählten mir, daß es von weit her aus dem Osten kam, aus einem Land, daß sie Kitai nennen. Ich weiß nicht, wie weit das sein mag. Ich bin nur bis zur Wolga gereist, und das ist weit genug für mich.«

»Sind die Kumanen irgendwo dort draußen?« fragte sie, während sie besorgt nach Osten blickte, wo die aufgehende Sonne einen blutroten Pfad über den Schnee zeichnete.

»Und die Polowzer und die Petschenegen und die Bulgaren. Sie werden alle den Winter über in ihren Jurten sein. Sie ziehen mit ihren Pferden von Weide zu Weide, wenn sie nicht gerade unsere Städte überfallen. Sie haben weder Städte noch dauerhafte Gebäude. Schau, erkennst du den Felsen dort vor uns in der Ferne?«

Er deutete nach vorn und ein wenig nach rechts, und Gytha sah, daß die Sonne im allgegenwärtigen Weiß des Schnees etwas golden Glänzendes eingefangen hatte.

»Ist das eine Kirche?«

»Es ist der Glockenturm eines Klosters in Kiew. Es wurde auf dem Rand des Steilhangs gebaut und gibt einen ausgezeichneten Orientierungspunkt ab. Es ist das erste Kloster, das jemals in Rußland errichtet wurde, und es ist noch immer das größte und wichtigste.«

»Liegt es in Kiew? Dann sind wir ja fast da!« rief sie aus

und konnte sich gerade noch zurückhalten, »dem Himmel sei Dank« hinzuzufügen.

Statt ihrer sagte es Wladimir und fuhr fort: »Du mußt genauso dankbar sein wie ich! Es ist sehr vergnüglich, mit dir zu reisen, aber es ist eine unerträglich lange Reise, die ich dir mitten im Winter aufgehalst habe. Ich hatte jedoch gute Gründe, dich zu bitten mitzukommen. Ich sitze jetzt lieber auf und reite weiter. Die guten Bürger werden denken, ich sei verkrüppelt, wenn ich im Schlitten ankomme.«

Der Reiterzug hielt in einem kleinen Dorf auf dem linken Flußufer, und die Reisenden bereiteten sich auf ihre Ankunft in Kiew vor, indem sie das abgewetzte Pferdegeschirr durch schönes Geschirr aus buntem Leder, mit silbernen Glöckchen verziert, und reich bestickte Schabracken ersetzten. Zweckdienliche Reisekleidung wurde mit kostbaren Gewändern vertauscht. Die *Druschinniki* gingen alle gleich in teurer schwarzgefärbter Wollkleidung über dem Kettenpanzer, jeder mit dem Löwenabzeichen von Susdal an der linken Schulter.

Gythas Damen beschlagnahmten die Hütte des Dorfvorstehers als Ankleidezimmer und kleideten Gytha und sich in schwere höfische Gewänder und *Kokoschniki* als Kopfputz, dann schminkten sie sich in dem ihrem Rang entsprechenden Stil. Gytha mißfiel diese Sitte, und sie trug in Nowgorod selten Schminke, doch Jewpraksija bestand darauf, wenigstens für ihre Ankunft in Kiew, also fügte sie sich, beschloß aber, sich nur so weit anzupassen, wie unbedingt nötig, denn die Schminke war wie eine starre Maske, und sie wagte beim Sprechen kaum, die Lippen zu bewegen, weil sie fürchtete, die Maske bekäme Sprünge.

Als alle bereit waren, begann der letzte kurze Abschnitt der Reise, und der hohe Glockenturm mit seiner goldenen Kuppel kam stetig näher. Bald konnte Gytha andere Gebäude erkennen, die alle zum Kloster zu gehören schienen. Von einer Stadt war nichts zu sehen, nur eine lange hölzerne

Anlegestelle am Rand des Eises, eine Reihe Lagerhäuser und ein anscheinend äußerst steiler Fahrweg, der durch eine Spalte in der Steilwand führte.

»Wo ist die Stadt?« fragte Mildyth verwirrt. »Ich dachte, Kiew sollte eine großartige Stadt sein, größer als Nowgorod, aber es ist nichts da als die Anlegestelle, die Lagerhäuser und dieses Kloster!«

»Sie muß von der Kante des Steilhangs zurückgesetzt sein«, sagte Jewpraksija, die bisher noch nicht so weit im Süden gewesen war und bei dem Gedanken, endlich Kiew zu sehen, sehr aufgeregt war. »Es gibt dort eine mächtige Kathedrale mit *dreizehn* Kuppeln, größer als unsere Sophienkathedrale zu Hause, und zwei Paläste und viele andere Kirchen und eine Steinmauer mit einem großen Tor und mehr Häuser noch als in Nowgorod der Großen!« Sie vergaß nicht, ihrer Heimatstadt den ruhmreichen Titel zu geben, selbst als sie die Reichtümer ihrer Rivalin, die sie verdrängt hatte, aufzählte.

Wladimir führte wieder den Reiterzug an, und sein Fahnenträger ritt neben ihm, das große, mit einer Ikone des heiligen Basilius bestickte Banner flatterte im Wind, während die Pferde munter vorantrabten. Gytha sah ihn den Männern hinter sich ein Zeichen geben, nach rechts zu schwenken, und der Zug fuhr auf die Anlegestelle zu. Im selben Augenblick brach eine Reiterschwadron aus dem steilen Weg hervor und trabte auf sie zu. Jeder Mann in Wladimirs Geleit löste mit einer einzigen eingeübten Bewegung das Schwert in der Scheide, aber der Anführer der vorrückenden Kolonne rief einen Willkommensgruß, als er näher kam. Seine Männer führten ein kunstvolles Manöver aus, das damit endete, daß die Hälfte von ihnen sich Wladimirs Geleit zu beiden Seiten anschloß und der Rest sich dahinter als Nachhut einordnete.

»Was wollen sie von uns?« fragte Mildyth ängstlich. »Wollen sie uns gefangennehmen?«

»Nein. Ich denke, das muß eine Ehrengarde sein«, beruhigte Gytha sie. »Fürst Wladimir redet ja mit ihren Anführern, und die andern lachen und reden mit unseren Männern. Fürst Wladimir ist der Neffe des Großfürsten, und soweit ich weiß, legen sie in Kiew großen Wert auf Zeremoniell und Rang.«

Und dies bestätigte sich. Die Reisenden wurden den äußerst steilen Fahrweg hinaufgeleitet, der mit groben Granitsteinen gepflastert war, um den Pferdehufen Halt zu geben, was aber bedeutete, daß die Schlittenfahrer kräftig durchgeschüttelt wurden. Als Gytha sah, wie steil der Weg war, fürchtete sie, selbst die kräftigen kleinen Schlittenpferde würden es nicht schaffen, ihre Last hinaufzuschleppen, aber dann rannten Männer mit weiteren Pferden herbei und spannten sie im Nu vor die Schlitten, jeweils sechs davor und zwei dahinter, und der Aufstieg wurde nach kurzer Unterbrechung wieder aufgenommen.

»Sie haben Pferde dahintergespannt!« rief Mildyth aus. »Warum das?« Sie hatte ihr ganzes Leben auf ziemlich flachem Land verbracht, in Essex, Dänemark und Nowgorod, und sie hatte nie zuvor ein von Pferden gezogenes Gefährt einen wirklich steilen Hügel hinauffahren sehen.

»Sie müssen verhindern, daß wir rückwärts rutschen«, erklärte Gytha, und damit hatte sie recht, denn die hinteren Pferde, die viel größer waren als die anderen, schoben von hinten und hielten den Schlitten in seiner Bahn, während die Tiere davor ihn den Hang hinaufschleppten.

Als sie die Höhe erreichten, offenbarte sich ihnen mit einem Schlag die ganze Herrlichkeit Kiews. Es war in der Tat eine große Stadt, größer als alles, was Gytha jemals gesehen hatte. Eine dicke weiße Steinmauer umgab sie, verstärkt durch wuchtige Türme und durchbrochen von überwölbten Toren, und über die Mauer ragte eine unübersehbare Menge kunstvoll verzierter Holzgiebel, welche die Hunderte von Häusern in der Stadt krönten. Vergoldete oder grüne Kupferkuppeln, auf hohe, schlanke Rundtürmchen gesetzt und in Gruppen aus drei oder fünf versammelt, bezeichneten die zahlreichen Kirchen. Sie glichen nicht den helmförmigen Kuppeln von Nowgorod, sondern waren einfacher, eher wie umgedrehte Eichelnäpfe. Eine Gruppe von nicht weniger als dreizehn erhob sich höher als alle anderen, und Gytha war klar, daß dies die Kathedrale sein mußte, von der Jewpraksija gesprochen hatte.

Sie hatte recht, denn nachdem die Reiter und Schlitten ein ganzes Stück entlang der Stadtmauer gezogen waren, polterten sie durch ein großes, hochgetürmtes Tor, größer als alle, an denen sie vorbeigekommen waren, das nach Jewpraksijas Worten das Goldene Tor von Kiew sein mußte. In der Stadt drinnen überquerten sie eine breite Straße, an deren anderem Ende sich eine andere Mauer befand, und über ihr schwang sich die Gruppe der dreizehn Kuppeln von den Dächern des größten Steinbaus empor, den Gytha jemals gesehen hatte.

»Die Sophienkathedrale von Kiew!« verkündete Jewpraksija mit stellvertretendem Stolz, indem sie sich dreimal ihr zu Ehren bekreuzigte. »Sehen Sie die Kuppeln? Christus der Herr und seine Apostel!«

»Anscheinend fahren wir dorthin!« bemerkte Gytha, während sie daran dachte, wie klein all die Kirchen, die sie in England und Dänemark gesehen hatte, daneben aussähen. Sogar das Münster ihres Vater in Waltham oder das König Edwards in Westminster, die ihr einst so groß und eindrucksvoll erschienen waren, würden mühelos in diese hineinpassen und noch Raum übriglassen.

Es gab ein Tor in der zweiten Mauer, viel kleiner als das Goldene Tor, doch breit genug, daß der Zug ungehindert hindurchziehen konnte, und Gytha vermutete, daß dies der Kreml der Stadt sein mußte. Ein offener, gepflasterter Platz lag vor der Westfassade der Kathedrale, die erstaunlich lang zu sein schien, bis sie bemerkte, daß zwei andere Gebäude zu beiden Seiten des offenen Bogenganges lagen, der die Eingänge zur Kathedrale schützte. Sie waren groß und eindrucksvoll, aber viel niedriger als das wunderbare Bauwerk zwischen ihnen.

Bevor sie sich eine Meinung über ihren Zweck bilden konnte, sagte Jewpraksija in ehrfürchtigem Ton: »Die Gebäude zu beiden Seiten sind Paläste, einer für den Bischof und einer für den Großfürsten. Sie sind fast ganz aus *Stein* gebaut!«

Gytha war beeindruckt. In England und Dänemark wurden nur Kirchen aus Stein gebaut und obendrein nicht einmal viele. Es mußte seltsam sein, in einem steinernen Haus zu wohnen ... Na ja, sie würde es ja bald herausfinden. Ihr Schlitten war jetzt an der Kathedrale vorbeigefahren und kam vor der vornehmen, verzierten Eingangstreppe zum Fürstenpalast zu stehen. Mit einer gewissen Erleichterung, denn sie war kalt und steif, stieg sie aus und schaute sich voller Interesse um, während sie versuchte, sich so zu benehmen, als hätte sie schon oft solche beeindruckenden Sehenswürdigkeiten gesehen. Sie hatte ein wenig Angst und war niedergeschlagen, denn die frühe winterliche Dämmerung brach herein und dunkle Wolken zogen im Osten herauf, die der Szenerie alle Farbe nahmen. Die Gebäude und die Kremlmauern hoben sich schwarz vom weißen Schnee ab, und die vergoldeten Kuppeln der Kathedrale, die das letzte Licht des Sonnenuntergangs auffangen mußten, waren von der Masse der Bauwerke darunter verborgen.

»Der Großfürst wartet darauf, uns zu empfangen«, flüsterte Wladimir ihr leise ins Ohr. »Es geht alles sehr förmlich zu, fürchte ich. Du kannst deine Frauen wegschicken, damit sie deine Kisten in deine Zimmer bringen und mit dem Auspacken beginnen. Man erwartet nicht, daß sie dich zum Audienzsaal begleiten.«

Gythas Furcht nahm bei dem Wort »Audienzsaal« noch zu, und zwei flüchtige Visionen aus der Vergangenheit zogen an ihrem inneren Auge vorbei – König Edward, der bequem in seinem großen Zelt saß und ein Brot betrachtete, das sie einmal für ihren Vater gebacken hatte, und nicht recht wußte, was er mit ihr reden sollte, und König Svein, der sich auf seinem Thronsessel lümmelte und sich hämisch über die Förmlichkeiten beim Empfang von Botschaftern lustig machte ... Die bevorstehende Vorstellung hörte sich ganz anders an!

Die Treppe zur Eingangstür im ersten Stock ähnelte der in Nowgorod, Soldaten aus der *Druschina* des Großfürsten auf jeder Stufe, bewaffnet mit langen Speeren und jeder mit dem Dreizack-Abzeichen der älteren Linie der Nachkommen Ruriks, das golden inmitten des schwarzen Pelzes der Umhänge funkelte. Sie erinnerten sie an Schachfiguren, denn da ihre Gesichter von den Nasenteilen und Kettenpanzerseiten ihrer Helme verdeckt waren, sahen sie alle gleich aus.

Die Säulen des Baldachins über der Treppe waren mit wilden Tieren bemalt, die im flackernden Fackellicht lauernd herumzuschleichen schienen, bereit zum Sprung. Die Vorhalle hinter der Tür war ähnlich geschmückt, mit berittenen Jägern zwischen den Tieren, als wollten sie sie aus dem Palast jagen.

Die Vorhalle öffnete sich in eine zweite, doppelt so große, und diese in eine dritte, noch größere. Die Luft war trotz der gemauerten Öfen in jeder Ecke eisig, und Gytha übergab nur widerstrebend ihren schönen Kapuzenumhang aus Pelz an Mildyth, die von einem Diener weggeführt wurde, sobald sie den Pelz in ihre Obhut genommen hatte. Ein Haushofmeister erschien, um sie im Namen des Großfürsten willkommen zu heißen, und wie üblich wurden Brot und Salz angeboten und verzehrt.

Wladimir, der ebenfalls Umhang und Helm abgelegt hatte, wandte sich nach ihr um, berührte ihren *Kokoschnik*, als wollte er ihn ein wenig zurechtrücken, und murmelte: »Sie werden dich nicht fressen, vergiß das nicht.«

Sie brachte als Antwort ein schwaches Lächeln zustande, aber die Stille und die fehlende Geschäftigkeit in den Vorhallen hatten sie noch ängstlicher gemacht, denn es erschien ihr sonderbar, daß so viele Soldaten und Diener still dastanden und sie beobachteten. Schwere Vorhänge aus einem glänzenden Stoff wurden am Ende des langen Raumes aufgezogen. Wladimir nahm feierlich ihre Hand und führte sie in den Audienzsaal, während die Vorhänge hinter ihnen sich raschelnd schlossen.

Es war ein sehr langer Saal, der trotz der vielen Fackeln, die in Ständern vor den Wänden brannten, dunkel wirkte, denn die Wände waren mit dunklen Wandbehängen verkleidet. Aus den Augenwinkeln sah sie mitunter einen Lichtschein auf einer Hand oder einem Gesicht und erkannte, daß auf den Behängen Szenen dargestellt waren, aber sie konnte nicht sagen, was sie zeigten. Entlang den beiden Seiten lief eine Reihe von Bänken, die in der Mitte einen breiten Durchgang frei ließen, und auf den Bänken saßen Männer. Sie waren alle in kostbare dunkle Gewänder gekleidet, knöchellang und umfangreich mit Pelzkragen und Borten, mit goldenen Ketten und funkelndem Schmuck und herrlichen schwarzen Pelzmützen auf den Köpfen, wodurch sie alle übermäßig groß wirkten. Jeder trug einen mächtigen Bart, und da beinahe alle Bärte so dunkel wie ihre Kleidung waren, sahen sie für Gytha wie eine Doppelreihe großer Bären aus, und sie mußte unwillkürlich ein wenig über die Ähnlichkeit lächeln. Sie erhoben sich, immer zwei zugleich, als die Fremden zwischen ihnen hindurchgingen, und verneigten sich würdevoll.

Wladimir geleitete sie durch den Saal, weder zu schnell noch zu langsam, mitunter den Kopf neigend, um einen Bekannten zu grüßen. Sie wandte den Kopf ein wenig, mal auf die eine, mal auf die andere Seite, weil sie nicht den Eindruck entstehen lassen wollte, sie würde sie nicht beachten, denn sie hatte erraten, daß dies die wichtigen Bojaren von

Kiew waren, und gewiß waren sie genauso leicht gekränkt wie die von Nowgorod.

Ein niedriges Podest nahm die ganze Breite der Stirnseite des Saales ein, und in jeder Ecke der Wand befand sich eine Tür. In der Mitte stand ein großer Thron, mit Juwelen und Emailfeldern verziert und um drei Stufen erhöht. Zu beiden Seiten standen kunstvoll geschnitzte Stühle, aber mit so viel Abstand dazwischen angeordnet, als pflegten ihre Benutzer nicht miteinander zu sprechen. Nur einer war besetzt, aber Gythas Aufmerksamkeit wandte sich zunächst dem Mann zu, der auf dem Thron in der Mitte saß.

Er schien nicht besonders groß oder kräftig zu sein, war aber in so viele Gewänder gehüllt, daß man seine Gestalt nicht leicht erkennen konnte. Er trug eine juwelenbesetzte kuppelförmige Mütze mit einer kleinen, von einem Kreuz gekrönten Kugel auf der Spitze und einem Besatz aus Zobelpelz am Rand, eine aufwendigere Version der Mützen-Kronen, die sie bei Gleb und Wladimir zu offiziellen Anlässen gesehen hatte. Seine Miene war ausdruckslos, in einem leichten Stirnrunzeln erstarrt, und seine dunklen Augen, flink und wachsam, schienen der einzige bewegliche Teil seiner Gesichtszüge zu sein. Er hatte das rechte Bein auf einen Schemel hochgelegt und hielt einen Spazierstock in der rechten Hand, mit dem er leise und ungeduldig auf den Boden klopfte, während er beobachtete, wie Wladimir und Gytha auf ihn zuschritten.

Sie traten auf das Podest, und Wladimir verneigte sich, nicht zu tief, und sagte förmlich: »Ich bringe Ihnen Grüße von Ihrem ältesten Sohn, Gleb, dem Großfürsten von Nowgorod.«

»Seien Sie willkommen, Wladimir Wsewolodowitsch, Großfürst von Susdal, um Ihrer selbst willen und wegen der Botschaften, die Sie uns von unserem geliebten und stets gehorsamen Sohn überbringen«, erwiderte der Großfürst von Kiew, ohne daß sich die starre Miene veränderte.

»Ich bringe die Fürstin, Prinzessin Gytha von England, um sie Ihnen vorzustellen«, fuhr Wladimir gewandt fort, während er sich nach Gytha umwandte und sie ein paar Schritte nach vorn zog. »Mein Onkel, Swjatoslaw Jaroslawowitsch, Großfürst von Kiew – und Tschernigow.« Er fügte die letzten zwei Worte mit einer deutlichen Pause zwischen ihnen und dem vorhergehenden Satz an, als wären sie ihm nachträglich eingefallen, aber Gytha spürte, daß die Pause beabsichtigt war.

»Die Fürstin ist in Kiew willkommen«, erwiderte Swjatoslaw ohne erkennbare Begeisterung. »Der Großfürst von Perejaslawl ist ebenfalls anwesend.«

Dies war offenbar als Erlaubnis für Wladimir gedacht, seinen Vater zu begrüßen, denn er wandte sich an die einzige andere Person auf dem Podest, verneigte sich und sagte: »Ich grüße Sie, Vater.«

Wsewolod nickte, sagte förmlich: »Ich grüße euch, mein Sohn und meine Tochter«, stand dann auf und trat vor, um Wladimir in die Arme zu schließen, als wäre er aufrichtig erfreut, ihn zu sehen, und die zwei Männer umarmten sich herzlich.

»Mein Vater, Wsewolod Jaroslawowitsch, Großfürst von Perejaslawl«, sagte Wladimir und führte Gytha vor, damit auch sie in die Arme geschlossen wurde.

Wsewolod war größer und kräftiger gebaut als sein Sohn, allerdings immer noch kleiner und schlanker als Gleb. Er hatte einen kurzgeschnittenen Bart wie Wladimir, der jedoch den weichen Mund und das schwache Kinn nicht verbergen konnte, und Gytha bemerkte mit bösen Ahnungen, daß er es nicht fertigbrachte, ihr dirckt in die Augen zu sehen, als er eine passende kleine Ansprache zur Begrüßung hielt.

»Ja, ja – alles sehr anrührend!« fiel ihm Swjatoslaw mürrisch ins Wort. »Darf ich dich daran erinnern, daß wir wichtige Angelegenheiten zu besprechen haben? Fürst Wladimir,

Sie und Ihre Gemahlin werden gewiß froh sein, zu baden und auszuruhen, wir sehen uns beim Essen wieder.« Der Vorschlag war einfühlsam, aber der griesgrämige Ton seiner Stimme ließ nur Ungeduld, sie loszuwerden, erkennen. Dennoch antwortete Wladimir mit angemessen förmlicher Höflichkeit und führte Gytha auf eine der Türen an der Rückseite des Podestes zu.

Sie tat sich wie durch Zauberkraft auf, als sie sie erreichten, da ein Diener auf der anderen Seite stand, zu diesem Zweck vermutlich mit dem Ohr am Schlüsselloch. Als Gytha vor Wladimir durch die Tür ging, hörte sie Swjatoslaw noch sagen: »Und Tschernigow geht Sie nichts an!«

»Ich glaube, das Bein meines Onkels muß heute sehr schmerzen«, sagte Wladimir leise und ein kleines bißchen belustigt.

»Ist er immer so?« murmelte Gytha.

»Meistens. Manchmal ist er ganz freundlich, und manchmal ist er ausgesprochen grob«, antwortete Wladimir gelassen. »Genaugenommen war er ausnehmend höflich zu dir, da er normalerweise bei offiziellen Anlässen die Anwesenheit von Frauen nicht zur Kenntnis nimmt, außer um zu verlangen, daß sie vor ihm knien, wenn sie ihm vorgestellt werden. Ich fürchte, daß man in Kiew der Ansicht ist, der Platz einer Frau sei im *Terem* – ein weiterer Grund, warum es mir lieber ist, daß du in Nowgorod wohnst. Unsere Zimmer müßten irgendwo hier entlang sein ...«

Vermutlich war die ihnen zugewiesene Wohnung von Wladimir stets bei seinen Besuchen in Kiew benutzt worden, denn es schienen sich mehr von seinen Habseligkeiten darin zu befinden, als in dem wenigen Gepäck, das er mitgebracht hatte, enthalten sein konnten. Gytha dachte sich, daß die zwei ziemlich kahlen Zimmer, die für sie und ihre Damen bestimmt waren, von der Wohnung eines anderen hinzugefügt worden waren, denn es gab Spuren an den Wänden und am Boden, wo Möbelstücke entfernt worden sein mußten, und eine verriegelte Tür am anderen Ende des Zimmers der Frauen versperrte den Zugang zum übrigen Palast. Mildyth beklagte sich, es sei nicht schicklich für sechs Frauen, durch Wladimirs Räume gehen zu müssen, um aus der Wohnung zu kommen, aber Jewpraksija und den anderen war das immer noch lieber, als im *Terem* untergebracht zu werden.

»Dort drinnen ist es sehr kalt«, sagte eine von ihnen nach einem Besuch bei ihrer Cousine, die im Dienst von Swjatoslaws deutscher Frau Kilikia stand. »Es ist wirklich ein Turm, und die Räume sind so klein, daß die Hälfte davon keine Türen hat. Die Fenster sind alle vergittert, so daß sie nur durch die kleinen Löcher spähen können und kaum etwas sehen, und es fällt auch wenig Licht herein. Hier haben wir es viel besser!«

Gytha schauderte bei der Vorstellung, an einem solchen Ort eingesperrt zu sein, und war froh, als sie am nächsten Morgen, als die Läden geöffnet wurden, feststellte, daß die Fenster ihres Zimmers eine Aussicht über die Stadt nach Norden bis zum anschließenden Wald gewährten.

Sie und Wladimir speisten später an jenem Abend mit Swjatoslaw und seinem Haushalt. Es war eine stille Mahlzeit ohne Unterhaltung und mit wenig Gesprächen. Swjatoslaw, der seinen eigenen Gedanken nachzuhängen schien, stocherte im Essen herum, und die Bojaren in ihren schweren dunklen Pelzen sprachen sehr leise untereinander, als fürchteten sie, ihn zu stören. Sie erinnerten Gytha immer noch an Bären, selbst bei der besseren Beleuchtung im Speisesaal, und sie fragte sich, was geschehen würde, wenn sie ihnen Honigkuchen anbieten würde, worüber sie in Erinnerung an ihre Hochzeit lächeln mußte.

»Meine neue Tochter findet uns lustig, glaube ich?« bemerkte Wsewolod in fragendem Ton zu Wladimir. »Sie lächelt vor sich hin. Ich möchte wissen, warum?«

»Mir ist unser Hochzeitsmahl eingefallen«, antwortete Gytha selbst, obwohl die Frage nicht an sie gerichtet worden war. »Erinnerst du dich an den Bären, der Kuchen essen wollte, Wladimir?«

Wladimir lachte. »Es klingt jetzt komisch, aber damals dachte ich, ich könnte als der Prinz, dessen Frau von einem Bären verspeist wurde, ehe er Zeit hatte, sie zu Bett zu bringen, in die Chronik eingehen!«

»Sehr bedauerlich«, sagte Wsewolod ernst, dann zeigte er ein verschlagenes Grinsen, das Gytha an Svein erinnerte, und sie fragte sich, ob dieser listige alte Fuchs noch lebte und, wenn nicht, welchem seiner Söhne es gelungen war, seine Krone zu übernehmen – oder kämpften sie noch immer darum? Männern war Macht wichtiger als die Familie. Sie erinnerte sich, wie ihr eigener Onkel sich gegen ihren Vater gewandt hatte und wie in Rußland Swjatoslaw und Wsewolod ihren älteren Bruder vertrieben hatten und wie Wladimirs Vettern, bei aller Freundschaft und trotz der Gefahren für das Land, die sie nur durch Zusammenarbeit möglicherweise würden bannen können, dennoch bereit waren, um den Besitz der einen oder anderen Stadt gegeneinander zu kämpfen...

»Jetzt sieht sie traurig und ängstlich aus«, bemerkte Wsewolod, wie zuvor zu Wladimir. »Wünscht sie vielleicht, der Bär hätte sie dem Kuchen vorgezogen? Was meinst du, was sie beunruhigen mag?«

Wladimir runzelte die Stirn, begegnete Gythas Blick und zuckte fragend mit den Augenbrauen. Sie fühlte sich wiederum verpflichtet zu antworten, und da sie unfähig war, sich eine überzeugende Lüge auszudenken, versuchte sie es mit etwas, das der Wahrheit nahe kam.

»Ich habe mich an die vielen glücklichen Familienfeste erinnert, die ich erlebt habe, zum Beispiel unsere Hochzeit«, sagte sie, »und gedacht, wie traurig es ist, wenn Familien und Freunde sich über Dinge streiten, die – die durch Gespräche beigelegt werden könnten, wenn jeder geduldig und vernünftig wäre...«

»Und vertrauensvoll«, fügte Wsewolod hinzu. »Heutzutage traut keiner mehr dem anderen. Ich wette, daß Gleb dich nicht aus Nowgorod ziehen lassen wollte, und er wird nicht ruhig schlafen, bis du wieder zurück bist. Du bist sein Unterpfand, daß Wladimir ihn nicht angreift und ihm seine Stadt wegnimmt, mußt du wissen!« Seine Zunge fuhr über die Lippen, und seine Blicke schossen von Gytha zu Wladimir und zu Swjatoslaw.

»Gleb weiß, daß ich keine Absichten auf Nowgorod habe, und er hat meinen Eid darauf!« sagte Wladimir streng. »Versuchen Sie nicht, Unfrieden zu stiften, Vater!«

»Das ist alles, wozu er taugt«, sagte Swjatoslaw plötzlich und zeigte, daß er trotz seiner scheinbaren Geistesabwesenheit zugehört hatte. »Vom Kämpfen abgesehen. Er sollte sich auf das Kämpfen beschränken und das Regieren denen überlassen, die sich darauf verstehen.«

»Ich sollte Tschernigow bekommen!« erklärte Wsewolod finster.

»Innerhalb eines Jahres hättest du das Volk so weit, daß es sich offen gegen dich auflehnt!« fuhr Swjatoslaw auf. »Falls ich Tschernigow jemals jemandem abtrete, dann an Oleg oder Wladimir, nicht an dich.«

Wladimir warf einen erschrockenen, wachsamen Blick auf ihn und brachte das Gespräch mit seinem Vater entschlossen auf die Erörterung der Pläne für den Feldzug im Sommer.

15. Kapitel

Gytha spürte, daß ihr Besuch in Kiew keinen sehr glücklichen Anfang genommen hatte, und sie hoffte, dies werde sich bessern, aber ihr Wunsch sollte sich nicht erfüllen. Sie bekam Wladimir wenig zu sehen, was eine große Enttäuschung war, da sie erwartet hatte, den größten Teil der Zeit mit ihm zu verbringen. Sie kam zu dem Schluß, daß er die Liebe auf seiner Rangliste wichtiger Dinge ein Stück nach unten gerückt hatte. Es war eine bittere Erkenntnis, aber er hatte es wenigstens gesagt, und das war viel mehr, als sie jemals zu hoffen gewagt hätte. Sie fragte sich, ob es einen grundlegenden Unterschied zwischen Männern und Frauen in ihrer Einstellung zur Liebe gab. Anscheinend bedeutete sie einer Frau mehr als alles andere, war aber nur eines von vielen Dingen, die einem Mann wichtig waren, und führte die Liste nicht einmal an!

Natürlich hatte Wladimir nur selten Zeit, sich in Kiew aufzuhalten, und es war wichtig, daß er die Gelegenheit, wesentliche Dinge mit seinem Onkel und seinem Vater zu besprechen, möglichst gut nutzte, solange er hier war. So war es ein gewisser Trost, daß er sich die Mühe machte, ihr von den Gesprächen und Plänen, die verabredet wurden, zu erzählen.

»Onkel Swjatoslaw wünscht, daß ich wieder nach Polen ziehe«, sagte er. »Die Polen planen einen Krieg, und ich soll ihnen dabei helfen. Das ist Bestandteil der Übereinkunft, die wir in unserem Vertrag getroffen haben. Es ist wichtig, daß wir versuchen, den Vertrag so lange wie möglich einzuhalten, denn wir haben – weiß Gott! – mehr als genug mit den Petschenegen und den Kumanen im Osten zu tun, auch ohne ständig über die Schultern schauen zu müssen, was die Polen im Sinn haben! Onkel Isjaslaw hat Polen verlassen und sich nach Rom begeben, deshalb könnte Aussicht auf einen längeren Frieden mit ihnen bestehen. Es tut mir leid, daß ich nicht oft bei dir bin, aber vielleicht kannst du dir die Zeit damit vertreiben, die Stadt zu besichtigen, und vielleicht könntest du mit Swjatoslaws Frau Freundschaft schließen?«

Sie versuchte es, aber Kilikia war eine Deutsche von gewaltigem Umfang und praktisch ohne Umgang. Sie hatte ihre Pflicht erfüllt, indem sie ihrem Mann fünf Söhne und eine Tochter geboren hatte, und verbrachte jetzt ihre Zeit mit Essen und Beten. Sie sprach wenig Slawisch, und fünf Minuten voller Gemeinplätze erschöpften ihre sprachlichen Fähigkeiten und ihre Geduld. Wenn Gytha versuchte, sich davon nicht beirren zu lassen, kehrte sie ihr den Rücken und watschelte davon, um mit ihren Dienerinnen in ihrer eigenen Sprache zu reden, ohne Gytha zu beachten, die nichts anderes tun konnte, als sich zurückzuziehen.

Die Stadt war größer als Nowgorod, wirkte aber trübe. Zwar gab es viele Bäume, doch waren es Laubbäume, da Kiew soviel weiter südlich als Nowgorod lag, und ihre nackten schwarzen Stämme und Äste waren bedrückend. Gytha bemerkte, daß sie sich nach den weichen dunklen Grüntönen der nördlichen Bäume und nach dem alles durchdringenden Duft der Kiefern sehnte, statt nach dem beißenden Rauch, der aus den Kaminen der Häuser qualmte.

Die Läden und Märkte waren interessant, wie Wladimir ihr versprochen hatte. Sie besuchte die verschiedenen Märkte mehrere Male auf der Suche nach feinen Stoffen für ihre Stickereien und fand ein großes Angebot, aus dem sie wählen konnte. Im Unterschied zu den nur zeitweilig aufgeschlagenen Buden in Nowgorod waren die Marktstände hier dauerhafte Holzhütten, die mit Feuerpfannen oder sogar mit richtigen Öfen geheizt wurden. Wie in Nowgorod fanden sich die Händler eher nach ihrer Herkunft zusammen als nach der Art der Waren, die sie anboten, und Mildyth hatte endlich herausbekommen, was ein Silberbulgare war, denn es gab eine kleine Gruppe von ihnen, die mit bestickten Seidenstoffen handelten. Ihre Waren waren auffallend fein und wunderschön, und sie kamen nicht aus Sirkland, sondern aus einem sehr fernen Land ganz am Ende der Welt.

»Wir kommen von weit hinter der Wolga«, berichtete einer Gytha, als sie, von Mildyth veranlaßt, nach seinem Stamm und der Herkunft seiner Waren fragte. »Man nennt uns Silberbulgaren, weil wir in den Bergen nach Silber schürfen, aber wir reisen auch weit durch die große Wüste, um die Kaufleute aus Kitai, am östlichen Rand der Welt, zu treffen.«

»Sind sie Slawen wie ihr?« fragte Gytha.

»Nein. Sie sind feingliedrige Menschen mit gelber Haut und Schlitzaugen, den Tataren sehr ähnlich. Sie bringen diese erlesene Seide aus ihrem eigenen Land, das sie das Reich der Mitte nennen, weil sie es für den Mittelpunkt der Welt halten.«

»Aber Jerusalem ist doch der Mittelpunkt der Welt!« rief Mildyth entrüstet aus.

Der Händler zuckte die Achseln. »Für die meisten Menschen ist die eigene Heimat der Mittelpunkt der Welt. Wahrscheinlich haben sie nie von Jerusalem gehört. Ihr Reich der Mitte liegt viele tausend Werst nach Osten, über Gebirge, durch dichte Wälder und weite Wüsten. Deshalb ist die Seide so teuer.«

»Das sehe ich ein«, erwiderte Gytha. Sie war wirklich sehr teuer, doch sie kaufte drei Bahnen von dem wunderbaren Stoff, eine, um sie Anastasia mitzubringen, eine für Kilikia und eine, um sie an Wladimirs Stiefmutter zu schicken.

Kilikia nahm das Geschenk ungnädig mit der Bemerkung

entgegen, die Seide sei dünn und nicht kräftig genug, was nicht zutraf. »Doch sie ist recht hübsch«, räumte sie widerwillig ein. »Ich wußte nicht, daß Sie Kaufleute in den Palast gerufen hatten. Es wäre höflicher gewesen, wenn Sie es mir mitgeteilt hätten – ich hätte vielleicht gern einige Dinge gekauft.«

»Ich habe sie auf dem Tuchmarkt gekauft«, erwiderte Gytha etwas scharf.

»Sie sind auf den Markt gegangen?« rief Kilikia aus. »Ja, ich habe gehört, daß warägische Frauen nicht auf ihre Würde achten und wahrscheinlich auch nicht auf ihre Tugend! Ich wundere mich, daß Ihr Mann das erlaubt!«

Gytha verkniff sich eine wütende Antwort und berichtete Wladimir nichts von dem Gespräch, da sie dachte, er würde sich deswegen vielleicht bei Swjatoslaw beschweren.

Wladimir war überrascht, daß sie von der schönen Seide nichts für sich gekauft hatte, und bestand darauf, daß sie verschiedene Stoffe, auch von den teuersten, für mindestens ein Dutzend Kleider kaufen sollte. »Und Schmuck«, fügte er hinzu. »Es gibt sehr schöne Gold- und Silberarbeiten zu kaufen, und die Händler erwarten von uns, daß wir sie fördern. Du brauchst nicht so sparsam zu sein, Liebste.«

Sie kam seinem Wunsch nach und bereicherte ihre Schmucksammlung mit feinen goldenen und silbernen Halsbändern, Ketten und Broschen, die mit Edelsteinen und Emaillen verziert waren. Sie füllte eine ganze große Truhe mit Stoffbahnen, von weichen Wollstoffen bis zu den feinsten bestickten Seidenstoffen, und eine andere mit Kleiderstoffen für ihre Damen, weniger teuer, aber dennoch von sehr guter Qualität.

Auch die Kirchen interessierten sie, besonders die Desjatinnaja, die älteste erhaltene Kirche in Kiew, die, was in Rußland merkwürdig war, keine Kuppeln hatte, sondern mehr einer Kirche im Westen ähnelte. Tatsächlich weckte sie schwache Erinnerungen in Gytha an die alte Kirche, die in Waltham gestanden hatte, bevor das Münster ihres Vaters sie ersetzte.

Neben der Desjatinnaja stand der ursprüngliche Palast der Großfürsten, der jetzt nur noch als Wohnung der unteren Hofbeamten und als Kaserne für die *Druschinniki* benutzt wurde. Gytha war dennoch von ihm beeindruckt, denn er war aus Stein gebaut, und sie dachte, Rußland müsse ein reiches Land sein, wenn es sich trotz der ständigen Angriffe von seinen Nachbarn auf beiden Seiten so viel Maurer- und Steinmetzarbeit leisten konnte.

Die Sophienkathedrale, die gleich neben Swjatoslaws Palast lag, war die Kirche, die von der fürstlichen Familie zum täglichen Gottesdienst besucht wurde. Sie war sehr groß und im Innern der gleichnamigen Kirche in Nowgorod nicht unähnlich, denn sie besaß die gleichen zellenartigen Nischen, die durch eindrucksvolle, durch die Innenwände gebrochene Bogen untereinander verbunden waren. Jedes Fleckchen Wandfläche war mit Fresken oder Mosaiken in hellen, leuchtenden Farben bedeckt, und wo immer sie hinschaute, fand sie sich den prüfenden Blicken der gemalten dunklen Augen von Heiligen, Propheten, Aposteln und Engeln ausgesetzt, alle mit den unergründlichen Gesichtern und der Wachsamkeit, die Wladimir ihnen so ähnlich erscheinen ließ. Manchmal ging sie während des Tages für sich in die Kathedrale, nur von einer oder zwei Damen begleitet, um für die Seelen ihrer Eltern zu beten und Gott ihr Herz auszuschütten, besonders was ihre Sehnsucht nach einem Kind betraf.

Eines Morgens ging sie nur von Jewpraksija begleitet, da Mildyth, die eigentlich mitkommen sollte, erkältet war. Jewpraksija hatte bei der Vorstellung, daß eine Großfürstin mit nur einer Begleiterin ausgehen wollte, ein bißchen genörgelt, aber ihr Stolz, dieses eine Mal den ersten Platz einzunehmen, hatte sie zu dem Schluß gebracht, es würde vielleicht kein

Gerede auslösen, da es ja nur zur Kathedrale und nicht nach draußen gehen sollte. Sie neigte dazu, plötzlich vor irgendeiner Ikone stehenzubleiben, auf die ihr Blick fiel, um ein Gebet in einer besonderen Sache, die den dargestellten Heiligen interessieren könnte, zu sagen, und dann mußte sie sich beeilen, um Gytha einzuholen, die selten bemerkte, daß sie schon längere Zeit nicht unmittelbar hinter ihr war.

Es traf sich, daß eine Ikone des heiligen Antonius in der Nähe der Tür hing, durch die die fürstliche Familie die Kathedrale betrat und verließ. Jewpraksija, die eine große Vorliebe für Schweinefleisch hatte, aber feststellen mußte, daß es ihr schlecht bekam, erinnerte sich plötzlich daran, daß der heilige Antonius irgendeine Verbindung zu Schweinen hatte, und blieb stehen, um ihm die Sache vorzutragen. Gytha ging nichtsahnend weiter, schritt durch die Vorhalle und stieg die Treppe hinauf, die zu einer Galerie des Palastes führte.

Sie dachte daran, daß ihr als Kind die Vorstellung, in ein fernes Land gen Sonnenaufgang zu reisen, sehr aufregend und geheimnisvoll erschienen war, aber genaugenommen war ihr Leben hier in Rußland nicht viel anders, als es gewesen wäre, wenn sie einen englischen Adligen geheiratet hätte. Das Land war sehr viel größer und wilder, die Bauten anders, die Sprache und die Bräuche fremdartig, aber das Leben einer Frau in einem fürstlichen Haushalt war ebenso eingeschränkt und gleichförmig wie überall.

Heute morgen bin ich spazierengegangen und habe in der Kathedrale gebetet. Heute abend wird das Abendessen im Saal des Fürsten eingenommen. So war es gestern, und morgen wird es genauso sein, vermute ich, und die Zeit dazwischen wird mit Beschäftigungen ausgefüllt, von denen ich mir einrede, sie seien der Mühe wert. Besser ist es in Nowgorod, wo wenigstens die wichtigen Leute zu glauben scheinen, daß ich Verstand habe und eine Meinung, die es verdient, gehört zu werden ...

Die Wände des Treppenhauses waren mit lebendigen Darstellungen des Lebens im Haushalt des Großfürsten bemalt, mit Jagd- und Schlachtszenen, Prozessionen, vornehmen Männern, die zu Rate saßen oder sich von Akrobaten und Marktschreiern unterhalten ließen. Frauen befanden sich kaum darunter.

Der Platz einer Frau ist der *Terem*, dachte sie, halb in ihr Schicksal ergeben, halb verärgert.

In diesem Augenblick klapperten eilende Schritte um die Kehre der Treppe über ihr, und ein hochgewachsener blonder Mann in einem feinem Zobelumhang über der Reiterkleidung kam heruntergerannt. Er blieb abrupt stehen, als er sie sah, und rief aus: »Ah, Fürstin! Wie geht es Ihnen?«

»Fürst Oleg!« rief sie. »Ich wußte nicht, daß Sie in Kiew sind! Wie geht es Ihrem Bein? Ich habe gehört, daß Sie verwundet wurden, aber es scheint besser, so wie Sie die Treppe herunterrannten.«

»Ich – äh – ich habe Sie gesucht«, sagte er rasch, indem er ihren Arm nahm, sie herumdrehte und die Treppe wieder hinunterführte. »Hm – mein Vetter Wladimir hatte einen kleinen Unfall. Sein Pferd glitt auf dem Eis aus und warf ihn ab. Er wurde in mein Haus gebracht, und ich bin gekommen, um Sie zu ihm zu bringen.«

»Ist er schwer verwundet?« fragte sie erschrocken und begann von sich aus, schneller zu laufen.

»Nicht ernstlich, glaube ich. Er hat Schrammen und blaue Flecken, scheint sich aber nichts gebrochen zu haben. Er hielt es für das beste, daß Sie es zuerst erfahren, bevor Sie wilde Gerüchte hören, und er möchte, daß Sie zu ihm kommen. Sie wissen ja, wie Geschichten beim Erzählen wuchern! Hier lang – mein Schlitten steht draußen.«

Er führte sie durch die Vorhalle, die den Fuß der Treppe mit der Kathedrale verband, auf die Außentür zum Platz zu. Als sie die Tür erreichten, tauchte Jewpraksija aus der Innentür auf, hörte Olegs letzten Satz und erkannte seine

Stimme und sein blondes Haar, doch seine Begleiterin blieb ihr durch seine hohe, breite Gestalt in dem umfangreichen Umhang verborgen. Sie dachte nur daran, ihre Herrin einzuholen, denn sie hatte sich länger als beabsichtigt beim heiligen Antonius aufgehalten. Im schnellsten Schritt, der mit ihrer Würde als (vorübergehend) erste Kammerfrau der Großfürstin von Susdal vereinbar war, eilte sie die Treppe hinauf.

Olegs Schlitten wartete in der Nähe, und sein aufmerksamer und pflichtbewußter Lenker brachte ihn herbei, sobald sein Herr im Bogengang erschien. Es schneite wieder, und so schien es vernünftig von Oleg, Gytha in den Schlitten zu drängen, sobald dieser anhielt, sich neben sie zu setzen und dem Lenker den Befehl zum Losfahren zu geben, noch während er die Pelzdecken über sie und sich breitete.

»Was für ein Glück, daß ich Sie zufällig getroffen habe!« sagte er. »Ich habe im ganzen Palast nach Ihnen gefragt. Eine Ihrer Frauen verriet mir, wohin Sie gegangen waren, als ich erklärte, warum ich Sie suche.«

Sie nahm seine Erklärung bereitwillig hin und wandte ihre Aufmerksamkeit ihrem Ziel zu. »Sie haben gesagt, Wladimir sei in Ihrem Haus? Demnach wohnen Sie nicht im Palast, wenn Sie in Kiew sind?«

»Nein. Ich bin im Winter ziemlich oft hier, deshalb habe ich mein eigenes Haus. Der Palast ist oft überfüllt, wenn sich die ganze Familie versammelt – oder die meisten zumindest, denn es gibt einige, die lieber zu Hause bleiben und der schlechten Laune meines Vaters aus dem Weg gehen.«

Inzwischen schneite es stark, so daß es Gytha schwerfiel zu sagen, wohin sie fuhren. Sie glaubte, daß sie um die Rückseite des Palastes gefahren waren, und mit Sicherheit hatten sie den Kreml durch einen der kleineren Eingänge verlassen, nicht durch das Haupttor.

»Wo ungefähr liegt Ihr Haus?« fragte sie.

»Oben auf dem Hang, der zu den Anlegestellen abfällt«,

antwortete er. »Wladimirs Pferd stürzte auf dem steilen Weg, und sie brachten ihn in mein Haus, weil es so nahe war.«

»Aber er hat nur blaue Flecken?« Sie spürte, daß irgend etwas an seiner Geschichte nicht stimmte. Sie hörte sich völlig vernünftig an, doch schwang etwas in seiner Stimme mit, das einen leisen Zweifel in ihr weckte. »Und Sie verschweigen mir ganz gewiß nichts?«

Er begegnete ihrem besorgten Blick mit ernsten blauen Augen und erwiderte feierlich: »Er ist nicht verletzt, Sie haben mein Wort.«

Seine Erklärung klang wahr, also ließ sie sie gelten und versuchte lieber, sich zu orientieren.

Nach wenigen Minuten fuhr der Schlitten durch ein Tor in der Stadtmauer, bog dann, nur eine kurze Strecke weiter, scharf nach rechts unter einem Torbogen durch und kam auf einen Hof, wo anscheinend das geschäftige Hin und Her einer Ankunft vonstatten ging. Mehrere Wagen, die zum anderen Ende des Hofes gezogen worden waren, wurden von einem Heer von Dienern entladen, während uniformierte Männer aus Olegs *Druschina* die Pferde absattelten und durch einen anderen Torbogen wegführten, vermutlich zu den Stallungen dahinter.

»Sind Sie gerade erst in Kiew angekommen?« fragte sie. »Ich habe mich schon gefragt, warum ich Sie nicht vorher in der Stadt gesehen hatte.«

»Ich bin heute ganz früh eingetroffen. Der Mond schien hell, so daß ich meinem Gepäck vorausritt.«

Er half ihr aus dem Schlitten, und da sie nicht für den scharfen Frost im Freien gekleidet war, lief sie schnell die Treppe hinauf und ins Haus, wo mit gebührender Feierlichkeit die diensttuenden *Druschinniki* schneidig strammstanden und Olegs Haushofmeister sich beeilte, seine Verbeugung zu machen, während unmittelbar hinter ihm zwei Dienerinnen Brot und Salz brachten. Alle drei waren ein wenig außer Atem, da sie anscheinend von der Ankunft der Gäste überrascht worden waren, entledigten sich aber ihrer Aufgabe trotz der sichtlichen Ungeduld ihres Herrn in angemessener Weise.

»Wenn Sie gerade einmal kurz hier hereinkommen möchten«, sagte Oleg und drängte sie weiter in einen kleinen Nebenraum, »will ich Ihnen alles erklären.«

Die Tür schloß sich hinter ihnen, und Gytha, die ohne ihren dicken Kapuzenumhang sehr fror, eilte zum Ofen, um sich zu wärmen, fragte aber gleichzeitig in scharfem Ton: »Erklären? Was erklären?«

»Daß Wladimir nicht hier ist«, erwiderte er seelenruhig. »Er weiß nicht einmal, daß ich in Kiew bin.«

»Was war dann ... Warum haben Sie mich hergebracht?« fragte sie bestürzt.

»Ein plötzlicher Einfall.« Er zuckte die Achseln. »Ich traf Sie allein und nutzte die Gelegenheit! Sie haben hier überhaupt nichts zu schaffen. Ihr Platz ist in Nowgorod, als Unterpfand für meinen Bruder, daß Ihr Mann nicht versucht, ihm die Stadt zu entreißen.«

»Ja, ich weiß davon, aber ich bin mit Glebs Einverständnis und auf Befehl Ihres Vaters hier, und ich reise nach Nowgorod zurück, sobald mein Besuch hier beendet ist. Wladimir hat Gleb sein Ehrenwort gegeben und auch versprochen, daß er ihm Nowgorod nicht nehmen will. Wagen Sie zu bezweifeln, daß Wladimir sein Wort halten wird? Oder ich, denn er hat für uns beide geschworen?«

»Sagen wir einfach, die Gesundheit meines Vaters ist – angegriffen – und bessert sich nicht. Ich und alle meine Brüder wüßten Sie lieber in Sicherheit in Nowgorod. Ich traue Wladimirs Wort genauso wie dem Ehrenwort eines jeden Mannes und sogar mehr als den meisten, aber dennoch ... Falls meinem Vater etwas zustößt, solange Sie fern von Glebs sicherem Gewahrsam sind – wer weiß, in welche Versuchung Ihr edler Gatte geraten könnte? Sobald meine Männer sich ausgeruht haben und bereit sind und wir passende Kleidung für Sie gefunden haben, brechen wir nach Nowgorod auf.«

Gytha unterdrückte ihren Ärger und ihre Angst, sah sich gemächlich im Raum um, entschied sich für die größte und prächtigste der sechs Sitzgelegenheiten, einen geschnitzten Sessel von beeindruckendem Aussehen und, wie sie bald entdeckte, denkbar unbequem, und nahm darauf Platz.

»Ich habe nichts gegessen als ein wenig Brot heute morgen, und ich gehe nirgendwohin, bevor ich eine richtige Mahlzeit bekommen habe!« erklärte sie entschlossen.

Oleg sah sie sprachlos an, faßte sich aber schnell, erwog die Angelegenheit, nickte und sagte: »Das ist vernünftig. Ich lasse etwas herbringen, während ich alles für die Reise regele. An der Tür steht eine Wache, und dieses Fenster ist verriegelt und geht auf den Hof, Sie werden also nicht – äh – gestört werden.«

Er machte eine ironische kleine Verbeugung, auf die sie mit ihrem hochmütigsten Blick reagierte, und ging hinaus. Sie hörte ihn mit jemandem draußen sprechen – vermutlich mit der Wache –, dann herrschte Stille.

Eine kurze Erkundung ergab, daß das Fenster tatsächlich auf den geschäftigen Hof blickte und verriegelt war, und so kehrte sie zu dem Sessel zurück, zog ihn näher an den Ofen, öffnete die kleine Tür, um mehr Hitze herauszulassen, und dachte über alles nach, was Oleg gesagt hatte.

Falls er sie wirklich nach Nowgorod zurückbringen wollte, um Wladimirs gute Absicht sicherzustellen, würde er ihr wenigstens nichts antun. Er sagte, er habe sie zufällig allein angetroffen und die Gelegenheit genutzt. Dies war demnach nicht geplant – ganz sicher nicht, denn er war gerade erst in Kiew angekommen und hatte wahrscheinlich nicht einmal gewußt, daß sie hier war, bis er sie vor sich sah.

Allein! Ja, wo war Jewpraksija hingegangen? Sie war nicht in die Verschwörung eingeweiht – und es gab ja gar keine Verschwörung, falls Oleg die Wahrheit sagte! Gewiß hatte sie wieder einmal eine Ikone gesehen, die ein Gebet verlangte, und war hinter ihr zurückgeblieben. Sobald sie bemerkt haben würde, daß Gytha nicht in den Palast zurückgekehrt war, würde sie Alarm schlagen. Sie war bestimmt so vernünftig, es Wladimir zu berichten, und er würde erraten, daß Oleg etwas damit zu tun hatte – oder vielleicht doch nicht? Wußte er, daß Oleg sich in Kiew aufhielt?

Es klopfte an der Tür, die von irgendeiner unsichtbaren Kraft von außen geöffnet wurde, und herein kamen zwei Diener mit dem Essen, das sie verlangt hatte. Sie brachten warmes Wasser und ein Handtuch, einen Holzteller mit Brot, etwas Butter, ein Gericht aus gedünstetem Fleisch und Gemüse, einen Deckelkrug Wein mit einem Becher und eine Schale mit Süßigkeiten. Ein Löffel war da, aber kein Messer, und als Gytha auf das Versäumnis hinwies, sagte einer der Diener entschuldigend: »Mein Herr sagte ausdrücklich, kein Messer. Bei der Butter liegt ein kleiner Löffel. Vielleicht könnten Sie sich damit behelfen?«

»Ist dies das Beste, was Sie einem Gast anzubieten haben?« Sie musterte die Speisen geringschätzig, da sie versuchte, sich etwas auszudenken, das Olegs geplante Abreise nach Nowgorod verzögern würde. »Ich bin erlesenere Kost gewohnt! Haben Sie kein Huhn? Warum gibt es kein Weißbrot? Das ist Rotwein (– sie hatte den Deckel des Kruges angehoben, um nachzusehen –), ich ziehe weißen vor.«

Die Diener waren offensichtlich betroffen und verlegen, versicherten ihr aber, daß genau die gleichen Speisen für Fürst Oleg bereitet worden seien und wirklich nichts anderes verfügbar sei, denn der Fürst sei einen Tag früher als erwartet eingetroffen.

Sie hatte ein wenig Mitleid mit ihnen und hätte sich unter normalen Umständen niemals so aufgeführt, aber sie mußte für eine weitere Verzögerung sorgen und hieß sie deshalb, zurück zur Küche zu gehen und noch einmal zu fragen, ob sie nicht wenigstens Weißbrot und Weißwein bekommen könnte. Sie gehorchten, kamen aber allzu schnell mit ängstlichen Gesichtern wieder und stotterten Entschuldigungen, daß beides nicht vorhanden sei.

»Na ja, gut – wenn dies das Beste ist, was Sie anbieten können. Die Diener meines Mannes essen in unserem Haushalt Besseres als das!«

Die Speisen waren natürlich ziemlich genau die gleichen, die ihr in jedem russischen Palast vorgesetzt worden wären, und eher besser als das meiste, was sie an Swjatoslaws Tafel gegessen hatte, denn seine Küchen lagen weit weg von seinem Speisesaal. Sie aß mit gutem Appetit und nippte gerade an dem Wein, als Oleg zurückkam.

»Ich möchte Sie daran erinnern«, sagte sie kalt, bevor er ein Wort äußern konnte, »daß ich die Tochter eines Königs bin, die Nichte eines anderen und die Cousine eines dritten, nicht das Kind eines einfachen Großfürsten. Ich bin es nicht gewohnt, nur von ein paar Tolpatschen bedient zu werden und obendrein mit *Schwarzbrot*!« Sie legte die ganze Verachtung, die sie aufbringen konnte, in das letzte Wort. »Ich habe mich nur aus Furcht, heute nichts anderes mehr zu bekommen, herabgelassen, den armseligen Fraß, den Sie geschickt haben, zu essen. Und wo sind meine Kammerfrauen? Sie erwarten doch gewiß nicht, daß ich ohne sie reise? Sie scheinen wenig Ahnung von der gebührenden Behandlung einer Person von königlichem Geblüt zu haben!«

»Es werden ein paar Frauen zu Ihrer Bedienung dabeisein«, erwiderte Oleg, erschrocken über ihren Angriff.

»Ich hoffe, Sie haben die Folgen Ihres aberwitzigen dunklen Plans bedacht«, sagte sie nachdenklich, indem sie absichtlich ihren Ton änderte. »Erwarten Sie wirklich, Wladimir würde Ihnen erlauben, mich zu entführen, ohne etwas dagegen zu unternehmen?« Sie hob plötzlich den Kopf und bemerkte ein unbehagliches Zucken in seinem wettergegerbten Gesicht, und sie stellt fest, daß sie beinahe genoß, ihn zu quälen. Dies überraschte sie, denn sie wußte sehr wohl, daß Oleg kein Dummkopf war und einen gewalttätigen Zug in seinem Wesen hatte, doch sie empfand keine Furcht. Vielleicht wäre sie klüger, wenn sie Furcht hätte!

»Und was wird das Rußland nutzen?« fuhr sie beharrlich fort, ob klug oder nicht, »falls Sie und er anfangen, gegeneinander zu kämpfen anstatt gegen die Petschenegen und die Polowzer? Die ganzen Jahre des Kampfes zum Schutz Ihres Landes weggeworfen wegen einer törichten, vorschnellen Tat, die auf jeden Fall völlig überflüssig war! Warum kommen Sie nicht zur Vernunft und bringen mich zum Palast zurück? Wir könnten sagen, Sie hätten mich in der Kathedrale getroffen und hergebracht, um mir Ihr Haus zu zeigen.«

Oleg zögerte, und sie konnte sehen, daß er ihre Worte zumindest bedachte, aber dann blickte er finster und sagte scharf: »Ich gestatte keiner Frau, mir zu sagen, was ich tun oder nicht tun soll! Was verstehen Sie davon? Halten Sie sich an Ihre Handarbeit und Gebete. Kümmern Sie sich um Ihre Angelegenheiten, und überlassen Sie mir meine!«

»Sind die Sicherheit und das Wohl Rußlands nicht ebenso meine Sache wie die Ihre?« entgegnete sie.

»Ihre Sache ist es, Ihrem Mann Söhne zu gebären. Es ist ein Jammer, daß Sie damit nicht vorankommen, anstatt sich in Dinge einzumischen, die über Ihren Verstand hinausgehen!« fuhr er sie an. »Ziehen Sie das an – wir fahren sofort ab.«

Er ließ einen weiten Zobelumhang, innen und außen mit Pelz besetzt, und eine passende Mütze vor ihren Füßen fallen und wartete, ungeduldig mit dem Fuß tappend und das hübsche Gesicht vor Zorn verzerrt, während sie die Sachen langsam anzog.

»Das werden Sie bereuen!« warnte sie ihn.

»Ihr Ehemann hätte Sie in Nowgorod lassen sollen«, erwiderte er barsch. »Kommen Sie. Sie können mit Würde auf eigenen Füßen gehen oder sich gefallen lassen, gefesselt und getragen zu werden.«

»Haben Sie so Wladimirs Geliebte gestohlen?« fragte sie kalt. »Oder vielleicht haben Sie ihr mehr Geld geboten? Ich kann mir nicht vorstellen, daß sie wegen Ihres bezaubernden Benehmens mit Ihnen ging! Gewiß, da Sie so daran gewöhnt sind, seinen Besitz zu – äh – borgen, ist es Ihnen vielleicht noch nicht in den Sinn gekommen, daß eine Ehefrau kaum in die gleiche Kategorie wie ein Schwert oder Pferd oder auch eine Geliebte fällt? Ich kann Ihnen versichern, daß mein Mann diese Sache nicht auf die leichte Schulter nehmen wird. Sie würden klug daran tun, über seine Reaktion nachzudenken, wenn er erfährt, daß Sie seine Frau entführt und ihr Gewalt angetan haben!«

»Um Gottes willen!« rief Oleg aus und schlug wütend mit der Faust auf den Tisch. »Ich bringe Sie nach Nowgorod zurück und Schluß! Benehmen Sie sich anständig und schweigen Sie, dann wird Ihnen nichts geschehen!«

»Warum sollte ich das glauben?«

»Weil ich Ihnen mein Wort darauf gebe!« Oleg richtete sich zu seiner vollen Größe auf, mit funkelnden blauen Augen, von Kopf bis Fuß der empörte Fürst.

»Warum sollte ich Ihrem Wort glauben, wenn Sie meinem oder Wladimirs nicht glauben?« warf sie ihm an den Kopf.

Für einen Augenblick war er so verwirrt, daß ihm der Mund ein wenig offen stand, aber er faßte sich schnell und brüllte: »Sie wissen nicht, wovon Sie reden! Schweigen Sie, Frau, und tun Sie, was ich sage, oder ich lasse Sie fesseln und knebeln!«

Er meinte es offensichtlich ernst, und sie hatte nicht vor, die Bewegungsfreiheit zu verlieren, also schluckte sie ihren Zorn, zog die Augenbrauen hoch zu einem, wie sie hoffte, Blick kalter Verachtung und erhob sich mit der ganzen Würde, deren sie fähig war.

»Beklagen Sie sich nicht hinterher, ich hätte Sie nicht

gewarnt!« sagte sie, während sie langsam auf die Tür zuging.

Ehe sie den Raum halb durchquert hatte, flog plötzlich die Tür von außen auf, und Wladimir kam herein, während einer von Olegs Dienern hinter ihm stotternd Einspruch erhob.

»Guten Morgen, Oleg«, sagte er munter, während er dem Diener die Tür vor der Nase zuschlug, dann drehte er sich um und sah sich Auge in Auge seiner Frau gegenüber. Einen Augenblick lang schien er überrascht, dann wandte er den Kopf, um seinen Vetter fragend anzusehen.

Oleg blickte finster, wurde rot wie ein Schuljunge und platzte schließlich heraus: »Sie hat hier nichts zu suchen!«

»Genau!« erwiderte Wladimir knapp. »Aber wie kommt es dann, daß sie hier ist?«

»Ich meine, sie sollte in Nowgorod sein, nicht in Kiew!« fuhr Oleg ihn an. »Du hast Gleb versprochen, sie würde in Nowgorod bleiben, warum ist sie dann hier in Kiew?«

»Weil dein Vater mir befohlen hat, sie herzubringen«, antwortete Wladimir. »Ich bin allerdings nicht hergekommen, um das zu besprechen. Setz dich doch, Liebste. Eigentlich freue ich mich, daß du hier bist, denn du weißt über die Sache, die wir bereden müssen, mehr als ich, da ich nicht in Nowgorod war, als alles anfing.«

»Worüber wir reden müssen, ist, warum du dein Versprechen an Gleb gebrochen hast!« knurrte Oleg.

»Nein, denn ich habe es nicht gebrochen. Die Sache, die ich mit dir besprechen will, ist dein verräterisches Verhalten gegenüber Gleb und deine Verschwörung mit Isjaslaw und Swjatopolk, um Gleb aus Nowgorod zu vertreiben und Bischof Fjodor und seine Priester zu ermorden«, erwiderte Wladimir kühl.

Er warf seinen Umhang über ein Tischchen, nahm Umhang und Mütze, die Gytha gerade wieder ausgezogen hatte, legte sie neben seine Sachen und sah Oleg fragend an.

Auf dem Gesicht seines Vetters zeichnete sich entrüstetes Staunen ab. Der Mund stand ihm offen, und es schien ihm die Sprache verschlagen zu haben, deshalb wandte sich Wladimir ab, zwinkerte Gytha beruhigend zu und durchquerte das Zimmer, um sich auf den zweitgrößten Stuhl zu setzen, da Gytha auf den gesunken war, den sie schon vorher beansprucht hatte, und beide starrten Oleg erwartungsvoll an.

»Also?« half Wladimir nach. »Katja Andrejewna – du erinnerst dich doch sicher?«

»Ich – ich dachte, du hättest sie fortgeschickt«, stotterte Oleg. »Was hat sie mit dieser – dieser Verschwörung, deren du mich beschuldigst, zu tun ... Bist du verrückt?«

»Nein, aber ich denke, du bist es vielleicht«, erwiderte Wladimir in sehr nüchternem Ton. »Du leugnest nicht, daß du Katja nach Nowgorod geschickt hast mit einem Brief von deiner Frau, um ihr Zugang zu Glebs Haushalt zu verschaffen und Gytha Schwierigkeiten zu machen?«

»Ach das ... Ich dachte, es wäre für Gleb besser, wenn du keine Warägerin heiraten würdest.«

»Das habe ich vermutet. Da Anastasia Kumanin ist und die meisten Nowgoroder über warägische Verbindungen verfügen, ist es nicht schwierig, sich das auszurechnen. Du wurdest zweimal gesehen und gehört, wie du in Nowgorod mit Katja Ränke geschmiedet hast, und deine Ränke sind nie besonders raffiniert gewesen. Der Mißerfolg von heute morgen scheint mir ein typisches Beispiel zu sein!«

»Was soll das heißen?« Oleg hörte sich gekränkt an.

»Du wolltest doch gerade Gytha entführen?« erwiderte Wladimir. »Der Reiseschlitten auf dem Hof, zwei Dienerinnen in Reisekleidung, die *Druschina* beim Aufsatteln, ein Vorratsschlitten, der beladen wird ... Ein Blick auf deinen Hof verriet mir, daß du, kaum in Kiew angekommen, im Begriff warst, in weiblicher Gesellschaft wieder abzureisen. Hier drinnen finde ich meine Frau vor, die vor Zorn kaum noch an sich halten kann, während du beanstandest, daß sie nicht in

Nowgorod ist. Offensichtlich wolltest du sie gerade wegbringen, und *ich* traue dir zu, daß du den Unterschied zwischen meiner Geliebten und meiner Frau kennst, wenn ich auch bezweifle, daß irgend jemand sonst dir das zutrauen würde!«

Oleg machte eine heftige Geste, als wischte er eine besonders lästige Belanglosigkeit vom Tisch, und sagte: »Was redest du da, ich soll mich mit Katja gegen Gleb verschworen haben? Es hatte nichts mit Gleb zu tun. Ich habe nur versucht, dich von der Heirat mit Gytha abzuhalten. Es gelang mir nicht, und ich habe seitdem nichts gegen sie unternommen. Warum auch? Die Hochzeit hat stattgefunden, und ich kann sie nicht ungeschehen machen, also ist nichts mehr zu tun, außer dafür zu sorgen, daß sie in Nowgorod bleibt, wie du es versprochen hast. Ich hege keinen Groll gegen sie. Falls Katja auf weiteres Unheil sann, dann aus eigenem Antrieb, und davon weiß ich nichts!«

»Du leugnest also, daß ihr beide für Isjaslaw gearbeitet habt?« fragte Wladimir freundlich.

»Warum sollte ich etwas für Isjaslaw tun? Er ist doch der Feind meines Vaters. Ich habe ihn nicht mehr zu Gesicht bekommen, seit die Kiewer ihn vertrieben haben.«

»Seit dein Vater und meiner ihn fortgejagt haben«, berichtigte Wladimir ruhig.

»Gut, ja, vermutlich – aber ich habe seitdem nichts von ihm gesehen oder gehört. Ich habe erfahren, daß er in Polen war, aber von Boleslaw ausgewiesen wurde, als du den Vertrag mit ihm geschlossen hast, und mehr weiß ich nicht.«

»Dann haben Sie nicht gehört, daß Isjaslaw im vergangenen Herbst einen Zauberer nach Nowgorod schickte?« fragte Gytha. »Er hetzte die Menschen gegen Gleb und Bischof Fjodor auf und schüchterte eine große Anzahl so ein, daß sie sich zur Verehrung Piruns bekehrten, weil sie glaubten, dieser Gott sei mächtiger als Christus. Der Plan wäre geglückt, hätte Gleb nicht einen Weg gefunden, ihn unglaubwürdig zu machen und zu töten.«

»Gott sei Dank!« rief Oleg aus. »Aber was hat das alles mit mir zu tun?«

»Seine Komplizin, Isjaslaws Vertraute in Nowgorod, war deine Mitverschwörerin, Katja Andrejewna«, sagte Wladimir. »Du hast sie nach Nowgorod geschickt. Du hast sie mit einem Brief an Anastasia versehen. Du bist gesehen und belauscht worden, als du Pläne mit ihr ausgeheckt hast... Was sollen wir von dem allem halten?«

»Ich wußte, daß sie eine gewisse Neigung zum Heidentum hatte«, sagte Oleg langsam. »Sie hatte deswegen Scherereien mit unserem Bischof, und deshalb mußte sie Tmutorakan verlassen. Sie bot mir ihre Hilfe an, deine Heirat zu verhindern, wenn ich sie dafür in Anastasias Haushalt einführte. Sie war überhaupt keine Hilfe... hat vollkommen versagt... Du meinst...« Die ganze Ungeheuerlichkeit der Taten Katjas brach plötzlich über ihn herein. »Du meinst, sie hat mich *benutzt?* Diese verdammte, verlogene heidnische Hexe! Wie konnte sie es wagen! Ich war gut zu ihr, ich nahm sie auf, als du sie fortschicktest, ich gab ihr Geld für unser Kind, und sie *benutzte* mich gegen meinen eigenen Bruder!«

»Sie sollten unterscheiden lernen, welchen Menschen man nicht trauen kann und welche Menschen ihre Versprechen halten«, warf Gytha mit großer Genugtuung ein. »Katja hatte sich schon gegenüber Wladimir als nicht vertrauenswürdig erwiesen, wie Sie sehr wohl wußten, doch Sie glaubten ihren Versprechen, Ihnen zu helfen. Wladimir hat Sie, wie Sie selbst zugaben, nie im Stich gelassen, aber Sie wollen sein Versprechen, daß er Gleb Nowgorod nicht wegnehmen wird, nicht gelten lassen.«

»Ich...« Oleg schaute sich verzweifelt im Zimmer um, als suchte er von den Möbeln eine Antwort. »Oh, verdammt! Ich wollte Sie nur nach Nowgorod zurückbringen – ich hätte Ihnen nichts angetan! Wladimir, du weißt, ich würde mich nicht mit deiner Frau davonmachen.«

»Gerade hast du gesagt, daß du genau das tun wolltest«, stellte Wladimir klar.

»Nein, ich meine, ich hätte nie ... Ach, um Gottes willen, Mann, du weißt ganz genau, was ich meine!«

Wladimir lachte. »Zum Glück für dich, ja, aber ich bringe Gytha Anfang nächster Woche selbst nach Nowgorod zurück. Habe ich jemals mein Wort gebrochen, das ich dir oder einem deiner Brüder gegeben habe?«

»Nicht daß ich wüßte«, gab Oleg widerwillig zu.

»Wohin sollte ich sie sonst auch bringen?« fragte Wladimir. »Nicht einmal Kiew ist in diesen Zeiten wirklich sicher. Um die Gesundheit deines Vaters steht es schlecht, und du weißt ganz genau, daß mein eigener Vater, wenn deinem etwas zustößt, in arge Bedrängnis geraten wird, die Stadt zu halten, besonders wenn Onkel Isjaslaw oder Vetter Swjatopolk versuchten, sie zu erobern. Nowgorod ist der sicherste Ort in Rußland, und es paßt mir so gut wie dir und deinen Brüdern, daß Gytha dortbleibt. Ich habe sie nur hergebracht, weil dein Vater es befohlen hat.«

»Ich würde sie lieber selbst zurückbringen, um ganz sicher zu sein«, sagte Oleg ungnädig.

»Wenn du mir nicht traust, warum sollte ich dir dann trauen?« fragte Wladimir und lehnte sich auf seinem Stuhl zurück. »Woher weiß ich, daß dies nicht nur ein Vorwand ist, um dich mit ihr zu deinem eigenen Vergnügen davonzumachen? Sie ist sehr schön. Schließlich hast du doch wirklich die Gewohnheit, meinen Besitz – äh – auszuleihen, und da war ja schon die Sache mit Katja Andrejewna ...«

Sie sahen beide Gytha an, die ihrem Gespräch zugehört hatte, ein wenig verärgert, selbst in der Sache nichts sagen zu dürfen, aber auch mit großer Furcht, die beiden Vettern könnten so in Streit geraten, daß es nicht mehr gutzumachen wäre. Wladimir schien seinen Zorn zügeln zu können, aber Oleg war ein launischer, hochmütiger Mann. Wenn er auf seinem Willen beharrte, würde Wladimir nachgeben müssen oder ... was? Gegen ihn kämpfen? Sie hätte gern gewußt, ob er mit einem Schutzgeleit gekommen war. Vermutlich wußten andere, wo er war, und würden ihn suchen kommen, falls er nicht innerhalb einer bestimmten Zeit zurückkäme.

»Das hat nichts damit zu tun!« sagte Oleg ungehalten.

Wladimir lächelte. »Versuche es, vom Standpunkt eines Kiewer Bojaren oder, sagen wir, eines Bauern aus Tschernigow zu sehen! Oleg Swjatoslawowitsch entführt Wladimir Wsewolodowitschs schöne Frau. Sie würden nicht glauben, daß du es einfach getan hast, weil du mir nicht trauen konntest, sie nach ihrem Besuch hier zurückzubringen. Du hast oft versucht, die Grenzen meiner Freundschaft herauszufinden, und nun ist es dir gelungen. Alles, was ich habe, gehört dir, wenn du es möchtest, ausgenommen meine Frau und meine Ehre. An diese beiden Dinge darfst du nicht rühren. Ich würde meine eigene Ehre schützen müssen, indem ich dich zur Strecke bringe, und ihre, indem ich dich töte, oder du würdest mich töten müssen, und die arme Gytha wäre dann gezwungen, in ein Kloster einzutreten. Inzwischen würde der Vertrag mit den Polen, der auf meiner Hilfe im Kampf gegen die Tschechen beruht, hinfällig, und sie würden wieder Onkel Isjaslaw unterstützen. Wenn auf der anderen Seite die Petschenegen, Polowzer und Kumanen erfahren, daß wir uns gegenseitig bekämpfen, werden sie herzlich über unsere Dummheit lachen und entlang der ganzen Flußpassage nach Belieben unsere Städte plündern! Ist es das, was du wünschst? Du hast mir oft genug dein Leben anvertraut, doch du traust mir nicht zu, den Eid zu halten, den ich Gleb geschworen habe, und würdest nur wegen der Frage, ob meine Frau heute oder nächste Woche nach Nowgorod zurückkehrt, die Zukunft unseres Landes aufs Spiel setzen. Ich muß schon sagen, Oleg! Denk doch nach!« Er hatte sich während des letzten Teils seiner Rede vorgebeugt, doch nun lehnte er sich zurück und betrachtete Oleg spöttisch.

Der große blonde Mann, der währenddessen stehen geblieben war, machte den Mund auf, schloß ihn wieder, blickte finster, zuckte die Achseln und grinste plötzlich widerstrebend. »Es hört sich tatsächlich ein wenig dumm an, wenn du es so hinstellst«, räumte er ein. »Hast du Lust auf Wein? Ich habe sehr guten mitgebracht. Bei einem griechischen Händler gekauft.«

Wladimir lächelte. »Wäre mir sehr willkommen. Das viele Reden macht durstig.«

Oleg bestellte den Wein mit der einfachen Methode, die Tür aufzureißen und danach zu schreien, was Gytha an das fehlende Zeremoniell an Sveins Hof erinnerte, der zu den kultivierteren Sitten Englands den gleichen Gegensatz gebildet hatte wie Olegs Hof zu dem seines Bruders in Nowgorod. Sie dachte für sich, daß er dem rauhen Wikingerhäuptling, der sein Vorfahr Rurik gewesen war, sehr ähnelte.

Der Wein kam und wurde jedoch mit gebührender Feierlichkeit ausgeschenkt. Die Diener hatten weiße Leinentücher über den Armen hängen und reichten auf Knien elegante goldene Pokale. Einer von ihnen stellte eine Schale mit Honigkuchen in Gythas Reichweite, vermutlich in der Annahme, eine Dame würde etwas Süßes verlangen, um die Herbe des Weines auszugleichen. Sie erinnerte sich wieder an den Bären vom Hochzeitsmahl und war in Versuchung, Oleg einen anzubieten, unterließ es aber, da sie nicht wissen konnte, ob die mißliche Lage bereinigt war oder nicht.

»So«, sagte Wladimir und hob seinen Pokal zu einem Trinkspruch. »Auf unsere Reise nach Nowgorod nächste Woche! Hast du Lust, mit uns zu fahren, Oleg? Ich bin sicher, Gleb wäre hocherfreut, dich zu sehen.«

Olegs Miene spiegelte nacheinander die verschiedensten Gefühle, angefangen mit einem Stirnrunzeln, denn noch hatte er nicht zugestanden, daß Gytha nächste Woche mit Wladimir reisen sollte anstatt heute mit ihm. Darauf folgten

Überraschung, dann Nachdenken, Erkenntnis, Erleichterung und schließlich Freude. »Das ist ein guter Gedanke!« sagte er. »Die Jagd in der Umgebung von Nowgorod ist besser als hier! Ja, ich komme auf alle Fälle mit!« Nach kurzem Nachdenken fuhr er fort: »Wladimir, du hast doch nicht im Ernst geglaubt, daß ich in Isjaslaws Verschwörung verwickelt war?«

»Nicht mehr, als du im Ernst geglaubt hast, ich würde mein Versprechen gegenüber Gleb brechen«, antwortete Wladimir zweideutig und überließ es Oleg, hinter den Sinn zu kommen. Dann wandte er sich an Gytha und hob seinen Pokal zu einem stummen Trinkspruch auf sie, während seine Augen in einer Weise funkelten, die ihr Blut in Wallung brachte. »Wie hast du es fertiggebracht, daß sie mit dir gekommen ist?« fragte er Oleg im Plauderton.

»Ich habe ihr gesagt, du hättest dich bei einem Unfall verletzt«, antwortete Oleg, als wäre es das Selbstverständlichste der Welt.

Wladimir nickte. »So ähnlich habe ich es mir gedacht. Ich konnte mir nicht vorstellen, daß sie sich mit irgend etwas anderem überreden ließe, mit dir zu gehen!«

Es belustigte Gytha, daß Oleg gar nicht merkte, daß dieser letzte Satz ebensosehr eine Beleidigung für ihn wie ein Kompliment an sie war, und daß beide Männer sie mit unverhohlener Wertschätzung betrachteten.

»Sie verwandelte sich in einen richtigen Teufel, als sie herausbekam, daß ich sie überlistet hatte«, sagte Oleg versonnen. »Ich bin froh, daß sie deine Frau ist und nicht meine!« Und Gytha dachte sarkastisch, daß die gegenseitigen Ehrenbezeigungen ausgeglichen schienen.

Wenig später lieh Wladimir Olegs Schlittenkutsche aus, um Gytha zum Palast zurückzubringen. Er ließ sein Pferd von einem der *Druschinniki* in seinem Geleit führen und fuhr mit ihr.

»Woher wußtest du, wo ich war?« fragte sie ihn, als sie aufbrachen.

»Ich wußte es nicht. Ich war ebenso überrascht, dich dort zu finden, wie du bei meinem Anblick«, erwiderte er.

»Er wollte mir bestimmt nichts antun«, sagte sie zögernd.

»Das weiß ich. Ein Dummkopf ist er nur in gewissen Dingen. Er weiß sehr wohl, daß von der Zusammenarbeit mit mir zuviel abhängt, um sie aufs Spiel zu setzen. Du hast gesehen, wie schnell er die Gelegenheit ergriff, seinen Plan fallenzulassen, sobald ich klargemacht hatte, was geschehen könnte, wenn er darauf beharrte, ihn zu Ende zu führen. Er war offenbar einer plötzlichen Eingebung gefolgt – er traf dich zufällig auf der Treppe, ja? Ich glaube, er bedauerte seine Eingebung bereits, als ich ankam. Er wird dir keinen Ärger mehr machen, Liebste. Er erwartete, daß du in Tränen ausbrechen oder ihm gehorchen würdest wie seine unterwürfige kleine Frau, und mußte feststellen, daß er sich eine Tatarin eingefangen hatte! Ich hätte beinahe laut herausgelacht, als er sagte, er sei froh, daß du meine Frau bist und nicht seine – ich bin in meinem ganzen Leben noch nicht so einig mit ihm gewesen! Aber verlieren wir keine Zeit, indem wir über Oleg reden. Uns bleiben noch wenigstens zehn Minuten, ehe wir zum Palast kommen – gerade genügend Zeit für einen Kuß!«

Gleb schien mehr erfreut als erleichtert, sie wiederzusehen, als sie Nowgorod erreichten, obwohl er sie nicht so bald erwartet hatte. »Ich dachte, ihr würdet bis nach dem Tauwetter warten«, meinte er. »Obwohl es leichter ist, so weit zu reisen, solange die Flüsse noch zugefroren sind. Ihr hättet natürlich auch mit einem der Handelsschiffe zurückkommen können. Wie hat Ihnen Kiew gefallen, Gytha?«

»Sehr gut«, antwortete sie. »Es ist eine wunderschöne Stadt mit so vielen schönen Bäumen und Häusern! Ich würde eines Tages gern noch einmal im Sommer hinfahren, wenn die Bäume Laub tragen. Die Sophienkathedrale ist prachtvoll! Trotzdem bin ich froh, wieder hier zu sein. Ihr Palast ist viel gemütlicher als die vornehme Residenz Ihres Vaters, und hier sind meine Freunde.«

Gleb lächelte sichtlich erfreut, hörte sich aber ängstlich an, als er fragte: »War mein Vater einigermaßen höflich zu Ihnen? Er ist manchmal – äh – ein wenig jähzornig.«

»Er war sehr freundlich, aber ich glaube, sein Bein quält ihn sehr. Er redet nicht viel«, erwiderte sie taktvoll.

Mildyth war ebenfalls froh, zu Hause zu sein, und sprach es auch aus, häufig und weitschweifig, sobald sie und ihre Herrin allein im Schlafzimmer waren. Sie beklagte sich über die Länge und Beschwerlichkeit der Reise, nun, da sie vorbei war, und über die beengten Verhältnisse in dem Zimmer, das sie in Kiew mit Gythas anderen Damen geteilt hatte.

»Kein Platz, sich umzudrehen, ohne mit einer anderen zusammenzustoßen, und zwei von den anderen – ich will keine Namen nennen! – schnarchten. Und der Ofen! Der war überhaupt nicht zu gebrauchen, immer entweder fast aus oder so heiß, daß wir alle am Ersticken waren, und die Fenster fest versiegelt, so daß es keine frische Luft gab und immer nach Rauch roch. Und man räumte uns keine angemessenen Plätze bei den Mahlzeiten ein, sondern schob uns irgendwohin, sogar weiter nach unten als manche im Rang weit unter uns stehende Diener. Natürlich habe ich mich nicht beschwert, weil ich Ihnen bei dem alten Nörgler von Großfürsten keine Schwierigkeiten bereiten wollte. Und was Fürst Wladimirs Vater betrifft – na ja, wenn er der Vater von jemand anderem gewesen wäre, hätte ich mich beklagt, das kann ich Ihnen sagen, mit seinem Zwicken und durchtriebenen Grinsen und seinen Anspielungen! Wollte uns alle in seinem Bett haben, alle sechs und alle auf einmal, schätze ich! Jewpraksija hat ihm gehörig die Meinung gesagt, als er sie in die Brust kniff, und gedroht, sie würde es Fürst Wladimir erzählen, wenn er es noch einmal täte. Der alte Bock!«

»Mildyth!« unterbrach Gytha den Redefluß. »Warum um alle Welt hast du mir nichts gesagt?«

»Wie hätte ich das tun können, wo Sie Ihr Bestes taten, um sie alle zu beeindrucken und ihre Zuneigung zu gewinnen? In dieser Familie gibt es genug Scherereien und Streit, ohne daß die Neigungen und Abneigungen bescheidener Menschen wie ich und die anderen Frauen Ärger zwischen Fürst Wladimir und seinem Vater und Onkel verursachen. Nein, wir haben uns damit abgefunden, und ich sage es Ihnen jetzt nur, damit Sie uns nicht für undankbar halten, wenn wir nicht für den Rest des Jahres immerzu verkünden, was für eine wunderbare Zeit wir in Kiew hatten.«

Gytha überlegte, ob sie Wladimir etwas von Mildyth' Enthüllungen über seinen Vater berichten sollte, doch es erwies sich als überflüssig, denn als er am Abend zu ihr kam, begann er: »Du mußt froh sein, diese lange Reise hinter dir zu haben. Ich weiß, daß in Kiew alles schwierig für dich war, und ich bin dankbar, daß du dich mit allem so heiter abgefunden hast. Du warst so nachsichtig gegenüber meinem Onkel und meinem Vater.«

»Sie waren ganz nett...«, sagte sie, um Zeit zu gewinnen.

»Swjatoslaw war ausgesprochen grob, und das Benehmen meines Vaters gegenüber deinen Frauen war schändlich! Warum hast du mir nicht gesagt, was er im Sinn hatte?«

»Ich wußte nichts, bis Mildyth es mir heute abend erzählte. Sie dachten, ich hätte schon genug Schwierigkeiten, ohne damit behelligt zu werden«, sagte Gytha reumütig. »Woher wußtest du es?«

»Jefrem sah ihn mit diesem hübschen kleinen Mädchen mit den schwarzen Augen – wie heißt sie?«

»Anna?«

»Ja, das ist sie. Er erzählte es mir, und ich erriet, daß es noch andere – Vorfälle – ähnlicher Art gegeben hatte. Ich sprach mit Vater darüber, aber das war am Tag vor unserer Abreise – ziemlich spät. Hätte ich es nur früher gewußt! Na ja, es hatte auch sein Gutes – Jefrem macht ihr jetzt den Hof und hat vor, ihre Mutter aufzusuchen, sobald er kann.«

»Ihre Mutter?«

»Ja. In Rußland fädeln die Mütter die Ehen ihrer Töchter ein. In England nicht?«

»Doch, aber der Bräutigam in spe wendet sich deshalb an den Vater.«

»Aha, so ist das. Wie ich schon sagte – ich hielt dich für den Inbegriff des Zartgefühls gegenüber ihm und meinem Onkel, und die Art und Weise, wie du Oleg behandelt hast, war bewundernswert. Er erzählte mir von seinem – äh – Gespräch mit dir, als er dich in seinen Palast entführte. Du hast ihn sehr beeindruckt, denn er ist es nicht gewohnt, von einer zornigen Fürstin herumkommandiert zu werden! Ich denke, er hat gelernt, das weibliche Geschlecht etwas mehr zu achten – das heißt, wenigstens eine, die dazugehört. Nun ja, es ist vorbei, und du kannst dich hier wieder häuslich niederlassen. Zumindest hast du mit Gleb nicht solchen Ärger wie mit meinem Vater, nehme ich an? Er ist immer ein tugendhafter Mann gewesen, und ich glaube, er wäre gern Mönch geworden, wäre er in eine andere Familie hineingeboren worden.«

Gytha versuchte, sich Gleb als Mönch vorzustellen, und fand es nicht unmöglich, denn er strahlte eine gewisse Geduld und Ruhe aus, die sie an die Chorherren in Waltham erinnerten. Andererseits hatte die triumphierende Ermordung des Wundertäters sie entsetzt, und sie wußte, daß es in seinem Wesen eine grausame und gewalttätige Ader gab. Dieser Gedankengang brachte eine Frage, die sie seit langem tief drinnen beunruhigt hatte, an die Oberfläche, und sie sagte: »Wladimir, macht es dir Freude, in die Schlacht zu ziehen?«

»Freude? Du lieber Himmel, nein! Ich verliere vor Angst

fast den Verstand, bevor der Kampf beginnt, will ihn unbedingt so schnell wie möglich hinter mich bringen, und danach ist mir übel! Ein friedliches Leben, so ähnlich wie Glebs, wäre mir viel lieber.«

»Du erinnerst mich an meinen Vater«, murmelte Gytha und schmiegte sich zufrieden an ihn.

»Ich bin geschmeichelt, aber ich möchte doch lieber dein Mann sein«, erwiderte er und begann, sie in der Weise zu liebkosen, nach der sie sich so sehnte, wenn er fort war.

»Er liebte meine Mutter von ganzem Herzen«, sagte sie.

»Wenn sie ungefähr so wie du war, überrascht es mich nicht«, sagte er, und danach war in ihren Köpfen kein Platz mehr für Gedanken an jemand anderen außer ihnen beiden.

Sie verlebten zwei glückliche Wochen in Nowgorod, dann machte sich Wladimir nach Polen auf. Er hoffte, nicht zu spät aufgebrochen zu sein, um noch anzukommen, bevor er durch das Tauwetter in irgendeinem erbärmlichen Dorf weitab von seinem Ziel steckenbliebe.

»Im nächsten Winter bin ich wieder da«, versprach er und drückte Gytha an sich, als sie auf den Stufen des Palastes standen, während seine Männer bereits auf dem Platz warteten. »Ich schreibe dir, so oft ich kann, und du mußt mir schreiben wie im vergangenen Jahr. Deine Briefe brachten mir so viel Trost und Freude. Du hast keine Ahnung, wie sehr ich sie schätzte und Gott für eine Frau dankte, die lesen und schreiben kann! Ich könnte es nicht ertragen, so lange so weit von dir fort zu sein und nur Nachrichten aus zweiter Hand zu erhalten. Schreibe mir alle deine Neuigkeiten, deine Gedanken und Gefühle, und denke jede Nacht an mich, wie ich an dich denken werde.«

»Gewiß!« versicherte sie ihm. »Gott segne dich, mein lieber, lieber Mann, und bringe dich sicher nach Hause.«

Er hielt sie auf Armeslänge von sich und lächelte ihr in die Augen. Die alte, undeutbare Maske war ganz verschwunden, als er sagte: »Sie ist gut ausgegangen, nicht wahr – diese Ehe, die meine Tante am anderen Ende der Welt gestiftet hat? Bist du froh, daß du in das ferne Land im Osten gekommen bist?«

»Sehr froh.«

»Ich auch!« Er küßte sie, dann wandte er sich ab, um Glebs Hand zu drücken, den Ring des Bischofs zu küssen und seinen Segen zu empfangen, saß auf und ritt davon, ohne zurückzublicken.

Gytha sah ihm nach, bis er außer Sicht war, dann fröstelte sie und ging hinein, während sie dachte: »Hätte ich ihm nur sagen können, daß ich ein Kind erwarte, bevor er fortging! Ach, werde ich es ihm jemals sagen können? Bitte, Herr, bitte – laß mich nicht unfruchtbar sein!«

»Ich rechne damit, daß er zu Weihnachten zurück ist«, sagte Gleb aufmunternd, während er ihren Arm nahm. »Kommen Sie und trinken Sie etwas Glühwein – Sie sehen ganz durchgefroren aus. Wo steckt Anastasia? Sie hätte mit Ihnen nach unten kommen sollen. Sie wird von Tag zu Tag fauler und dicker, aber das schwöre ich, im Sommer nehmen wir sie auf die Jagd mit, o ja, dann kann sie sich etwas von dem Fett abreiten, was? Ah, da kommt der Wein ... Trinken Sie aus, damit wieder Farbe in Ihre Wangen kommt. Wir dürfen doch nicht zulassen, daß Sie sich erkälten. Wladimir würde mir das nie verzeihen, wenn ich Sie krank werden ließe.«

Aber einige Tage später glaubte sie, sie wäre doch krank geworden. Sie fühlte sich noch völlig in Ordnung, als sie abends zu Bett ging, doch als sie am nächsten Morgen aufstand, schwankte und taumelte das Zimmer um sie herum. Sie ließ sich auf die Bettkante fallen, preßte eine Hand an den Kopf und sagte: »O weh! Ich glaube, ich werde ohnmächtig!«

»Was ist, mein Schatz?« Mildyth eilte erschrocken an ihre

Seite. »Was ist los? Legen Sie sich hin, und lassen Sie mich einen Schluck von etwas Beruhigendem holen... Pfefferminze vielleicht oder Ysop? Kamille? Was möchten Sie?«

»Nichts, danke«, erwiderte Gytha kläglich. »Oh, schnell! Holen Sie ein Becken! Mir ist übel!«

Jewpraksija war dem Becken am nächsten und brachte es rechtzeitig, obwohl sie auf dem Weg nur knapp einem Zusammenstoß mit Mildyth auswich, und Gytha mußte sich tatsächlich stark erbrechen.

»Ich hoffe, ich habe mir nichts geholt!« keuchte sie zwischen den Anfällen. »Vielleicht habe ich etwas gegessen, das mir nicht bekommen ist...!«

Als ihr Magen sich entleert hatte, legte sie sich auf das zerwühlte Bett, und Mildyth brachte warmes Wasser und badete ihr Gesicht, während Jewpraksija ihr die Füße rieb, die sich kalt anfühlten. Nach einer Weile begann sie sich besser zu fühlen und setzte sich bald darauf auf.

»Es scheint vorbei zu sein«, sagte sie, »ich fühle mich wieder ganz wohl und hungrig. Oh, ich könnte einen ganzen Teller von diesen Buchweizenküchlein essen, mit einem großen Löffel Sauerrahm auf jedem! Wie seltsam! Eben war mir noch so übel, und nun möchte ich Rahm! Was ist nur los mit mir?«

Jewpraksija sah verwirrt und besorgt aus, aber Mildyth begann zu lachen, bis sie Schluckauf bekam. Schließlich sank sie auf die Bettkante und wischte sich die Augen.

»Sie haben keine Lust auf Zwiebeln oder Erdbeeren?« fragte sie. »Oder beides gleichzeitig? Das sind die üblichen Sachen!«

»Was meinen Sie?« fragte Gytha verblüfft.

»Ach Gott!« Mildyth wurde plötzlich nüchtern. »Und Ihr Mann so weit weg! Beten wir zu Gott, daß er zur rechten Zeit nach Hause kommt! Wann hatten Sie zum letztenmal Ihre Regel?«

Erschrocken zählte Gytha an den Fingern ab, dann stieß

sie hervor: »Oh, Mildyth! Glauben Sie wirklich...? Könnte es wirklich sein...?«

Mildyth nickte. »Es ist noch früh, aber ich wäre nicht überrascht!«

Gytha schloß die Augen und betete inbrünstig, daß es so sein möge, und dieses Mal wurden ihre Gebete erhört. Das morgendliche Erbrechen hielt an, und bald konnte sie Wladimir einen Brief mit der Nachricht schicken, daß, mit Gottes Segen, vor Weihnachten ihr erstes Kind auf die Welt kommen werde.

Waltham

Fast genau neun Monate später traf in Waltham eine Kiste mit Büchern zum Kopieren aus Canterbury ein. Es war zwei Tage vor Weihnachten, und Meister Athelard fand bis zum Fest der Unschuldigen Kinder keine Zeit, sie zu öffnen und den Inhalt zu untersuchen. Turkill half ihm, indem er die kostbaren Bände auf einem mit einem Tuch bedeckten Tisch in der Sakristei ausbreitete und innehielt, um in jeden einzelnen hineinzuschauen, bevor er den nächsten heraushob.

»Was ist das?« Athelard war auf eine große Pergamentrolle auf dem Boden der Kiste gestoßen.

Eilends machte Turkill einen Platz dafür frei, indem er die Bücher vorsichtig stapelte. Dann rollten die beiden Chorherren das steife Schafleder behutsam auf.

»Es ist eine Karte der Welt!« rief Athelard aus. »Vor langer Zeit habe ich eine in Utrecht gesehen, aber ich wußte nicht, daß die Abtei zu Canterbury einen solchen Schatz besitzt!«

Turkill rückte einen Kerzenleuchter ein wenig näher und starrte auf die bunte Zeichnung. »Eine Karte?« fragte er. »Ah, ich verstehe – Sie meinen ein Bild der Welt. Ja, da ist Jerusalem in der Mitte und die vier Ströme, die von Eden ausgehen ... ich habe mich oft gefragt, wo Eden liegt. Was für eine eigenartige Form das ist, sehen Sie doch – wie ein Bein mit einem Fuß – da steht Italia ... und da ist Rom!«

»Hier ist England, ganz am Rand«, unterbrach ihn Athelard von der anderen Seite der Karte. »Ja, und irgendwo hier ... da ist es! Lüttich, meine Heimatstadt!«

»Wenn Jerusalem in der Mitte liegt«, sagte Turkill nachdenklich, »muß es viele andere Länder weiter östlich geben. Ich habe immer gedacht, daß Jerusalem so weit im Osten ist, wie man nur reisen kann, aber es muß natürlich Orte geben, die noch ferner sind, sonst hätte ich der kleinen Gytha nicht erzählen können...«

Während er sprach, wanderte sein Blick von Jerusalem über die Karte nach Norden, und plötzlich zog er scharf und zischend die Luft ein, dann stand er wie versteinert da und starrte vor sich hin.

Athelard hob den Kopf, sah den Ausdruck auf seinem Gesicht und wartete in ehrfürchtigem Schweigen, während der Blick des Sakristans sich auf einen besonderen Punkt richtete, dann einer Reihe unsichtbarer Linien, die davon ausgingen, zu folgen schien.

»Was sehen Sie?« flüsterte er.

»Einen Weinstock. Die Ranken eines Weinstocks«, antwortete Turkill geistesabwesend. »Sie haben ihre Wurzeln dort«, er zeigte auf den Punkt, zu dem sein Blick immer wieder zurückkehrte, »und sie breiten sich aus und wachsen über das ganze Bild... nach Osten... nach Westen... Ja, nach Francia, und sie wurzeln dort, und jetzt kommt ein anderer Zweig hier herunter... Was steht da? Graecia, ja... Jetzt... Oh, gelobt sei Gott! Sie kommen nach England! Sehen Sie?«

Seine Finger zeichneten eine gewundene Linie durch Europa, und er blickte in Athelards verwundertes Gesicht.

»Sie können sie nicht sehen?« fragte er erstaunt. »Nein, natürlich... Ich habe es vergessen. Es muß mit Gythas Sohn zu tun haben, denke ich. Vielleicht bedeutet es, daß seine Nachkommen sich über die ganze Christenheit ausbreiten und eines Tages nach England zurückkommen werden. Ich bin sehr glücklich.«

Athelard schaute auf die Karte und wunderte sich, aber er kannte Turkills Voraussagungen zu gut, um an ihrer Wahrheit zu zweifeln.

»Ja«, sagte er. »Es wäre in der Tat ein glückliches Ereignis, wenn König Harolds Linie eines Tages durch die Kinder der lieben Gytha nach England zurückkehren würde. Ein Sohn, sagen Sie? So, so. Der Herr segne und behüte ihn. Ich möchte wissen, ob sie ihn Harold genannt hat.«

Gythas und Wladimirs erstes Kind, ein Sohn, wurde in Nowgorod geboren, und sein Vater gab ihm den slawischen Namen Mstislaw, das bedeutet »Rächer des Ruhmes«. Sein Taufname war jedoch Harold, obgleich kein Heiliger dieses Namens im orthodoxen Kalender erscheint. Gytha und Wladimir hatten sechs weitere Söhne – Isjaslaw, Swjatoslaw, Jaropolk, Wjatscheslaw, Roman, Jurij Dolgorukij (der Gründer Moskaus) – und drei Töchter – Jewfemia, Agafja und Marina. Gytha starb im Jahr 1107. Wladimir schloß später eine politische Ehe, aus der ein weiterer Sohn, Andrej, hervorging. Er starb im Jahr 1125, nachdem er auf Verlangen des Volkes seit 1113 als Großfürst von Kiew geherrscht hatte.

Mstislaw-Harold heiratete Christina von Schweden, und von dieser Ehe stammen sowohl Königin Elizabeth II. als auch Prinz Philip, Herzog von Edinburgh, ab.

Historische Anmerkung

Die wesentlichen Fakten dieser Geschichte finden sich in folgenden Werken:

England
Florentii Wigorniensis Chronicon ex Chronicus (Florentius von Worcester)
 Tractatus de Inventione Sancte Crucis Nostre (BM Harleian 3766)
 Domesday Book (englisches Grundbuch von 1085-87)

Dänemark
Historia Regis Danicae Compendiosa (Saxo Grammaticus)

Rußland
Letopis Nowgoroda (Die Chronik Nowgorods)
 Powest wremennych let (Die Nestorchronik; Geschichte des Kiewer Reiches)
 Poutschenie Wladimira Monomacha (»Ermahnung Wladimir Monomachs«; politisches und geistliches Testament Wladimirs für seine Söhne)

An *Sekundärliteratur* benutzt wurden vor allem *Edward the Confessor* von Frank Barlow und *Kievan Russia* von George Vernadsky.

Helle Stangerup

Prinzessin Christine

416 Seiten

Sie wurde von Königen umworben, an einen alten Mann verheiratet und wirkte mit männlichem Machthunger an den Höfen Europas: Christine, Prinzessin von Dänemark. Die dänische Bestsellerautorin Helle Stangerup zeichnet ein fesselndes Porträt der großen Dame der Renaissance, ihres Lebens und ihrer Liebhaber.

ECON Taschenbuch Verlag
Postfach 300321 · 40403 Düsseldorf

Steve Martini

Zwingender Beweis

512 Seiten

»Das beste Debüt!« lobt John Grisham. »Steve Martini hat hervorragend recherchiert!«
Hat die attraktive Talia Potter ihren Mann eiskalt ermordet? Wenn es ihrem Anwalt und früheren Geliebten Paul Madriani nicht gelingt, die Indizienbeweise zu widerlegen, wird Talia zum Tode verurteilt – unschuldig? Ein spannendes Gerichtsdrama auf den Spuren von Turows »Aus Mangel an Beweisen«.

ECON Taschenbuch Verlag
Postfach 300321 · 40403 Düsseldorf

Brigitte Blobel

Schöne der Nacht

256 Seiten

Geschichten voller Sehnsucht und Sinnlichkeit, voller Glut und Begierde. Die Autorin Brigitte Blobel entführt Leserinnen und Leser in das schamlos-schöne Land sexueller Wünsche und Träume.

ECON Taschenbuch Verlag
Postfach 300321 · 40403 Düsseldorf

Christina Seitz, Hans-Werner Serwe
(Hrsg.)

Kindheitsmomente

240 Seiten

Der 20. September ist Weltkindertag. Zu diesem Anlaß erinnern sich Prominente: In Geschichten, Bildern und Anekdoten erzählen sie Kindheitserinnerungen: M. Reich-Ranicki, Norbert Blüm, Hanns-Dieter Hüsch, Reinhold Messner, Rita Süssmuth, Carl-Friedrich v. Weizsäcker u.v.m.

ECON Taschenbuch Verlag
Postfach 300321 · 40403 Düsseldorf

Keller + Kuhn

Unterm Strich

248 Seiten

Follonica an einer Bar: Laurent, Antiquitätenhändler, verheiratet, eine Geliebte, wird immer betrunkener und sein Gesprächspartner, der sogar im Urlaub von Gedanken an seinen verhaßten Kollegen Knill verfolgt wird, ebenso. Wie wäre es, wenn man sich gegenseitig die jeweils störenden Personen aus dem Weg räumen würde, als sauberer, motiv- und damit folgenloser operativer Eingriff in ein fremdes Leben? Ein intelligent, spannend und stilistisch konsequent konstruierter Plot, ein fesselndes Psychogramm Laurents, der zunächst an einen Neuanfang glaubt, dann aber immer stärker zwanghaft damit beschäftigt ist, sich selbst Fallen zu stellen.

ECON Taschenbuch Verlag
Postfach 300321 · 40403 Düsseldorf